Digitale Transformation, Arbeit und Gesundheit

EBOOK INSIDE

Die Zugangsinformationen zum eBook Inside finden Sie am Ende des Buchs.

Thomas Engel · Christian Erfurth ·
Stephanie Drössler · Sandra Lemanski
(Hrsg.)

Digitale Transformation, Arbeit und Gesundheit

Interdisziplinärer Kenntnisstand, betriebliche Praxis und Werkzeuge für die human-zentrierte Arbeitsgestaltung

Hrsg.
Thomas Engel
Institut für Soziologie
Friedrich-Schiller-Universität Jena
Jena, Deutschland

Christian Erfurth
Fachbereich Wirtschaftsingenieurwesen
Ernst-Abbe-Hochschule Jena
Jena, Deutschland

Stephanie Drössler
Institut für Arbeits- und Sozialmedizin
Technische Universität Dresden
Dresden, Deutschland

Sandra Lemanski
Lehrstuhl Gesundheit und Prävention,
Institut für Psychologie
Universität Greifswald
Greifswald, Deutschland

ISBN 978-3-662-63246-8   ISBN 978-3-662-63247-5 (eBook)
https://doi.org/10.1007/978-3-662-63247-5

Die Deutsche Nationalbibliothek verzeichnet diese Publikation in der Deutschen Nationalbibliografie; detaillierte bibliografische Daten sind im Internet über http://dnb.d-nb.de abrufbar.

© Springer-Verlag GmbH Deutschland, ein Teil von Springer Nature 2021
Das Werk einschließlich aller seiner Teile ist urheberrechtlich geschützt. Jede Verwertung, die nicht ausdrücklich vom Urheberrechtsgesetz zugelassen ist, bedarf der vorherigen Zustimmung des Verlags. Das gilt insbesondere für Vervielfältigungen, Bearbeitungen, Übersetzungen, Mikroverfilmungen und die Einspeicherung und Verarbeitung in elektronischen Systemen.
Die Wiedergabe von allgemein beschreibenden Bezeichnungen, Marken, Unternehmensnamen etc. in diesem Werk bedeutet nicht, dass diese frei durch jedermann benutzt werden dürfen. Die Berechtigung zur Benutzung unterliegt, auch ohne gesonderten Hinweis hierzu, den Regeln des Markenrechts. Die Rechte des jeweiligen Zeicheninhabers sind zu beachten.
Der Verlag, die Autoren und die Herausgeber gehen davon aus, dass die Angaben und Informationen in diesem Werk zum Zeitpunkt der Veröffentlichung vollständig und korrekt sind. Weder der Verlag, noch die Autoren oder die Herausgeber übernehmen, ausdrücklich oder implizit, Gewähr für den Inhalt des Werkes, etwaige Fehler oder Äußerungen. Der Verlag bleibt im Hinblick auf geografische Zuordnungen und Gebietsbezeichnungen in veröffentlichten Karten und Institutionsadressen neutral.

Lektorat: Petra Steinmueller
Springer Vieweg ist ein Imprint der eingetragenen Gesellschaft Springer-Verlag GmbH, DE und ist ein Teil von Springer Nature.
Die Anschrift der Gesellschaft ist: Heidelberger Platz 3, 14197 Berlin, Germany

Inhaltsverzeichnis

1 **Digitalisierung und Industrie 4.0 als Chance für eine human-zentrierte Arbeitsgestaltung** 1
  Thomas Engel, Stephanie Drössler, Christian Erfurth, Sandra Lemanski,
  Maximilian Bretschneider, Selina Magister, Andreas Seidler,
  Silke Schmidt, Jan Vitera und Holger Muehlan
  1.1 Gesunde Arbeit in Pionierbranchen – Forschungs- und
      Gestaltungsauftrag 2
  1.2 Digitalisierung, Industrie 4.0 und Gesundheit – Ein Interdisziplinäres
      Literatur-Review 4
      1.2.1 Fragestellung, Methodik, Ergebnisse 5
      1.2.2 Zentrale Studienbefunde 5
      1.2.3 Schlussforderung: Zwischen Entlastung, Verschiebung von
            und Auftreten neuer Belastungen – Forschungsbedarf im
            Längsschnitt 8
      1.2.4 Zusammenfassende Einzeldarstellung der eingeschlossenen
            Studien des systematischen Reviews 9

2 **Die Praxis der Digitalisierung: Unternehmensfallstudien im Spiegel der Debatten** 19
  Thomas Engel, Martin Ehrlich, Walid Ibrahim, Manfred Füchtenkötter,
  Arlett Semm, Christian Erfurth, Antonio Schulz, Marcus Wolf, Laura Thiele,
  Stephanie Drössler, Maximilian Bretschneider, Daniel Kämpf,
  Selina Magister, Maria Zeiser, Andreas Seidler, Holger Muehlan, Jan Vitera
  und Sandra Lemanski
  2.1 Industrie 4.0 als Fluchtpunkt der Digitalisierung – eine
      Arbeitsdefinition 20
      2.1.1 Revolution und pfadabhängige Entwicklung 20
      2.1.2 Nutzungsorientierung und technologische Grundlagen 23
      2.1.3 Funktionsstufen nach Phasen- und Reifegradmodellen 26
      2.1.4 Heuristik zur Einordnung von Industrie 4.0-Anwendungsfällen ... 28

2.2 Die Digitale Transformation – komplexer Wandel der
Unternehmenskultur... 28
    2.2.1 Grundlagen: Begriffe und Debatte der Ingenieurwissenschaften ... 30
    2.2.2 Digitale Transformation gestalten – Empfehlungen und
Erfahrungen eines Beratungsdienstleisters 36
    2.2.3 Einblicke in die Praxis der industriellen Automation, der
erweiterten Datennutzung und optimierten Lagerhaltung 42
    2.2.4 Intensivfallstudie: Triebwerkswartung für die Luftfahrt 45
    2.2.5 Technologieproben.. 61
2.3 Qualifikationsanforderungen und Fachkräftebedarfsentwicklung in
der Digitalisierung 63
    2.3.1 Arbeitssoziologische Debatte............................... 63
    2.3.2 Digitalisierung, betrieblicher Wandel, Fachkräftebedarf und
Entwicklungsmöglichkeiten für Beschäftigte (Kurzfallstudie) 67
    2.3.3 Intensivfallstudie: Online-Versandhändler.................... 72
2.4 Arbeitsbelastungen und Gesundheitsschutz in der Digitalisierung 97
    2.4.1 Arbeitsmedizinische Debatte 97
    2.4.2 Digital gestützte Automatisierungsprozesse und die
Entwicklung von Arbeitsbelastungen........................ 99
    2.4.3 Intensiv-Fallstudie: Mikroelektronik-Hersteller 102
2.5 Personelle und organisationale Potenziale der Digitalisierung als
ressourcenorientierter Gesundheitsschutz 115
    2.5.1 Arbeits- und organisationspsychologischer Forschungsstand 115
    2.5.2 Einsatz digitaler Technologien und deren Auswirkungen in
Abhängigkeit der Unternehmensspezifika (Kurzfallstudie)....... 117
    2.5.3 Intensiv-Fallstudie: Handwerk (Werkstoffverarbeitung) 119
    2.5.4 Personelle Präventionspotenziale für eine gesunde Arbeit 4.0 –
Resümee und Ausblick.................................... 122

3 Der digitale Wandel von Arbeit in innovativen Branchen: Qualifikationsentwicklung, gesundheitliche Belastungen und Ressourcen........... 123
Thomas Engel, Martin Ehrlich, Carola Schulze, Gitta Haupold,
Stephanie Drössler, Jan Vitera, Holger Muehlan, Sandra Lemanski
und Marlene Mühlmann
3.1 Konkurrenz um IT-Kompetenz: Digitale Transformation und
Qualifikationsbedarf im Branchenvergleich in Thüringen.............. 124
    3.1.1 Digitalisierungsaffine Branchen und Betriebe................. 124
    3.1.2 Digitalisierung und Personalbedarf: Ende der
Fachkräfteengpässe? 127
    3.1.3 Neue Qualifikations- und Ausbildungsbedarfe 130
    3.1.4 Fazit: Wer gewinnt und wer verliert in der Konkurrenz
um IT-Kompetenz?....................................... 134

	3.2	Steigende Qualifikationsanforderungen bei begrenzter Digitalisierung in der optischen Industrie.	136
		3.2.1 Akademisch geprägte Branchen- und Qualifikationsstruktur	136
		3.2.2 Begrenzte Reichweite der Digitalisierung	137
		3.2.3 Intensivierte Digitalisierung bei wachsender Personalprognose . . .	140
		3.2.4 Steigende Qualifikationsanforderungen.	141
		3.2.5 Fazit: Hohe Anforderungen an traditionelle Wissensbasis plus digitale Kompetenzen	143
	3.3	Belastungen digitaler Arbeit in der Mikroelektronik.	144
		3.3.1 Stand der Digitalisierung (Branchenbefragung 2016).	144
		3.3.2 Veränderungen in Belastungen und Arbeits- und Gesundheitsschutz durch technologischen Wandel (Branchenbefragung 2017)	144
	3.4	Technologischer Wandel und Arbeitsschutz in der Windenergie – Branchenbefragung unter den Mitgliedern des WindEnergy Network e. V..	148
		3.4.1 Auswirkungen von Anforderungen an Beschäftigte	148
		3.4.2 Technologischer Wandel	150
		3.4.3 Methodische Umsetzung	151
		3.4.4 Ergebnisse der Befragung	152
		3.4.5 Eingeführte Technologien und Auswirkungen auf Arbeit	153
		3.4.6 Arbeits- und Gesundheitsschutz und Betriebliche Gesundheitsförderung	159
		3.4.7 Zusammenfassung und Grenzen der Befragung	162
4	Gestaltungswissen und Werkzeuge: Betriebliche Erfahrungen mit Präventionsinstrumenten und überbetriebliche Konzepte . . . . Manfred Füchtenkötter, Christian Erfurth, Arlett Semm, Marcus Wolf, Sandra Lemanski, Jan Vitera, Holger Muehlan, Stephanie Drössler, Maximilian Bretschneider, Selina Magister, Maria Zeiser, Daniel Kämpf, Andreas Seidler, Martin Ehrlich, Thomas Engel, Laura Künzel, Gitta Haupold, Carola Schulze, Thomas Bauer, Peggy Lerner, Jan Schubach, Gisela Hachmeister und Sylvio Schinke		165
	4.1	Erprobte Gestaltungsinstrumente und die Aufbereitung von Wissen	166
	4.2	Praxisbeispiele Digitalisierung und Gesundheit (EAH)	169
	4.3	Informations-Modul zu Potenzialen der Digitalen Transformation – Manual zur Identifizierung und Nutzung personeller Präventionspotenziale (MP3).	173
		4.3.1 Einleitung und Kurzbeschreibung	173
		4.3.2 Hintergrund und Grundlagen	173
		4.3.3 Zielgruppen und Konzeption	175
		4.3.4 Umsetzung	177

4.4 Präventionsinstrumente für Belastungen in der digitalen Arbeit......... 178
    4.4.1 GAP-Modul: Fragebogen-Instrument zur Ergänzung der Gefährdungsbeurteilung psychischer Belastungen der Arbeit 4.0... 179
    4.4.2 Workshop: Digitale Kommunikation im Unternehmen. Umgang mit Informationsüberflutung am Arbeitsplatz.......... 180
    4.4.3 Handreichung: Umgang mit personenbezogenen Daten in Zeiten des technologischen Wandels........................ 182
4.5 Qualifizierungshandbuch: Digitalisierung, Gefährdungsbeurteilung, Datenschutz als Themen der Weiterbildung........................ 183
    4.5.1 Zielgruppen... 184
    4.5.2 Aufbau... 184
    4.5.3 Qualifizierungsinhalte.................................. 185
4.6 Kommunikationskonzept für Unternehmensnetzwerke am Beispiel des Silicon Saxony e. V.. 188
    4.6.1 Ausgangslage: Industrie 4.0 als realer Wandel............... 188
    4.6.2 Zielstellung: Kommunikation über einen Arbeits- und Gesundheitsschutz 4.0................................... 188
    4.6.3 Schritte für eine kommunikative Entwicklung des Arbeits- und Gesundheitsschutz 4.0................................... 189
    4.6.4 Fazit: Sensibilisierung führt zu Verbesserungen.............. 191
4.7 Strategien zur Fachkräftesicherung am Beispiel des OptoNet e. V. Thüringen... 191
    4.7.1 Zielstellung: Entwicklung von Fachkräfte-Sicherungsstrategien durch Verbesserung der Arbeits- und Gesundheitssituation....... 191
    4.7.2 Strategien der Mitarbeiterbindung......................... 193
    4.7.3 Strategien zur Mitarbeiterakquise für ein „gesundes" Unternehmen... 197
4.8 Gestaltung gesundheitsgerechter Arbeit im Digitalisierungsprozess – Erfahrungen der POG Präzisionsoptik Gera GmbH.................. 198
    4.8.1 Ablauf der Projektarbeit: Analyse, Diskussion, Qualifizierung.... 199
    4.8.2 Fokus auf das softwarebasierte Planungssystem im Update-Prozess...................................... 200
    4.8.3 Erfahrungen aus Unternehmenssicht....................... 201
4.9 Ganzheitlicher Gesundheitsschutz bei einem Hersteller automatisierter Produktionsanlagen – Erfahrungen der Fabmatics GmbH Dresden....... 202
    4.9.1 Bildung einer Steuerungsgruppe und Analyse des Ist-Zustandes mit Ermittlung von Bedarfen und Potenzialen................ 202
    4.9.2 Ableitung, Umsetzung und Evaluation von Maßnahmen........ 203
    4.9.3 Verstetigung und Transfer................................ 205
    4.9.4 Fazit: Empfehlungen für die Praxis........................ 206

5 Zusammenfassung und Ausblick 209
Thomas Engel, Martin Ehrlich, Stephanie Drössler, Christian Erfurth
und Sandra Lemanski
   5.1   Zentrale Befunde zum technologischen Wandel und den Effekten auf
          Arbeit, Gesundheit und Prävention 210
          5.1.1   Technologische Veränderungen 211
          5.1.2   Auswirkungen auf Arbeitsorganisation und Qualifikation. 212
          5.1.3   Digitalisierung und Gesundheitsbelastungen. 214
          5.1.4   Veränderung und partizipative Gestaltung 215
   5.2   Generalisierendes Resümee, Limitierungen & Ausblick auf künftige
          Forschungs- und Gestaltungsfragen. 217

Literatur. 221

Digitalisierung und Industrie 4.0 als Chance für eine human-zentrierte Arbeitsgestaltung

Ausgangssituation, Zielstellung, Forschungsstand

Thomas Engel, Stephanie Drössler, Christian Erfurth, Sandra Lemanski, Maximilian Bretschneider, Selina Magister, Andreas Seidler, Silke Schmidt, Jan Vitera und Holger Muehlan

Zusammenfassung

Der Anspruch einer human-zentrierten Arbeitsgestaltung bleibt ein Leitgedanke für die Arbeitswelt der Zukunft. Digitalisierung und Industrie 4.0 beschreiben deshalb nicht nur den technologischen Wandel, sondern stehen auch für die Notwendigkeit einer Positionsbestimmung des Arbeits- und Gesundheitsschutzes, der Aktualisierung von Qualifikationsanforderungen und Kompetenzprofilen sowie der Anpassung von Unternehmenskulturen und Mitbestimmung. Das BMBF-Projekt „Gesunde Arbeit in Pionierbranchen" (GAP) hat sich 2016 bis 2019 mit dieser Aufgabenstellung praktisch und analytisch befasst. Die Forschungs- und Praxispartner definierten zu Projektbeginn Schlüsselfragen des Wandels sowie Untersuchungs- und Gestaltungsdimensionen, die das vorliegende Buch strukturieren.

Die Reihenfolge der Autoren entspricht nicht der Reihenfolge der Gewichtung zum Beitrag. Die korrespondierenden Autoren sind nur für ihre spezifischen eigenen Abschnitte zuständig. Die Autoren der einzelnen Abschnitte finden Sie im jeweiligen Abschnitt innerhalb des Kapitels.

T. Engel (✉)
Institut für Soziologie, Friedrich-Schiller-Universität Jena, Jena, Deutschland
E-Mail: thomas.engel@uni-jena.de

S. Drössler · M. Bretschneider (✉) · S. Magister · A. Seidler
Institut und Poliklinik für Arbeits- und Sozialmedizin, Technische Universität Dresden, Medizinische Fakultät, Dresden, Deutschland
E-Mail: maximilian.bretschneider@psychologie.tu-chemnitz.de

C. Erfurth
Fachbereich Wirtschaftsingenieurwesen, Ernst-Abbe-Hochschule Jena, Jena, Deutschland
E-Mail: christian.erfurth@eah-jena.de

© Springer-Verlag GmbH Deutschland, ein Teil von Springer Nature 2021
T. Engel et al. (Hrsg.), *Digitale Transformation, Arbeit und Gesundheit*,
https://doi.org/10.1007/978-3-662-63247-5_1

1.1 Gesunde Arbeit in Pionierbranchen – Forschungs- und Gestaltungsauftrag

Thomas Engel, Stephanie Drössler, Christian Erfurth, Sandra Lemanski

Zielstellung des Projektverbundes „Gesunde Arbeit in Pionierbranchen" (GAP) war es, Erkenntnisse zusammenzutragen und Instrumente zu entwickeln, die die Digitalisierung in Unternehmen und die Einführung von Industrie 4.0-Technologien begleiten, sodass daraus Chancen für eine gesundheitsförderliche, human-zentrierte Arbeitsgestaltung in kleinen und mittleren Unternehmen entstehen. Ausgangspunkt war, dass der Kenntnisstand zum Zeitpunkt der Antragstellung 2015 über die Digitalisierung und Vernetzung betrieblicher Prozesse und ihre Folgen für Arbeit, Gesundheit und Beschäftigte noch zu wenige Antworten für Gestaltungsfragen geboten hat. Vor etwa fünf Jahren stand zwar die technologische Vielfalt von Industrie 4.0 im Vordergrund des öffentlichen Interesses, aber über die betriebliche Praxis war abgesehen von einigen „Vorreiter"-Unternehmen wenig bekannt. Zentrale Fragen waren deshalb zu Projektbeginn:

- Welche technologischen Veränderungen in Richtung Digitalisierung und Industrie 4.0 finden wir in der betrieblichen Praxis vor?
- Welche Veränderungen in der Arbeitsorganisation und für die Qualität von Arbeit sowie für die Anforderungen an Beschäftigte ergeben sich aus einem gesteigerten Einsatz von digitalen Technologien?
- Wie wirken digitale Technologien auf die psychische und körperliche Gesundheit von Beschäftigten, nicht nur bei der unmittelbaren Nutzung, sondern auch in der Einführungsphase?
- Welche Anpassungen des Arbeits- und Gesundheitsschutzes sind nach Einführung digitaler Technologien notwendig?

Da diese Fragen bis dato weitgehend unbeantwortet waren, galt es deshalb, Antworten durch erste Erfahrungen in sogenannten Pionierbranchen wie der Photonik, der Halbleiterindustrie und der Erneuerbaren Energien zu gewinnen. Zur Ausgangsannahme gehörte, dass in solchen Wachstumsbranchen sowie in weiteren Vorreiterunternehmen neueste Technologien sowohl zuerst entwickelt als auch eingesetzt werden. Diese Vor-

---

S. Lemanski · S. Schmidt · J. Vitera · H. Muehlan
Lehrstuhl Gesundheit und Prävention, Institut für Psychologie, Universität Greifswald, Greifswald, Deutschland
E-Mail: sandra.lemanski@uni-greifswald.de

J. Vitera
E-Mail: jan.vitera@uni-greifswald.de

H. Muehlan
E-Mail: holger.muehlan@uni-greifswald.de

reiterrolle sollte die Chance bieten, Technikwandel von vornherein beschäftigungs- und gesundheitswirksam zu gestalten.

Der GAP-Projektverbund wendete deshalb folgende Strategie an: Erstmalig sollte mit betrieblichen Umsetzungspartnern und Technologienetzwerken ein Konzept des selbstlernenden, netzwerkkoordinierten Arbeits- und Gesundheitsschutzes entwickelt und erprobt werden. Um die technologischen Entwicklungspotenziale entfalten zu können, war vorgesehen, ein Zusammenspiel von betrieblichen und überbetrieblichen Handlungsansätzen zu ermöglichen und diese in den Teilprojekten zu erproben.

Inzwischen hat die Coronakrise gezeigt, dass digitale Lösungen mehr als gefragt sind sowie gesundheitsfreundlich und partizipativ gestaltet werden sollten. Die im Buch aufgezeigten Befunde legen einerseits einen Grundstein für die Forschung, geben andererseits aber auch Anhaltspunkte für notwendige Gestaltungsanforderungen anhand von aufbereiteten Fällen und Wissen aus der Praxis. Die Erkenntnisse sind somit gut nutzbar für akute Gestaltungsfragen in der heutigen Zeit, da die aktuelle Blickrichtung stärker als zuvor auf „Digitales" fokussiert.

Technik, Arbeit, Gesundheit – drei Untersuchungs- und Gestaltungsdimensionen
Das Vorgehen war sowohl von der Idee interdisziplinärer Zusammenarbeit als auch von der Zielstellung praktischer Anwendbarkeit geleitet. Dabei galt es folgende Dimensionen zu berücksichtigen: 1) Technik: insbesondere die betriebliche Einführung neuer Technologien und die Akzeptanz bei den Beschäftigten; 2) Arbeit: insbesondere der Qualifikationswandel, veränderte Anforderungen und Belastungen; 3) Gesundheit: insbesondere die Organisation des Arbeits- und Gesundheitsschutzes sowie die Ressourcen zur Stärkung der Prävention. Für die explorative Erkundung des Feldes mit größtmöglicher Offenheit für neuere Entwicklungen wurden forschungsleitende Annahmen entlang der drei Untersuchungs- und Gestaltungsdimensionen formuliert, die es im weiteren Projektverlauf zu spezifizieren, zu korrigieren oder zu falsifizieren galt.

- Technik: Ob sich der technologische Wandel aufgrund von Digitalisierung und Industrie 4.0 eher disruptiv und radikal oder ob sich ein allmählicher Wandel vollzieht, hängt wesentlich von der Gestaltung der Einführungsprozesse und der Wahrnehmung der von ihnen betroffenen Beschäftigten ab – eine hohe Technikakzeptanz müsste mit der Realisierung betrieblicher Partizipations-, Datenschutz- und Integrationsangebote einhergehen.
- Arbeit: Tätigkeitszuschnitte und Qualifikationsanforderungen verändern sich stark im Zuge von Digitalisierung und Industrie 4.0, wobei bisher noch weitgehend offen ist, welche quantitativen und qualitativen Entwicklungen den künftigen Beschäftigungsumfang und die Qualifikationsnachfragen dominieren werden.
- Gesundheit: Im Zuge von Digitalisierung und zunehmender Einführung von Industrie 4.0-Technologien können sich sowohl neue gesundheitliche Risiken und Belastungen entwickeln als auch Entlastungspotenziale realisieren lassen, wofür eine angepasste, präventionsorientierte Arbeitsorganisation als auch die Ressourcenausstattung von Beschäftigten ausschlaggebend sind.

Akteure und Verbundpartner

Die Beantwortung der Fragen, die Überprüfung der forschungsleitenden Annahmen und die Reichweite und Tiefe der Analysen wurden bestimmt durch die Beteiligung der verschiedenen Forschungsdisziplinen Arbeitsmedizin (Technische Universität Dresden), Arbeits- und Organisationspsychologie (Universität Greifswald), Arbeitssoziologie (Friedrich-Schiller-Universität Jena) und Wirtschaftsingenieurwesen (Ernst-Abbe-Hochschule Jena).

Ein zentrales Kriterium für die Aufbereitung der Erkenntnisse aus der Analyse war ihre Anwendbarkeit im betrieblichen und überbetrieblichen Gestaltungskontext. Die betrieblichen Partner POG – Präzisionsoptik Gera GmbH sowie die Fabmatics GmbH Dresden und die überbetrieblichen Partner OptoNet Thüringen e. V. und Silicon Saxony e. V. konnten eigene Erfahrungen der Gestaltbarkeit von Digitalisierungsprozessen sammeln und jeweils eigene Konzepte umsetzen. Zusammengeführt werden sollten die interdisziplinären Erkenntnisse und die erarbeiteten Werkzeuge in den genannten Branchen-Netzwerken, wobei für die Region Mecklenburg-Vorpommern zusätzlich eine Kooperation mit dem (ungeförderten) Unterstützungspartner Wind Energy Network e. V. aufgebaut wurde. Ziel war in allen drei Netzwerken, sie durch eine Erweiterung ihres Dienstleistungsangebotes dazu zu befähigen, technologische Innovationsprozesse ihrer Mitgliedsunternehmen mit dem Anspruch human-zentrierter, gesundheitsförderlicher Arbeitsgestaltung unterstützend zu begleiten.

Aufbau des Buches

Die inhaltliche Querschnittsperspektive machte eine Aufbereitung der fachspezifischen Debatten notwendig. So entstanden beispielsweise ein systematisches Literatur-Review zur Thematik „Industrie 4.0, Digitalisierung und Gesundheit". Mit eigens erhobener Empirie wurden drei Branchen- bzw. Netzwerkanalysen und zwölf Unternehmensfallstudien angefertigt. Sie sind als anschauliche Handlungshilfen für andere Unternehmen und Netzwerke nutzbar. Zudem wurden Werkzeuge auf der wissenschaftlichen Grundlage von Beschäftigtenbefragungen und durch die Anleitung bzw. Moderation betrieblicher Projektgruppen entwickelt. Diese Workshop- und Qualifikationskonzepte, Fragebogeninstrumente, Wissensspeicher sowie betrieblichen und überbetrieblichen Instrumente sind mit dem Anspruch entstanden, Erkenntnisse aus der Praxis für die Bewältigung von betrieblichen Zukunftsaufgaben nutzbar zu machen.

1.2 Digitalisierung, Industrie 4.0 und Gesundheit – Ein Interdisziplinäres Literatur-Review

Maximilian Bretschneider, Stephanie Drössler, Selina Magister, Andreas Seidler, Thomas Engel, Silke Schmidt, Jan Vitera, Sandra Lemanski, Holger Muehlan

1.2.1 Fragestellung, Methodik, Ergebnisse

Im Rahmen des Verbundprojektes wurde von einigen Forschungspartnern gemeinsam eine systematische Literaturrecherche (vgl. auch Bretschneider et al., 2019) [1] zu folgenden Fragestellungen durchgeführt:

1. Wie gestaltet sich der Zusammenhang zwischen Industrie 4.0 in Unternehmen und der psychischen und körperlichen Gesundheit ihrer Beschäftigten?
2. Welche Änderungen in der gesundheitlichen Belastung ergeben sich durch die Einführung von Industrie 4.0-Technologien?

Dazu wurde ein Suchstring mit vier Sub-Suchblöcken entwickelt und für die Datenbanksuche eingesetzt: 1) Merkmale der Industrie 4.0, 2) Eingrenzung auf den Arbeitskontext, 3) psychisches Befinden, Motivation und Leistung sowie 4) physische Outcomes und körperliches Befinden.

Nach inhaltlicher und methodischer Eingrenzung (z. B. mit Blick auf Outcome, Publikationszeitraum und Studiendesign) wurden letztlich die im Folgenden aufgeführten Ein- und Ausschlusskriterien festgelegt (Tab. 1.1).

Die Suche wurde in den fachbezogenen Datenbanken PsycInfo/PsycArticles, PSYNDEX, Business Source Complete und Pubmed sowie in der generischen Datenbank Web of Science durchgeführt. Nach Bereinigung von Dubletten verblieben für das Title-/Abstract-Screening aus den fachspezifischen Datenbanken 4782 Publikationen und aus Web of Science 30.785 Publikationen. Die Volltextsichtung von insgesamt 91 Publikationen (44 und 47) wurde von zwei unabhängigen Ratern vorgenommen. Final wurden 10 Studien für die Datenextraktion ausgewählt (Abb. 1.1).

Die final eingeschlossenen Studien (Stand Oktober 2018: n = 10) lassen sich drei Themenbereichen zuordnen:

1. Akzeptanz von Technologien und Automatisierung (2 Studien: [2, 3])
2. Automatisierung und physische Belastungen/Beanspruchungen (4 Studien: [4–7])
3. Automatisierung und psychische Effekte (4 Studien: [8–11])

Nachfolgend finden sich zusammenfassende Schlussfolgerungen zu den Studien dieser Themenbereiche sowie eine zusammenfassende Einzeldarstellung der Studien.

1.2.2 Zentrale Studienbefunde

Studien zur Akzeptanz von Technologien und Automatisierung
Die Akzeptanz von Veränderungen, die der technologische Wandel herbeiführt, d. h. der Wegfall von Arbeitsplätzen und die Zusammenarbeit mit Robotern und Automaten

Tab. 1.1 Liste der Ein- und Ausschlusskriterien

Kategorie	Einschlusskriterien	Ausschlusskriterien
Population	Allgemeinbevölkerung: erwerbstätig, beide Geschlechter	Kinder, Studierende, nicht Erwerbstätige, Tiere
Exposition/ Prädiktoren	Merkmale Industrie 4.0: Digitalisierung, intelligente Fabrik/Maschinen/Geräte, Assistenzsysteme, Automatisierung, Selbststeuerung, (intelligente) (Fertigungs) Vernetzung, 4. industrielle Revolution, intelligente Produktion, Produktion/Fertigung	Mensch-Maschine-Interaktion ohne intelligente selbststeuernde Elemente Officebereich
Outcome	Psychische Gesundheit: mentale Gesundheit, Wohlbefinden, psychische Störungen und Syndrome, Leistung, Motivation, Zufriedenheit, Arbeitsunfähigkeit, Absentismus Körperliche Gesundheit: Herz-Kreislauf-Erkrankungen, Muskel-Skelett-Erkrankungen, gastrointestinale Beschwerden, Schmerzen, psychosomatische Beschwerden, unspezifische Symptome Return-to-work-Konzept	Fehlender Arbeitskontext
Design	Prospektive Kohortenstudien, Interventionsstudien, experimentelle Studien, Querschnittstudien, Metaanalysen, systematische Reviews	Letter, Editorials, Kommentare, Tagungsbeiträge, Abstracts, Hausarbeiten, narrative Reviews, Tierstudien, Simulationsstudien
Qualität	Ausreichende Qualität und Nachvollziehbarkeit in Operationalisierung, Methode, Ergebnisdarstellung	Mangelnde Qualität bzw. Unklarheiten in Operationalisierung, Methode, Ergebnisdarstellung
Sprache	Deutsch, englisch	Nicht deutsch, nicht englisch
Datum der Publikation (Zeit)	2000–2018	Vor 2000

scheint gegeben zu sein – insbesondere in Fällen, in denen der Ersatz von Arbeit aufgrund des Tätigkeitsprofils nachvollziehbar erscheint. Aber auch menschenähnliche „Verhaltensweisen" der Roboter scheinen die Akzeptanz zu erhöhen. Deutlich werden Potenziale einer förderlichen Gestaltung von Mensch-Maschine-Interaktionen und die Notwendigkeit, Technik an die Bedürfnisse der Beschäftigten anzupassen.

Studien zur Automatisierung und physischen Belastungen/Beanspruchungen
Es zeigen sich positive Effekte wie Verminderung von körperlichen Belastungen im Sinne einer Reduktion von körperlich schwerer Arbeit. Gleichzeitig zeigt sich aber auch

1 Digitalisierung und Industrie 4.0 als Chance für eine ...

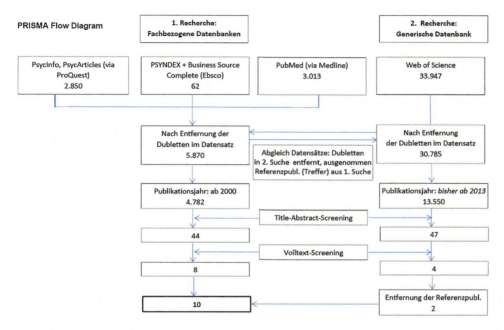

Abb. 1.1 Flow-Diagramm der systematischen Suche

die Gefahr der Verschiebung von Belastungen in andere Körperregionen (z. B. durch andere Fehlhaltungen, langes Sitzen o. ä.) bzw. in den psychischen Bereich.

Studien zur Automatisierung und psychischen Effekten
Zentrales Thema ist die Verschiebung von Aufgaben aus dem ausführenden Bereich in den überwachenden Bereich. Als problematisch werden Belastungen wie Monotonie genannt, die nun nicht mehr durch repetitive Tätigkeiten, sondern durch fehlende Varianz und ausbleibende Ereignisse entstehen. Gleichzeitig wird das Problem des Dequalifizierungseffekts genannt, der durch ausbleibende Notwendigkeit des Eingreifens bei reinen Überwachungsaufgaben auftreten kann.

Betrachtet man stärker die Digitalisierung, so zeigt sich, dass sich „Technostress", der sich aus der Komplexität und Unsicherheit neuer Informationstechnologien ergibt, vermittelt über Work-Life-Konflikte negativ auf die Arbeitszufriedenheit auswirken kann. Dabei setzt die erfolgreiche Einführung digitaler Technologien entsprechende Kompetenztrainings der Beschäftigten voraus. Neben der Vermittlung von Sachkenntnissen ist in diesem Kontext die Förderung persönlicher Kompetenzen von Bedeutung, wie z. B. die Selbstwirksamkeitsüberzeugung, mit den Technologien auch kompetent umgehen zu können.

1.2.3 Schlussforderung: Zwischen Entlastung, Verschiebung von und Auftreten neuer Belastungen – Forschungsbedarf im Längsschnitt

In der Gesamtschau aller eingeschlossenen Studien zeigt sich eine Ambivalenz der Automatisierung und korrespondierender Prozesse. Deutlichen Entlastungspotenzialen stehen Belastungsverschiebungen und das Auftreten neuer Belastungen gegenüber. Bezüglich der Automatisierung komplexer technologischer Kontrollsysteme kann resümierend festgehalten werden, dass Maschinen den Menschen nicht vollumfänglich ersetzen können und Mensch und Maschine sich komplementär ergänzen. Folglich ist es angebracht, die entsprechenden Arbeits- und Interaktionssysteme am Menschen auszurichten und für diesen förderlich zu gestalten. So ist zu berücksichtigen, welche Arbeitsinhalte sinnvoll zu ersetzen sind (z. B. eher kognitionsorientierte und weniger emotionsorientierte Inhalte durch Technologien ersetzen). Weiter ist zu berücksichtigen, dass menschenähnliche Roboter mit einer höheren Akzeptanz bei den Beschäftigen verbunden sind. Zudem sollten mögliche Belastungsverschiebungen innerhalb der körperlichen Belastungen bzw. von körperlichen hin zu psychischen Belastungen beachtet werden.

Neben der Gestaltung der Prozesse des Technologieeinsatzes, der Schnittstellen zwischen Menschen und Maschinen und der Gestaltung der Arbeitsaufgaben ist die adäquate Vorbereitung der Beschäftigten durch Schulungen und Einbindung in Entscheidungsprozesse bei der Implementierung neuer Technologien zu berücksichtigen. Gleichermaßen ist vor diesem Hintergrund zu bedenken, dass sich insbesondere in Anbetracht der zum Teil geringen Stichprobengrößen in den vorliegenden Studien und der bisher insgesamt eher als „dünn" zu bewertenden empirischen Fundierung die Notwendigkeit konsequenter wissenschaftlicher Begleitung der gegenwärtigen Automatisierungsprozesse ergibt. Dazu braucht es mehr Untersuchungen in der Praxis, die in der Zusammenschau ein möglichst breites Spektrum an Unternehmen und Beschäftigten umfassen. So braucht es eine umfassendere Abbildung des Status Quo und in der Folge eine längsschnittliche Fortführung von Studien, um erste Erkenntnisse auch im Spiegel der Langzeitbeobachtung zu interpretieren und entsprechende Effekte bezüglich ihrer positiven wie negativen Wirkungen adäquat beurteilen zu können. Nur über diesen Prozess umfangreicher Begleitforschung unter besonderer Berücksichtigung des Faktors Mensch kann ein auch zukünftig tragfähiger Arbeits- und Gesundheitsschutz nebst förderlicher Bedingungen der Arbeit gewährleistet werden. Dass dies vor dem Hintergrund der Zunahme psychischer Fehlbelastungen und psychischer Erkrankungen im Erwerbsleben während der letzten Dekaden von herausragender Bedeutung ist, stellt letztlich den Tenor der beteiligten Disziplinen dar.

1.2.4 Zusammenfassende Einzeldarstellung der eingeschlossenen Studien des systematischen Reviews

Studien zur Akzeptanz von Technologien und Automatisierung

Waytz, A., & Norton, M. I. (2014): Botsourcing and outsourcing. Robot, British, Chinese, and German workers are for thinking--not feeling--jobs. In: Emotion (Washington, D.C.) 14 (2), S. 434–444. https://doi.org/10.1037/a0036054. [2]

Hypothesen: 1) [Experiment 1] Es wird angenommen, dass Arbeitnehmer mit einer größeren Unzufriedenheit auf die Ersetzung ihres Arbeitsplatzes durch Maschinen (botsourcing) reagieren, sofern sie einen Arbeitsplatz verlieren, der eher durch emotionale denn kognitive Anteile (bspw. Pflege- und Therapieberufe) charakterisiert ist. 2) [Experiment 2] Es wird angenommen, dass Menschen tendenziell weniger Unbehagen bezüglich botsourcing äußern, sofern die zu ersetzenden Tätigkeiten als stärker kognitiv (bspw. Controlling, Fertigung) beschrieben sind. 3) [Experiment 4+5] Menschen empfinden weniger Unbehagen gegenüber botsourcing in emotional geprägten Tätigkeitsfeldern, sofern die Roboter den Anschein eines gewissen Maßes an Emotionalität erwecken.

Stichprobe und Methode: 1) 103 Personen (61 m, 40 w, 2 o. A., M (Alter) = 27 Jahre); Arbeitnehmer von Amazon Mechanical Turk beantworteten Fragebögen bezüglich der Ersetzung ihrer Arbeitsplätze durch Roboter bzw. automatisierte Prozesse. Die Arbeitsplätze wurden in zwei Typen (kognitionsorientiert und emotionsorientiert) unterteilt. 2) 266 Personen (167 m, 1 trans, 7 o. A., 91 w) Unternehmen wie (1), M (Alter) = 26,5 Jahre; Instruktionen an TN wie in Bedingung 1 und randomisierte Zuweisung zu den Bedingungen botsourcing emotionsorientierter Tätigkeiten und botsourcing kognitionsorientierter Tätigkeiten. 3) Exp. 4: 153 Personen (85 m, 68 w) Unternehmen wie (1), M (Alter) =32,1 Jahre; TN betrachten zwei Robotertypen (Typ W – emotional, „Kindchenschema"; Typ C – rational, Erscheinung eher erwachsen und maskulin) und beurteilen diese anhand strukturierter, randomisiert zugewiesener Items. Exp. 5: 167 Personen (117 m, 1 o. A., 49 w), Unternehmen wie (1), M (Alter)= 29,5 Jahre; Teilnehmer wählten zuerst Roboter Typ W oder Typ C und beantworteten Items bezüglich ihres Behagens bezüglich des botsourcings emotionsorientierter bzw. kognitionsorientierte Tätigkeiten durch den vorher gewählten Typ. Im zweiten Schritt beantworten die TN die Frage: Welcher Roboter induziert eher Unbehagen, Entmutigung und Ängstlichkeit.

Ergebnisse: 1) Es deutet sich an, dass Arbeiter, wenn sie mit der Aussicht auf Wegfall ihres eigenen Arbeitsplatzes durch Roboter konfrontiert werden, eher ein Gefühl der Bedrohung und Unbehagen wahrnehmen, sofern es sich um botsourcing emotionsorientierter Arbeitsplätze handelt. 2) Es zeichnet sich ab, dass Arbeiter weniger Unbehagen bezüglich der Ersetzung des eigenen Arbeitsplatzes empfinden, wenn sie ihn als überwiegend kognitionsorientiert wahrnehmen. 3) [Experiment 4+5] 59 % Prozent gaben an, dass sie den Typus des emotionalen Roboters bezüglich der Ersetzung menschlicher Arbeitskraft präferierten.

Schlussfolgerungen: Zunächst ist festzustellen, dass sich Arbeitnehmer besorgter über die Automatisierung ihrer Tätigkeit äußerten, wenn diese als eher emotions- denn kognitionsorientiert beschrieben werden kann. Daraus folgt die Möglichkeit, höhere Akzeptanz von botsourcing bzw. Automatisierung zu erzeugen, indem eher kognitionsorientierte Tätigkeiten automatisiert werden. Weiterhin dürfte es die Akzeptanz erhöhen, wenn für emotionsorientierte Tätigkeiten Roboter eingesetzt werde, welche den Eindruck vermitteln, zu Emotionalität fähig zu sein.

Zanchettin, A. M., Bascetta, L., Rocco, P. (2013): Acceptability of robotic manipulators in shared working environments through human-like redundancy resolution. In: Applied ergonomics 44 (6), S. 982–989. https://doi.org/10.1016/j.apergo.2013.03.028. [3]

Hypothesen: Die Fähigkeit moderner Industrieroboter, sich in menschenähnlicher Art und Weise zu bewegen, erhöht die Akzeptanz unter ihren menschlichen Kollegen und reduziert das Stresslevel, wenn beide am Arbeitsplatz zusammenarbeiten müssen.

Stichprobe und Methode: 18 freiwillige männliche Probanden im Durchschnittsalter von 26,7 Jahren; experimentelle Überprüfung des wahrgenommenen Unbehagens in der Mensch-Roboter-Interaktion bei drei Bewegungsprofilen (human-like, non human-like, non human-like time varying). Konkrete Messung physiologischer mit Stressreaktionen assoziierter Parameter durch Überwachung der Herzrate, Elektromyografie und Messung der elektrodermalen Aktivität.

Ergebnisse: Insgesamt fielen die physiologischen Reaktionen der Probanden bei Anwendung des menschenähnlichen Bewegungsprofils (human-like) signifikant niedriger aus als in den beiden Vergleichsbedingungen.

Schlussfolgerungen: Menschenähnliche Bewegungsprofile können sich zur effektiven Reduktion des durch die Mensch-Roboter-Zusammenarbeit induzierten Stress bzw. der emotionalen Erregung eignen. Auch kann dies mit einer ergonomischeren Arbeitsweise, etwa durch den Wegfall größerer Anspannung als Stressreaktion, einhergehen. Nichtsdestotrotz bedarf es weiterführender Forschung, um die Effekte zu verifizieren und Langzeiteffekte einer Mensch-Roboter-Interaktion zu erfassen und zu bewerten.

Studien zu Automatisierung und physischen Belastungen bzw. Beanspruchungen

Arvidsson, I., Balogh, I., Hansson, G.-Å., Ohlsson, K., Akesson, I., Nordander, C. (2012): Rationalization in meat cutting – consequences on physical workload. In: Applied ergonomics 43 (6), S. 1026–1032. https://doi.org/10.1016/j.apergo.2012.03.001. [4]

Hypothesen/Hintergrund: Konsequenzen der Automatisierung in der Fleischindustrie sind bezüglich der physischen Arbeitsbelastungen weitgehend unbekannt. Eine Einschätzung des Einflusses der Rationalisierung auf die physischen Arbeitsbelastungen soll erfolgen.

Stichprobe und Methode: 118 männliche Zerleger, Durchschnittsalter 36 Jahre; 3 verschiedene Arbeitssysteme; strukturierte Befragung (Nordic Questionaire) und standardisierte physische Untersuchung der Teilnehmer, Messung der physischen Belastungen durch technische Messverfahren (Beschleunigungsmesser, Elektromyografie etc.) während des Arbeitsvorgangs im jeweiligen Produktionssystem wobei eine Zufallsauswahl der Personen erfolgte und je eine Subgruppe (split-carcass system n = 5; sixth-part system n = 10; line-production system n = 5) gebildet wurde.

Ergebnisse: Die höchsten Belastungen wurden im split-carcass system gemessen. Das sixth-part system nimmt diesbezüglich eine mittlere Stellung ein. Die Implementierung einer Produktionslinie (line-production system), als aktuell höchster Grad der Automatisierung, scheint maßgeblich mit einer Verringerung der physischen Arbeitsbelastungen unter den Zerlegern einherzugehen.

Schlussfolgerungen: Generell zeigt sich der Trend abnehmender physischer Belastungen mit steigendem Mechanisierungs- bzw. Automatisierungsgrad. Gleichwohl hängt innerhalb der Produktionslinie (des als am geringsten belastend klassifizierten Verfahren) die tatsächliche Belastung und die Länge der Entlastungsintervalle maßgeblich von der Bandgeschwindigkeit ab. Bei steigender Bandgeschwindigkeit im Zuge weiterer Rationalisierung ist mit steigenden Belastungen und verkürzten Entlastungsintervallen zu rechnen. Hinzu kommt unter arbeitspsychologischen Gesichtspunkten der Fakt, dass die Arbeiter keinen Einfluss auf die Bandgeschwindigkeit haben und die Automatisierung mit einem partiellen Verlust handwerklicher Fähigkeiten (Dequalifizierung) einhergeht. Einer Verringerung der physischen Belastungen stehen hier also mögliche psychische Belastungen gegenüber.

Giberti, C., Gallo, F., Francini, L., Signori, A., Testa, M. (2014): Musculoskeletal disorders among robotic surgeons. A questionnaire analysis. In: Archivio italiano di urologia, andrologia: organo ufficiale [di] Societa italiana di ecografia urologica e nefrologica 86 (2), S. 95–98. https://doi.org/10.4081/aiua.2014.2.95. [5]

Hypothesen/Forschungsfrage: Roboterassistenzsysteme verbessern die Arbeitsbedingungen, indem sie den Operateur von prolongierten physischen Anstrengungen (etwa langes Stehen) entlasten. Gleichwohl können dieselben Assistenzsysteme zur Entstehung von Beschwerden des Muskel-Skelett-Systems beitragen, indem sie den Operateur zu langem Sitzen in Zwangshaltungen nötigen. Ziel ist es, den Zusammenhang zwischen der Verwendung chirurgischer Roboterassistenzsysteme und dem Auftreten von Beschwerden des Muskel-Skelett-Systems unter Operateuren zu untersuchen.

Stichprobe und Methode: Von 22 Rückläufern 17 verwertbar; 17 Chirurgen (16 m, 1 w), Durchschnittsalter 51,3 Jahre; strukturierte Befragung mittels adaptierten Nordic Questionaire.

Ergebnisse: Bei einer Ausgangssituation von 0 berichteten Beschwerden des Muskel-Skelett-Systems zeigt sich im zeitlichen Verlauf bei 41,2 % Prozent der Teilnehmer die Herausbildung von Beschwerden ab der erstmaligen Verwendung des Systems. Betroffen sind vor allem die Halswirbelsäule, die Brustwirbelsäule und die oberen Extremitäten. 35,3 % beurteilen den Bedienplatz im Gesamten als eher unkomfortabel bzw. weder komfortabel noch unkomfortabel mit einem tendenziell negativen Einfluss auf die chirurgische Prozedur.

Schlussfolgerungen: Bei einer potenziellen Entlastung durch eine adäquate und entlastende Positionierung der Arme sowie eine entspannende Position der Schultern und Ellenbogen ergibt sich auf der anderen Seite eine Belastungsverschiebung durch schlechte Positionierung der Hüfte und Lendenwirbelsäule. Durch fehlende ergonomische Stühle zeigt sich hier das Bild einer technikbedingten Entlastung auf der einen und einer Belastungsverschiebung auf der anderen Seite. Durch eine Behebung der ursächlichen mangelnden Ergonomie der Bestuhlung dürfte die körperliche Fehlbeanspruchung schnell zu unterbinden sein. Weitere Anpassungen scheinen bezüglich der Abstimmung des gesamten Bedienplatzes angebracht. Insgesamt zeigt sich, dass eine ergonomische Anpassung des technischen Systems an seinen Bediener notwendig scheint, um Fehlbeanspruchungen zu minimieren und die Qualität des chirurgischen Prozesses sicherzustellen.

Kraft, B. M., Jäger, C., Kraft, K., Leibl, B. J., Bittner, R. (2004): The AESOP robot system in laparoscopic surgery. Increased risk or advantage for surgeon and patient? In: Surgical endoscopy 18 (8), S. 1216–1223. https://doi.org/10.1007/s00464-003-9200-z. **[6]**

Hypothesen/Forschungsfrage: Die Studie zielt darauf, mögliche Vorteile und Risiken beim Einsatz des Automated Endoscopic System for Optical Positioning (AESOP) Robotiksystems während unkomplizierter chirurgischer Eingriffe (laparoskopische Cholezystektomie und Hernioplastik) zu untersuchen. Im Fokus stehen hier Arbeitsbedingungen des Chirurgen und mögliche Risiken für den Patienten.

Stichprobe und Methode: Drei im Umgang mit dem System erfahrene Chirurgen, verschiedene Kamera-Assistenten; Vergleich von 120 Operationen mit menschlicher Assistenz und 120 Operationen mit Einsatz des AESOP. Während der Operationen wurden durch einen unabhängigen Beobachter die verbalen Kommandos und die Zeiten für Vorbereitung, Durchführung und Gesamtdauer der Operation erfasst. Im direkten Anschluss an die Operation erfolgte eine Evaluation durch den Operateur bezüglich des eigenen Wohlbefindens während des Eingriffs und des Operationsverlaufs.

Ergebnisse: Bei Verwendung des Systems ist eine Verlängerung der Prozessdauer zu beobachten (Laparoskopische Cholezystektomie: 12 min mit Assistenz vs. 15 AESOP; Hernioplastik (TAPP): 13 min Assistenz vs. 15,5 min AESOP). Eine Erhöhung der Anzahl verbaler Kommandos tritt in der AESOP-Bedingung signifikant zutage. Während in der Bedingung einer Assistenz im Durchschnitt ein Kommando nötig war, erhöhte sich die Zahl auf durchschnittlich 10 Kommandos während der Cholezystektomie und 17 Kommandos während der Hernioplastik. Das fortlaufend notwendig verbale Anweisen des Systems wird sowohl von Operateur als auch von Mitgliedern und Assistenten des Operationsteams als Störung und Ablenkung empfunden. Von technischen Problemen, die es unmöglich machen, sich angemessen auf den Operationsbereich zu fokussieren, geht eine weitere Verminderung der Arbeitsqualität des Chirurgen aus. In der Bewertung des gesamten Operationsprozesses seitens des Chirurgen werden Operationen mit Assistenz signifikant besser bewertet als Operationen mit AESOP (1,9 vs. 2,5 bzw. 2,9).

Schlussfolgerungen: Zusammenfassend zeigt die Studie, dass menschliche Arbeitsteams sowohl in objektiven als auch in subjektiven Einschätzungen überwiegend und bisweilen signifikant bessere Ergebnisse und Einschätzungen erzielen als die AESOP Gruppen. Dies ist vermutlich maßgeblich auf die Antizipations- und Adaptationsfähigkeit erfahrener Assistenten zurückzuführen. Die Nutzung des Systems ist unter ökonomischen Aspekten untrennbar mit Personal- und Kosteneinsparungen, folglich mit einer Erhöhung der Flexibilität und Wettbewerbsfähigkeit verbunden. Gleichermaßen kann das System bei akutem Personalmangel ein wertvoller Beitrag zur Aufrechterhaltung und Sicherstellung der medizinischen Versorgung sein. Bezogen auf die Qualität des Arbeitsplatzes, der Arbeitsumgebung und der Arbeitsergebnisse sind jedoch deutliche Einbußen zu beklagen. Bei Einsatz des Systems sind eine deutliche qualitative Verringerung des Arbeitsumfeldes, eine Erhöhung der Belastungen sowie eine längere Operationsdauer, ergo eine längere Exposition unter ungünstigeren Bedingungen zu konstatieren.

de Cassia Clark Teodoroski, R., Koppe, V. M., Merino, E. A. D. (2012): **Old scissors to industrial automation. The impact of technologic evolution on worker's health.** In: Work (Reading, Mass.) 41 Suppl 1, S. 2349–2354. https://doi.org/10.3233/WOR-2012-0463-2349. [7]

Hypothesen/Forschungsfrage: Untersuchung der Effekte fortschreitender Automatisierung der Textilindustrie bzgl. Ergonomie und Gesundheit der Angestellten. Konkret wird die Auswirkung der Tätigkeit des Schneidens von Stoffen und Geweben bezüglich ihrer Auswirkung auf Körperhaltung und körperliche Zwangshaltungen untersucht. Die Untersuchung zielt auf Erkrankungen des Muskel-Skelett Systems, welche durch repetitive Bewegungsabläufe, Überbeanspruchungen und Zwangshaltungen begünstigt werden.

Stichprobe und Methode: Die Beobachtungsstudie wurde mit einer weiblichen Angestellten, deren Aufgabe maßgeblich im maschinellen Zuschneiden von Stoffen besteht, durchgeführt. Die als deskriptive Fallstudie angelegte Untersuchung wurde mittels der Markierung anatomisch relevanter Punkte und einer fotografischen Aufzeichnung des Arbeitsvorganges nebst einer Beobachtung des gesamten Prozesses durchgeführt. Ausgewertet wurde nach dem Prinzip des RULA (Rapid Upper Limb Assessment) Protokolls.

Ergebnisse: Das Ergebnis der Beobachtung des maschinell unterstützten Schneidens deutet einerseits auf eine Vereinfachung (Entlastung durch verminderten Kraftaufwand) und Produktivitätssteigerung der Tätigkeit hin, gleichzeitig ergeben sich aus der Arbeitsausführung ungünstige Körperhaltungen und Belastungen des Bewegungsapparates. Das korrespondierende Ergebnis des RULA Assessment ergaben ein Belastungsbild, aus dem sich baldiger Handlungsbedarf ableitet, um die Entstehung bzw. Chronifizierung von Erkrankungen des Bewegungsapparates zu verhindern.

Schlussfolgerungen: Die Beobachtung zeigt, dass der Einsatz von Schneidemaschinen mit ambivalenten Konsequenzen einhergeht. Auf der Habenseite sind die Verminderung des nötigen Kraftaufwandes, die Produktivitätssteigerung und die erhöhte Präzision zu vermerken. Dem stehen wiederum das Auftreten körperlicher

Zwangshaltungen und ungünstiger Belastungen des Bewegungsapparates nebst eines damit einhergehenden Verletzungs- und Erkrankungsrisikos entgegen. Der Einsatz von Schneidemaschinen sollte, in Anbetracht seines Entlastungspotenzials weiter vorangetrieben werden, wobei gleichzeitig eine Verbesserung der Körperhaltung unter ergonomischen Gesichtspunkten angestrebt werden soll, um Fehlbeanspruchungen des Bewegungsapparates zu verhindern und sicherzustellen, dass Arbeitnehmer ihre Tätigkeit effizient, produktiv und ohne körperliche Schäden ausführen können.

Studien zu Automatisierung und psychischen Effekten

Cummings, M. L., Gao, F., Thornburg, K. M. (2016): Boredom in the Workplace. A New Look at an Old Problem. In: Human factors 58 (2), S. 279–300. https://doi.org/10.1177/0018720815609503. [8]

Hypothesen/Hintergrund: Der vermehrte Einsatz automatisierter Systeme, welcher die direkte physische Interaktion der Arbeitenden mit dem Gegenstand ihrer Arbeit minimiert, d. h. eine Verschiebung hin zu Kontroll- und Überwachungstätigkeiten, geht mit einer Zunahme von Langeweile am Arbeitsplatz einher. In Anbetracht der Allgegenwärtigkeit und weiteren Verbreitung automatischer Systeme kommt dem Phänomen eine gestiegene Bedeutung zu.

Stichprobe und Methode: Literaturstudie/Review, Untersuchung des Gegenstandes unter der Berücksichtigung verschiedener Einflussgrößen, hier vor allem Aspekte der Aufgabe und Aspekte der Person. Zusammenschau der Faktoren im und Orientierung am Boredom Influence Diagram (BID).

Ergebnisse: Mit der zunehmenden Automatisierung geht eine deutliche Verschiebung von manuellen Tätigkeiten und Produktionstätigkeiten hin zu Beobachtungs- und Kontrollaufgaben einher. Der steigende Automatisierungsgrad führt nicht zur Reduktion von Eintönigkeit, sondern führt in vielen Fällen zu einer Erhöhung eben dieser. Wurde Eintönigkeit vormals eher durch monotone und repetitive Tätigkeiten hervorgerufen, so zeigt sich nunmehr eine Verschiebung zu Eintönigkeit bedingt durch geringe Aufgabenlast und Varianz im Zuge kontrollierender und überwachender Tätigkeiten. Da die Anfälligkeit für Eintönigkeit durchaus eine persönliche, affektive Komponente aufweist, sind hier interindividuelle Differenzen und Persönlichkeitseigenschaften im Gesamtzusammenhang mitzudenken.

Schlussfolgerungen: Mit steigender Automatisierung ist davon auszugehen, dass Monotonie und resultierende Langeweile als zusehends bedeutsame Faktoren bezüglich der Motivation und Merkfähigkeit von Arbeitnehmern wirksam werden. Langeweile und ihre Entstehung kann in einen Zusammenhang aus Vigilanz, persönlichen Eigenschaften bzw. interindividuellen Differenzen und Aufgaben- bzw. Arbeitsgestaltung eingeordnet werden. Es besteht vor dem Hintergrund fortschreitender Automatisierung Forschungsbedarf bezüglich der Entwicklung besserer Methoden zur Erfassung von Langeweile am Arbeitsplatz und gleichermaßen gilt es, Ansätze und Maßnahmen zur Verminderung bzw. Verhinderung des Phänomens zu entwickeln. Die Aufgaben- bzw. Arbeitssystemgestaltung stellt hierbei, neben einer geeigneten Personalauswahl, einen zentralen Baustein dar. Hier ist mehr Forschung vonnöten, um potenzielle Interventionen zu entwickeln und zu überprüfen.

Meshkati, N. (2006): Safety and human factors considerations in control rooms of oil and gas pipeline systems. Conceptual issues and practical observations. In: International journal of occupational safety and ergonomics: JOSE 12 (1), S. 79–93. https://doi.org/10.1080/10803548.2006.11076669. [9]

Hypothesen/Forschungsfrage: Grundannahme ist, dass die Verhinderung schwerer Störfälle bzw. die Minderung der damit verbundenen Konsequenzen durch die adäquate Reaktion des Überwachungspersonals von verschiedenen Faktoren abhängt. Diese werden, im Einklang mit arbeitspsychologischen Erkenntnissen, vor allem in der Arbeitsumgebung und Arbeitsgestaltung (z. B. Schichtdauer, Ergonomie) und im Design der Computersysteme und Benutzeroberflächen (z. B. Datendarbietung und -aufbereitung) gesehen. Das Hauptanliegen der Studie liegt folglich in der Identifizierung kritischer Effekte automatisierter Tätigkeiten respektive zunehmender Automatisierung auf die Aufmerksamkeit und Reaktionsfähigkeit des Überwachungspersonals innerhalb der sicherheitsrelevanten Tätigkeitsbereiche hoch komplexer Öl- und Gasförderungssysteme. Gleichermaßen ist es Zielstellung, Gegenmaßnahmen abzuleiten und zu skizzieren.

Stichprobe und Methode: Literaturstudie/Review und Fallstudie.

Ergebnisse: In naher Zukunft wird Überwachungspersonal trotz steigender Computerisierung nicht vollends ersetzbar sein. Menschliche Akteure behalten ihre Bedeutung, da sie in der Lage sind, zu lernen und sich so Besonderheiten des Systems anzupassen. Gleichzeitig gelten sie als Rückversicherung gegen Aspekte, die seitens der Entwickler nicht ausreichend berücksichtigt wurden. Oftmals wird Automation jedoch, zumindest in Teilen, eher zum Verstärker problematischer Tendenzen denn zur Problemlösung. Beispielsweise werden Dequalifizierungseffekte durch über lange Zeit wenig anspruchsvolle reine Beobachtungstätigkeiten beschrieben. Diese können dazu führen, dass Systemüberwacher im Falle eines Systemversagens nicht mehr in der Lage sind, angemessen zu reagieren.

Schlussfolgerungen: Es werden Empfehlungen sowohl für die Arbeitsorganisation als auch für die Gestaltung technischer Systeme deutlich. Auf der Ebene der Gestaltung und Organisation wird beispielsweise der Einbezug der Systembediener in den kompletten Entscheidungs- und Planungsprozess von Automatisierungsprozessen als höchst wirksam eingeschätzt. Die Bediener sind zum einen aufgrund ihrer Erfahrung in der Lage, Gefahrenbereiche bzw. Risiken zu benennen, welche von den Planern möglicherweise übersehen oder als unwesentlich eingeschätzt werden. Zum anderen erhöht dieses Vorgehen das Verständnis für die Funktionsweise des Gesamtsystems und erhöht somit die Wahrscheinlichkeit angemessener Reaktionen. Für die Gestaltung der

Benutzeroberflächen lautet eine Empfehlung, dass die auf den Displays präsentierten Informationen derart aufbereitet sein sollten, dass sie für den Nutzer in der jeweiligen Situation zielführende Informationen und Schrittfolgen darbieten.

Oh, S. T., & Park, S. (2016): A Study of the Connected Smart Worker's Techno stress. Procedia Computer Science, 91, 725–733. https://doi.org/10.1016/j.procs.2016.07.065. [10]

Hypothesen/Forschungsfrage: Ziel dieser Studie war es, die Auswirkungen von Technostress (z. B. Unsicherheit und Komplexität neuer Informationstechnologie) und Fortsetzung der Arbeit nach Arbeitsschluss (work continuity after daily work) auf die Arbeitszufriedenheit und den Einfluss von stressreduzierenden Faktoren zu ermitteln. Betrachtet wurden dazu „Work-Life-Konflikte" vernetzter „smart workers", die im 21. Jahrhundert als typischer Beschäftigungstyp immer häufiger zu finden sind. Untersucht wurden daher Belastungen, die sich aus dem Einsatz neuer Technologien auch nach der Arbeit und in den Ferien ergeben können (z. B. mit dem Smartphone, E-Mails abrufen oder nach der Arbeitszeit über einen Messenger weiterarbeiten), sowie deren Einfluss auf die Arbeitszufriedenheit und Work-Life-Konflikte.

Stichprobe und Methode: Befragt wurden Büroangestellte verschiedener Branchen, die neue und aufstrebende Technologien wie Smartphone, Mobile Computing und SNS (Simple Notification Service) einsetzen. 345 Fragebögen konnten in die Analysen eingehen.

Ergebnisse: In der Gesamtgruppe zeigte sich ein positiver Zusammenhang zwischen Technostress und Work-Life-Konflikt sowie zwischen Arbeit nach Feierabend und Work-Life-Konflikt. Ein hoher Work-Life-Konflikt wiederum ging mit geringerer Arbeitszufriedenheit einher. Stressreduzierende Faktoren zeigten keinen Zusammenhang mit dem Work-Life-Konflikt, aber eine positive Assoziation mit der Arbeitszufriedenheit. Mit Blick auf unterschiedliche Positionen im Unternehmen wurde die Stichprobe in eine Geschäftsführergruppe (27 %) und eine Mitarbeitergruppe (73 %) unterteilt. Dabei zeigte sich, dass in der Geschäftsführergruppe Work-Life-Konflikte mit Technostress verbunden waren, aber nicht mit Arbeit außerhalb der Arbeitszeiten. Der Work-Life-Konflikt wiederum zeigte keinen Zusammenhang zur Arbeitszufriedenheit. In der Mitarbeitergruppe hingegen zeigten sowohl Technostress als auch Arbeiten in Freizeit einen Einfluss auf Work-Life-Konflikte, die wiederum einen Zusammenhang zur Arbeitszufriedenheit aufwiesen. Beim Vergleich der Modelle beider Gruppen wurde deutlich, dass der Einfluss des Technostress auf Work-Life-Konflikt in der Führungsgruppe größer war als in der Mitarbeitergruppe. Besonders stark ist der Einfluss in Gruppen mit hohem Stress durch neue Technologien.

Schlussfolgerungen: Technostress wirkt sich indirekt auf die Arbeitszufriedenheit aus, vermittelt über Work-Life-Konflikt.

Tarafdar, M., Pullins, E. B., & Ragu-Nathan, T. S. (2015): Technostress: negative effect on performance and possible mitigations. Information Systems Journal, 25(2), 103–132. https://doi.org/10.1111/isj.12042. [11]

Hypothesen/Forschungsfrage: Ziel dieser Studie war es, die Auswirkungen von Technostress erzeugenden Bedingungen auf technologiebasierte Innovation, technologiebasierte Leistung und die Gesamtleistung im Verkauf zu untersuchen. Technostress wird verstanden als Stress, den Anwender bei der Nutzung von Informationssystemen im Arbeitskontext erleben. Technostress erzeugende Bedingungen sind Bedingungen, die im Zusammenhang mit der Nutzung von ICT Stress auslösen können, wie z. B. Überlastung, Unsicherheit, Komplexität und Technologiemerkmale wie Nützlichkeit. Unter technologiebasierter Innovation wird die Entwicklung und Umsetzung kreativer Lösungen durch Anwendung von Verkaufsinformationssystemen verstanden (z. B. „This technology helps me to identify innovative ways of doing my job"). Technologiebasierte Leistung ist zu verstehen als das Erreichen des Kunden durch die Nutzung von Verkaufstechnologien (z. B. „Using technology helps me communicate better with customers").

Stichprobe und Methode: Befragt wurden 237 Vertriebsmitarbeiter (66 m, 34 w) aus drei Unternehmen.

Ergebnisse: Bedingungen, die Technostress erzeugen, sind mit schlechterer Verkaufsleistung und mit geringerer technologiebasierter Innovation verbunden. Höhere technologiebasierte Innovation wiederum geht mit höherer technologiebasierter Leistung einher. Technologiekompetenzen hingegen sind mit höherer technologiebasierter Leistung und mit technologiebasierter Innovation verbunden.

Schlussfolgerungen: Wichtig ist die Stärkung der individuellen Kompetenzen im Umgang mit Informationssystemen, aber auch die Förderung der technologiebasierten Selbstwirksamkeit, die Verfügbarkeit von Unterstützungssystemen sowie die Einbindung der Beschäftigten in Entscheidungen bezüglich der Einführung von Technologien, die die Arbeitsprozesse der Beschäftigten betreffen.

Die Praxis der Digitalisierung: Unternehmensfallstudien im Spiegel der Debatten

Thomas Engel, Martin Ehrlich, Walid Ibrahim, Manfred Füchtenkötter, Arlett Semm, Christian Erfurth, Antonio Schulz, Marcus Wolf, Laura Thiele, Stephanie Drössler, Maximilian Bretschneider, Daniel Kämpf, Selina Magister, Maria Zeiser, Andreas Seidler, Holger Muehlan, Jan Vitera und Sandra Lemanski

Zusammenfassung

Der technologische Wandel in der Arbeitswelt wird in Wirtschaft, Wissenschaft, Politik und Gesellschaft verstärkt thematisiert und teilweise auch kontrovers diskutiert. Damit einhergehen verschiedene Perspektiven auf Technik, Arbeit und Gesundheit. So entstehen nicht nur ganz unterschiedliche Definitionen von Industrie 4.0 und Digitalisierung, sondern auch je nach Wissenschaftsdisziplin eigenständige Beschreibungen der Praxis. Im Folgenden wird deshalb eine große Bandbreite dieser Varianz dargestellt. Dabei liegt der Schwerpunkt auf der Abbildung arbeitssoziologischer, -medizinischer und -psychologischer sowie ingenieurwissenschaftlicher

---

Die Reihenfolge der Autoren entspricht nicht der Reihenfolge der Gewichtung zum Beitrag. Die korrespondierenden Autoren sind nur für ihre spezifischen eigenen Abschnitte zuständig. Die Autoren der einzelnen Abschnitte finden Sie im jeweiligen Abschnitt innerhalb des Kapitels.

T. Engel (✉) · M. Ehrlich · W. Ibrahim · M. Füchtenkötter
Institut für Soziologie, Friedrich-Schiller-Universität Jena, Jena, Deutschland
E-Mail: thomas.engel@uni-jena.de

M. Füchtenkötter
E-Mail: manfred.fuechtenkoetter@uni-jena.de

A. Semm · C. Erfurth (✉) · A. Schulz · M. Wolf · L. Thiele
Fachbereich Wirtschaftsingenieurwesen, Ernst-Abbe-Hochschule Jena, Jena, Deutschland
E-Mail: christian.erfurth@eah-jena.de

S. Drössler (✉) · M. Bretschneider · D. Kämpf · S. Magister · M. Zeiser · A. Seidler
Institut und Poliklinik für Arbeits- und Sozialmedizin, Technische Universität Dresden, Medizinische Fakultät, Dresden, Deutschland
E-Mail: stephanie.droessler@tu-dresden.de

© Springer-Verlag GmbH Deutschland, ein Teil von Springer Nature 2021
T. Engel et al. (Hrsg.), *Digitale Transformation, Arbeit und Gesundheit*, https://doi.org/10.1007/978-3-662-63247-5_2

Debatten. Vorangestellt ist eine übergreifende Arbeitsdefinition von Industrie 4.0, auf die sich die Partner des GAP-Projektes für die gemeinsame Arbeit verständigt haben. Anschließend folgen die theoretischen und praktischen Einblicke der vier genannten Forschungsdisziplinen. Diverse Fallstudien illustrieren die angerissenen Debatten und liefern die praktischen Problemstellungen, aus denen die Anforderungen an eine human-zentrierte Arbeitsgestaltung entstehen. Wenngleich die Einblicke in die Technologieeinführung in verschiedenen Unternehmen vor der Coronakrise erfolgten, lassen sich die Erfahrungen mit der Umsetzung von Digitalisierungsvorhaben auch auf die aktuellen Herausforderungen übertragen vor denen Unternehmen stehen.

2.1 Industrie 4.0 als Fluchtpunkt der Digitalisierung – eine Arbeitsdefinition[1]

Thomas Engel, Martin Ehrlich, Walid Ibrahim, Manfred Füchtenkötter
Beschäftigtendes Unternehmens, die nach dem Kunden an

2.1.1 Revolution und pfadabhängige Entwicklung

Die Diskussion um die Entwicklung einer Industrie 4.0 läuft nunmehr seit einigen Jahren. So wundert es nicht, dass inzwischen etliche Definitionen vorliegen, die jeweils besondere Spezifika der Technik oder Organisation von Wertschöpfung hervorheben. Gemeinsam ist allen Beschreibungen, dass dem Internet und der Vernetzung eine Schlüsselfunktion in der technologischen Neuausrichtung von Produktionsprozessen

---

[1] Die Arbeitsdefinition wurde im Projektverlauf von den wissenschaftlichen Mitarbeitern und betrieblichen Partnern im Verbund mehrfach diskutiert und weiterentwickelt. Hervorzuheben ist die Mitarbeit von Christian Erfurth und Arlett Semm, die eine entscheidende Erweiterung um die ingenieurwissenschaftliche Perspektive begünstigte.

M. Bretschneider
E-Mail: maximilian.bretschneider@psychologie.tu-chemnitz.de

H. Muehlan (✉) · J. Vitera · S. Lemanski
Lehrstuhl Gesundheit und Prävention, Institut für Psychologie, Universität Greifswald,
Greifswald, Deutschland
E-Mail: holger.muehlan@uni-greifswald.de

J. Vitera
E-Mail: jan.vitera@uni-greifswald.de

S. Lemanski
E-Mail: sandra.lemanski@uni-greifswald.de

zu kommen. Die Unterschiede lassen sich auf den verschiedensten Ebenen ausmachen: Sie betreffen Vorstellungen der Reichweite (z. B. in Bezug auf die Sektoren Industrie, Dienstleistung, Landwirtschaft), den Grad der Durchsetzung, welche Basistechnologien kennzeichnend sind, das Verhältnis zu Markt und Kunden, den Aufbau von Wertschöpfungsketten usw.

Ein zentraler Unterschied manifestiert sich unseres Erachtens entlang zweier Erkenntnis- bzw. Anwendungsinteressen des Industrie 4.0-Begriffes. Ein Teil der, vor allem programmatischen, akklamatorischen Beschreibungen fokussiert auf dem Umbruchcharakter, auf der Betonung des Neuen und der erwartbaren Umwälzungen. Zu ihnen gehören die „Maximalisten" [12], die erwarten, dass sich alles ändert, große Teile prominenter, international agierender Think Tanks (wie die MIT-Autoren Brynjolfsson und McAfee), Lobbyisten, Branchenverbände (wie BITKOM) und viele politiknahe Einrichtungen. Entsprechende Definitionen ordnen den Umbruch in große historische Linien der industriellen Revolutionen ein. Sie sehen autonome, sich selbst steuernde Cyber-Physische Systeme[2] (CPS) und Smart Factories[3] als die produzierenden Einheiten der Zukunft an und sind überzeugt, dass die Karten wirtschaftlicher Stärke von Unternehmen, Branchen oder ganzen Volkswirtschaften mit diesen Merkmalen neu gemischt werden.

Wir finden jedoch ebenfalls Hinweise auf einen Industrie 4.0-Begriff, der eine behutsame, pfadabhängige Einbettung bevorzugt. Viele der heute vorfindbaren Kommunikationsmittel, Vernetzungspraktiken, Sensorik und Aktorik in betrieblichen Prozessen wurden allmählich als geeignete Werkzeuge entwickelt, getestet und etabliert. Trotzdem erscheint Industrie 4.0 eher als ferner, möglicherweise niemals erreichbarer Fluchtpunkt. Diese Art der Begriffsnutzung wird nicht unbedingt von Technikskeptikern oder „Minimalisten" benutzt, sondern entspricht durchaus praktischer Erfahrungen der Anwender und Entwickler in Unternehmen. Dieses Verständnis wird auch eher von der wissenschaftlichen Begleitforschung eingebracht, die ganzheitliche Sichtweisen, den Prozesscharakter oder soziale Voraussetzungen technischer Anwendungen und Innovationen betont. Industrie 4.0-Elemente funktionieren demnach nach Logiken soziotechnischer Systeme [13] und setzen sich nicht bruchlos durch, sondern folgen eher den Prinzipien allmählich lernender Adaption von Einzel- zu Insel- zu systemischen Lösungen [14], was immer auch Lern- und Scheiternsschritte einbezieht.

Für die Arbeit im GAP-Projekt waren beide Definitionsweisen wichtig (zusammenfassend siehe Tab. 2.1). Sie sind für bestimmte Kontexte sinnvoll, z. B. um betriebliche,

---

[2]Hierbei handelt es sich um „physische Objekte, die mit einem eingebetteten System sowie Sensoren und Aktoren ausgestattet sind", was ihnen „Intelligenz und die Fähigkeiten zur Selbststeuerung, zur Vernetzung mit anderen CPS und zur Interaktion mit ihrer Umgebung" [19] verleiht.
[3]Die Idee einer intelligenten Fabrik (Smart Factory) beinhaltet ein Produktionssystem, dessen „Integrationsgrad eine Tiefe erreicht hat, dass Selbstorganisationsfunktionen von Produktion und zugehöriger Anlagenkonfiguration möglich werden." (Fraunhofer IOSB http://i40.iosb.fraunhofer.de/).

Tab. 2.1 Revolutionsbegriff „Industrie 4.0" und pfadabhängige Entwicklung zur „Industrie 4.0"

Revolutionsbegriff „Industrie 4.0"	Pfadabhängige Entwicklung zur „Industrie 4.0"
„Soll-Konzept" [15], Einordnung in eine lange Reihe industrieller Revolutionen seit dem 18. Jahrhundert bis heute	Betonung des pfadabhängigen Charakters einer (zurückliegenden und bevorstehenden) Entwicklung der schrittweisen Digitalisierung, Informatisierung und Vernetzung. „Industrie 4.0" wird als ein Fluchtpunkt beschrieben und nicht als plötzlich gewandelter, gegenwärtiger Zustand
Betonung eines revolutionären Umbruchs, dessen Zeuge wir gerade werden. Die Gegenwart wird abgeglichen mit theoretischen Merkmalen, avancierten, komplexen Technologie-Elementen und Bruchpunkten der Industrie 4.0	Viele Elemente der Digitalisierung und Informatisierung können als Bestandteil einer Industrie 4.0 angesehen werden. Sie realisieren bestimmte Management- und Organisationsprinzipien, die bereits seit mehreren Jahren oder Jahrzehnten wirksam (z. B. Just-In-Time- oder kundengesteuerte Produktion) oder logische Fortsetzung von Rationalisierungstrends (Lean Production, papierloses Büro u. ä.) sind. CPS und IdD sind „nur" weitere Werkzeuge zur Umsetzung dieser Prinzipien. Der zugrunde liegende Prozess wird meist als Digitalisierung oder Informatisierung gefasst [16]
Grundlage ist jeweils eine revolutionäre Basistechnologie: Kennzeichen der Industrie 4.0 ist eine umfassende Digitalisierung und Vernetzung vormals analoger Prozessschritte mithilfe sogenannter Cyber-Physischer Systeme (CPS) und des Internets der Dinge (IdD) in der (wertschöpfungsübergreifenden) Entwicklung hin zu Smart Factories	Bevorzugte Anwendung von betrieblichen Praktikern, Unternehmern, Sozialwissenschaftlern
Bevorzugte Anwendung von Lobbyisten und Politikern, teilweise auch von Natur- und Ingenieurwissenschaften	Definitionsbeispiel: Industrie 4.0 und Digitalisierung als „Prozess des sozio-ökonomischen Wandels [...], der durch Einführung digitaler Technologien, darauf aufbauender Anwendungssysteme und vor allem ihrer Vernetzung angestoßen wird." [18, S. 10]
Definitionsbeispiel: „Der Begriff Industrie 4.0 steht für die vierte industrielle Revolution, einer neuen Stufe der Organisation und Steuerung der gesamten Wertschöpfungskette über den Lebenszyklus von Produkten. Dieser Zyklus orientiert sich an den zunehmend individualisierten Kundenwünschen und erstreckt sich von der Idee, dem Auftrag über die Entwicklung und Fertigung, die Auslieferung eines Produkts an den Endkunden bis hin zum Recycling, einschließlich der damit verbundenen Dienstleistungen. Basis ist die Verfügbarkeit aller relevanten Informationen in Echtzeit durch Vernetzung aller an der Wertschöpfung beteiligten Instanzen sowie die Fähigkeit aus den Daten den zu jedem Zeitpunkt optimalen Wertschöpfungsfluss abzuleiten. Durch die Verbindung von Menschen, Objekten und Systemen entstehen dynamische, echtzeitoptimierte und selbst organisierende, unternehmensübergreifende Wertschöpfungsnetzwerke, die sich nach unterschiedlichen Kriterien wie beispielsweise Kosten, Verfügbarkeit und Ressourcenverbrauch optimieren lassen." [17, S. 8]	

branchenbezogene politische Handlungsbedarfe klar zu konturieren oder um jeweils arbeitsplatzbezogene, betriebliche, technologische Vorläufer oder Grundprinzipien der sogenannten Industrie 4.0 sichtbar zu machen. Für die empirische Arbeit, gerade zur Erstellung von Unternehmensfallstudien, ist eher eine Orientierung am Entwicklungs- oder Pfad-Paradigma sinnvoll. Wir gehen davon aus, dass auch bruchhafte technologische Innovationen im Anwendungskontext auf der Grundlage von Vorläufern oder Teststrecken entstanden sind. Technikpfade oder -umbrüche sind Teile eines umfassenderen Produktionsmodells, das als organisatorische Umsetzung des Wertschöpfungssystems zu beschreiben ist.

2.1.2 Nutzungsorientierung und technologische Grundlagen

„Industrie 4.0" als ein von Industrieverbänden und der Bundesregierung geprägtes Label diskutiert vor allem die nächste Welle eines Technikeinsatzes, der die Automatisierung von Produktions- und Dienstleistungsarbeit[4] weiter vorantreiben soll. In der Gesamtheit lässt sich ein visionäres, aber kein einheitliches Bild zeichnen. Vielmehr sind es einander ergänzende, voneinander abhängige Technologiefelder, die von diesem Wandel berührt werden.

Als wichtigste Technologiefelder der Industrie 4.0 gelten sogenannte Cyber-Physische Systeme, die in intelligenten Fabriken (Smart Factories) zum Einsatz kommen und dabei über Netzwerke (das sogenannte Internet der Dinge, IdD) und externe Speicher (Cloud) kommunizieren. Konkret handelt es sich bei den Cyber-Physischen Systemen um „physische Objekte, die mit einem eingebetteten System sowie Sensoren und Aktoren ausgestattet sind", was ihnen „Intelligenz und die Fähigkeiten zur Selbststeuerung, zur Vernetzung mit anderen CPS und zur Interaktion mit ihrer Umgebung" [19, S. 9] verleiht.

Industrie 4.0 steht als Metabegriff für eine Verknüpfung der realen und der digitalen Welt. Dabei fungiert die intelligente Fabrik als Fluchtpunkt oder Orientierungsgröße, auf die Produkte und Prozesse ausgerichtet werden. Bislang sind technologische Entwicklungen vor allem unterhalb der „eher unrealistischen Vision einer CPS-gesteuerten Produktion" [14, S. 9] zu suchen. Diese Technologiefelder bilden Gruppen von Basistechnologien ab, welche zur Realisierung grundlegender Industrie 4.0-Lösungen (z. B. IdD und CPS) benötigt werden. In der Praxis werden zumeist mehrere Technologiefelder zur Umsetzung konkreter Unternehmenslösungen benötigt [19].

---

[4]Der Begriff Industrie 4.0 verengt den Blick auf einen Wandel der Produktionsarbeit. Allerdings besteht Einigkeit darüber, dass Digitalisierungs- und Automatisierungsschritte auch im Dienstleistungsbereich vollzogen werden.

Nutzungsorientierte Zuordnung von Technologien entlang der Einsatzfelder:

- Unterstützung der Produktionsarbeit
  (z. B. durch (weitere) Automation, Mensch-Roboter-Kollaboration, Augmented Reality (Datenbrillen), Arbeitszeitkoordination via Internet)
- Simulation und Prozessevaluation
  (z. B. der Fertigung, des Wertstroms, des Engineerings)
- Unterstützung der Instandhaltung
  (z. B. durch Fernwartungssysteme, Diagnosehilfen wie Datenbrillen, zur Ermittlung der Material- und Produktqualität mittels Sensoren)
- Steuerung der Produktion
  (z. B. mit Hilfe von RFID-Chips, papierloser Logistik, intelligenten Behältern)

Eine weitere nutzungsorientierte Zuordnung der Technologien ist möglich, wenn die Wertschöpfungsbereiche im Vordergrund stehen. Angelehnt an die Industrie 4.0-Plattform können folgende Bereiche unterschieden werden, wobei hier bereits Ergänzungen aufgrund der ingenieurwissenschaftlichen Expertise (siehe auch Abschn. 2.2) im Projektverbund vorgenommen wurden:

- Produkt-Design und Entwicklung
- Produktion und zugelieferte Komponenten
- Service und Instandhaltung
- Logistik
- Marketing und Verkauf

Auf die Betriebsorganisation bezogen können interne und externe Abläufe unterschieden werden. Die letzten drei Wertschöpfungsbereiche werden häufig auch durch prozessbegleitende Dienstleistungen realisiert. Design und Entwicklung werden teils im Haus absolviert und teils extern als produktbezogene Dienstleistungen vergeben. Für die Technologienutzung ist die Umsetzung von Schnittstellen zwischen den Prozessen vertikal und zwischen interner und externer Dienstleistungserbringung horizontal zu unterscheiden.

Hinsichtlich der Systematisierung von Industrie 4.0-relevanten Einzeltechnologien gibt es darüber hinaus auch andere Konzepte, die ebenfalls Teil des geschilderten Entscheidungsprozesses werden sollten. Eine gemeinsame Studie von agiplan, Fraunhofer IML und ZENIT identifiziert auf der Basis einer Auswertung nationaler Studien und Positionspapiere zur Industrie 4.0 insgesamt sechs relevante Technologiefelder sowie ein Querschnittstechnologiefeld. Als Querschnittstechnologien werden Standards und Normungen, wie z. B. Kommunikationsstandards, semantische Standards, Standardisierung von Systemelementen oder Identifikationsstandards definiert [19]. Die Technologiefelder orientieren sich an für die Produktion notwendigen Grundfunktionen:

- Kommunikation
  (z. B. echtzeitfähige Bus-Technologie, echtzeitfähige drahtlose Kommunikation, IT-Sicherheit, selbstorganisierende Kommunikation)
- Sensorik
  (z. B. miniaturisierte Sensorik, intelligente und (re-)konfigurierbare Sensorik, vernetzbare Sensorik, Sensorfusion)
- Eingebettete Systeme
  (z. B. intelligente oder miniaturisierte eingebettete Systeme, Energy-Harvesting, Identifikationsmittel)
- Mensch-Maschine-Schnittstelle
  (z. B. Sprach- oder Gestensteuerung, intuitive Bedienelemente, wahrnehmungsgesteuerte Schnittstellen, Fernwartung, Augmented Reality)
- Software/System-Technik
  (z. B. Multi-Agenten-Systeme, Maschinelles Lernen und Mustererkennung, Big Data, Cloud-Computing)
- Aktorik
  (intelligente Aktoren, vernetzte Aktoren, sichere Aktoren)

Ausgangspunkt für eine solche Strukturierung der Technologiefelder ist ihre Verfügbarkeit, zu der es jeweils unterschiedliche Reifegrade[5] gibt. Eine Kombination von mindestens zwei dieser Elemente, z. B. Kommunikation mit Sensorik, erlaubt eine Charakterisierung als Industrie 4.0-Anwender. Solche Fälle können jeweils unterschiedliche Umsetzungsniveaus erreichen, je nachdem welche Technologie-Reifegrade eingesetzt werden und welche konkreten organisatorischen Umsetzungen vorfindbar sind. Hier ist wiederum das Grundverständnis des sozio-technischen Systems hilfreich, das den mikropolitischen Prozess- und Aushandlungscharakter berücksichtigt.

Das Nutzenversprechen von Industrie 4.0 besteht darin, mithilfe hochtechnisierter und hochflexibler Produktionsanlagen Prozesse zu optimieren und betriebliche Flexibilität zu maximieren. Neue Technologien ermöglichen den permanenten Austausch der digitalen Fabrik in Echtzeit mit anderen Akteuren in der Wertschöpfungskette. Neben der Koordinierung von Material- und Informationsströmen nach den Kriterien größtmöglicher Effizienz wird auch eine an individuelle Kundenwünsche angepasste Massenproduktion (Stichwort „Losgröße 1") ermöglicht. Industrie 4.0-Technologien bieten entsprechend Chancen, die Wettbewerbsfähigkeit zu steigern, indem Produktions-

---

[5]Viele Technologien, welche dem Bereich Industrie 4.0 zugeordnet werden, befinden sich noch in einer Grundlagen- oder Evaluierungsphase. Daraus resultiert, dass in der Praxis ein erhöhter Bedarf an Forschungs- und Entwicklungsaktivitäten nötig ist, um die vorhanden Technologien in konkrete Marktlösungen umzusetzen. Dieser Bedarf beschreibt den relativen Reifegrad einer Technologie. Die in der Regel hohen Investitionskosten und -risiken, welche Technologien geringer Reife mit sich bringen, sind nur schwer durch kleine und mittelständische Unternehmen umzusetzen.

kosten reduziert und neue Umsatzpotenziale erschlossen werden. All diese Aspekte – obwohl wichtig – werden in der basalen Bestimmung der Industrie 4.0-Charakteristik von Unternehmen eine untergeordnete Rolle spielen.

2.1.3 Funktionsstufen nach Phasen- und Reifegradmodellen

Technologische Reifegradmodelle oder Vorstellungen über Entwicklungsstadien geben Hinweise auf unterschiedliche Durchsetzungsgrade und Vervollkommnung von Industrie 4.0-Elementen. Sie sind in der Regel aus Klassifizierungsbedürfnissen von Technologen entstanden, bieten aber auch Unternehmensberatungen und Fördereinrichtungen wichtige Anhaltspunkte. Das erklärt, warum auch Nicht-Techniker sich mit Reifegradmodellen beschäftigen und eigene Vorschläge entwickelt haben.

Es gibt ambitionierte Modelle, die weit über eine systematisierende, am Fluchtpunkt Industrie 4.0 ausgerichtete Beschreibung der technologischen Anwendungen in Unternehmen hinausgehen. Sogenannte „Digital Maturity Modelle", die digitale Reife aus verschiedenen Stakeholder-Perspektiven multidimensional erfassen sind aus unserer Sicht hier nur eingeschränkt nutzbar. Stattdessen schlagen wir die Arbeit mit einer Art Stufenmodell vor, das anwendungsorientierte Funktionsbereiche von Industrie 4.0-Technologien fokussiert. Als geeignet erscheint uns ein von agiplan, Fraunhofer IML und ZENIT entwickeltes Modell, dass insgesamt fünf, miteinander verschränkte, teilweise auch aufeinander aufbauende Funktionsbereiche umfasst [19]. Wir nennen diese vereinfachend Funktionsstufen, wobei wir diese nicht als zwangsläufig aufeinander aufbauend verstehen, sondern als Dimensionen der IT-basierten Technikentwicklung:

1. **Datenerfassung und -verarbeitung:** Die Erhebung und Auswertung von Daten (Kunden-, Produkt-, Produktions-, Lager-, Kapazitäts-, Nutzungs-, Qualitäts-, Umgebungs-, Wissens- und Supply-Chain-Daten sowie Big-Data-Analysen u. a.) auf der Basis von Sensortechnik bilden die Grundlage für viele Industrie 4.0-Anwendungen. Dieser grundlegende Schritt zielt auf eine Verbesserung von Prozessen oder Qualität, wobei in der Regel (noch) nicht die Maschinen sondern die Beschäftigten die Daten auswerten und entsprechende Maßnahmen einleiten. Die untersuchungsleitende Frage lautet: „Welche Daten werden erfasst oder generiert und wofür werden sie verarbeitet?" [19, S. 75]
2. **Assistenzsysteme:** Unter Assistenzsystemen werden Technologien verstanden, die Beschäftigte bei ihrer Arbeit unterstützen, insbesondere mit Blick auf die Bereitstellung und Aufbereitung von Informationen. Dies beginnt bei mobilen Endgeräten und reicht über elektronische Arbeitsanleitungen, E-Learning-Systeme, Dokumentations- und Wissensmanagementsysteme und kontextsensitive Systeme bis zu Visualisierungssystemen und Datenbrillen, Simulationssystemen und motorische Assistenz. Erwartbar ist ein Zusammenhang zwischen Beschäftigtenkompetenzen und der „Intelligenz" der Systeme. Assistenz bieten sie nur soweit, wie Beschäftigte

sie zulassen, akzeptieren, damit umgehen und sich dabei weiterentwickeln können. Die untersuchungsleitende Frage lautet: „Durch welche Assistenzsysteme werden Beschäftigte in ihrer Arbeit unterstützt und in welchem Maße sind davon ihre Kernkompetenzen berührt?" [19, S. 90]

3. **Vernetzung und Integration:** Durchgehende Daten- und Informationsflüsse ermöglichen die Vernetzung von Anlagen, Prozessen und Produkten. Der Funktionsbereich Vernetzung und Integration beschreibt eine Entwicklungsstufe, die über technologische Einzel- oder Insellösungen hinausreichen kann. Der unternehmensinterne oder auch unternehmensübergreifende Austausch von Daten reicht über die Vernetzung von IT-Systemen[6] über Wissens- und Informationsmanagementsysteme, den Austausch von Auftragsdaten oder Technologiedaten, Entwicklungszusammenarbeit und Cloud-Technologien bis zur Betrachtung des gesamten Produktionszyklus[7] und der Vernetzung mit anderen Unternehmen. Die untersuchungsleitenden Fragen lauten: „Wie funktioniert die Zusammenarbeit innerhalb der Abteilung, mit anderen Abteilungen und mit Partnern im Netzwerk? Welche Daten werden ausgetauscht?" [19, S. 103]

4. **Dezentralisierung und Serviceorientierung:** Die zentrale produktionsorientierte Steuerung weicht einer dezentral organisierten Serviceorientierung. Abteilungen fungieren als autonome Leistungseinheiten, die nach Zielvorgaben operieren und sich selbst optimieren. Auf diese Weise können Kapazitäten effizienter genutzt werden, z. B. indem der Leerlauf von Anlagen und die Wartezeiten von Beschäftigten minimiert werden. Serviceorientierung meint auch das Anbieten von Hard- und Software als Service, von Leistungen anstelle von Produkten (Pay-per-Use-Modelle) und von Ergänzungsleistungen zum Produkt. Sie beinhalten Modularisierung und Standardisierung (von Produkten, Systemen, Prozessen, Materialen oder Informationen) sowie flexible Maschinen und Anlagen (selbstkonfigurierende und Plug & Produce-fähige Maschinen, wandlungsfähige Fördertechnik/Produktionssysteme). Die untersuchungsleitende Frage lautet: „Welche Leistungen/Services werden anderen Abteilungen/Partnern angeboten und welche werden selbst genutzt?" [19, S. 117]

5. **Selbstorganisation und autonome Systeme:** Dieser letzte, dem Fluchtpunkt Industrie 4.0 am nächsten gelegene Funktionsbereich umfasst Technologien, die auf selbststeuernde Systeme auf der Basis automatischer Datenauswertungen zielen. Als Beispiel für die Selbstkonfiguration und Selbstoptimierung von Systemen werden intelligente Behälter, intelligente Werkstückträger, intelligente, flexible Lösungen für fahrerlose Transportsysteme in der Intralogistik und automatisierte Bestellvorgänge (an Lieferanten oder als E-Kanban zur Produktionsversorgung) benannt. Indem selbstorganisierende Produktions- und Logistikeinheiten im Austausch miteinander

---

[6] Beispielsweise Lagerverwaltungssysteme, Enterprise-Resource-Planning-Systeme, Manufacturing-Execution-Systeme, Material-Requirements-Planning-Systeme.

[7] durchgängiges Produktdatenmanagement, Re- oder Up-Cycling.

stehen, können zum Beispiel Durchlaufzeiten verkürzt und der Energieverbrauch gesenkt werden. Selbstorganisation, verstanden als ein zentrales Element Cyber-Physischer Systeme, umfasst unter anderem Qualitätsregelkreise, Versorgungskreise, autonome Kapazitäts- und Ressourcenplanung sowie Produktionsplanung und -steuerung. Die untersuchungsleitende Frage für diese Dimension der IT-Technik lautet: „Wie wird gesteuert, was wird automatisch geregelt?" [19, S. 131]

2.1.4 Heuristik zur Einordnung von Industrie 4.0-Anwendungsfällen

Für eine praktikable Handhabung im Rahmen der empirischen Forschung des GAP-Projektes wurden die genannten Kategorien der Techniknutzung, der Funktionsstufen u. Ä. als vorläufige, orientierende Heuristik verwendet (Tab. 2.2). An der Entwicklung dieser Heuristik waren alle Projektpartner beteiligt, was sich auch in der Unternehmenskultur-Diskussion der Kollegen aus dem Bereich des Wirtschaftsingenieurwesens widerspiegelt (Abschn. 2.2). Vorläufig ist diese Systematik deshalb, weil sie sich zwar aus den vorgestellten Kategorien und Literaturanalysen ergibt, aber nicht als abgeschlossen betrachtet werden kann. Wo eine Unterscheidung hinsichtlich des erreichten Industrie 4.0-Stadiums oder des Reifegrades gefragt ist, setzen wir in der Beschreibung von Unternehmen und ihren eingesetzten Technologien auf ein stark vereinfachendes 3-Phasen-Modell der testweisen, der partiellen und der umfassenden Umsetzung.

Durch diese Herangehensweise nach dem Vorbild des morphologischen Kastens (Tab. 2.2) sind wir auf verschiedene Kombinationen und Ausprägungen für die Dimensionen Technologienutzung, Grundfunktionen und Funktionsstufen gestoßen, die in der Gesamtschau ein erstes, eher qualitatives Lagebild zur Verbreitung von Industrie 4.0-Technologien im engeren Sinne und zur Umsetzung der Digitalisierung im weiteren Sinne ergeben. Diese Kombinationen z. B. von Grundfunktionen erlauben auch erste Ansätze der Industrie 4.0 zu erkennen, wie wir sie gerade in den klein- und mittelständischen Unternehmen vorgefunden haben. Auf dieser Basis sind die folgenden Aussagen zum Wandel der Arbeit und zu den gesundheitlichen Folgen sowie zu den arbeitspolitischen und gesundheitsförderlichen Gestaltungsmaßnahmen als Sondierung des Feldes mit Fokus auf das mittelständisch geprägte, industrielle Beschäftigungssystem einzuordnen.

2.2 Die Digitale Transformation – komplexer Wandel der Unternehmenskultur

Arlett Semm, Christian Erfurth, Antonio Schulz, Marcus Wolf, Laura Thiele
Das GAP-Projekt hat sich zum Ziel gestellt, bereits aktuell erkennbare Auswirkungen der Digitalisierung auf die Arbeit der Zukunft aus der Blickrichtung verschiedener

Tab. 2.2 Überblick über Definitionskriterien zur Beschreibung von Industrie 4.0-Anwendungsfällen bzw. digitaler Technologien

Pfad vs. Bruch	schrittweise generische Entwicklung (Pfad)				rasch vollzogener Wechsel (Bruch)
Technologienutzung					
... entlang der Wertschöpfungsstufen	Produkt-Design und Entwicklung	Produktion und Zulieferung von Komponenten	Service, Instandhaltung, Wartung	Logistik	Marketing, Verkauf
... im Produktionsprozess	Unterstützung der Produktionsarbeit	Simulation und Prozessevaluation	Koordination der Instandhaltung		Steuerung der Produktion
Technologiefunktionalität					
... entlang der Funktionsstufen	Datenerfassung und -verarbeitung	Assistenzsysteme	Vernetzung und Integration	Dezentralisierung und Serviceorientierung	Selbstorganisation
... entlang der Grundfunktionen	Kommunikation	Sensorik	Eingebettete Systeme	Mensch-Maschine-Schnittstellen	Software-/System-Technik / Aktorik
Digitalisierungsgrad					
Industrie 4.0-Stadium	Phase 1: testweise Umsetzung		Phase 2: partielle Umsetzung		Phase 3: umfassende Umsetzung
Betriebliche Gesamtausprägung	(Erste) Digitalisierungs- und Informatisierungsansätze von betrieblichen Organisations- und Produktionsschritten		Vernetzung und Einbettung von digitalisierten und informatisierten Organisations- und Produktionsprozessen zu Einzel- und Insellösungen in der Nutzung		Verknüpfung oder Erweiterung von Insellösungen durch höhere Vernetzung und Automatisierung (mit dem Ziel: Smart Factory)

Wissenschaftsdisziplinen zu untersuchen. Der Fokus in diesem Abschnitt liegt auf der Betrachtung aus einer technologischen bzw. ingenieurwissenschaftlichen Perspektive mit Schwerpunkt auf der Informatik und dem Wirtschaftsingenieurwesen. Insbesondere stellen sich die folgenden Fragen:

- Welcher Stand der Digitalisierung ist in der Industrie vorzufinden? Wo werden Schwierigkeiten bei der Umsetzung in Unternehmen gesehen?
- Wie gelingt die digitale Transformation? Was sind entscheidende Erfolgsfaktoren?
- Welche erfolgreichen Methoden und treibenden Technologien der digitalen Transformation werden bereits angewendet bzw. eingesetzt?
- Welche Vorgehensweisen sind vielversprechend und wo liegen Herausforderungen hinsichtlich der Technologieeinführungen?
- Welche Schlussfolgerungen lassen sich aus der Einführung und Verwendung von Technologien für die Entwicklung selbiger ableiten?
- Welchen Einfluss haben die Veränderungen durch die Digitalisierung auf die Arbeit?
- Wie ist das Wissensmanagement im Unternehmen geregelt, bezogen auf die Digitalisierung?

Dabei wird der Versuch unternommen, die Entwicklungsrichtung der digitalen Transformation als einen ganzheitlichen Wandel von Unternehmenskultur zu interpretieren, der nicht am Werkstor endet. Die These ist, dass die Komplexität des Wandels in den Unternehmen sich zwar generell abzeichnet, aber vor allem deshalb bisher nicht umfassend gelingt, weil die verschiedenen technologischen Ebenen (Hardware, Software, Daten, Prozesse) keine organisatorischen Entsprechungen in den Unternehmensstrukturen oder mitunter auch im Umfeld der Unternehmen finden.

2.2.1 Grundlagen: Begriffe und Debatte der Ingenieurwissenschaften

Eine weitverbreitete Definition des Begriffs Industrie 4.0 zielt zunächst auf die industriellen Revolutionen ab (wie bereits in Abschn. 2.1.1 dargestellt): Nach Mechanisierung, Elektrifizierung und Informationalisierung folgt nun das Internet der Dinge und Dienste [19, 20]. Der Begriff Industrie 4.0 stammt streng genommen aus dem informationstechnischen Umfeld. Die Zahl 4.0 könnte dementsprechend auch als Stufe einer Softwareversion gelesen werden.

Dass diese Revolution nicht nur einen Teilbereich tangiert, zeigt sich an Fragestellungen aus den einzelnen Wissensgebieten und deren damit verbundenen unterschiedlichen Sichtweisen auf Industrie 4.0: Während sich für die Soziologie beispielsweise Fragen um die künftige Zusammenarbeit stellen, sich die Medizin mit neuen Belastungen durch andere Arbeitsweisen und -formen beschäftigt, sich die Ingenieurwissenschaften mit Fragen der Vernetzung von Maschinen auseinandersetzen und sich die Wirtschaftswissenschaften mit neuen Geschäftsmodellen befassen, interessiert sich die Informatik unter anderem für das Problem der intelligenten Datennutzung (Smart Data). Industrie 4.0 hat also in ganz verschiedenen Wissensgebieten sehr unterschiedliche Auswirkungen. Diese gilt es aus dem jeweiligen Wissensgebiet heraus im Zusammenhang zu untersuchen.

Festzustellen ist, dass selbst in der Techniksichtweise verschiedene Betrachtungen des Industrie 4.0-Begriffs möglich sind: Industrie 4.0 bzw. der immer häufiger verwendete Begriff Digitalisierung ist ein Sammelbegriff für verschiedene neue Technologien, die es Unternehmen ermöglichen sollen, noch effizienter zu produzieren. Es werden zum Beispiel mit dem Begriff diverse technische Entwicklungen verbunden, wie der 3D-Druck, Augmented Reality, Cloud-Computing [19], Smart Factory [20] usw. Hierbei werden nicht nur komplett neue Technologien der Industrie 4.0 bzw. Digitalisierung zugeordnet, sondern auch auf bereits bestehende Techniken aufgesetzt, welche in Kombination eine „digitale Transformation" ermöglichen. Dies ist ebenfalls ein wesentlicher Punkt, wieso die Bezeichnung Industrie 4.0 so schwer greifbar ist. Dieser Begriff, als Ausdrucksform für bestehende und neue Technologien sowie deren Kombination, und die daraus resultierende Vielseitigkeit, verleiten zu einer Über- und Unterschätzung der Digitalisierung.

Eng mit dem Industrie 4.0-Begriff ist die Sichtweise der Vernetzung – Internet der Dinge, Cyber-Physische Systeme [20] – verbunden. Es wird alles mit allem über das Internet vernetzt: Produkte mit den Maschinen, Menschen mit den Maschinen, Maschinen mit Dienstleistungen, selbst der Kunde ist mit seiner Bestellung [17] im Internet Teil dieser Smart Factory. Weltweit sind Maschinen, Lagersysteme und Betriebsmittel miteinander vernetzt [20]. Um diese Vernetzung flächendeckend nutzen zu können, ist eine umfassende Breitbandinfrastruktur mit festen, garantierten Bandbreiten, hoher Stabilität und Qualität eine zwingende Grundlage. Nur durch diese kann ein qualitativ hochwertiger Datenaustausch ermöglicht werden [20].

Mit der Vernetzung ergibt sich zwangsweise ein weiterer Betrachtungsbereich der Digitalisierung, der die Verarbeitung und Analyse großer Datenmengen (Big Data) adressiert. Nur wenn digitalisiert worden ist, kann vernetzt werden; können Daten aus allen Bereichen (Produktion, Beschäftigte, Maschinen, Produkte, Kunden, Wartung und Recycling) erhoben und analysiert werden [19], um aus diesen Big Data sogenannte Smart Data zu generieren. Die Prozessbeteiligten fungieren als eine Art Schatzsammler: Sie fördern die Ressource „Daten". Doch anders als bei früheren Goldgräbern, ist es notwendig, diese Daten durch Filter zu veredeln, mit der Absicht:

- Effizienzvorteile gegenüber der Konkurrenz zu erzielen,
- Zusammenhänge zu erkennen,
- Qualitätssteigerungen zu erreichen,
- Prognosegenauigkeiten zu verbessern,
- neue Geschäftsmodelle [20] zu entwickeln oder
- eine dezentrale Selbstorganisation umzusetzen.

Daten werden somit als Informationsquelle, als Indikatoren bzw. als Ursprung für neue Ideen, Erkenntnisse, Entwicklungen und Verbesserungen von Industrie 4.0 verstanden – vergleichbar mit dem sogenannten DIKW-Modell (Data, Information, Knowledge, Wisdom) [19].

In der Produktion liegen wirtschaftliche Potenziale besonders in der Echtzeit-Vernetzung aller im Wertschöpfungsprozess beteiligten Instanzen. Dies dient beispielsweise dazu, um Kundenwünsche nach individuellen Produkten zu erfüllen [21]. Technische Grundlagen für eine Integration liefern Cyber-Physische Systeme mit Sensorik sowie die Nutzung des Internets der Dinge. Dies ist die technische Basis für eine Vernetzung auf einer höheren Dienst- und Prozessebene, die auf Wertschöpfung, Geschäftsmodelle sowie auf Dienstleistungen und Arbeitsorganisation ausstrahlt. Es wird allerdings festgestellt, dass erst fünf Prozent der mittelständischen Fertigungsunternehmen ihre Maschinen, Anlagen und Systeme umfassend vernetzen [22]. Durch den deutlich niedrigeren Digitalisierungsgrad bei kleinen und mittleren Unternehmen haben diese einen erhöhten Nachholbedarf in der Industrie 4.0-Umsetzung.

Hemmnisse sind laut Studie eine fehlende Strategie bei gleichzeitiger Ressourcenknappheit sowie fehlende Standards und mangelnde Datensicherheit. Außerdem fehlt den kleinen und mittleren Unternehmen oftmals ein Überblick über alle vorhandenen Technologien [23]. Hierzu wurde eine aktuelle Forschungslandkarte für die Cyber-Physische System-Forschung zusammengetragen [24]. Die Digitalisierungsansätze müssen aufgrund der Schnelllebigkeit von Veränderungen kontinuierlich weiterentwickelt werden [25]. Die Geschwindigkeit der Digitalisierung wird selbst von Großunternehmen als zu langsam empfunden [26].

Oftmals ist durch eine höhere Heterogenität im Maschinenpark bei mittelständigen Unternehmen der Aufwand für eine Digitalisierung größer [27]. Die vertikale Integration durch den digitalen Austausch von Produktionsdaten zwischen typischen Bereichen wie Vertrieb, Planung, Service und Controlling ist bereits schwierig. Dabei wächst der Bedarf, Medienbrüche durch digitale Abbilder von in Prozessen integrierten Objekten zu verringern [28]. Eine noch größere Herausforderung ist der Datenaustausch mit externen Partnern wie Lieferanten und Kunden insbesondere für kleine und mittlere Unternehmen, die in der Regel über weniger Ressourcen und Know-How verfügen als Großunternehmen [29]. Smart Services sind im Mittelstand noch wenig verbreitet.

Die Ausrichtung der IT auf die geschäftlichen Bedürfnisse und damit die passgenaue IT-Unterstützung wird in der Literatur adressiert. Allerdings werden oft einzelne Technologielösungen wie Enterprise-Resource-Planning- oder Manufacturing-Execution-Systeme betrachtet [30]. Für die digitale Transformation ist aber das Zusammenspiel verschiedener Technologien und Funktionsbereiche [19] notwendig, die Lösungen aus folgenden Gebieten anbieten [31]:

1. Lösungen für eine innovative Fertigung,
2. Additive Fertigung,
3. Assistenzsysteme u. a. mit Augmented Reality,

4. Simulation,
5. Vernetzung und Integration (horizontal/vertikal),
6. Industrial Internet,
7. Cloud,
8. Cyber-Security,
9. Datenerfassung und -verarbeitung (Big Data und Datenanalyse).

Damit sind neue Kenntnisse im Bereich IT [25] und eine verstärkte interdisziplinäre Zusammenarbeit zwischen IT und Produktionsumfeld nötig, um datenbasierte Entscheidungen in Unternehmen erfolgreich umzusetzen [32] und daraus zu lernen [33]. Durch die vernetzten Maschinen und Systeme zur Planung und Steuerung von Produktionsprozessen läuft eine Vielzahl von Daten zusammen. Die gefertigten Teile produzieren während des Durchlaufs selbst Daten über ihren Zustand und müssen im Sinne der Qualitätssicherung in vielen Fällen eindeutig identifizierbar sein. In einer empirischen Studie zum Umgang mit „Shop Floor" Daten (Analyse und Erschließung) von ca. 100 Unternehmen (Deutschland und Schweiz) ist ersichtlich, dass nur wenige Unternehmen Datenanalysen übergreifend betreiben und gerade einmal 6 % diese Daten für Entscheidungen nutzen [34]. Wichtige Einsatzfelder bei der Datenanalyse sind:

- Vorausschauende Wartung (Predictive Maintainance, 35 %),
- Prozessoptimierung (Process Optimization, 26 %),
- Qualitätssicherung (Quality Control, 13 %),
- Produktionsplanung (Production Planning and Scheduling, 12 %) sowie
- Objektverfolgung (Track and Tracing, 6 %).

Im Zuge der Digitalisierung nimmt die Datenanalyse eine bedeutende Rolle ein.

In der Literatur ist als Einstieg in die digitale Transformation eine Reifegradbewertung in Bezug auf Industrie 4.0 zu finden [35]. Abgeleitet aus Assessments werden Handlungsempfehlungen im Rahmen einer Digitalisierungsstrategie formuliert. Hierbei werden vor allem einfach umzusetzende Lösungen mit entsprechenden Geschäftsvorteilen priorisiert und ein Transformationskonzept mit konkreten schrittweisen Maßnahmen erstellt [31, 36]. Zunehmend bedeutender werden weiche Faktoren bei der Digitalisierung, die die Rolle des Menschen in der Produktion und der digitalen Arbeitswelt von morgen adressieren wie beispielsweise die Schaffung neuer Arbeitsprozesse und Arbeitsorganisationsformen [19, 28].

Die Maßnahmen in Unternehmen beschränken sich somit nicht nur auf das Gebiet Industrie 4.0. Sie setzen meist dort an, wo Technik ökonomische Vorteile verspricht. Zusammenfassend zeigt die Literaturrecherche bereits ein breites Spektrum an Themen aus den Bereichen der **Arbeitsunterstützung,** z. B.:

- Durch Assistenzsysteme,
- Der Optimierung von Abläufen
- Sowie spezifischen Lösungen für Wartung und Logistik,

sowie **technologiefokussierten Themen,** z. B.:

- Deep Learning,
- Big Data,
- Datenanalysen,
- Blockchain,

und **organisatorischen Aspekten** wie z. B.:

- Agilität,
- Kooperation innerhalb eines Unternehmens wie auch mit externen Partnern,
- Einfluss der Digitalisierung auf die Komplexität von Arbeitssystemen und
- Themen des IT-Managements.

Im Austausch mit Unternehmen haben wir im GAP-Projekt unsere Untersuchungen daher nicht auf das Gebiet Industrie 4.0 beschränkt, sondern vielmehr nach Umsetzung der Digitalisierung, als abstrakter Begriff für Modernisierungsmaßnahmen, gefragt. Bei der Umsetzung von Digitalisierungsmaßnahmen in der Industrie wurde bereits erkannt, dass eine rein technologiegetriebene Umsetzung zu kurz gedacht ist. Es spielen natürlich weitere Aspekte u. a. der Arbeitsgestaltung und Gesundheit, neben den in der Regel als Legitimation dienenden ökonomischen Faktoren, eine wichtige Rolle.

In interdisziplinären (Forschungs-)Projekten ebenso wie in Umsetzungsprojekten mit Fachexperten aus unterschiedlichen Bereichen ist Klarheit über die Ziele und ein gemeinsames Verständnis u. a. zu den Begrifflichkeiten zu schaffen. Abstrakte Begriffe wie Industrie 4.0 und Digitalisierung werden um eine Vielzahl von Fachbegriffen ergänzt, teils marketingbehaftet oder technologiebeschreibend und mit viel Spielraum für Interpretation. Im GAP-Projekt ist ein internes Glossar mit ca. 100 Begriffen entstanden, dass eine Zuordnung zu den Funktionsbereichen [19, S. 36 f.] vornimmt und den Einsatzbereich der Technologienutzung für jeden Begriff darstellt. Dieses Glossar wurde zu Projektbeginn aufgebaut und unterstützte das gemeinsame Verständnis im interdisziplinären Projekt.

Aus den Analysen in den Unternehmen, durch den Austausch auf Tagungen und Workshops mit Praktikern sowie aus dem Literatur-Review (Abschn. 1.2) haben wir im Projekt die folgenden Thesen zur Digitalisierung zusammengefasst:

1. Das Phänomen der „digitalen Transformation" betrifft Gesellschaft, Wirtschaft und Unternehmen als Ganzes und führt zu nachhaltigen Veränderungen. So müssen Unternehmen beispielsweise neue Innovationsmethoden und eine neue Veränderungskultur etablieren.
2. Die digitale Transformation ist ein Prozess, der durch Revolution und Evolution gekennzeichnet ist: Etablierte Prozesse und Technologien werden mit neuen Technologien konfrontiert – neue Prozesse werden evolutionär entwickelt. Alt und Neu werden neu kombiniert und Schaffen die Revolution durch Disruption.

3. Ein wesentlicher Treiber des Veränderungsdrucks ist das Entstehen neuer Chancen, die insbesondere die etablierten Geschäftsmodelle von Unternehmen angreifen.
4. Die Folgen dieser Veränderungen spiegeln sich in der Praxis der Unternehmen nicht ausreichend wider. Die Ursache wird als Defizit in der Sensibilisierung gesehen, insbesondere im Bereich Technologie- und Folgenabschätzung (sozial und unternehmerisch).
5. Erfolgsfaktoren für die Digitalisierung von Unternehmen sind gekennzeichnet durch: 1) Eine Änderung der Mentalität in der Unternehmensführung, 2) die Schaffung innovativer Bereiche und 3) zunehmende Erhebung, Vernetzung und Integration von Daten durch die IT.
6. Unternehmen, die Innovation als wichtig erkannt haben, müssen sich immer wieder ähnlichen Herausforderungen stellen: Wie können innovative Techniken und Prozesse in einer Institution mit festen Strukturen erfolgreich etabliert werden? Es fehlt an Innovationsfeldern, in denen neue Ideen unabhängig von etablierten Strukturen, die das operative Geschäft sicherstellen, erprobt werden können.
7. Ein weiteres großes Problem ist vor allem bei Datensilos in Unternehmen zu beobachten. Sie beginnt mit papierbasierten Arbeitsdokumenten bis hin zu teils komplexen Tabellenkalkulationsdateien oder Softwarelösungen, die in einzelnen Bereichen verfügbar sind – Daten, die nicht im gesamten Unternehmen sichtbar sind. Hier müssen Unternehmen grundlegende Schritte in Richtung Digitalisierung unternehmen, um mit den Daten arbeiten zu können.
8. Besondere Schwierigkeiten sind auch in den derzeitigen Rechtsrahmen zu sehen, die digitale Dienste als Ersatz für Papiere nicht ausreichend vorsehen. Ebenso sind Ausschüsse herausfordernd: Insbesondere der Datenschutz (z. B. Bewertung der Leistung der Mitarbeiter) ist oft ein besonderer Schwerpunkt der Betriebsräte, was sich hemmend auf die Einführung neuer Technologien auswirken kann. Transparenz und Methoden, die Missbrauch verhindern, müssen eingesetzt werden, um dem entgegenzuwirken.
9. Ein weiteres Hindernis ist die Komplexität von Wandel und Technologie. Um handlungsfähig zu sein, müssen vielversprechende Technologien und Prozesse eingesetzt und experimentell angepasst werden.
10. Ein wesentlicher Faktor ist die Bindung von Wissen in Unternehmen: Erfahrung und Problemlösung sind oft stark von Einzelpersonen abhängig. Mit der zunehmenden Spezialisierung der Berufswelt wird der Verlust von Know-How immer mehr zu einem kritischen Problem für Unternehmen. Dem kann durch den Einsatz eines aktiven Feedback- und Wissensmanagementsystems in Unternehmen entgegengewirkt werden.

Die Chancen auf eine erfolgreiche digitale Transformation erhöhen sich, wenn klare Ziele definiert und kommuniziert sind, Veränderungen mit bewährten Methoden des Projektmanagements umgesetzt werden und dabei die Einbeziehung aller relevanten Stakeholder gelebt wird. Eine entsprechende Fehlerkultur und Bereiche der Mitgestaltung von Innovationen sollten etabliert werden. Die digitale Transformation erfordert auch einen kulturellen Wandel. Früher stand die Stabilität in Bezug auf die Produktionsprozesse im Vordergrund. Flexibilität mit hohen Qualitätsansprüchen und wettbewerbsfähigen Preisen werden heute mit der stärkeren Kundenorientierung immer wichtiger. Die Automatisierung wird so in neue Dimensionen vorstoßen. Dies betrifft die Organisation von Unternehmen: Strategie und Anpassungsfähigkeit sind möglicherweise überlebenswichtige Faktoren. Ein wertvolles „Kapital" sind in diesem Zusammenhang die Beschäftigten des Unternehmens, die nach dem Kunden an zweiter Stelle stehen – und das sogar vor den wirtschaftlichen Interessen des Unternehmens. Nachhaltige digitale Transformation bedeutet daher, neben der technischen Basis auch den Faktor Mensch stärker zu berücksichtigen.

Es gibt keine Blaupause für die digitale Transformation, keine Best Practice, die als Standard entwickelt wurde. Neue Arbeitsformen wie Agilität, koordinierte IT, Governance, Mut und Weitsicht sowie eine ganzheitliche Sichtweise, Offenheit und Vielfalt helfen auf dem Weg zur digitalen Transformation. Ein guter Weg ist mit den Veränderungen zu beginnen, die erkennbare Vorteile für die Beteiligten bringen.

2.2.2 Digitale Transformation gestalten – Empfehlungen und Erfahrungen eines Beratungsdienstleisters

Die rasante Digitalisierung bringt für zahlreiche Unternehmen komplexe, noch nie da gewesene Herausforderungen, jedoch gleichermaßen Chancen, mit sich. Wie gelingt es Unternehmen aus alten Strukturen auszubrechen und effektiv den Veränderungsprozess zu gestalten? Im nachfolgenden Interview wurden der Digitalisierungs-Expertin und Gründerin der Acuroc GmbH, Frau Dr. Consuela Utsch, hierzu einige Schlüsselfragen gestellt, um Klarheit darüber zu gewinnen, auf welche Aspekte es bei der Bewältigung der digitalen Transformation im unternehmerischen Kontext ankommt. Die Acuroc GmbH ist ein Beratungsunternehmen, das sich auf Fragen des Prozessmanagements und der betrieblichen IT-Gestaltung fokussiert.

Was heißt Digitalisierung für ein IT-Beratungsunternehmen wie Acuroc?

„Man geht in die Diskussion, gewährleistet den Austausch verschiedener Parteien und generiert Ideen. Daher sollte das Unternehmen regelmäßig seine Mitarbeiter und Kunden fragen: Was fehlt Euch? Wie können wir Euch besser bedienen? Was bekommt ihr woanders? – Dieser Austausch erfordert Mut und eine Fokussierung auf eine große Kundenzufriedenheit."

Was sind für Sie aktuelle Schlüsseltechnologien?

„Diese sehe ich in der Künstlichen Intelligenz, im maschinellen Lernen und auch in der Blockchain-Technologie. Natürlich baut auf diese Schlüsseltechnologien weiteres auf. Beispielsweise baut die Künstliche Intelligenz auf neuronalen Netzen auf. Hier muss dann gesehen werden, wie eine Entscheidung nachvollziehbar bleibt. Zudem kann vieles mit Künstlicher Intelligenz automatisiert werden. Mit Hilfe von neuen Verfahren im Bereich des Data Mining und der Data Analytics können ganz neue Zusammenhänge hergestellt werden."

Wie lassen sich neue Technologien erschließen?

„Zunächst sucht man sich den Kontakt zu einem Lehrstuhl und lässt sich eine Technologie erläutern. Das kann auch in Form eines Zukunfts-Labs passieren. Des Weiteren schaut man sich Anwendungsfälle an und macht sich bei Gesprächspartnern kundig. Wenn man selbst dann voranschreiten möchte, realisiert man einen Einsatz unter Einbezug von Partnern und klärt folgende Fragen: 1. Was will ich selbst machen? 2. Was muss ausgelagert werden? 3. Wen muss ich einbeziehen, gegebenenfalls weitere Partner suchen? 4. Vertraglich unbedingt das Vorhaben festhalten. Zuvor ist es allerdings noch wichtig, im Unternehmen frühzeitig zu entscheiden, wo die Kernkompetenzen des Unternehmens liegen und was das Unternehmen machen muss, um den Wettbewerbsvorteil zu behalten. Darauf aufbauend ergibt sich eine notwendige Risikobetrachtung."

Wie sieht für Sie ein optimales Vorgehensmodell zur Technologieeinführung aus?

„Es ist wesentlich, dass der Grad der Struktur der IT-Organisation im Unternehmen festgestellt wird. Es gibt IT-Organisationen, die keine prozessuale Denkweise haben, alles auf Zuruf erledigen. Schwierig in solchen Organisationen ist dann beispielsweise die Zusammenarbeit mit Partnern, da wenig Standards existieren oder keine definierten Schnittstellen vorhanden sind. Als Unternehmen muss man sich fragen: Habe ich eine hohe oder eine niedrige IT-Organisation und [muss] entsprechend den Grad der Struktur erhöhen.

Wichtig ist auch zu wissen, dass die Zusammenarbeit klare Schnittstellen benötigt, die auch aktiv gepflegt werden müssen. Man bekommt die Geschwindigkeit, welche notwendig ist, sonst nicht auf die Straße. Daneben sollte man sich in Erinnerung rufen, dass die Arbeit in Digitalisierungs-Communities nicht unkontrolliert stattfinden darf. Die Aktivitäten müssen auf ein gemeinsames Ziel gerichtet sein."

Im GAP-Projekt haben wir spiegeln können, dass Unternehmen mit einer IT-Organisation, die mit einer hohen Eigenverantwortung, angemessenen Freiheitsgraden und den notwendigen Ressourcen ausgestattet ist sowie ein gutes prozessuales Verständnis hat und sich an „Good Practice" orientiert, ein hohes Potenzial für erfolgreiche und bedarfsgerechte Digitalisierungsmaßnahmen hat. Ein Technologiemonitoring zur Identifizierung innovativer und geeigneter Technologielösungen gehört ebenso dazu wie der Blick auf Bedarfe in den Fachabteilungen, die von einer Einführung profitieren können. Um die technologischen Stärken und Schwächen einer Lösung zu identifizieren muss auch der Freiraum für exploratives Experimentieren gegeben werden.

Wie sieht es bezüglich der Realisierung von IT-Tests und IT-Implementierungen in Unternehmen aus? Wie würden Sie den Roll-Out von Lösungen realisieren?

„Das ist von der Technologie abhängig. Es sind verschiedene Methoden anwendbar. Ein überschaubarer Entwurf sollte nicht länger als drei Monate dauern und nicht mehr als

20.000 € kosten. Wichtig ist, von den Nutzenden her die Lösung zu denken. Dazu können bei der Implementierung von technologischen Lösungen mehrere Maßnahmen den positiven Effekt von Technologieeinführungen unterstützen: Beispielsweise kleine Erfolge feiern, Freude verstärken, Marketing intern und extern machen."

Wenn man vom Anwendungsfall, dem sogenannten Use-Case ausgehend denken soll, bedeutet dies den Einbezug von mehreren Abteilungen?

„Sie brauchen eine Community, die die Digitalisierung voran treibt und innovative Ideen hat. Dann müssen Pilotprojekte definiert werden, die auch von Externen bearbeitet und implementiert werden können. – Wichtig hierbei ist jedoch die Community stets einzubinden."

Würden Sie also sagen, solche Communities sind wichtige, gelingende Unternehmensstrukturen?

„Es ist wichtig in Netzwerken zu arbeiten. Hierarchielastige Strukturen sind eher behindernd. Der Austausch über Grenzen ist erschwert, da vieles erst nach oben läuft. Dem Top-Management sind Arbeitsprozesse im Detail im Regelfall unwichtig. Eine wesentliche Schwierigkeit liegt in dem mittleren Management. Hier gibt es Angst vor Machtverlust bzw. einer Machtreduktion oder dem Einflussverlust. Die Auseinandersetzung mit dem mittleren Management wird zum Zeitfaktor: Vieles muss erläutert werden. Für die Beteiligten stellt das einen Kulturschock dar."

Wie kann man diesen Kulturschock begegnen?

„Es ist wesentlich eine Community zusammenzustellen. Am besten immer mindestens einen aus jedem Fachbereich als Vertreter. Jeder, der sich in das Thema einbringen möchte, sollte zusätzlich mitmachen können. Wichtig dabei ist, die Community dann aktiv zu coachen und zu unterstützen. Werden erste Projekte erfolgreich abgeschlossen, dann ergeben sich Multiplikatoren-Effekte: Erfolgreiche Projekte motivieren die Beteiligten und strahlen auf weitere Angehörige im Unternehmen aus."

Arbeit in Communities bedeutet Arbeit in mehreren Rollen: Wie geht man mit der Rollenverteilung am Besten im Unternehmen um?

„Ein Problem ist oftmals die geringe Führungskultur im mittleren Management. Diese Manager haben in der Regel ein hohes Know-How, aber es fehlt ihnen eine Ausbildung in Richtung Führungskompetenz. Deshalb werden von diesen Managern Aufgaben einfach weiter delegiert. Mitarbeiter haben hierdurch teils fünf oder mehr Rollen inne. Das kann Stress bei den Mitarbeitern verursachen. Zudem wird eine sofortige Erreichbarkeit vorausgesetzt, was weiteren Stress bei den Mitarbeitern bewirkt. Jede Rolle braucht ein Zeitfenster und die Führung hat die Verantwortung inne, diese Räume und Zeitfenster zu schaffen. Rollenbasiertes Arbeiten ist ein Schlüssel für eine dynamische und transparente Organisation sowie zu stressfreiem Arbeiten. Einen Austausch über die Einbindung in verschiedene Rollen eines Mitarbeiters kann beispielsweise über eine Management-Human-Resource-Methode gewährleistet werden: Wir haben mit unserer eigenen Methode die Erfahrung gemacht, dass sich diese innerhalb von drei Tagen etablieren lässt. Hierbei werden die notwendigen Freiräume geschaffen und damit die Innovationskraft der Organisation gestärkt."

Bei unseren Fallstudien in Unternehmen konnten wir unterschiedliche Motivations- und Akzeptanzlagen wahrnehmen. Je nach Einbeziehung im Unternehmen sind Technologieanwender „Motoren" oder „Geiseln" der Digitalisierung und entscheiden somit über den nachhaltigen Erfolg. Natürlich spielen dabei auch subjektive Sichten auf den Nutzen einer Technologie eine Rolle, denn die Frage nach dem Nutzen für sich selbst kann für die unterschiedlichen Anspruchsgruppen nicht außer Acht gelassen werden. Eine auch über die Grenzen eines Unternehmens vernetzte Community hilft bei der Suche nach Antworten nicht nur auf diese Frage.

Wie sollte die Wissenssicherung im Unternehmen ausgestaltet sein?

„Der Umgang mit Wissen ist in der Organisation offen und transparent. Es geht hierbei auch um Vertrauen. Zudem wird es notwendig, eine Plattform zur Verfügung zu stellen, welche den Wissensaustausch ermöglicht. Der Zugang zum Internet – wenn es noch nicht in der Organisation freigegeben ist – sollte als Selbstverständlichkeit angesehen werden."

Welche Rolle spielt die IT-Organisation im Unternehmen?

„Der IT-Organisation im Unternehmen kommt eine entscheidende Rolle zu, wenn es um die Aufnahme und Darstellung neuer Technologien geht. Diese beinhaltet, was neue Technologien bewirken können und welche Einstellungen möglich sind. Manchmal ist dies in Form eines Chief Digital Officers gelöst – dies kann für diese Rolle alleine eine zu hohe Anforderung sein. Wichtig ist, dass die gesamte IT-Organisation über den eigenen Tellerrand schaut. Was machen andere in dieser Branche? Sie nehmen die anderen Fachbereiche an die Hand. Das passiert beispielsweise in Form von eigenen Innovations-Workshops mit Mitarbeitern aus diesen Bereichen. Die IT-Organisation wird so zum idealen Enabler. Wichtig ist dabei, gemeinsame Ideen zu entwickeln, wie die entsprechenden Technologien im Unternehmen genutzt werden."

Sie plädieren also für Lösungen, die in interdisziplinären Teams entwickelt werden?

„Für Unternehmen ist es heute wichtig die Start-Up-Mentalität in die eigene Organisation zu implementieren. Ein kleines Team, welches für eine Idee brennt – ist etwas, was wir leben müssen. Im Team können wir uns inspirieren lassen. Diversität ist wichtig, um verschiedene Blickwinkel auf ein Thema zu haben. Wir müssen aber auch die Eigenverantwortung des Einzelnen schärfen, weil IT-Fragen immer komplexer werden. Digitalisierung muss global gedacht werden, weil verschiedene Bereiche eines Unternehmens tangiert werden. Daher benötigt man auch unterschiedliche Blickwinkel. Zum einen kann das durch unterschiedliche Menschen sein und zum anderen kann sich das auch bei dem Management zeigen, welches los lässt, also die Lösungsgestaltung bei dem Team lässt."

Würden Sie die Einführung neuer Lösungen und Technologien eher im Stillen oder den ganzen Prozess transparent vollziehen?

„Es ist wichtig, kleine Erfolge zu feiern – sich auf die Schultern zu klopfen. Zudem ist es wichtig, im Unternehmen Marketing für neue Technologien zu betreiben: auf Neuerungen hinweisen, Präsenz schaffen, viel loben, sodass auch eine positive Verstärkung eintritt. Mitarbeiter sollen auf die neue Lösung stolz sein und Freude empfinden. Daher darf der Roll-Out niemals im Stillen durchgeführt werden. Das bedeutet viel internes und externes Marketing – und das ist hier nicht selbstverständlich, da wir es nicht gewohnt sind, uns sonderlich viel zu loben."

Tatsächlich konnten wir im Projekt nachvollziehen, welche positive Wirkung eine verbesserte Kommunikation, die mit einer neu strukturierten IT-Organisation etabliert wurde, positiv auf die Sichtbarkeit der IT-Abteilung wirkte. Die gesteigerte Mitarbeiterzufriedenheit wirkte auch auf andere Bereiche im Unternehmen und erhöhte die Anerkennung und Akzeptanz. Bestandteil der Neustrukturierung der IT-Organisation war auch eine verbesserte Arbeitsorganisation.

Wie sollte die Arbeitsorganisation ausgestaltet sein?

„Wichtig ist besonders Stress in verschiedenen Formen zu vermeiden. Stress kann beispielsweise dadurch entstehen, dass man sich etwas vorgenommen hat, was aber nicht gemacht worden ist. Multi-Tasking funktioniert nicht, da die Konzentration auf mehrere Aufgaben gleichzeitig verteilt werden muss und dies damit Stresspotenzial schafft.

Anstatt zu diesen stressverursachenden Faktoren beizutragen, ist es wichtig, Menschen bei der Arbeit zu motivieren: Das könnte sich darin ausdrücken, dass man ein Zeitfenster vorgibt, in welchem die Mitarbeiter in ihrem Flow drinbleiben können. Es kann sich aber ebenso darin widerspiegeln, dass in die Arbeitsumgebung investiert wird: Jeder Mensch arbeitet gern in einem schönen Ambiente."

Ungestörte Arbeitszeiten, welche dem Flow dienen, reduzieren doch die Flexibilität, oder sehen Sie das anders?

„Jeder ist jederzeit ansprechbar. Das verursacht Stress. Bei einer Abstimmung im Team ist es beispielsweise nicht erforderlich, dass jeder mit einer Frage kommt. Teamarbeit braucht gegenseitigen Respekt und Rücksichtnahme. Oftmals wird in Organisationen Kollegialität missverstanden: Mitarbeiter sollten nicht den ganzen Tag „störbar" sein."

Welche Arbeitsanforderungen ergeben sich aus der digitalen Transformation?

„Komplexität nimmt beständig zu und wird zu einem großen Problem. Der Einzelne wird überfordert und denkt sich, dass es ihm nicht möglich ist, das Abstraktionslevel zu schaffen. Eine Möglichkeit an dieser Stelle entgegen zu wirken ist, sich in der Organisation umzuschauen, welcher Mitarbeiter für welche Aufgabe/Tätigkeit geschaffen ist. Denn Stress entsteht auch, wo Menschen überfordert sind. Es ist mitunter notwendig, Menschen, die Komplexität managen können, im mittleren Management zu installieren. Ich denke wir werden immer mehr in virtuellen Teams zusammenarbeiten. Daher sollten Kompetenzen, die Zusammenarbeit fördern, verstärkt werden."

In den letzten Jahren wurden insbesondere in IT-Unternehmen und IT-Abteilungen Arbeitsformen und Arbeitsumgebung neu definiert. Einen großen Einfluss hat dabei das

Thema Agilität. Mittlerweile beschränkt sich dies nicht nur auf den IT-Bereich sondern wird meist von Start-Ups und kleineren Unternehmen aufgegriffen, da sich durch diese moderne Arbeitsform mehr Kreativität, Flexibilität, Mitarbeiterzufriedenheit und Effizienz erreichen lässt. Es hat sich eine „New Work"-Community geformt, die diese neuen Arbeitsformen weiterentwickelt. Im Projekt konnten wir allerdings beobachten, dass sehr unterschiedliche Arbeitsformen in einem Unternehmen durchaus Spannungen und Begehrlichkeiten fördern.

Wie sollte die Leistungspolitik ausgestaltet sein?

„Teams werden stärker gefordert, nicht mehr der Einzelkämpfer. Die derzeitige Gehaltspolitik ist auf die Einzelnen fokussiert. Ein wichtiger Schritt ist hierbei, die Teamleistung zu würdigen. Wenn immer von Start-Up-Mentalität gesprochen wird, bedeutet dies, dass Teams für eine Sache brennen. Das hält auch das Team zusammen, unabhängig von finanziellen Aspekten, welche es noch gar nicht im frühen Stadium in einem Start-Up gibt. Traditionelle Leistungspolitik ist da eher kontraproduktiv."

Wie sollte Partizipation unter den Mitarbeitern umgesetzt sein?

„In Unternehmen wird viel zu wenig miteinander gesprochen. Wir brauchen mehr Kommunikation und weniger Information. Die Partizipation steigt da, wo ich die Möglichkeit habe mitzumachen. Der Mitarbeiter muss also die Möglichkeit haben, sich einzubringen und mitzugestalten. Als Ansatz kann beispielsweise ein Stand-Up-Meeting dienen, wo nur ein Thema auf der Agenda steht und man Ideen austauscht und aufnimmt sowie gemeinsam diskutiert. Alternativ kann man auch einen Digitalisierungs-Workshop-Tag anbieten."

Was sollte vom Personalmarketing in der digitalen Transformation beachtet werden?

„Selbstgestaltung und Mitwirkung sind bei jungen Unternehmen sehr wichtig. Um innovative Menschen anzuziehen, ist es wichtig, als Unternehmen ein gutes Image zu haben. Zusätzlich ist es sinnvoll, in Kooperation mit Universitäten und Hochschulen zu gehen."

Was sollte hinsichtlich der Personalentwicklung beachtet werden?

„Das Verändern. – Es ist notwendig, dass man schnell in die neuen Kompetenzen geht. Das passiert in der Regel über den Input eines Mitarbeiters, welcher in das Unternehmen Know-How einbringt und unterstützt. Hierbei ist darauf zu achten, dass unterschiedliche Kompetenzen durch verschiedene Mitarbeiter herangezogen werden. Mit der Individualität des Mitarbeiters muss man sich mehr beschäftigen und das stetig. Mit meinen Mitarbeitern sollte ich offen, transparent, demokratisch umgehen."

Wie gestaltet sich die Perspektive eines digitalen Unternehmens?

„Die digitale Transformation ist ein Prozess, der viele Jahre andauert. Wichtig ist, die Veränderungsfähigkeit zu erlernen, denn wir leben in einer VUCA-Welt: Volatilität,

Unsicherheit, Komplexität und Mehrdeutigkeit. Technologie bedeutet Digitalisierung. Ein Mind-Change bedeutet, dass jeder Mitarbeiter, die Führungskräfte und das Top-Management sich dessen bewusst sind und dass die Kultur des Unternehmens geändert werden muss."

Wodurch zeichnet sich eine digitale Kultur eines Unternehmens aus?

„Insbesondere durch den eigenständig beobachtenden und denkenden Mitarbeiter. Diese müssen neuen Ideen offen gegenüberstehen und mit dem Management und Führungskräften gemeinsam diskutieren und gestalten."

Die Änderung eine Firmenkultur ist kein kurzfristiger und einfacher Prozess. Wir sehen aber in verschiedenen Unternehmen Beispiele für Innovationsinseln, die einen meist notwendigen Wandel in der Kultur mindestens einläuten. Wie erfolgreich das ist, hängt nicht zuletzt an der notwendigen Transparenz und an Partizipationsmöglichkeiten. Die Situation in den Unternehmen ist dabei ganz unterschiedlich. Die Einblicke in die Praxis zeigen Fallstricke und Handlungsoptionen auf. Wir danken Frau Dr. Utsch für das Interview.

2.2.3 Einblicke in die Praxis der industriellen Automation, der erweiterten Datennutzung und optimierten Lagerhaltung

Automatisierung beim Automobilzulieferer

Im Projekt konnten wir Einblick in ein Unternehmen der Automobilzulieferer-Branche mit mehreren Standorten nehmen. Der untersuchte Standort und die an diesem Standort hergestellten Produkte der Sensorik und Antriebssteuerung repräsentieren lediglich einen von mehreren Geschäftsbereichen des gesamten Unternehmens. Im Rahmen der digitalen Transformation greift das Unternehmen, aufgrund der nicht vorhandenen IT-Abteilung im Werk, auf externes Know-How zurück. Wenngleich das Industrie 4.0-Stadium in der Fertigung durch einen hohen Automatisierungsgrad und moderne Robotiklösungen als fortgeschritten bezeichnet werden darf, wird der Großteil der Verwaltungs- und Qualitätsmanagementtätigkeiten noch mit Papier bewerkstelligt. Dies war vor einigen Jahren der Auslöser für die Digitalisierung eines Prozesses im Qualitätsmanagement. Die neue als Software-Modul umgesetzte Methode versprach ein kontinuierliches Monitoring des Verbesserungsprozesses auf Shop Floor-Ebene, die Vermeidung von Medienbrüchen, eine erhebliche Verringerung des Ressourcenaufwands und letztlich die Möglichkeit zur Individualisierung des Prozesses für verschiedene Bereiche. Das Roll-Out der Software und die Umstellung auf das neue Verfahren erstreckten sich über neun Monate, da dies den Großteil der Beschäftigten betraf. Die Beschäftigten erhielten eine Schulung und wurden durch unterschiedliche Maßnahmen bei der Einführung begleitet.

Die gesundheitlichen Auswirkungen des technologischen Wandels manifestieren sich in erhöhten psychischen Belastungen aufgrund gestiegenen Abstimmungs- und Kommunikationsbedarfes. Arbeits- und Gesundheitsschutz sowie Personalentwicklung registrieren wohl eine veränderte Belastungsbilanz und gewandelte Anforderungen, waren aber nicht aktiv bei der Einführung der neuen Technologien eingebunden. Es gibt durchaus eine deutliche Automatisierung am Standort, aber es bestehen weiterhin manuelle, teils monotone Tätigkeiten. Die teilweise stetige Konzentration bei überwachenden und prüfenden Aufgaben sowie die Monotonie bei sich wiederholenden einfachen Handgriffen belasten die Arbeitenden. Zudem spielt in dem betrachteten Unternehmen der Konkurrenzdruck der Werke untereinander eine erhebliche Rolle und spiegelt sich teils in einer hohen psychischen Belastung der Beschäftigten wider.

Mobilitätsdienstleister
Das untersuchte Unternehmen ist im Bereich der Mobilitätsdienstleistungen im Schienenverkehr tätig. Die erhobenen Daten wurden durch einen Unternehmensbesuch und mehrere Interviews gewonnen. Am untersuchten Standort werden Züge gewartet und ein Teil der Verwaltung des Unternehmens realisiert.

Das Unternehmen hat erkannt, welch wichtige Rolle im Personennahverkehr der Datenauswertung zukommt. Dementsprechend wurden bereits in der Vergangenheit verschiedene Methoden zur Datenerhebung erprobt – händische sowie technisch-unterstützte. Im Unternehmen wird sehr stark auf eine dichtere Vernetzung aus IT-Sicht hingearbeitet. Eine Maßnahme war in der Vergangenheit die Schaffung einer zentralen, internen Plattform als Datenquelle für viele Nutzer sowie die Erzeugung von Reports in unterschiedlichen Formen. Die Implementierung und Einführung dauerte sechs Jahre. und somit vergleichsweise lange.

Dies ist allerdings nicht die einzige Bemühung des Unternehmens im Kontext des technologischen Wandels. Es wurden schon mehrere Digitalisierungsinitiativen getestet. Einige befinden sich entweder in der Umsetzungs- oder zumindest in der Konzeptionsphase, wie z. B. der papierlose Führerstand und die Einführung moderner Fahrassistenzsysteme. Bezüglich des Vorgehensmodells insbesondere im IT- und Projektmanagement wird hierbei auf altbewährte, „traditionelle" Methoden gesetzt, wie das Wasserfallmodell. Der erste Schritt bei der klassischen Vorgehensweise hinsichtlich Technologieeinführungen besteht darin, dass die jeweiligen Verantwortungsbereiche Arbeitsgruppen mit Kollegen aus der Praxis bilden. Anschließend werden Schnittstellenbereiche eingebunden. Die Projektgruppe tastet sich gemeinsam an das Thema heran und im gleichen Zuge wird ein Projektplan erstellt. Im Umgang mit älteren Beschäftigten besteht grundsätzlich ein erhöhter Zeit- und Unterstützungsbedarf. Teilweise bestehen große Berührungsängste bei der Bedienung von digitalen Systemen, weshalb gesonderte Maßnahmen ergriffen werden. Diese Maßnahmen spiegeln sich in verschiedenen Formen wieder. Von separaten, unterstützenden Gesprächen, in welchen festgestellt werden, wo die größten individuellen Schwierigkeiten bestehen, über Begleit- und Kontrollfahrten mit Leistungsfeststellungen, bis hin zu Arbeitsbewertungen und Qualitätskontrollen. Diese beispielhaften Maßnahmen stellten im Triebfahrzeugführerbereich eine regulatorische Vorgabe dar, wohingegen sie im Bereich des Servicepersonals auf Eigeninitiative zurückzuführen sind.

Nicht alle Digitalisierungsprojekte bewährten sich im Tagesgeschäft. Dies hatte meist wirtschaftliche, praktische oder/und regulatorische Ursachen. Infolge der umgesetzten Projekte und Technologieeinführungen stiegen die Anforderungen an interne sowie externe Beschäftigte rasant. Aber auch das Gesundheitsmanagement befindet sich im Wandel. Die gesundheitliche Belastung der Beschäftigten steigt in vielerlei Hinsicht, was zentrale Herausforderungen mit sich bringt.

Technologieeinsatz in der Lagerhaltung beim Versandhandel
Das Unternehmen des Online-Versandhandels (siehe auch Intensivfallstudie in diesem Band, Abschn. 2.3.3) gehört zu den größten Anbietern von Waren im Textilbereich sowie der dazugehörigen Logistik und IT. Die digitale Transformation wird in der Branche des Online-Versandhandels besonders rasant vollzogen. Dies wird in der IT-Abteilung des Unternehmens beispielhaft umgesetzt mit ein- bzw. mehrtägigen Events, in dessen Rahmen die Kreativität und der Einfallsreichtum der IT-Beschäftigten besonders im Mittelpunkt stehen. Man scheut sich im Unternehmen grundsätzlich nicht frühzeitig neue Technologien, wie beispielsweise Datenbrillen, zu erproben und nach dem Trial-and-Error-Verfahren vorzugehen.

Aktuell ist die Modularisierung der vom Unternehmen genutzten Software ein einschneidendes Thema und befindet sich bereits in der Umsetzungsphase. Die Beschäftigten des Lagers werden dabei kaum in die Ideenentwicklung und Entscheidungen eingebunden. Das Unternehmen betrachtet die Prozesse aus einer sehr technisierten Sichtweise und ist auf eine Optimierung der Effizienz ausgelegt. Auf der anderen Seite sieht sich das Unternehmen mit technischen Problemen der IT-Infrastruktur im Tagesgeschäft und eingefahrene Prozessstrukturen konfrontiert.

Durch den technologisch bedingten Wandel befinden sich momentan das Unternehmen und seine Arbeitsorganisation im Umbruch. Die Transformation wird grundsätzlich aus der Perspektive der Beschäftigten als zweischneidiges Schwert gesehen. Zum einen führt es teilweise zu physischer Entlastung bei schweren körperlichen Tätigkeiten, sowie psychischer Entlastung der Beschäftigten im Lager und verschlankt die Prozesse aus personeller und finanzieller Hinsicht. Zum anderen wird vor allem die angestrebte psychische Entlastung von den Beschäftigten als Belastung empfunden, da die Entscheidungs- und Gestaltungsfreiheit bis auf ein Mindestmaß reduziert wird. Die Beschäftigten werden von der Technik gelenkt. Durch die optimierte Steuerung und Kontrolle der Arbeit durch die Technik kommt es zu einem erhöhten Leistungsdruck auf die Lagerangestellten und damit zu neuen psychischen Belastungen für diese. Des Weiteren hat dies auch Einfluss auf die physische Belastung durch enorme Laufwege und fehlende Möglichkeiten zur Erholung. Außerdem wird die zunehmende Automatisierung als reale, existenzielle Bedrohung unter einigen der operativ tätigen Beschäftigten wahrgenommen.

Der Fokus auf rein technisch betrachtete Effizienz ohne die Mitnahme der Beschäftigten führt zu einer inneren Ablehnung der Beschäftigten gegenüber dem Unternehmen und damit auch zunehmend zu einem geringeren Unternehmenszugehörigkeitsgefühl, geringerer Leistungsbereitschaft sowie zu einem höheren Aufkommen diverser Problemfälle (falsche Zuordnung von Waren im Lager, fehlgeleitete Laufwege, mangelnde Beleuchtung bzw. defekte Signalgeber usw.).

2.2.4 Intensivfallstudie: Triebwerkswartung für die Luftfahrt

Zielstellung, Grundannahmen, Zugang
In diesem Praxisbeispiel sind vorrangig das Vorgehen und die Organisation bei der Einführung neuer Technologien und damit einhergehenden Veränderungen in der Arbeitsgestaltung unter Berücksichtigung des Arbeits- und Gesundheitsschutzes interessant. Zu klären sind verschiedene Fragestellungen, aus denen Best Practice-Ansätze gefunden werden sollen:

- Technologieeinführung: Motivation und Ausgangslage
- IT-Organisation (Aufstellung der IT wie auch die Umsetzung als Projekt)
- Lösungsfindung und Adaptation
- Einbeziehung von Arbeits- und Gesundheitsschutz-Themen

Die IT-Abteilung wirkt innerhalb der untersuchten Organisation als Treiber von Innovationen, so eine zentrale Grundannahme für die Fallstudie. Der Einsatz von geeigneten Technologien erfordert neben der technologischen Kenntnis ebenso die Expertise aus den Fachabteilungen. Die Etablierung von Verbesserungen und Veränderungen in den Abläufen hat durch einen gemeinsamen Diskurs eine hohe Chance auf Erfolg. Die Integration geeigneter Stakeholder ist dabei bedeutend für eine effektive Umsetzung mit entsprechender Akzeptanz und abgeschätzten Folgen. Projekte sind die präferierte Form der Lösungsetablierung und Überführung in den Alltag. Agilität und eine „Fast Fail" Mentalität sowie eine passende Organisationsform erlauben eine Einführung von Innovationen in kleinen Schritten mit hoher Passgenauigkeit und kontinuierlicher Adaptation an die Erfordernisse.

Die Akquise des Unternehmens erfolgte durch eine direkte Kontaktaufnahme am Rande einer Veranstaltung, die der neue Leiter der IT-Abteilung besuchte. Die Auswahl des Unternehmens erfolgte gezielt, auch aufgrund eines früheren Einblicks in das Unternehmen. In einem gemeinsamen Meeting wurden die Interessen abgestimmt und die Möglichkeiten einer Zusammenarbeit besprochen. Nach Zustimmung der Unternehmensleitung wurden vier Interviews mit folgenden Personen bzw. Bereichen durchgeführt:

- ehemalige Führungskraft Reinigungs- und Rissprüfung
- IT-Enterprise-Architekt
- Leiter IT-Abteilung (zwei Interviews: zu Projektbeginn und nach 1,5 Jahren retrospektiv)

Die Dauer der Interviews belief sich jeweils auf ca. 1 Stunde. Die Interviews wurden aufgezeichnet, transkribiert und anschließend einer thematischen Analyse unterzogen.

Zudem fanden drei Unternehmensbegehungen im Wartungsbereich, bei der „Reinigungsstrecke" und in der IT-Abteilung statt sowie Teilnahmen an zwei internen Meetings, an einer Zukunftsprojektrunde mit externen Firmen und an einer Auswertungsrunde zu den Ergebnissen des „Reinigungsstrecke"-Projektes mit den Vertretern der externen Firmen sowie dem IT-Leiter und der Geschäftsführung des Unternehmens.

Branchenprofil und Basisdaten
- Branche: Luftfahrtwartung
- Mitarbeiter: ca. 800
- Leistung: Zerlegung, Reinigung, Prüfung, Reparatur, Ersatz, Zusammenbau, Abschlussprüfung von Flugzeugtriebwerken
- Wettbewerbssituation: wenige Wettbewerber weltweit (geringe Konkurrenz)
- Qualität/Kosten: Unternehmen definiert sich über Qualität, Kostendruck steigt
- Regulierung: Die „Luftfahrt" ist ein stark reglementierter Bereich
- tarifgebundenes Unternehmen
- 10 h maximale durchgehende Arbeitszeit, Zwei und Drei-Schichtbetrieb

Im Bereich der Bauteilwartung gibt es nicht viele Dienstleistungsanbieter, meist sind die Firmen eine „Single Source" (nur eine Firma, die dieses spezielle Bauteil warten oder liefern kann). Der Hersteller der Wartungsteile, der gleichzeitig Mutterfirma ist, gibt vor, in welcher Form die Daten wieder an ihn zurück geliefert werden müssen.

Umstrukturierung der IT-Abteilung als Innovationstreiber
Ausgangspunkt der Umstrukturierung der IT-Abteilung im Unternehmen war eine stark zentralisierte Steuerung von Service- und Technikdienstleistungen. So wurden alle Aktionen in der IT-Abteilung von der Geschäftsführung („von oben") gelenkt. Da die IT-Abteilung bereits serviceorientiert ausgerichtet war und vor allem in Richtung technischer Optimierung gesteuert wurde, fand sehr wenig Softwareentwicklung statt (in diesen Fällen überwiegend nach klassischen, plangetriebenen Vorgehensmodellen wie beispielsweise dem Wasserfallmodell). Dieser Innovationsmangel kam auch durch eine Unterbesetzung an IT-Personal zustande. So war die Stelle des IT-Leiters ein halbes Jahr lang nicht besetzt. Dies führte zu einer Stagnation in der Entwicklung der IT-Abteilung, zu einer starken Erosion bei den Beschäftigten dieser Abteilung, zu einem Defizit an technischen Innovationen und Rückstand bei den Investitionen.

Durch den neuen IT-Leiter wurde die Organisationsstruktur in der Abteilung komplett neu ausgerichtet. Dabei brachte er viele Erfahrungen aus seinen vorangegangenen Projekten ein.

Zitat Leiter IT: „Da haben wir hier sozusagen die Welt komplett gedreht."

Durch die Neuausrichtung der Abteilung wurden grundsätzliche Vorgehensmuster durchbrochen. Die neue Strukturierung bewirkte bereits nach einem Jahr, dass nun nicht mehr

„alles von oben gelenkt", sondern interaktiver mit höherer Eigenverantwortung gestaltet wird. Anregungen für Neuerungen kommen mittlerweile auch aus den Abteilungen heraus.

Die IT-Abteilung setzt sich zusammen aus IT-Leiter, IT-Enterprise-Architekt (Blick auf die Gesamtarchitektur und die Weiterentwicklung) sowie 10 Beschäftigten verteilt auf drei Teams. Maximal wäre ein Betrieb mit 14 Beschäftigten möglich, der sich in folgender Arbeitsteilung vollzieht:

- Demand Management: Anforderungsanalyse (kanalisiert, filtert, kategorisiert, priorisiert)
- Solution Development: Softwareentwicklung
- IT-Operations: Applikationsmanagement, IT-Betrieb, IT-Sicherheit, IT-Infrastruktur, Administrator und Dienstleistersteuerung (starker Outsourcing-Ansatz: z. B. beim IT-Dienstleister 8–12 Beschäftigte tätig)

Vor der Umstrukturierung hatte das Unternehmen kaum noch Beschäftigte in der IT-Abteilung. Die Einstellung neuer Beschäftigter in das Unternehmen und die Zusammenstellung neuer Teams hat sich positiv auf die Einführung der neuen Entwicklungsmethoden in der Abteilung ausgewirkt.

Bei der Einstellung der IT-Beschäftigten wird zu 40 % auf das Fachliche geachtet, aber die weit größere Rolle spielt hierbei das Arbeitsklima im Team. Deshalb gibt es inzwischen folgendes Vorgehen bei Einstellungen: Als erstes erfolgt ein Gespräch mit der Kandidatin bzw. dem Kandidaten und dann ein Gespräch mit dem Team sowie einen halben Tag Begleitung der Arbeit beim Team. Danach entscheidet das gesamte Team über die Einstellung der neuen Beschäftigten.

Das Vorgehen in der IT-Abteilung erfolgt seit der Umstrukturierung der Abteilung nach dem Prinzip der agilen Softwareentwicklung (iterativ). In Folge der Änderungen werden nun auch Softwareentwicklungsprojekte in kompletter Eigenentwicklung durchgeführt.

Durch die Umstrukturierung in der IT-Abteilung kommt es nun zu einer sogenannten „Two-Speed-IT" (neue Ideen zügig durch Entwicklung umsetzen vs. stabilen und störungsfreien IT-Betrieb gewährleisten): Die agile Vorgehensweise in der Entwicklung wird parallel zum Betrieb der vorhandenen zahlreichen unterschiedlichen Systeme eingesetzt. In der IT-Abteilung kommen die agilen Methoden Kanban[8] zur Arbeitsorganisation im IT-Betrieb und Scrum[9] in der Softwareentwicklung zum Einsatz.

---

[8] Kanban ist ursprünglich eine Methode der Produktionsprozesssteuerung und wurde in vielen IT-Organisationen auf die Arbeitsorganisation in Teams übertragen. Die Anzahl paralleler Arbeiten wird bewusst begrenzt um somit kürzere Durchlaufzeiten zu erreichen. Durch ein einfaches Regelwerk unterstützt Kanban agile Vorgehensweisen und verbessert die Transparenz.

[9] Scrum ist eine Methodik im Projektmanagement, insbesondere in der Softwareentwicklung. Allgemein auch als agile Vorgehensweise bezeichnet. Zentrale Merkmale sind u. a.: kundenorientierte Organisationsstruktur; kurzfristige, kleinteilige und iterative Prozesse; Team und mitarbeiterzentrierte Führungsstruktur.

Bisher gab es immer wieder neue Aufgaben, die aus den verschiedensten Bereichen an die IT-Abteilung herangetragen wurden. Jede Aufgabe war als wichtig deklariert. Die IT-Beschäftigten konnten die Aufgaben nicht zu Ende führen, da ständig neue Aufgaben dazu kamen. Deshalb hatten sie den Ruf, nichts zu Ende zu bekommen.

> Zitat Leiter IT (1,5 Jahre später): „Was wir mittlerweile aus dem Unternehmen rausbekommen haben, ist dieses [...]: Egal, was du da hinbringst, die kriegen das nicht fertig'. [...] Was [...] damit zu tun hatte, dass unser [...] Demand-Management-Prozess nicht schön war. [...] Und das erzeugt dann bei den Leuten Stress. Und dann wissen sie irgendwann nicht mehr ‚[...] Was ist denn jetzt das Erste, und was ist das Zweite' und dann [...] geht die Tür auf und dann kommt der Geschäftsführer rein und sagt [...] ‚Das ist jetzt aber dringend und wichtig, und das will ich jetzt als Erstes haben' [...]. Und das hat in der Vergangenheit ganz stark dazu geführt, dass Dinge angefangen wurden, aber nicht zu Ende gemacht. Und dieses Label sind wir los."

Durch die Umstellung auf agile Methoden wie Kanban und Scrum hat das Unternehmen bereits mehrere erfolgreiche Implementierungen umgesetzt. Dies hat sich im Unternehmen herumgesprochen und diesen Ruf verbessert. Es gibt immer noch sehr viele Tickets (Aufgaben und Störungsmeldungen) und nicht immer lässt sich alles beheben. Aber der IT-Leiter steht hinter seinen Angestellten und sorgt für die nötige Transparenz. Für den einzelnen Anwender mag das akute Problem handlungsrelevant sein, aber es ist nur eines von vielleicht vielen Anliegen. Außerdem kann die IT-Abteilung nicht alle Probleme alleine lösen. Da vieles an einen IT-Dienstleister ausgelagert ist, sind sie häufig auf dessen Zuarbeit angewiesen. Dieser hat aber festgelegte Reaktionszeiten. Wenn schnellere Reaktionen vom Dienstleister notwendig sind, müssen diese vertraglich geregelt und entsprechend vergütet werden.

> Zitat Leiter IT (1,5 Jahre später): „Wenn ich im Monat 1300 IT-Tickets habe, können auch mal zwei in die Hose gehen. [...] Und diese Relation die versuche ich jetzt immer mal in der Organisation auch widerzuspiegeln. Auch wenn dann mal sagt ‚Das kann doch nicht sein, dass...!', sage ich ‚Doch, das kann sein!'. Bei 1200 oder 1300 Events und zwei gehen nicht, dann bin ich im Promille-Bereich [...]."

Kanban wird für die ganze IT-Abteilung (IT-Operations) verwendet. Das Ziel ist dabei eine gemeinsame Aufgabenverwaltung für die Beschäftigten zu schaffen. Dabei sollen doppelte Arbeiten reduziert und Ressourcen kenntlich gemacht werden. Viertelstündige Kanban-Meetings finden jeden Morgen statt. Es werden neue Aufgaben besprochen und zugeteilt. Wichtig ist, dabei die Kanban-Regeln zu berücksichtigen (Einhaltung des Zeitrahmens, wesentliche Informationen zu der Aufgabenbearbeitung, keine Vertiefung von Problemen). Am sogenannten Kanban-Board werden die anstehenden Aufgaben notiert. Hierbei kann eine Priorisierung der Aufgaben vorgenommen werden. Das Kanban-Board ist in die Bereiche „To-do's", „Doing" und „Done" unterteilt. Je nach Bearbeitungsstand werden die Aufgaben dem jeweiligen Bereich zugeordnet. Somit wird der Fortschritt des Teams veranschaulicht und Erfolgserlebnisse gefördert, sobald eine Aufgabe auf dem Board als fertig gekennzeichnet wird.

Einmal wöchentlich findet ein Kanban-Meeting statt, um die Methodik und deren Weiterentwicklung zu besprechen, sowie eine übergeordnete Aufgabenplanung und den Ressourceneinsatz vorzunehmen. Insbesondere in den ersten beiden Jahren wurde das Board mehrfach den Bedürfnissen angepasst. Ebenso wurde die Methodik angepasst. Beispielsweise wird in den täglichen Meetings nur bei Bedarf auf die am Vortag erledigten Aufgaben eingegangen. Kanban sieht diesen „Bericht" in der Methodik vor. In der Praxis wurde dies als eine Art „Rechenschaft ablegen" empfunden mit dem Zwang sich zu rechtfertigen. Das lehnte das Team ab und verständigte sich auf diese Anpassung mit dem Bewusstsein, nennenswerte Probleme anzusprechen.

Scrum findet im Entwicklungsbereich der IT Anwendung, in Form einer Aufgabenverwaltung mit untersetzter Zeitlinie. Auch hier gibt es tägliche Absprachen sowie eine Visualisierung in Form eines Boards, das allerdings vom Team digital geführt wird. Ziele des Daily-Scrum-Meeting sind die Fixierung gemeinsamer Absprachen, die Stärkung des Informationsaustausches (Transparenz: Woran arbeiten die Kollegen gerade?) und eine strukturierte Möglichkeit Unterstützung anzufragen. Sogenannte „Sprints" umfassen jeweils einen Arbeitsabschnitt fixer Länge (3 Wochen) mit einem zu Beginn festgelegten Aufgabenumfang.

Eine besondere Schwierigkeit bei der Anwendung von Scrum und Kanban besteht in der unterschiedlichen Durchsetzung dieser Arbeitsweisen innerhalb der Betriebsorganisation. Unternehmensweit ist es eher schwierig, neue organisatorische IT-Vorgehensweisen einzuführen. Besonders gilt dies, in einem konservativ gewachsenen Unternehmen mit starren Fachabteilungen. Es gehört zu den Aufgaben des Top-Managements einen geeigneten Prozess für das Veränderungsmanagement zu finden, um die neuen agilen Vorgehensweisen an Beschäftigte heranzutragen und sie von den Vorzügen einer agilen Arbeitsweise zu überzeugen. Das eigenverantwortliche und zielorientierte Arbeiten der Beschäftigten in den Teams ist gesteigert und wirkt sich positiv auf die Effektivität und Zufriedenheit dieser aus.

> Zitat Leiter IT: „Die spannende Frage daran ist ja […]: was macht man eigentlich mit Organisationen, die an sich sehr konservativ und klassisch aufgestellt sind […] und durchaus sequenziell arbeiten, […] in denen wir einen Bereich, eine Abteilung führen, die eben iterativ und agil vorgeht? […] Es ist ein bekanntes Problem. Es gibt auch ein paar Bücher dazu, […] aber es gibt aus meiner Sicht keine richtige Lösung. Es muss halt so zusagend vom Top-Management kommen. […] Es sind ja immer Menschen mit denen […] wir unterwegs sind. […] Und wenn ich aus meiner Komfortzone heraus muss, ist das immer schwierig."

Anwendung neuer Technologien

Drei Anwendungsfelder wurden in diesem Unternehmensfall analysiert: die Sensorik der „Reinigungsstrecke", die Vernetzung (Data Warehouse) und die Assistenzsysteme zur Visualisierung der Prozesse (Monitore). Dazu ist es wichtig, die grundlegende Entwicklung von Soft- und Hardware im Unternehmen vor und nach Projektende zu kennen, wie im Folgenden dargestellt. Außerdem ist die Erfassung und Verarbeitung von Daten für die drei Anwendungsfelder zentral. Sie sind der Schlüssel für die im Projektverlauf einzurichtende Assistenz sowie für die Vernetzung.

A. Entwicklung der Software und der Hardware

Vor der Aktualisierung wurde die grundlegende Soft- und Hardware-Anwendung entscheidend vom Einsatz eines Enterprise-Resource-Planning-Systems (von der Firma SAP) bestimmt, das von der Muttergesellschaft zur Verfügung gestellt wurde. Für die Aufgaben ohne Enterprise-Resource-Planning-Unterstützung sollten im Wesentlichen Office-Lösungen verwendet werden. Im Laufe der Zeit stellte sich heraus, dass dieses Enterprise-Resource-Planning-System viele Aufgabenfelder nicht abbilden kann oder das Unternehmen die Prozesse geringfügig anders ausführt. Es wurden weitere Softwarelösungen notwendig wie z. B. für die Personalverwaltung, die Zeiterfassung, die Schichtplanung, etc. Für die jeweiligen Anwendungen wurden teils spezielle Einzelsysteme implementiert, wodurch sich eine Vielzahl an Dienstleistern bezüglich Wartung, Betreuung und Anpassung der Software angesammelt haben. Auch wurden in den Fachabteilungen einzelne provisorische Applikationen selbst entwickelt, welche nun zum Teil an ihre Grenzen gestoßen sind (z. B. Excel-Tabellen als Datenbankersatz).

> Zitat IT Enterprise Architekt: „Dann haben sich darüber hinaus auch viele, viele ich sage mal Tools entwickelt die so von den Fachbereichen eigenprogrammiert wurden, die dann auch richtig über die Jahre in echte, kleine Applikationen sich entwickelt haben, die natürlich jetzt an ihre Grenzen stoßen.[…] Wenn man eben Excel versucht als Datenbank zu verwenden, dann kommt man irgendwann mal zu einem Punkt, wo das nicht mehr geht."

Ausgehend von der IT-Abteilung finden umfassende strukturelle Änderungen im Unternehmen statt, wie z. B. Verbesserungen an den Anlagen und Erneuerungen der Technik. Im Jahr vor dem Untersuchungszeitraum wurden für Neuerungen in der IT-Infrastruktur und im Hardwarebereich hohe Investitionen getätigt. So in den Netzausbau der internen Netze, das gesamte Back-Up-System wurde erneuert, Desktopcomputer ausgewechselt sowie die technische Überarbeitung der Speicherarchitektur realisiert. Aktuell laufen zudem Projekte, um Maschinen-PCs zu standardisieren.

In den redundant ausgelegten Serverräumen wird mit einer "Virtualisierungsschicht" zur Virtualisierung von Anwendungen gearbeitet. Die Beschäftigten nutzen Thin-Clients[10], um auf diese Anwendungen zuzugreifen. Des Weiteren gibt es zur Unterstützung notwendiger Mobilität 50–60 Notebooks. Für die Steuerung von Maschinen sind zusätzlich stationäre PCs im Einsatz. Zum Großteil ist damit ein zentraler Ansatz für das Management der IT-Technik umgesetzt.

---

[10]Thin-Clients sind leistungsschwache Computer ohne eigenen Speicher (Terminals), die den Zugriff auf Anwendungen eines leistungsstarken Servers ermöglichen.

Bevor der neue IT-Leiter die Abteilung übernommen hatte, gab es einen massiven Investitionsstau. Diesen hat der Leiter in den letzten Jahren Punkt für Punkt nach entsprechender Priorisierung auflösen können. Nicht alle Probleme ließen sich sofort lösen. Dadurch waren einige Anwender mit dem Angebot und der Unterstützung durch die IT unzufrieden. Im Untersuchungszeitraum wurde versucht, die Virtualisierungslandschaft inklusive Hardware zu erneuern. Es sollte hierdurch ein stabileres, schnelleres Arbeiten der Angestellten ermöglicht werden.

Bisher war es schwierig nach außen zu kommunizieren, dass die IT-Abteilung innovative Projekte macht, da die Angestellten erst einmal eine funktionierende IT für die tägliche Arbeit einforderten und von daher kein Verständnis für Innovationsprojekte zeigten. Allerdings ist es nicht sinnvoll, erst einmal alle Energie nur auf das tägliche Funktionieren der IT zu legen, sondern es müssen ebenso Energien auf Innovationen verwendet werden. Innovationsentwicklungen sollten nicht erst einmal 3 Jahre beiseitegelegt werden. Es muss ein gesundes Verhältnis dazwischen herrschen.

Zitat Leiter IT (1,5 Jahre später): „Jetzt hat das Unternehmen tatsächlich Angst gehabt davor, […] oder bestimmte Leute, zu sagen ‚Die IT macht hier was Hochinnovatives!', […] aber auf der anderen Seite kriegen wir immer wieder auch widergespiegelt ‚Na ihr seid doch noch nicht mal in der Lage […] diese ganz einfachen IT-Sachen zu machen'. Ich versuche dann immer zu erklären, dass wir natürlich an der einen Seite arbeiten, mit allen uns zur Verfügung stehenden Ressourcen, dass es aber einer gewissen Sequenz bedarf, ich kann nicht alles auf einmal machen, das geht nicht."

B. Datenerfassung und -verarbeitung: Optimierung der „Reinigungsstrecke"

Die „Reinigungsstrecke" stellt sicher, dass die Bauteile entsprechend der Herstellervorgaben manuell eine bestimmte Reinigung in verschiedenen Stufen erfahren. Diese Schritte automatisiert die „Reinigungsstrecke". Dazu muss der Operator so vorgehen, dass die Anlage mit gleichartigen Teilen bestückt wird – teilweise aus über 40 verschiedenen Maschinen. Am Eingabeterminal stellt er dann ein bestimmtes Reinigungsprogramm ein und modifiziert die Steuerbefehle. Dieses Programm wird dann automatisch abgefahren. Ein Datenbank-Server managt die speicherprogrammierbare Steuerung. Automatisch positioniert die Anlage die Kräne über den Becken nach dem Koordinatensystem und setzt die Körbe ab. Am Steuerrechner erfolgt live die Anzeige des Prozessstatus und der Bädertemperatur. Die Prozessparameter können abgelesen werden. Aufzeichnung von Störungen, Temperaturabweichung u. Ä. werden allerdings bisher nicht ausgewertet.

Zitat ehemalige Führungskraft Reinigungs- und Rissprüfung: „Wir geben im Prinzip nur […] vor: Reinige nach Programm A, B, C, zum Beispiel und die Anlage hat dahinter die ganzen [vorprogrammierten] Abläufe stehen, […] Fahre Becken 1 an, setze den Korb ab, nimm ihn nach 10 Minuten wieder raus, und dergleichen, das ist alles dann in der Steuerung hinterlegt. […] Und dann irgendwann zwischendrin müssen wir nochmal […] durchgehen und die Bauteile manuell reinigen, […] aussaugen, […] Die Teile werden entsprechend getrackt in der Anlage […] auch in diesem Steuerungsrechner […] gespeichert, für die spätere Nachvollziehbarkeit, falls mal was sein sollte, wovon wir nicht ausgehen. Aber es wird dann alles autark auf diesem Rechner gespeichert."

Zu den Besonderheiten der Reinigungsstrecke gehört, dass sich Fernwartungen durch den Hersteller schwierig gestalten (Remotezugriff ist wegen Sicherheitseinstellungen momentan nicht möglich).

Da die Software älter ist, führt sie immer häufiger zu Problemen und ist kaum anpassbar.

Die Nutzung bedarf sehr viel Einarbeitungszeit, weil der Aufbau (die Nutzerführung) verschachtelt ist. Die Mitarbeiter der unternehmenseigenen IT-Abteilung sind nur für den Standardbetrieb der Anlage zuständig. Dies betrifft unter anderem den Betrieb des Servers sowie der Datenbank und nicht die Steuerungssoftware selbst.

> Zitat ehemalige Führungskraft Reinigungs- und Rissprüfung: „Das ist eine eigene Softwarelösung die vom damaligen Hersteller programmiert wurde. Die ist naja sehr speziell, […] was die Pflege angeht, kennt sich keiner so wirklich mit aus, deswegen wollen wir sie ja geändert haben. […]."

Die Messung der Flüssigkeitskonzentrationen erfolgt in regelmäßigen Abständen ca. einmal im Monat manuell. Problematisch ist, dass gelegentlich nach einem Reinigungsprozess nicht alle Teile vollständig gereinigt sind. Dies ist ein Indikator dafür, dass die Reinigungsflüssigkeit nicht mehr der benötigten Konzentration entspricht. Die Flüssigkeit muss nachgemessen und gegebenenfalls nachgebessert werden. Die betroffenen, nicht sauberen Teile müssen dann erneut den Reinigungsprozess durchlaufen, was zusätzlich Zeit und Geld kostet. Dies führt zu Verzögerungen im gesamten Wartungsprozess und kann zu Stress bei Beschäftigten an nachgelagerten Arbeitsstationen führen.

Vorhandene Sensoren in der „Reinigungsstrecke" erfassen die Temperatur, sogenannte Leitwerte, Ultraschallfrequenzen und Bewegungszustände. Die Sensordaten werden von der Steuerungssoftware erfasst und angezeigt. Um eine Art Trendmonitoring zu haben, werden die Werte der Temperatur- und Leitwertsensoren für ein halbes bis dreiviertel Jahr gespeichert. Erreicht die Datenmenge eine Größe von 4 GB, kann ein reibungsloses Nutzen der Datenbank nicht mehr gesichert werden, weshalb die Daten regelmäßig gelöscht werden.

Automatisiert wurde die Temperaturregelung. Auch eine Befüllung des Beckens auf das immer gleiche Niveau (Füllmenge) wird mittels Sensordaten geregelt.

Aufgrund unklarer Ursachen-Wirkungs-Zusammenhänge im Reinigungsprozess und damit verbundene Verzögerungen im gesamten Wartungsprozess wurde auf Initiative des IT-Leiters ein Projekt zur genaueren Analyse der Unregelmäßigkeiten im Reinigungsprozess ins Leben gerufen. Zudem steht ein Innovationsprojekt für die Ablösung der Steuerungssoftware an.

Die Ergebnisse aus der Sensordatenanalyse lagen innerhalb des Untersuchungszeitraumes noch nicht vor. Es zeichnete sich aber ab, dass sich mithilfe der Verknüpfung von Sensordaten bestimmte Muster und Verläufe herauskristallisieren lassen. Ein solches Vorhersagemodell (ähnlich wie Predictive Maintenance) hilft den Verbrauch der Chemikalien in der Reinigungslauge bei gewissen Einlastungsmustern (bestimmte Bestückung der Körbe) vorauszusagen. Das regulierende Zugeben der entsprechenden Chemikalien wird so bereits im Vorfeld möglich. Auch die Erneuerung der kompletten Reinigungslauge bei geringer Auslastung statt unter Volllast ist ein sinnvolles Anwendungsfeld. Die gesammelten Daten und Analysen helfen zudem den Führungskräften bei der Planung von weiteren Projekten. Statt der bisher punktuellen Prüfung der Reinigungslauge trägt eine kontinuierliche Messung zu einem verbesserten Verständnis des Prozesses bei und unterstützt die Qualitätssicherung. Langfristig wird dadurch eine maschinelle Unterstützung der Mitarbeiter beim Gefahrstoffhandling möglich, die im Idealfall einen manuellen Umgang mit gesundheitsgefährdenden Flüssigkeiten ebenso wie körperliche Anstrengung beim Heben und Einfüllen der Flüssigkeiten vermeidet.

Als ein Ergebnis des „Reinigungsstrecke"-Projektes lässt sich die Erkenntnis festhalten, wie Ideen der Verfahrensoptimierung und -änderung mit der Geschäftsleitung abzustimmen und in den entsprechenden Fachbereich hineinzutragen sind. Im Laufe des Projektes wurde deutlich, dass die Geschäftsführung das übergreifende Thema Digitalisierung mittragen, solche Projekte aktiv unterstützen und nicht nur damit einverstanden sein muss. Durch den Wechsel zu einer jüngeren Geschäftsführung wird die Digitalisierung nun aus einem anderen Blickwinkel betrachtet.

> Zitat Leiter IT (1,5 Jahre später): „Aber wir haben uns ja schon relativ lange schwer getan, dann das auch gegenüber unserer damaligen Geschäftsleitung […] zu präsentieren und zu sagen ‚Hier passt mal auf, wir haben hier einen […] Piloten mit einem letztendlich potentiellen Ausfallrisiko, im Sinne von: Wir versenken jetzt mal hier 20.000 € oder so.' […] Und da mussten […] wir den Zeitpunkt gut abwarten, haben das zur damaligen Geschäftsführung kommuniziert […] und der hat einen Haken dran gemacht und gesagt ‚Dürft ihr machen'."

Für die Entwicklung arbeitet die IT-Abteilung mit zwei externen Firmen für Sensorentwicklung und für Datenanalyse zusammen – beides innovative Start-Ups. Bereits dies ist in dem stark regulierten Arbeitsumfeld des Unternehmens ein Novum. In verschiedenen Treffen wurde über mögliche Umsetzungsszenarien nachgedacht. Hieraus ergab sich die Entwicklung einer spezifischen Sensorplattform zur Messung des Zustandes der Lauge in solch einem Reinigungsbehälter. Der ursprüngliche Ansatz der IT-Abteilung, jeweils einzelne Konzentrationen von Komponenten der Mischung zu bestimmen, wurde durch die externen Partner infrage gestellt: Die Idee war nun, ein Referenzabbild einer optimalen Flüssigkeitszusammensetzung zu erstellen und für die Überwachung zu nutzen.

Die IT-Abteilung hatte inzwischen die Verantwortung des Projektes direkt an den Fachbereich „Reinigungsstrecke" übergeben. Nach der Herstellung der Sensoren stellte sich aber heraus, dass sich dort niemand für dieses Projekt verantwortlich fühlte. Die Beschäftigten hatten mit ihren täglichen Aufgaben genug zu tun und sahen in diesem Projekt nicht den Mehrwert für sich.

> Zitat Leiter IT (1,5 Jahre später): „Und irgendwann […], das fand ich auch gut […], war dann der […Mitarbeiter] von [der Sensorfirma…] hier und hat mir diesen Sensor hier auf

> den Tisch gelegt mit diesem kleinen […] Decall-Gerät, das die haben, und ‚So hier ist er! Und jetzt gehen wir dahinter und bauen das Ding ein!' […] Und da […] zu dem Moment, wo er dann hier stand, ist mir eigentlich klar geworden […], dass das von da drüben von der Koordination und so weiter gar nicht läuft, […] dass das überhaupt gar nicht dort in irgendeiner Art und Weise getrieben wird. […] So und da, an dem Tag, habe ich dann den [Mitarbeiter IT…] genommen und gesagt ‚Pass mal auf wir müssen das Ding selber treiben, sonst wird das nichts."

Deshalb übernahm die IT-Abteilung von sich aus erneut die Verantwortung für das Projekt. Es wurde ein Mitarbeiter der IT-Abteilung mit der Verantwortung für das Projekt betraut. Letztendlich erwies sich der Aufwand für die weitere Organisation als nicht sehr groß. Es gab zwei Ansprechpartner in der „Reinigungsstrecke" und einmal im Monat kam jemand von der Datenanalysefirma, um die Messdaten herunterzuladen.

Auch aufgrund von auftretenden Verschmutzungsfällen erwies sich im Laufe des Pilotprojektes der Ansatz mit dem Referenzabbild als praktikabel um Abweichungen von diesem Zustand zu erkennen. Dabei kann nicht festgestellt werden, was im Speziellen mit der Flüssigkeit nicht stimmt. Allerdings können entsprechende Untersuchungen aktiv eingeleitet werden, die bisher nach bestimmten Regelungen turnusmäßig in längeren Abständen und mit größerer Ungewissheit über den aktuellen Zustand durchgeführt wurden.

> Zitat Leiter IT (1,5 Jahre später): „Ich finde den Ansatz sehr gut, […] jetzt ja mal zu sagen ‚Lasst uns doch mal eine Ebene höher gehen und sagen, wir gucken nicht auf die Konzentrationen, sondern wir erstellen einmal so ein Abbild eines gesunden Bades. […] Und dann können wir zumindest sagen, es stimmt was oder es stimmt was nicht.'[…] Also […] diesen digitalen Zwilling, […] find ich einen Superimpuls."

Da es im Bereich der „Reinigungsstrecke" eine größere Anzahl Reinigungsbecken gibt, muss nun entschieden werden, ob für alle Becken ein solches Abbild geschaffen werden soll. Wie es nun mit den Erkenntnissen weitergehen soll, klären die Beteiligten noch miteinander. Für die Analysefirma ist klar, dass jeweils die Modelle in diesem Anwendungsfall neu trainiert werden müssen. Im Projekt ist noch ein „Retro" (retrospektive Betrachtung) geplant, um Lernmomente daraus zu ziehen. Was kann zukünftig wie besser gemacht werden? Bei künftigen Projekten wird beispielsweise die IT-Abteilung darauf achten, dass die Verantwortung im Vorfeld zu 100 % geklärt ist und so Verzögerungen vermieden werden.

Während des Untersuchungszeitraumes wurde die neue Steuerungssoftware entwickelt. Ein Teil der Mitarbeiter der Reinigungsstrecke war bei dem gesamten Erstellungsprozess der Software mit involviert und diese haben die Software auch getestet. Die frühere Software galt bereits länger als veraltet – „Wenn ich mal alte Technologie sehen will, gehe ich auf Arbeit." (IT-Leiter, nach 1,5 Jahren) –, so dass im Unternehmen jetzt eine intensive Anlernphase für alle Beschäftigten der Reinigungsstrecke von den „80er Jahre Screens" zur neuen Steuerung ansteht.

Welchen Einfluss neue Sensoren oder neue Steuerungssoftware auf die Arbeitsweise der Beschäftigten in der Fachabteilung haben, ist bisher schwer bestimmbar. Mithilfe der neuen Software kann der nächste Schritt durch Erweiterung der Sensorik erfolgen. Hierbei kommen verschiedene Ausbaustufen infrage: als einfachste Stufe die Visualisierung (Fokus auf Beschreibung; bringt kaum Veränderungen für die Angestellten mit sich), die Entscheidungsunterstützung (bei Ausbau in Richtung eines Predictive Maintenance-Ansatzes) oder das Anweisungssystem (vorschreibende Ausbaustufe). Mit zunehmender Komplexität steigt die Gefahr, dass die Erfahrungen der Bechäftigten, also das Expertenwissen im Umgang mit den Bädern, an Wert verlieren. Die Beschäftigten bekommen vorgegeben, was sie im nächsten Schritt tun müssen um die „Bad-Gesundheit" zu erhalten. Je nach dem für welches Modell sich entschieden wird, wird es mit einem erheblichen Investment verbunden sein. Hierfür muss zusätzlich die Wirtschaftlichkeit in die Betrachtung mit einbezogen werden.

Gesundheitliche Be- und Entlastungen

A. Physische und psychische Gefährdungen und Belastungen
In der „Reinigungsstrecke" werden viele Chemikalien eingesetzt. Dafür gibt es entsprechende Sicherheitsanforderungen umzusetzen und eine persönliche Schutzausrüstung zu tragen. Die Beschäftigten werden in der Anwendung geschult. Im Bereich der Reinigungsanlage darf sich niemand aufhalten, dieser ist umzäunt. Jeder, der diesen Bereich betritt, bringt die Anlage zum Stillstand.

Im Keller ist ein separater Bereich mit einer Ansatzstation. Die großen Behälter stehen dort auf einer Waage, um die Chemikalien entsprechend abzuwiegen und direkt über das Leitsystem in die Wannen zu pumpen. Hierbei besteht die Gefahr sich zu verätzen z. B. durch Schläuche die porös werden. Um diese Gefahrenquellen auszuschließen, gibt es Checklisten zur Abarbeitung. Zudem gibt es Software-Anwendungen zur Gefährdungsbeurteilung, in denen Gefährdungen eingetragen und kategorisiert werden.

Durch die neue Sensorik zur Erkennung der Qualität der Reinigungsbäder könnte es aufgrund von häufigeren Messungen zu einer höheren Anzahl von Anpassungen der Reinigungsbäder kommen. Somit würde der Umgang mit den Chemikalien häufiger erforderlich sein. In Zukunft entsteht hieraus eventuell ein Automatisierungsbedarf, der den Umgang mit Chemikalien deutlich reduzieren kann.

Da der Teilprozess der „Reinigungsstrecke" einer der ersten Abläufe im gesamten Wartungsprozess ist, wird ein gewisser Zeitdruck auf die Beschäftigten erzeugt. Die rechtzeitige Fertigstellung der Reinigung ist stets präsent. Die Veränderungen beim „Nachschärfen" der Waschbäder und die häufigeren Messungen können zur Vermeidung von wiederholten Waschvorgängen einzelner Bauteile führen. Dies verringert Verzögerungen in diesem Bereich und reduziert Stress bei den Beschäftigten, insbesondere derer, die in nachfolgenden Bereichen mit den gereinigten Teilen im Drei-Schicht-System die weitere Wartung durchführen. Die Anzeige der überfälligen (verzögerten) Aufträge auf den Monitoren kann unter Umständen zu Stress bei den Beschäftigten führen. So wird z. B. eine langfristig demotivierende Wirkung beschrieben, wenn auf dem Bildschirm nur verspätete Aufträge angezeigt werden und die Beschäftigten mit ihrer Arbeit in Verzug geraten.

In der IT-Abteilung konnte durch das neue agile Vorgehen der Stress auf die Beschäftigten verringert werden. Vorher gab es ständig neue Aufgaben aus den verschiedensten Bereichen. Jede Aufgabe war als wichtig deklariert. Die IT-Beschäftigten konnten die Aufgaben nicht zu Ende führen, da ständig neue Aufgaben dazu kamen. Deshalb hatten sie den Ruf nichts zu Ende zu bekommen und standen unter einem ständigen Druck von außen. Durch die neue Organisation haben sie für die einzelnen Aufgaben entsprechend Zeit, um diese abzuschließen.

B. Partizipationspotenziale und Mitsprache bei der Softwareentwicklung
Durch die Einführung agiler Methoden arbeiten die IT-Teams in Eigenverantwortung. Der Einsatz neuer Technologien ist bei der IT-Abteilung kein Problem, da sie eher technikaffin sind. Als Störfaktor empfinden die Beschäftigten das System, wenn es nicht performant läuft und nicht das tut, was Nutzer erwarten. Auf die Beschäftigten haben neue Technologien i. d. R. einen erleichternden Effekt. Die Verwaltung neuer Technologien ist allerdings manchmal, durch Zunahme der Komplexität, schwieriger.

Die agile Softwareentwicklung wie auch die Kanban-Methode umfassen, dass die IT-Teams ihre Projekte eigenständig managen. Der IT-Leiter schiebt diese nur initial an und bereitet sie bis zu einem bestimmten Punkt vor. Kurz bevor die tatsächliche Umsetzung des Projektes beginnt und andere Fachbereiche in das Projekt eingebunden werden müssen, gibt er dieses Projekt einem IT-Beschäftigten bzw. dem Team in die Hand. In der IT-Abteilung haben die Beschäftigten volles Entscheidungsrecht, da es sich um selbstorganisierende Teams handelt. Die Anforderungen und Entwürfe entstehen in diesen Teams. Der IT-Leiter befähigt die Beschäftigten Dinge zu tun und auftretende Hindernisse selbst zu lösen. Sie haben ein gemeinsames Ziel. Er stellt sicher, dass die Mitarbeiter das Ziel verstanden haben und wissen in welche Richtung sie gemeinsam wollen. Aber wie dieses Ziel erreicht wird, ist den jeweiligen Beschäftigten überlassen. Sie haben volle Entscheidungs- und Gestaltungsfreiheit im Rahmen ihrer Zielerreichung. Der IT-Leiter sorgt für den entsprechenden Freiraum und wird bei Problemen hinzugezogen. Dafür sind entsprechende Regeln gemeinsam definiert. Es wurde in der IT-Abteilung der komplett agile Weg eingeschlagen. Bei der agilen Softwareentwicklung herrscht das grundsätzliche Prinzip, dass der Endadressat (der Product Owner) so früh wie möglich in das Produkt einbezogen wird. Dieser gestaltet das Resultat, das Produkt nach seinen Anforderungen mit. Besonderes Augenmerk liegt auf der Phase im Projekt, bei der die betroffenen Beschäftigten einbezogen werden.

Bei der „Reinigungsstrecke" gab es anfangs nur eine Idee, welche nicht aus dem eigentlichen Fachbereich, sondern von außen, aus der IT-Abteilung herangetragen wurde. Bereits vor einem Projektstart müssen solche Ideen mit einem zielgerichtet gewählten Personenkreis (Stakeholder) vorbesprochen werden (Vorbesprechungsphase). Bevor nicht feststeht, was gemacht werden soll, werden die Beschäftigten nicht einbezogen. Sobald es zum Projekt kommt, erfolgt die Einbeziehung aller betroffenen Beschäftigten.

> Zitat Leiter IT: „Das kostet mich auch […] relativ viel Kraft hier, ja? […] Weil natürlich, wenn eine solche Initiative nicht aus dem Fachbereich an sich kommt, […] sondern von außen ran getragen wird, […] dann ist das etwas wo alle sagen: Mensch, das ist ja ne gute Idee und das sollten wir aber alle machen, wenn es dann aber ganz konkret wird, […] die [Betroffenen] haben vor allem keine [...] eigentliche Motivation […]. Das ist sozusagen die Herausforderung, deswegen möchte ich das momentan […] auch gar nicht irgendeinem Mitarbeiter von mir in die Hand geben, weil den würde ich damit verbrennen. Sondern ich muss jetzt […] den Einfluss meiner Position einfach nutzen, [...] um das Projekt [...] soweit anzuschieben, dass es gewissermaßen ein Läufer wird."

Das Management gibt eine grobe Richtlinie und das Ziel vor. Die Beschäftigten werden in die Detailfragen eingebunden. Jeder, der in dem Bereich zu tun hat, darf sich einbringen, zum Beispiel: Ideen, Wünsche, Bedenken äußern. Außerdem müssen gesetzliche Vorgaben eingehalten werden, z. B. Produktsicherheit. Generell wird die Integration von Beschäftigten aus den Fachabteilungen als Erfolgsfaktor von der IT-Abteilung gesehen. Beispielsweise war beim kompletten Erstellungsprozess der Steuerungssoftware der „Reinigungsstrecke" ein Teil der Beschäftigten aus diesem Bereich die ganze Zeit involviert und hat diese auch getestet.

Trotzdem bedarf es beim Thema Kommunikation der IT-Abteilung in die anderen Fachbereiche noch Verbesserung. Die IT-Teams vernachlässigen mitunter diesen Anspruch, da die Beschäftigten größtenteils mit ihrer Projektarbeit beschäftigt sind und für alles andere, inklusive der Kommunikation, nur wenig Arbeitszeit verbleibt. Die Umstellung der Organisation hat bereits eine deutliche Verbesserung gebracht. Beim Start eines Projektes wird dieses nun zunächst intensiv kommuniziert. Dann flacht die Anzahl der Mitteilungen meistens ab und am Ende werden dann wieder Informationen nach außen getragen. Während der Entwicklung herrscht immer das Problem, welche Informationen sollten nach außen gelangen. Im Rahmen der Sprint-Reviews (Feedback-Phase nach einem Sprint im Scrum) stellen die Entwickler das erstellte Produkt vor, um entsprechendes Feedback zu bekommen. Damit ist in regelmäßigen Abständen die Kommunikation gesichert.

Bei der Einführung eines Systems zur Unterstützung des betrieblichen Ideenmanagements wurde ein spezieller Weg zur Kommunikation genutzt. In grafischer Form wurde ein Erklärvideo produziert, um einige Informationen zum Prozess sowie zur Bedienung zu liefern.

Über die üblichen, täglichen Kommunikationswege – direkte Kommunikation, E-Mail und Telefon – hinaus gibt es regelmäßige Mitarbeiterversammlungen, eigene Bereichsseiten auf der Intranet-Plattform, über die Neuigkeiten einzustellen sind, sowie das SAP-System zur Auftragssteuerung. Einmal im Monat findet ein Company-Briefing von der Geschäftsleitung für 20 min statt. In diesem werden aktuelle wichtige Themen wie Qualität, Liefertreue, Durchlaufzeit, etc. besprochen. Einmal im Vierteljahr gibt es eine Betriebsversammlung. In diesen versucht die IT-Abteilung wichtige IT-Themen zu platzieren, Erfolge zu präsentieren und zu feiern, da diese für alle wichtig sind.

Dahinter verbirgt sich der Ansatz, die Steigerung der Nutzerakzeptanz für technologische Veränderungen durch Transparenz zu fördern. Die IT-Abteilung will nicht als „Black-Box" erscheinen, sondern die Transparenz über die internen Abläufe erhöhen. Dabei eingesetzte Mittel sind Sprechstunden, offensive Kommunikation, Teilnahme an Meetings der einzelnen Fachbereiche und für Fragen zur Verfügung zu stehen sowie Präsentationen bei internen Veranstaltungen und auf Betriebsversammlungen.

Arbeits- und Gesundheitsschutz, Gesundheitsförderung und Personalmanagement

C. Arbeits- und Gesundheitsschutz-Organisation, Gefährdungsbeurteilung, Prävention

Das Unternehmen definiert sich über Qualität und Verantwortung. Arbeits- und Gesundheitsschutz ist ein wesentliches Thema in den Unternehmenszielen. Ein betriebliches Gesundheitsmanagement ist vorhanden. Art und Häufigkeit der Unfälle werden transparent gemacht (Aushänge). Regelmäßig werden Kampagnen im Unternehmen zur Sensibilisierung durchgeführt.

Die eigentliche Verantwortung für den Arbeits- und Gesundheitsschutz liegt beim Geschäftsführer. Diese tritt er allerdings an die Fachkraft für Arbeitssicherheit ab, welche Zugriff auf alle Fachinformationen hat. Sie ist der Ansprechpartner für die einzelnen Teamleiter, die wiederum in ihren Verantwortungsbereichen den Arbeits- und Gesundheitsschutz sicherzustellen haben. Diverse Vorschriften und Prozesse sind verfügbar, die bei der Implementierung neuer Anlagen oder von neuen Reinigungsprozessen beachtet werden müssen.

Innerhalb des Managements rotiert die Verantwortung für Begehungen. Manchmal gibt es hierfür ein Fokus-Thema wie z. B. Leitern und Tritte („Elefantenfuß") oder abgelaufene Feuerlöscher, etc. Damit übernimmt auch das Top-Management Verantwortung für die Arbeitssicherheit. Aufgrund der Regularien der Luft- und Raumfahrt sind sie auch formal dazu gezwungen, sehr viel für das Thema Arbeitssicherheit zu tun.

In den Regularien des Unternehmens wird das Format der Gefährdungsbeurteilung für Tätigkeiten und Anlagen vorgegeben. Aufzuschlüsseln sind mechanische Gefährdungen, elektrische Gefährdungen, klimatische Gefährdungen. Es müssen hier jeweils vom Teamleiter in Zusammenarbeit mit der Fachkraft für Arbeitssicherheit bereichsspezifische Punkte ergänzt werden. Anschließend erfolgt eine Vollständigkeitskontrolle durch die Fachkraft für Arbeitssicherheit. Einmal im Jahr findet eine Revision statt. Die Gefährdungsbeurteilung muss ebenfalls überarbeitet werden, wenn es technische Veränderungen und Neuerungen gegeben hat.

Die Aufmerksamkeitslenkung der Beschäftigte auf Gefahren geschieht vor allem im Produktionsbereich in Form von Unfallvermeidung. Kampagnen unterstützen die Sensibilisierung. Im Büroarbeitsbereich geht es hingegen hauptsächlich um die Einhaltung der Standardarbeitsplatzrichtlinien. Dafür ist die Qualitätsabteilung im Unternehmen zuständig.

Als Möglichkeiten zur Gefahrenaufklärung bestehen wöchentliche Teammeetings, in denen über aktuelle Vorfälle informiert wird, jährliche Arbeitsschutzunterweisungen anhand vergangener Arbeitsunfälle sowie Ursachenklärungen sowie vorfallbezogene Mitarbeitergespräche. Darüber hinaus gibt es monatliche Veranstaltungen, in welchen der Geschäftsführer Vorfälle anspricht und über die Zahlen aus der Arbeitsunfallstatistik berichtet.

D. Gesundheitsförderung und Personalentwicklung
Neben der Prävention klassischer Belastungen und Gefährdungen (z. B. beim Umgang mit Chemikalien, scharfkantigen Gegenständen, Heben und Tragen usw.) bietet das Fallunternehmen eine Reihe gesundheitsförderlicher Instrumente an, die zum Teil erst in letzter Zeit gestartet wurden. Zur Unterstützung der Ergonomie werden z. B. höhenverstellbare Arbeitsplätze für manche Beschäftigte eingerichtet. Das betriebliche Eingliederungsmanagement wird als Prozess zwischen dem für Gesundheit zuständigen Bereich und der Personalabteilung organisiert. Dafür werden Gespräche mit den Beschäftigten geführt, wenn diese aus einer Langzeiterkrankung zurückkehren, um ihnen die Wiedereingliederung in das Arbeitsleben zu erleichtern. Dies geschieht in Form von Arbeitsplatzwechsel, Umzug ins Büro, zusätzliche Hilfsmittel etc.

Als neues Präventionsinstrument wurden für Arbeitnehmer, die älter als 55 Jahre sind, besondere Möglichkeiten bei den Schichtregelungen eingeräumt. Beschäftigte in Büros haben mit Gleitzeitkonten und verschiedenen Arbeitszeiten eine gewisse Flexibilität, um ein Gleichgewicht zwischen Arbeit und Freizeit herzustellen. Manche Beschäftigte haben die Möglichkeit im Homeoffice zu arbeiten, was jedoch bisher nur für einen begrenzten Bereich (positionsabhängig) möglich gemacht wird.

Es gibt einen Betriebssportverein mit verschiedenen Sportmöglichkeiten sowie vergünstigtem Eintritt in diverse Sportlokalitäten sowie Aktionswochen zur Förderung der betrieblichen Gesundheit:

> Zitat ehemalige Führungskraft Reinigungs- und Rissprüfung: „Wir haben einmal im Jahr [...] den [...] Health-and-Safety-Mai, da gibt es [...] ein Hauptthema [...] wo sich dann praktisch der ganze Mai um Gesundheits- oder [...] Sicherheitsaspekte dreht. Zum Beispiel dieses Jahr hatten wir [...] ‚Der sichere Weg zur Arbeit' [...], das Jahr davor [...] ‚Der Bewegungsapparat'. Da gibt es halt verschiedene Aktionen in Abstimmung mit dem Betriebsarzt."

Für das Thema Personalentwicklung ist die Personalabteilung zuständig. Sie organisiert z. B. Schulungen und Wiederholungsschulungen. Im Luftfahrtbetrieb ist dies essenziell, da die Beschäftigten, die an Flugzeugkomponenten arbeiten, regelmäßig geschult und qualifiziert werden müssen. Ohne die Schulungen und Qualifizierungen dürfen die Beschäftigten nicht an den Maschinen arbeiten. Die Einhaltung der Vorschriften muss gegenüber dem Luftfahrtbundesamt nachgewiesen werden. Für die anderen Beschäftigten gibt es Entwicklungsprogramme in Form von zentral organisierten Trainings und Feedbacks dazu.

Die IT-Abteilung arbeitet selbstgesteuert in eigenständigen Teams. Diese schauen selbstständig nach neuesten technologischen Trends. Letztendlich ist es die Entscheidung des IT-Leiters, wie das Personal entwickelt werden soll. Dabei gibt es zwei wichtige Richtungen, einerseits die persönliche Entwicklung und andererseits die fachliche jedes einzelnen IT-Beschäftigten. Dies versuchen sie über verschiedene Trainingsanbieter ausgewogen zu gestalten. Auf diese Weise wird ein bedarfsgerechtes Angebot ermöglicht, das berücksichtigt, wo der Beschäftigte sich selbst hin entwickeln will und welche strategischen Ziele die Abteilung verfolgt.

Ein neuer wichtiger Teil ist das Weiterbilden auf Kongressen, welche IT-Beschäftigte gemeinsam besuchen, wie z. B. „Agiles Management in der Entwicklung". Wenn ein Mitarbeiter sich höher qualifizieren möchte, wird dies die Arbeitszeit betreffend unterstützt.

Die Teamleiter nehmen an verschiedenen Lehrgängen teil, unter anderem auch an externen Lehrgängen mit Trainern, und lernen neue Methoden der Personalführung kennen, welche sie dann im Unternehmen anwenden.

In der IT-Abteilung haben sich wie bereits beschrieben die Kommunikation mit der Führungskraft und die Rolle dieser, in Bezug auf die eigenen Beschäftigten, stark gewandelt. Der agile Weg mit Entscheidungs- und Gestaltungsfreiheit im Rahmen der Zielerreichung unterstützt die Kommunikation im Team. Wöchentliche, persönliche Gespräche zwischen IT-Leiter und Beschäftigten sorgen für einen guten Austausch. Eine Integration des gesamten Teams erfolgt wie eingangs aufgezeigt ebenso in den Einstellungsprozess.

Perspektiven: Was zeigt der Fall?
- Im Unternehmen herrschen ein hohes Qualitätsbewusstsein und eine prozessual hohe Reife.
- Innovationen werden in einer Projektorganisation umgesetzt. Die Wahl der zu integrierenden Stakeholder erscheint gut durchdacht. Das kann gerade am Beispiel der Reinigungsstrecke gut gezeigt werden.
- Es besteht eine Unternehmenskultur hoher Innovationsoffenheit, die in eigenverantwortlichen Teams und mit kurzen Kommunikationswegen umgesetzt werden kann.
- Die IT-Abteilung spielt dafür eine Schlüsselrolle, hat sie doch eine gute Kundennähe, ist intern und extern vernetzt und kann dadurch gezielt Innovationen vorschlagen und innovative Start-Ups einbeziehen.
- Die Arbeitsorganisation in der IT sichert dadurch einen hohen Wertbeitrag für das Unternehmen und liefert zudem aber auch Impulse zur Verbesserung von Innovationsprozessen sowie der internen Kommunikation.
- Die Organisation der IT-Abteilung erlaubt ein gutes Zusammenspiel zwischen Stabilität und Weiterentwicklung von Systemen.
- Dadurch entstehende neue Qualitätsanforderungen können zu Belastungen der Beschäftigten führen, weil sie z. B. den anvisierten Zeitrahmen für Aufgaben verändern.

- Die mit der Digitalisierung der Messprozesse verbundene Steigerung des Datenumfangs kann sowohl physische (auf chemischer und physikalischer Grundlage) als auch psychische Belastungsrisiken erhöhen, weil nun kurzfristigere und kurzzyklische Eingriffe angezeigt werden.
- Der Arbeits- und Gesundheitsschutz ist dabei durchgehend sichergestellt. Die Organisation des Arbeits- und Gesundheitsschutzes ermöglicht eine langfristige Verbesserung des Schutzniveaus, auch weil die Digitalisierung die Automatisierungsnotwendigkeit für die besonders belastenden Arbeitsschritte erhöht.
- Potenziale für gesundheitliche Verbesserungen auch auf der personellen Ebene sind erkennbar.
- Besondere Verbesserungen bei den Arbeitsbedingungen konnten im IT-Bereich durch Arbeitsaufgabenpriorisierung und strukturierte, zielorientierte Kommunikation erzielt werden, gerade in der Zusammenarbeit mit anderen Abteilungen.

2.2.5 Technologieproben

Bestandteil des GAP-Projektes war ein anwendungsnaher Evaluationsprozesses für neue Technologien, wobei im Vordergrund stand, betrieblichen Praktikern, Arbeitsgestaltern und Forschern neue datengetriebene Lösungen und Geräte der digitalen Vernetzung vorzustellen. Für ausgewählte Beispiele wurden gezielte Erprobungen mit neuen Technologien vorgenommen. Neben einer Potenzialabschätzung über den betrieblichen Einsatz und die Durchsetzung von neuen Technologien konnten auch Akzeptanzfragen zu technologischen Innovationen im Projekt thematisiert werden. Für das praktische Erproben neuer Technologien aber auch zum Zweck der Öffentlichkeitsarbeit u. a. auf Messen wurden die folgenden, neuartigen Endgeräte ausgewählt und untersucht.

Datenbrillen
Es wurden zwei Datenbrillen unterschiedlicher Hersteller getestet. Dazu wurde vorab der Funktionsumfang (wie z. B. die Handfreiheit, die Möglichkeit der Simulation, das Lernen direkt am 3D-Objekt, die Einblendung direkt in und auf der realen Umgebung) sowie Einschränkungen (wie z. B. die momentan noch stärkeren technischen Probleme, der teilweise kleine Sichtbereich, die Schwere und Größe der Hardware sowie die Datenschutzproblematik) beider Geräte betrachtet.

Darüber hinaus wurden verschiedene Einsatzszenarien recherchiert und teilweise genauer betrachtet wie z. B. der Entwurf ohne realen Prototypen, die Aus- und Weiterbildung sowie das Training, die (Fern-)Wartung, die Montage und vor allem die Kommissionierung. Hierbei erfolgte unter anderem die Entwicklung eines kleinen Prototypen für eine der Brillen in Form eines Kommissionier-Szenarios. Mithilfe der Datenbrille wurde über deren Kamera ein Barcode eingescannt. Daraufhin prüfte das exemplarische Programm, ob es den Artikel im Lager gibt. War der Artikel vorhanden, wurden auf dem kleinen Monitor der Brille der Lagerplatz des Artikels sowie die

Artikelnummer angezeigt. Gab es den eingescannten Barcode nicht im Lager, wurde ein Hinweis über die Datenbrille ausgegeben. Die einzelnen Funktionen (Menüpunkte) der Brille konnten mit der Stimme aktiviert werden, sodass eine Handfreiheit gewährleistet war. Das Einscannen des Barcodes erwies sich als schwierig. Es musste häufig eine ungesunde Körperhaltung bzw. Kopfhaltung eingenommen werden. Dasselbe Szenario wurde bei einem Fallunternehmen getestet und aufgrund der Schwierigkeiten beim Einscannen und damit verbundenen Zeitdefiziten beim Scannen von Artikeln als im Moment impraktikabel verworfen.

Die Entwicklungsszenarien und -anleitungen für beide Brillen wurden dokumentiert. Außerdem erfolgte eine weitere Recherche von alternativen Produkten.

Smart Watch

Bei der Smart Watch wurden ähnliche Punkte wie bei den Datenbrillen betrachtet. Im Rahmen der Tests wurde außerdem eine kurze Anleitung zur Installation erstellt.

Ein besonderer Aspekt des Funktionsumfangs ist die Erfassung von Gesundheitsdaten des Nutzers sowie die Anleitung zur Verbesserung der eigenen Gesundheit. Somit kann die Smart Watch zur Förderung des Gesundheitsbewusstseins und zur Gesundheitsprävention, z. B. in Form einer permanenten Belastungsüberwachung, beitragen. Sie könnte ebenfalls als Fernbedienung von smarten Maschinen genutzt werden, da die Steuerung von Smart Home Devices bereits erfolgt. Außerdem verfügt sie über ein integriertes Mikrofon, welches Spracheingaben ermöglicht.

Bei der Nutzung der Smart Watch wurden ebenso die Einschränkungen und Probleme betrachtet wie z. B. die Ablenkung durch die ständige Informationsflut, die Größe, fehlende Nähe zum Auge und schwere Bedienbarkeit des Touch-Displays sowie die problematische, dauerhafte Aufzeichnung und Auswertung von persönlichen Daten. Aufgrund des kleinen Displays erwies sich diese beispielsweise als nicht praktikabel beim Einsatz in der Kommissionierung in einem Fallunternehmen.

Raumklimastation

Im Rahmen des Projektes wurde sich u. a. mit gesunden Arbeitsbedingungen im Büro beschäftigt und damit, wie Technologien hier unterstützend eingesetzt werden könnten. Im ersten Schritt kann Technologie eingesetzt werden, um die Arbeitsumgebung zu erfassen und auf Basis dessen Verbesserungsmöglichkeiten für die Arbeitnehmer aufzuzeigen. Mithilfe eines Sensorik-Baukasten-Systems wurde exemplarisch ein Prototyp einer Raumklimastation umgesetzt. Diese erfasst eine Reihe von Messwerten für Feinstaubbelastung, CO_2-Konzentration, Raumtemperatur, Luftfeuchtigkeit, Wassergehalt, Lärmbelastung, Lichtverhältnisse, UV-Belastung und den Luftdruck im Raum an einem bestimmten Platz. Die vorhandenen Vorgaben (Grenzwerte) im jeweiligen Arbeitsbereich müssen vorab eingegeben werden. Anhand dieser Werte erfolgt eine Auswertung der vorhandenen Bedingungen am Arbeitsplatz. Diese werden in Form einer Ampelfarbgebung (Farben: grün, gelb und rot) verdeutlicht. Bei der Temperatur gibt es zusätzlich zwei blaue Werte für die Abstufung in Richtung einer zu kalten Umgebung.

Bei problematischen Werten sollten Maßnahmen ergriffen werden, um den Zustand im Raum zu normalisieren, wie z. B. bei zu hohem CO2-Gehalt durch Lüften. Das System signalisiert dies schneller als ein Mensch es wahrnimmt z. B. durch erhöhte Müdigkeit oder sogar durch Kopfschmerzen. Es wäre ebenfalls eine Ausgabe denkbar wie: Bitte lüften oder eine Integration in eine Raumsteuerung z. B. durch eine automatische Öffnung des Fensters. Der Verlauf über einen längeren Zeitraum ist anhand von Grafiken ersichtlich und kann somit zusätzlich ausgewertet werden.

2.3 Qualifikationsanforderungen und Fachkräftebedarfsentwicklung in der Digitalisierung

Martin Ehrlich, Thomas Engel, Manfred Füchtenkötter

Die Perspektive einer Industrie 4.0 und die Diskussionen zur Digitalisierung setzen die Frage der technologischen Ersetzbarkeit des Menschen wieder auf die Tagesordnung. Dabei ist der qualitative Wandel der Fachkräfte- und Qualifikationsentwicklung viel entscheidender. Trotz der hohen Dynamik der Digitalisierung spricht vieles gegen das Schreckensszenario menschenleerer Fabriken, wie wir im folgenden Abschnitt zeigen wollen. Auf Grundlage eines komprimierten Überblicks über die aktuelle arbeitssoziologische Debatte (Abschn. 2.3.1) wird deutlich, dass das menschliche Arbeitsvermögen und das Erfahrungswissen der Beschäftigten unter dem Vorzeichen einer fortschreitenden Digitalisierung ausschlaggebend bleiben werden. Um den Blick für die Veränderungsdynamiken auf dem Arbeitsmarkt zu schärfen, werden anschließend die Ergebnisse qualitativer Leitfadeninterviews ausgewertet. Basierend auf diesen Interviews werden Kurzfallstudien aus unterschiedlichen Wirtschaftsbereichen dargestellt (Abschn. 2.3.2). Im Blickpunkt stehen die jeweiligen Digitalisierungspfade und deren Auswirkungen auf Beschäftigungsentwicklung und Qualifikationsanforderungen. Hieran schließt die Darstellung einer Intensivfallstudie aus dem Online-Versandhandel an (Abschn. 2.3.3), welche die in der Tendenz abnehmenden Qualifikationsbedarfe und zunehmend problematischen Arbeitsbedingungen herausstellt.

2.3.1 Arbeitssoziologische Debatte

Seit 2011 verbreitete sich der Leitbegriff einer „Industrie 4.0" wie ein Lauffeuer. Angefacht durch die Potenziale der Informations- und Automatisierungstechnik werden tief greifende Umwälzungen erwartet. International agierende Think Tanks (z. B. The Boston Consulting Group) [37], öffentlichkeitswirksame Intellektuelle (z. B. Brynjolfsson und McAfee oder Rifkin) [38, 39], Branchenverbände (z. B. BITKOM und Fraunhofer IAO) [40] und viele politiknahe Einrichtungen (z. B. die Deutsche Akademie der Technikwissenschaften acatech) [20] erwarten disruptive Veränderungen. Moderne Cyber-Physische Systeme und die Vision einer „Smart Factory", bilden die Stützpfeiler eines Modells, dass standortnationalistisch argumentiert und gleich mehrere Versprechen enthält. Eine Studie des IT Unternehmensverbandes BITKOM und des Fraunhofer Instituts errechnet in Folge der neuen Produktionstechnologien ein zusätzliches Wertschöpfungspotenzial von 78 Mrd. EUR bis 2025, was einem jährlichen BIP-Wachstum von 1,7 Prozentpunkten entspricht [40, S. 35]. Der enorme diskursive Erfolg der Vision einer Industrie 4.0 gründet zudem in der Verklammerung von Wachstums-, Flexibilitäts- und Effizienzgewinnen mit einer human-orientierten Gestaltung der neuen Arbeitswelt. Häufig ist vom Mensch im Mittelpunkt des technologischen Wandels die Rede sowie von den Chancen, die es gemeinsam zu nutzen gilt.

Pfadabhängige Entwicklung statt Disruption
Die Vollmundigkeit der Versprechen hat ebenso zu Widerspruch geführt, wie die These eines disruptiven Entwicklungssprunges. Unstrittig ist, dass aufgrund der exponentiellen Steigerung der Leistungsfähigkeit von Rechenkapazitäten und des damit einhergehenden Preisverfalls einschneidende Veränderungen vor sich gehen. Ausmaß und Geschwindigkeit der Digitalisierung haben enorm zugenommen und in der Entwicklung von Robotik und Künstlicher Intelligenz sind große Fortschritte zu verzeichnen. Allerdings betonen aktuelle Studien die Prozesshaftigkeit der Entwicklung, welche oft im Anschluss an bereits vorhandene Technologien und Praktiken stattfindet und eher einem evolutionären, pfadabhängigen Modell zu folgen scheint [41–43]. Es zeigen sich Parallelen zu vergangenen Debatten um das Computer Integrated Manufacturing[11] [41], zur Informatisierung der Gesellschaft [44] und, mit Blick auf die Ebene der Arbeitsorganisation, auch zum Lean Management [45]. Das Bild eines disruptiven Bruchs rückt zunehmend in den Hintergrund und weicht einer Sichtweise, in welcher Neuerungen, aber auch Kontinuitäten der Digitalisierung betrachtet werden. Dies deckt sich mit der Wahrnehmung vieler Praktiker, die Industrie 4.0 häufig als „neues Label für Altbekanntes" oder auch als „Marketing Hype" bezeichnen [46].

Mit zunehmender Forschung zu den empirisch vorfindbaren Bedingungen und Auswirkungen der Digitalisierung, hat ein nüchterner Ton und ein realistischer Blick in der Debatte Einzug gehalten. Bisher kommen die technologischen Grundlagen der Industrie 4.0 – Cyber-Physische Systeme, die in intelligenten Fabriken (Smart Factories) zum Einsatz kommen, dabei über Netzwerke (das so genannte Internet der Dinge) und externe Speicher (Cloud) kommunizieren und jede Menge Daten (Big Data) erzeugen, die sich zur Optimierung von Prozessen analysieren lassen – nur in einigen wenigen Modellfabriken umfassend zum Einsatz. Allerdings führt die exponentielle Steigerung der Leistungsfähigkeit, bei gleichzeitig stattfindender Miniaturisierung und sinkenden

---

[11] Der Begriff beschreibt eine Reihe von Produktionsformen welche durch den Einsatz von Computern unterstützt werden. Bekannte Formen der Integration sind die computergestützte Konstruktion mit CAD-Programmen oder der Einsatz von computergestützten Fräsmaschinen (CNC).

Preisen digitaler Komponenten, zur Verbreitung digitaler Technologien, ihrem Eindringen in immer neue Anwendungskontexte sowie zu kombinatorischen Innovationen [38].

Automatisierung und Substituierungspotenziale
Die öffentliche Debatte um die Beschäftigungseffekte der Digitalisierung ist vor allem durch Spekulationen um Arbeitsplatzverluste und veränderte Ansprüche an die Beschäftigten geprägt. Eine wichtige Referenz ist Benedict Freys und Michael Osbournes [47] viel beachtete Studie zur Zukunft des amerikanischen Arbeitsmarktes, in welcher die Autoren anhand von Experteneinschätzungen und Tätigkeitsstrukturen die Automatisierbarkeit von Berufen berechnen. Ihr Ergebnis: 47 % aller Beschäftigten in den USA arbeiten in Bereichen mit einem hohen Substitutionsrisiko. Die zunächst unkritisch rezipierten Ergebnisse dienten als Grundlage für weitreichende politische Spekulationen [48] und nachfolgende Studien [12, 49], die mit ähnlichen Methoden wie Frey und Osborne zu vergleichbaren Aussagen kamen. Sie befeuerten Ängste zu einem „Ende der Arbeit", wobei je nach Berechnungsmethode bis zu 59 % aller Arbeitsplätze betroffen sein sollen [49]. Massive Verluste werden auch deswegen erwartet, weil nicht nur körperliche, sondern zunehmend auch geistige Tätigkeiten durch Technik ersetzt werden können. Mit Verweis auf Fortschritte in der Künstlichen Intelligenz und der algorithmischen Steuerung wird eine zweite Welle der Automatisierung prognostiziert [40, 41].

Der von Frey und Osborne verwendete berufsbasierte Ansatz verortet den Anteil der Arbeitsplätze mit einem hohen Automatisierungspotenzial in Deutschland bei 42 %. Berechnungen des ZEW [50] und des IAB [51] kommen unter Verwendung eines tätigkeitsbasierten Ansatzes zu deutlich niedrigeren Ergebnissen. Davon ausgehend, dass die meisten Berufe Tätigkeitsbestandteile haben, die (noch) nicht von Maschinen erledigt werden können, beziffert das ZEW das Automatisierungspotenzial auf dem deutschen Arbeitsmarkt auf etwa 12 % und das IAB auf rund 15 %. Mit Blick auf Thüringen geht das IAB davon aus, dass etwa 19 % aller sozialversicherungspflichtigen Beschäftigten einem hohen Substituierungsrisiko ausgesetzt sind[12]. Besonders gefährdet sind demnach

---

[12] Das berechnete Substituierbarkeitspotenzial ist ein Maß, das sich auf die Automatisierbarkeit von Tätigkeiten bezieht. Die Studie unterscheidet drei Gruppen: Eine geringe Ersetzbarkeit weisen Berufe mit einem Anteil von bis zu 30 % Routine-Tätigkeiten auf. Berufe mit einem Anteil von 30 % bis 70 % an Tätigkeiten, die zum Untersuchungszeitpunkt von Computern oder computergesteuerten Maschinen ausgeführt werden können, weisen ein mittleres Substituierbarkeitspotenzial auf. Als Berufe mit hohem Substituierbarkeitspotenzial bezeichnen die Autoren solche, bei denen über 70 % der Tätigkeiten mit dem derzeitigen Stand der Technik schon automatisierbar wären. Überträgt man die Berechnungen auf die Beschäftigtenstruktur in Thüringen, kommt man zu dem Ergebnis, dass 2016 in Thüringen ca. 270.400 Beschäftigte in Berufen mit geringem Substituierbarkeitspotenzial tätig waren. Etwa 384.200 Beschäftigte arbeiteten in Berufen mit mittlerem Risiko und 117.000 Beschäftigte waren in Berufen tätig, die ein hohes Ersetzbarkeitspotenzial aufweisen.

Fertigungsberufe und fertigungstechnische Berufe und somit vor allem Beschäftigte innerhalb des verarbeitenden Gewerbes. Ein sehr geringes Substituierungspotenzial weisen demgegenüber vor allem Sozial- und Gesundheitsberufe auf [51].

Neue Beschäftigungsbedarfe
Der Fokus auf Automatisierungspotenziale und Substituierungsrisiken täuscht häufig darüber hinweg, dass im Zuge der fortschreitenden Digitalisierung auch neue Beschäftigungsmöglichkeiten entstehen. Einerseits muss Automatisierungstechnik gebaut, gesteuert, kontrolliert und gewartet und die entsprechenden Fachkräfte müssen ausgebildet werden. Andererseits senken Produkt-, Prozess- und Dienstleistungsinnovationen die Preise, erzeugen neue Nachfrage und führen – zumindest aufseiten des Anbieters – in der Regel zu Beschäftigungszuwächsen [52]. Weil technologische Innovationen nicht nur arbeitssparend, sondern auch marktöffnend sind [53], fällt die Bilanz einer beschleunigten Digitalisierung in besonders optimistischen Prognosen sogar positiv aus [54]. Die Berechnung eines Gesamtbeschäftigungseffektes wird durch den genannten Doppelcharakter (arbeitssparend und marktöffnend), aber auch durch die Unsicherheit hinsichtlich der tatsächlichen Realisierung des Substitutionspotenzials erschwert. Dengler und Matthes [51] verweisen in diesem Kontext auf mögliche makroökonomische Anpassungsprozesse, auf die Veränderung rechtlicher Rahmenbedingungen und auf die Frage nach der zukünftigen Akzeptanz technologischer Anwendungen durch Kunden und Beschäftigte.

Upgrading und Polarisierung
Mindestens so wichtig wie die Fragen nach dem technischen Potenzial für die Substitution von Tätigkeiten sind jene nach der Quantität und der Qualität der neuen Jobs. Was die zukünftigen Anforderungen an die Beschäftigten angeht, verläuft die Debatte entlang von zwei idealtypischen Szenarien: dem „Upgrading" und der „Polarisierung" [55]. Das Upgrading-Szenario nimmt die wachsende Bedeutung von IT-Kenntnissen und der Bedienung und Wartung komplexer Systeme in den Blick. Entscheidungs-, Kontroll- und Koordinationsfunktionen werden stärker dezentralisiert und indirekte, d. h. planende, steuernde und kontrollierende, Tätigkeiten gewinnen, auch auf Facharbeiterebene, an Bedeutung [22, 56, 57]. Optimistische Prognosen gehen davon aus, dass Innovationsprozesse zunehmend kollektiv stattfinden und Qualifikationsbedarfe immer häufiger über enge fachliche Grenzen hinausreichen. Idealtypisch hierfür steht ein arbeitsorganisatorisches Muster, dass Hirsch-Kreinsen metaphorisch als „Schwarm-Organisation" bezeichnet. In diesem Szenario agieren hoch qualifizierte Beschäftigte nahezu gleichberechtigt, während einfache und niedrig qualifizierte Tätigkeiten durch Automatisierung ersetzt wurden [57].

Die Polarisierungsthese zeichnet sich dadurch aus, dass sie Aufwertungsannahmen um zu berücksichtigende Abwertungsprozesse ergänzt. Eine Reihe von Studien zur Entwicklung des amerikanischen Arbeitsmarktes [38, 58] beschreiben den erhöhten Druck, der besonders auf mittleren Qualifikationen lastet. Die hier vorzufindenden

Tätigkeiten zeichnen sich häufig durch eine hohe Strukturiertheit aus, was sie anfällig für algorithmische Steuerung und Automatisierung macht [18]. Vorgänge mittlerer Komplexität werden in diesem Szenario in stark strukturierte und teilautomatisierte Aufgaben sowie einer übergeordneten Systemsteuerungstätigkeit zerlegt. Dies kann dazu führen, dass eine formal niedrigere Qualifikation für die bisher von Fachkräften ausgeführte Tätigkeit von Nöten ist [59]. Eine Erosion mittlerer Qualifikationsebenen infolge informationstechnischer Automatisierung wird sowohl für Produktionsarbeiten als auch für Verwaltungs- und Servicetätigkeiten prognostiziert [56].

Zwischenfazit: Human-zentrierte Arbeitsgestaltung in der Digitalisierung ist entscheidend
Als Resümee der aktuellen arbeitssoziologischen Debatte bleibt festzuhalten, dass das menschliche Arbeitsvermögen und das Erfahrungswissen der Beschäftigten unter den Vorzeichen einer fortschreitenden Digitalisierung ausschlaggebend bleiben wird [60]. Damit erweist sich das Konzept eines subjektivierenden Arbeitshandelns [61], das neben theoretischem Fachwissen die Bedeutung von ganzheitlicher Wahrnehmung, assoziativem und intuitivem Wissen, explorativem Vorgehen und Empathie herausstellt, als nach wie vor sinnvoll anwendbar. Diese Kriterien behalten also ihre Gültigkeit bzw. gewinnen an Bedeutung für eine gesundheitsgerechte Gestaltung digitaler Arbeit. Welche Auswirkungen die Digitalisierung auf konkrete Arbeitskräfte- und Qualifikationsbedarfe in den Arbeitsmärkten hat, bleibt gegenwärtig allerdings eine offene Frage. Das breite Spektrum der bisherigen Spekulationen ist nicht zuletzt auf einen Mangel an Empirie zurückzuführen, wie deutlich geworden sein dürfte. Mit den folgenden quantitativen und qualitativen Untersuchungsergebnissen soll diese Wissenslücke in einem ersten Schritt geschlossen werden.

2.3.2 Digitalisierung, betrieblicher Wandel, Fachkräftebedarf und Entwicklungsmöglichkeiten für Beschäftigte (Kurzfallstudie)

Die nachfolgenden vier Fallbeispiele dienen dazu, sich dem häufig im Abstrakten verbleibenden Begriff der Digitalisierung anhand von konkreten Praxisbeispielen zu nähern. Ausgehend von einer Beschreibung des Einsatzes digitaler Technologien im jeweiligen Unternehmen werden die teils wirklich beobachtbaren, teils möglichen Auswirkungen auf Beschäftigungsentwicklung und Qualifikationsanforderungen diskutiert. Grundlage der Ausführungen sind zahlreiche Leitfadeninterviews, die mithilfe einer qualitativen Inhaltsanalyse ausgewertet wurden. In allen Fällen konnten entweder Vertreter des Managements (Geschäftsführer, Personaler) oder Verantwortliche für neue Technologien, IT, Datenprozesse u. ä. befragt werden. In drei Fällen konnten zudem Interviews mit Betriebsräten und Beschäftigten durchgeführt werden. Insgesamt handelt es sich um 15 Interviews mit einer durchschnittlichen Dauer von 45 Minuten.

„Losgröße 1" im Automobilbau
Einsatz digitaler Technologien: Die Automobilbranche steht seit den 1990er Jahren beispielhaft für eine an individuellen Kundenwünschen orientierte Massenfertigung. Die Besonderheit des Montagewerkes besteht in der Fertigung eines Fahrzeugmodells, dass mittels einer Online-Plattform vollständig vom Kunden konfigurierbar ist. Die Produktion ist vernetzt mit einer webbasierten Kundenplattform, die zehntausende Varianten im Außen- und Innendesign ermöglicht, unter anderem bei Motor- und Getriebesystemen sowie zahlreichen Extras und Funktionen. Bemerkenswert ist, dass die extrem hohe Produktvielfalt ohne nennenswerte Produktivitätsverluste realisiert werden kann. Die Erfüllung praktisch jeden Kundenwunschs, also nahezu „Losgröße 1", gelingt durch den Einsatz moderner Automatisierungsanlagen sowie einer umfassenden datentechnischen Vernetzung von Produkten, Produktionsanlagen und Beschäftigten. Aber auch in der Arbeitsorganisation werden Veränderungen vorgenommen: Aufgrund der gestiegenen Teilevielfalt wird der eigentlichen Montage ein Arbeitsschritt der Kommissionierung vorgeschaltet. Die Vorsortierung der einzelnen Teile erfolgt durch ehemalige Mitarbeiter aus der Fertig- und Endmontage. Sie werden durch Pick-by-Light- und Pick-by-Point-Systeme[13] sowie verschiedene tragbare Geräte, sogenannte Assistenzsysteme wie Hand-Scanner, Tablets und Datenbrillen, unterstützt.

Digitalisierung und Beschäftigungsentwicklung: Marktschwankungen und kurzatmige Produktionszyklen sorgen im Unternehmen für ein unstetes Arbeitsvolumen. Die aktuelle Beschäftigtenzahl liegt mit rund 2000 Beschäftigten in etwa auf dem Niveau von 2012, mit dem Unterschied, dass 400 ehemalige Leiharbeitnehmer fest eingestellt wurden. Durch die sukzessive Digitalisierung und Vernetzung der Produktion ist es zum einen zu einer Zunahme an planenden, überwachenden, kontrollierenden und wartenden Tätigkeiten gekommen. Zum anderen zwingt die hohe Teilevielfalt des neuen Modells zur räumlichen Expansion der Lagerbestände und hat zu einem Ausbau an Arbeitsplätzen in der Intralogistik und der Kommissionierung geführt.

Digitalisierung und Qualifikationsanforderungen: Die Einführung eines vernetzten Produktionssystems zur Fahrzeugherstellung nach „Losgröße 1" geht nicht mit einer allgemeinen Aufwertung der Qualifikationen einher, sondern führt tendenziell zu einer Polarisierung der Tätigkeitsprofile. Der steigenden Anzahl von qualifizierten Tätigkeiten in den Bereichen Produktionsplanung, Systemtechnik und Instandhaltung stehen Tendenzen einer Vereinfachung der Arbeitsinhalte in den Bereichen Montage und Kommissionierung gegenüber. Die Komplexität der Anforderung, eine immer höhere Anzahl von Komponenten flexibel am Band zu montieren, wurde reduziert, indem der Montageakt in eine rein montierende und eine kommissionierende Tätigkeit aufgespalten wurde. Der zunehmende Einsatz technischer Assistenzsysteme vereinfacht zudem die

---

[13] Bei Pick-by-Light- und Pick-by-Point-Systemen werden Güterpositionen in Lagerregalen durch Beleuchtung visualisiert. Unterstützende Displays zeigen die Anzahl der aufzunehmenden Positionen an.

Arbeitsabläufe. Die Beschäftigten werden lediglich in knapper Form in die Bedienung eingewiesen und in kurzer Zeit angelernt. Die Pick-Systeme und die Wearables in der Kommissionierung zeichnen sich durch ein monologisches Interaktionsmuster aus, d. h. eigenständige Entscheidungen oder intuitives Abweichen von den Vorgaben sind nicht möglich. Die Tätigkeiten an der Fertigungslinie werden so konzipiert, dass auch einfache Arbeiter schnell angelernt werden können.

Digitalisierung von Geschäftsprozessen im optischen Instrumentenbau
Einsatz digitaler Technologien: Mit über 200 Beschäftigten fertigt das Unternehmen in geringen Stückzahlen Sensorik, die aus der Montage von optischen, mechanischen und elektronischen Bauteilen sowie spezieller Software entsteht. Der Montageprozess besteht im Wesentlichen aus Handarbeit, sodass technische Assistenzsysteme und digitale Produktionstechnik kaum eine Rolle spielen. Der Einsatz digitaler Technologien umfasst die kontinuierliche Weiterentwicklung eines Enterprise-Resource-Planning-Systems[14] (von der Firma SAP) sowie die Implementierung zahlreicher digitaler Tools. Softwarelösungen werden im Bereich der Produktionsplanung und zur Dokumentation von Prozessen genutzt sowie in der Arbeitszeitplanung und im Bereich Information und Kommunikation eingesetzt. Die fortschreitende Digitalisierung führt im Unternehmen zu einer permanenten Anpassung von Prozessen, wobei sich die Intervalle zwischen Updateprozessen und neuen digitaler Tools sukzessive verkürzen.

Digitalisierung und Beschäftigungsentwicklung: Das Management geht von einem indirekten Zusammenhang zwischen Digitalisierung und Beschäftigungswachstum aus. Einerseits trägt die Digitalisierung zur Prozesseffektivität und zur Effizienzsteigerung bei und hat somit Anteil am starken Wachstum des Unternehmens. Andererseits profitiert das Unternehmen mit seinen Produkten von der fortschreitenden Digitalisierung. Dem wachsenden Fachkräftemangel versucht das Unternehmen durch eine Reihe an Maßnahmen, wie zum Beispiel einer kontinuierlichen Qualifizierung der Beschäftigten oder der Kooperation mit der regionalen Fachhochschule entgegenzuwirken.

Digitalisierung und Qualifikationsanforderungen: Die Einführung und Weiterentwicklung digitaler Tools wird seitens des Managements sowohl als wachsende Anforderung an Beschäftigte als auch als Handlungserleichterung interpretiert. Unter der Voraussetzung, dass die Beschäftigten hinreichend in der Bedienung der digitalen Programme geschult werden, können diese zur Fehlerreduzierung beitragen und die Fehlerkontrolle erleichtern. In einer eigenen Schulungsakademie führt das Unternehmen kontinuierlich Inhouse-Schulungen durch, in der zahlreiche IT-Themen in teils verpflichtenden und teils freiwilligen Modulen angeboten werden. Jede Einführung und Weiterentwicklung digitaler Tools geht mit Schulungsprozessen einher. Als wichtige

---

[14] Unternehmensinterne, vernetzte, modulare Softwareplattform welche sämtliche Aufgaben des Enterprise-Resource-Planing, wie Planung, Kontrolle und Nachverfolgung von u. a. Kapital, Betriebsmittel, Arbeit, Aufträgen, zusammenfasst.

qualifikatorische Voraussetzung werden im Zuge der fortschreitenden Digitalisierung weniger konkrete IT-Kenntnisse, als vielmehr eine generelle Offenheit und Neugier gegenüber neuen digitalen Möglichkeiten benannt.

Industrie 4.0 im Werkzeugbau
Einsatz digitaler Technologien: In dem Werkzeugbauunternehmen mit angegliederter Kunststoffverarbeitung und Ingenieurbüro spielen digitale Technologien eine große Rolle. Seit 2011 wurde ein bedeutender Anteil des Maschinenparks im Werkzeugbau modernisiert und in zwei automatischen Fertigungszellen miteinander vernetzt. Die Zellen umfassen mehrere Maschinen, eine Beladestation und in der Mitte einen Roboterarm, der die Werkstücke nach Prioritäten auf freie Maschinenplätze verteilt. Abgesehen von wenigen Schritten erfolgt der Bearbeitungsprozess in den Fertigungszellen von Station zu Station autonom. Eine automatische Qualitätskontrolle sorgt dafür, dass die Fehlerrate gegen Null tendiert. Das Maschinenprogramm ist mit dem Enterprise-Resource-Planning-System verbunden, was eine exakte Erfassung der Maschinenlaufzeiten ermöglicht. Die Maschinenbediener haben die Möglichkeit, von mobilen Endgeräten (z. B. von Zuhause über die Software Teamviewer) auf die Anlage zuzugreifen.

Digitalisierung und Beschäftigungsentwicklung: Der ausgeprägte Digitalisierungspfad des Unternehmens hat dazu beigetragen, dass sowohl Umsatz- als auch Beschäftigungszahlen des Unternehmens in den vergangenen Jahren stetig gewachsen sind. Aufgrund der Nutzung der Fertigungszellen wird vor allem in der Montage Arbeitszeit eingespart. Gleichzeitig wächst der Bedarf in der Konstruktion und der Arbeitsvorbereitung, so dass es zu einer Verlagerung der Beschäftigung kommt. Allerdings wird das Wachstum durch einen Mangel an geeignetem Personal ausgebremst. Einerseits ist die Fluktuation im Unternehmen hoch, andererseits gibt es Rekrutierungsengpässe. Im Zuge der Veränderung von Anforderungsprofilen haben gerade ältere Beschäftigte das Unternehmen verlassen. Der Geschäftsführer baut im Werkzeugbau auf ein junges und digitalaffines Team, das ein Durchschnittsalter von 35 Jahren aufweist.

Digitalisierung und Qualifikationsanforderungen: Mit der Einführung der automatischen Fertigungszellen haben sich die Tätigkeitsprofile der Maschinenbediener substantiell verändert. Statt ein oder zwei werden nunmehr acht vernetzte Maschinen bedient, bestückt und gewartet. Die Arbeitsanforderungen beinhalten organisatorische Fähigkeiten, bei dem man den gesamten Prozess von der Entwicklung bis zur Qualitätskontrolle im Blick behalten muss. Der Abstimmungsbedarf mit Beschäftigten in der Arbeitsvorbereitung steigt und auch die Organisation des Wartungsprozesses und die Beschaffung von Ersatzteilen gehört zu den neuen Aufgabenfeldern. Aufgrund der Verschmelzung von theoretischem und praktischem Wissen weist das Anforderungsprofil der Maschinenbediener Ähnlichkeiten mit dem Arbeitstypus des Systemregulierers oder des Facharbeiter-Ingenieurs auf. Gegenüber einem klassischen Metall- oder Kunststoffhersteller unterscheidet sich der Betrieb so erheblich, dass neue Mitarbeiter eine überdurchschnittlich hohe Einarbeitungszeit benötigen. Hinzu kommt, dass die Beschäftigten sich auf eine Weise in die Mensch-Maschine-Interaktion einlassen müssen, die ein hohes Vertrauen in die Technik und deren sichere Handhabung erfordert. Die wachsenden fachlichen und psychischen Anforderungen tragen dementsprechend entscheidend zum Fachkräftemangel im Unternehmen bei.

Digitale Produktionstechnologien in der Metall- und Elektroindustrie
Einsatz digitaler Technologien: Das Unternehmen stellt ein breites Spektrum an optischen und opto-elektronischen Produkten für eine Vielzahl an Marktsegmenten her. Die Digitalisierung ist allgegenwärtig und mittlerweile ein Schwerpunktthema innerhalb der Unternehmensstrategie. Am untersuchten Standort wird vor allem die Produktion, die bereits vielfach teilautomatisierte Prozesse enthält, vom nächsten Digitalisierungsschub betroffen sein. Neue vernetzte und selbststeuernde Maschinen reduzieren in Kombination mit Handlingstechnik den Bedienungsaufwand erheblich, reduzieren Fehlerquoten und stellen eine kontinuierliche Auslastung sicher. Zudem werden 3D-Druckverfahren erprobt, die aller Voraussicht nach stark an Bedeutung gewinnen werden.

Digitalisierung und Beschäftigungsentwicklung: Vor dem Hintergrund der anstehenden Einführung der neuen Maschinengeneration geht der Betriebsrat von erheblichen personellen Einsparpotenzialen in der Fertigung aus. Innerhalb der nächsten 10 bis 15 Jahre wird eine Halbierung des Fertigungspersonals als realistische Größenordnung angesehen. Neue Jobs entstehen vor allem in der IT, in der Arbeitsvorbereitung und der Produktionssteuerung. Teilweise wird dieser Bedarf mit Umschulungen oder Weiterqualifizierungen im Fertigungsbereich gedeckt. Eine Gesamtbilanz ist schwer prognostizierbar, auch weil sich das Unternehmen auf Wachstumskurs befindet und aktuell in allen Bereichen Personal aufgebaut wird. Mittlerweile ist der Fachkräftemangel deutlich spürbar und bremst den Personalaufbau aus. Die Zeit, bis offene Stellen besetzt werden können, hat sich spürbar verlängert. Die Ansprüche der Bewerber steigen und befristete Verträge können praktisch nicht mehr vergeben werden. Mit Blick auf besonders gefragte Qualifikationen sind Abwerbungen aus anderen Unternehmen an der Tagesordnung.

Digitalisierung und Qualifikationsanforderungen: Aufgrund der fortschreitenden Digitalisierung steigen besonders im Bereich der Produktionssteuerung und der Arbeitsvorbereitung die Anforderungen. Softwareentwicklung und -nutzung werden wichtige Grundlagen, wobei Beschäftigte unter anderem mit Blick auf Programmierkenntnisse weiterqualifiziert werden. Für die Beschäftigten in der Fertigung wird ein Bedeutungszuwachs an sogenannten Querqualifikationen prognostiziert. Facharbeiter müssen zunehmend Mechanik-, Optik- und Montagekenntnisse beherrschen, so dass sich die Berufsbilder Feinmechanik, Feinwerktechnik, Mechatronik und Feinoptik miteinander vermischen. Generell gibt es einen Trend zur Universalisierung, der dazu führt, dass ehemals spezialisierte Beschäftigte teilweise Tätigkeiten ausüben, die nur geringe Qualifikationsanforderungen benötigen. Aufgrund dieser Entwicklungsdynamik hat der Betriebsrat bereits erste Erfahrungen mit Vorstößen in der tariflichen Abwertung bei den

Stellenbeschreibungen gemacht. Bisher waren diese Initiativen nicht erfolgreich, aber das Potenzial zur Kosten- und Lohnsenkung durch den technologischen Wandel wird hier thematisiert.

Zwischenfazit: Digitalisierungsaffine Unternehmer und Beschäftigte als Treiber und Profiteure des Qualifikationswandels
Es lassen sich in der betrieblichen Praxis vielfältige digitale Technologien im Einsatz finden, die Spielräume für die Arbeitsprozessgestaltung und die Sicherheit bei der Informationsversorgung eröffnen. Dadurch können Entlastungseffekte erzielt werden, die zugleich Möglichkeiten für die Entgrenzung von Arbeit öffnen. Die Verlagerung von Arbeit in die Freizeit wird teils als Unterstützung der Arbeit erlebt (Fernwartung, Überwachung von Prozessen), führt aber auch zu Arbeitsverdichtung und Überlastung. Qualifikatorische Anforderungen wachsen meist (Entwicklungsförderlichkeit), auch wenn sich mitunter negative Beschäftigungseffekte abzeichnen (Angst/Sorge vor Überwachung und mangelndem Datenschutz). Die Vielfalt der Anforderungen wächst, was als steigender Anpassungs- und Qualifizierungsdruck, teils aber auch als wünschenswerte berufliche Entwicklung erfahren wird. Unternehmen bieten bisher kaum systematische Antworten für diese Gleichzeitigkeit von Ent- und Belastungen. Der Umgang mit der neuen Ungewissheit über die Verwendung von Daten oder Erfahrungen der Dequalifizierung hängt entscheidend vom individuellen Eigenengagement ab. Zur Verbreitung und Universalisierung von Erkenntnissen und Lernfortschritten (Aufwertungserfahrungen, die Bedeutung hybrider Kompetenzen wie sie sinnbildlich ein Facharbeiter-Ingenieur verkörpert) wird kaum ein Beitrag geleistet. Die Digitalisierungsaffinität von Führungskräften entscheidet auch über die Weiterentwicklung und den Bedeutungszuwachs bestimmter Gruppen. Ihnen kommt bei der Karriere- und Personalentwicklung eine Schlüsselrolle zu. Ebenso beim Umgang mit Konflikten, die zwischen Jung und Alt bei der Einführung neuer Technologien entstehen können. Diese nicht zu Lasten des Betriebsklimas laufen zu lassen, z. B. bei schnellen Karriereschritten für jüngere Kompetenzträger, ist eine der neuen Aufgaben für Personalverantwortliche. Digitalisierungsaffinität kann dann ebenfalls eine Rolle spielen bei der Schließung von Fachkräftelücken. Sie bietet den Stellensuchenden oder den Beschäftigten mit Entwicklungswunsch Orientierung in der Karriere, sie liefert aber auch Kriterien für die Besetzung von Stellen. In den Fallstudien wird auch sichtbar, welchen Wert diese IT- und IT-affinen Fachkräfte für die Unternehmen gewonnen haben, entsprechende Bindungs- und Anreizstrategien spielen im Handeln des Managements eine immer wichtigere Rolle.

2.3.3 Intensivfallstudie: Online-Versandhändler

Zugang und Material
Im Erhebungszeitraum vom Februar 2017 bis August 2018 wurden insgesamt 11 leitfadengestützte Interviews mit Beschäftigten aus dem Management (1), der IT-Abteilung

(2) und dem Shop Floor (8) an einem Logistik-Standort des Online-Versandhändlers in Ostdeutschland geführt. Die Auswertung erfolgte mittels computergestützter, qualitativer Inhaltsanalyse der Interview-Transkripte. Weitere Informationen stammen aus öffentlich zugänglichen Unternehmensdokumenten (u. a. Geschäftsberichte, Präsentationen, Konzeptpapiere), einer Medienrecherche, der Begehung der Lagerbereiche am Untersuchungsstandort sowie der Sekundäranalyse zusätzlicher Beschäftigteninterviews[15], welche im Rahmen des Jenaer Projekts *eLabour – Gesellschaftsbild des Prekariats*[16] erhoben wurden.

Der Fokus der Betrachtung lag auf den Arbeitsprozessen im Warehouse[17] sowie ihren technologischen Bedingungen im Zusammenspiel mit der IT-Abteilung des Konzerns. Hier zeigten sich wichtige Erkenntnisse, welche nicht nur für das untersuchte Unternehmen, sondern auch für die Logistikbranche im Allgemeinen von Relevanz sind. Als Pionierunternehmen betreibt der Online-Versandhändler einen permanenten Prozess der Optimierung und experimentellen Innovation.

Basisdaten und betriebliche Strukturen
Das Unternehmen ist im Online-Versandhandel tätig. Seine Kernkompetenzen liegen in den Bereichen des Mode-Vertriebs, der Logistik, dem datengestützten Marketing und neuerdings dem Anbieten und Gestalten von Plattform- und Informationsdienstleistungen.

Als „Tech-Start-Up" gegründet, wuchs das Unternehmen, gefördert durch Risikokapital, welches ihm einen aggressiven Wachstumskurs ermöglichte, schnell zu einem der größten Versandhändler im europäischen Raum heran. Die Expansion erfolgte zunächst vor allem in der DACH-Region[18] und danach vereinzelt in weiteren westeuropäischen Ländern. Im Jahr 2016 besaß das Unternehmen bereits Millionen Kunden in ganz Europa. Der Gesamtumsatz betrug ca. 4 Mrd. EUR. Nach Aussage eines Mitarbeiters des Managements, wächst der jährliche Umsatz durchschnittlich um 20 bis 30 %.

Das Unternehmen beschäftigt zurzeit rund 15.000 Personen (Stand Ende 2017) an mehreren Standorten in Deutschland und dem europäischen Ausland. Zwei Drittel von ihnen sind in der Logistik beschäftigt. Grundsätzlich lassen sich im Unternehmen zwei Arten von Niederlassungen unterscheiden: Logistik- und Technologiestandorte. Letztere sind fast ausschließlich in europäischen Metropolen angesiedelt. Hier arbeiten IT-Fachkräfte mit Spezialistenwissen (u. a. Data Science, Marketing, Full Stack Development,

---

[15] Erhebungszeitraum 2017 bis 2018.

[16] Das Projekt ist Bestandteil des Verbundvorhabens „Interdisziplinäres Zentrum für IT-basierte qualitative arbeitssoziologische Forschung (eLabour)".

[17] Begriff der Logistikbranche, welcher die Summe der Lager- und Distributionssysteme eines Standorts zusammenfasst.

[18] Ein Apronym für die Länder: Deutschland, Österreich und die Schweiz.

Plattform-Engineering) und kooperieren mit den weiteren Abteilungen des Unternehmens über Cloud-Dienste und vernetzte Geräte.

Der vom Projektteam untersuchte Standort in Ostdeutschland beschäftigt zum Zeitpunkt der Untersuchung rund 3000 Beschäftigte (Stand Ende 2017) und ist damit der zahlenmäßig größte der sechs Niederlassungen in Deutschland. Im Schnitt handelt es sich um eine sehr junge Belegschaft. Eine Besonderheit des Standorts ist das ihm angegliederte IT-Team für Automatisierungslösungen. Mit seiner Hilfe werden neue Technologien für den Logistikbereich erprobt und eingeführt. Insgesamt erstreckt sich der Standort über fünf Hallen, welche jeweils eine Fläche von sechs bis acht Fußballfeldern einnehmen.

Bereits vor einigen Jahren begann das Unternehmen mit dem internen Umbau vom reinen Versandhändler hin zum breit aufgestellten Technologie-Konzern mit Anteilen in den Bereichen der Plattform- und Softwaredienstleistungen. Das erklärte Ziel ist es, sowohl mit dem alten Kerngeschäft am europäischen Markt zu wachsen, als auch die eigenen Logistikkapazitäten und das Wissen um hochoptimierte, integrierte Logistiksystemlösungen als Dienstleistungen am Markt anzubieten.

Anwendung neuer Technologien
Im Rückgriff auf die eigene Vergangenheit als Tech-Start-Up, präsentiert der Online-Versandhändler den Bereich Technologie als Kernkompetenz des Unternehmens und zentralen Baustein der eigenen „DNA". Gefördert durch Risikokapitalgeber und einen frühen Einstieg an der Börse gelang es dem Unternehmen, einen aggressiven Wachstumskurs, unter Inkaufnahme von jährlichen Verlusten, zu finanzieren. Dabei orientierte sich das junge Unternehmen an international erfolgreichen Geschäftsmodellen und Konzernen. Digitales Know-How spielte hierbei von Anfang an eine zentrale Rolle.

Das rasante Wachstum beim Versandhändler führte schnell zu steigenden Ansprüchen an Flexibilität, Skalierbarkeit und Integration, welche nicht mehr adäquat durch Standardsoftware und externe Logistikpartner bedient werden konnten.

> „Also, es geht bis zu einer gewissen Menge ganz gut [...]. Dann gibt's einfach ein Skalierungsproblem, womit die meisten auch nicht mehr mit umgehen können und spätestens dann brauchen sie entweder einen Dienstleister oder ausreichend Mut und Investitionsvolumen, um die eigene Software hochzuziehen und an den Markt zu bringen. [...] [Wir] hatten genug Investitionen und die nötige Weitsicht und haben angefangen mehr oder weniger alles selber zu machen [...]." (Zitat: Produktmanagement)

Ab 2010 wechselte das Unternehmen deshalb zu einem eigenentwickelten E-Commerce-System, welches zunächst im Online-Shop sowie Fullfillment[19] eingesetzt wurde. Ab 2011 wurden die neu aufgebauten unternehmenseigenen Logistikstandorte in das System

---

[19] Begriff der Logistikbranche, welcher die gesamte Kette von Aktivitäten von der Kundenbestellung bis zur Auslieferung der Ware beschreibt.

integriert und kontinuierlich weiterentwickelt. Heute basiert ein Großteil der digitalen Basis in den Bereichen Online-Handel, Logistik und Marketing, auf einem Mix aus eigenentwickelter, proprietärer Software, mit Open-Source-Anteilen und ausgewählten Drittanbietersystemen (bspw. SAP in der Finanzbuchhaltung). Das so entwickelte *„Betriebssystem"* des Unternehmens unterliegt dabei konstanten Optimierungen und Erweiterungen.

Zum Zeitpunkt der Erhebungen befindet sich die IT-Abteilung in einer Phase der umfassenden Restrukturierung. Vor kurzem begann das Unternehmen mit der Umgestaltung der internen Prozesse und Strukturen nach dem Leitbild der *agilen Organisation*[20]. Zwei Faktoren bedingten diese Entscheidung. Zum einen sollte das interne Projektmanagement verschlankt, flexibilisiert und dadurch beschleunigt werden. Damit sollte auch eine Erneuerung des internen ‚Software-Stack' einhergehen, welcher in Zukunft auf dezentrale Cloud-Dienste, einen modularisierten Aufbau und direkte Maschinen-Kommunikation (Microservices, REST-APIs[21]) setzen wird. Zum anderen hat das Unternehmen das ambitionierte Ziel, in den kommenden Jahren zum breitaufgestellten Technologie-Konzern internationalen Ranges, mit Anteilen in den Plattform- und Softwaredienstleistungen aufzusteigen. Moderne Organisationsformen, wie sie auch in erfolgreichen Tech-Unternehmen des Silicon Valley zu finden sind, schienen hier die beste Lösung für das Unternehmen zu sein.

A. Integrierte Lagerlogistik
Digitale Technologien spielen in allen Geschäftsbereichen des Online-Versandhändlers eine zentrale Rolle. Für unsere Betrachtung waren besonders die durch digitaltechnische Verfahren hochoptimierten und gesteuerten Arbeitsprozesse im Logistikzentraum von Relevanz.

Die Abläufe im Warehouse sind sequenziell in sechs Prozessbereiche untergegliedert:

- Warenannahme (Receive),
- Wareneinlagerung (Stow),
- Warenaufnahme (Pick),
- Sortierung (Sort),
- Verpackung und Versand (Pack),
- Bearbeitung der Rücksendung (Retoure).

---

[20] Agilität als Managementprinzip entstammt der Softwareentwicklung (Scrum) und versucht, dessen Kernmerkmale in andere Arbeits- u. Branchenkontexte zu adaptieren. Zentrale Merkmale sind u. a.: kundenorientierte Organisationsstruktur; kurzfristige, kleinteilige und iterative Prozesse; Team und mitarbeiterzentrierte Führungsstruktur.
[21] Representational State Transfer (REST) bezeichnet ein Programmierparadigma für verteilte Systeme, insbesondere für Webservices. Microservices sind ein Architekturmuster der Informationstechnik, bei dem komplexe Anwendungssoftware aus unabhängigen Prozessen komponiert wird.

Am Standort arbeiten in den genannten Bereichen ca. 3000 Beschäftigte, sechs Tage die Woche, in einem Zwei-Schicht-System (Frühschicht, Spätschicht), mit Sonderzeiten für Eltern mit Kleinkindern (sogenannte *„Mutti-Vati-Schicht"*) sowie Zusatzschichten bei saisonal bedingter hoher Auslastung. In jeder Schicht ist etwas weniger als die Hälfte aller Lagerbeschäftigten anwesend. Das von ihnen bearbeitete Auftragsvolumen variiert stark, soll aber selbst in einem schlechten Monat ungefähr eine Million Sendungen umfassen. Um diese wiederkehrenden Spitzen und Einbrüche auszugleichen, setzt das Unternehmen gezielt auf den hohen Einsatz von Leiharbeitnehmern. Die Arbeitsabläufe im Warehouse sind von Einfacharbeit geprägt und benötigen keine Qualifikation oder Ausbildung. Die Personalfluktuation im Lager ist allgemein hoch.

Der Dreh- und Angelpunkt aller Vorgänge im Warehouse ist das im Unternehmen selbstentwickelte, umfassend integrierte Enterprise-Resource-Planning-System. Es steuert u. a. sämtliche Waren- und Personalbewegungen im Lager.

Inbound – Der Weg zum „stored product"
Die Warehouse-Logistik des Versandhändlers lässt sich grob in zwei Ablaufketten, dem Inbound und Outbound unterteilen.

Im Wareneingang werden neue Artikel zunächst für den Online-Handel angeliefert und von Helfern des *Unterstützungsbereichs* angenommen. Sie entladen die Neuwaren aus den bereitstehenden Fahrzeugen, verteilen sie in Transportwannen und auf Handwagen (Carts), welche danach an die Beschäftigten des Bereichs *Receive* übergeben werden. Hier werden Neuwaren und Carts zur Identifikation und Nachverfolgung im Enterprise-Resource-Planning-System mit Barcode-Aufklebern versehen und mithilfe eines vernetzten Handcomputers, dem sogenannten *MDE-Gerät*[22], eingescannt (im Sprech der Beschäftigten: "geschossen"). Jedes MDE-Gerät ist per *RFID-Chip*[23] an den es benutzenden Beschäftigten verbucht und erlaubt dadurch eine Steuerung und Dokumentation der Arbeitsschritte über das System.

> „Das MDE läuft mit unserer Software [...]. [Also] es ist sozusagen ein Multifunktionsgerät [...]. [In unserer Firma kann man damit] also wirklich alles [...] machen. Im Pick dient es uns dafür, die Artikel zu finden. Da stehen die Artikelkoordinaten mit dem Arbeitsplatz drauf [...]. Wenn wir jetzt Ware bekommen, also Ware aus anderen Lagern, die wir dann zu einer Bestellung zusammensuchen, dann kann man damit Carts ein- und ausschießen [...]."
> (Zitat: Mitarbeiter, Bereich Receive)

Die im System gespeicherten Artikel laufen in ihren Wannen über Förderlinien an die als *Bahnhöfe* bezeichneten Endstationen in den fünf Kommissionierlagern. Etwa 15 Mio. Artikel befinden sich durchschnittlich in den Regalen des Lagers. Jeder Ablageort ist mit

---

[22] Geräte zur mobilen Datenerfassung (MDE) sind handgroße integrierte Computersysteme welche über ein Display, Scanner, Betriebssystem und eine Netzwerkverbindung zu einem zentralen Enterprise-Resource-Planning-System verfügen.

[23] RFID bezeichnet eine funkbasierte Technologie für Sender-Empfänger-Systeme zum automatischen und berührungslosen Identifizieren und Lokalisieren von Objekten.

einem Barcode versehen und wird im System mit seinem Standort sowie der aktuellen Bestückung gespeichert. Auf Basis dieser Daten ist es dem Unternehmen möglich, ein digitales Abbild des Lagerbestandes in Echtzeit zu generieren. Da Artikel beim Versandhändler individuell im System nachverfolgt werden, nutzt der Versandhändler das Prinzip der *chaotischen Lagerhaltung*. Hierbei erhalten Artikelgruppen keine festen, sondern dynamische, vom Enterprise-Resource-Planning-System zugeordnete und überwachte Lagerplätze.

Die Beschäftigten des Bereichs *Stow* sind für die Einlagerung der Waren des Receive und Retoure verantwortlich. Sie nehmen die Transportwannen an den Bahnhöfen entgegen, verteilen sie auf Handwagen und bringen sie in die vom System bestimmten Lagerzonen. Durch einen Scan der Ware und des Lagerplatzes werden diese im Computersystem miteinander verkoppelt. Am Ende der Prozesskette steht nun das digitale *stored product*[24], welches automatisch im Online-Shop des Versandhändlers zum Kauf bereitgestellt wird.

Outbound – Optimiertes „disposition & batching"
Die Prozesskette der Distribution (Outbound) betrifft sämtliche Vorgänge in den Bereichen Warenentnahme, Sortierung, Verpackung und Versand, welche in Folge eines Kundenauftrags im Warehouse ausgelöst werden. Sie gleicht in ihrem Technologieansatz größtenteils den bekannten Vorgängen des Receive und Stow, setzt darüber hinaus aber auf einen erhöhten Einsatz modernster Verfahren der algorithmischen Arbeits- und Maschinensteuerung.

Eine Bestellung beim Versandhändler umfasst typischerweise mehrere Artikel (bspw. Hemden, Hosen, Schuhe) in unterschiedlichen Konfigurationen (u. a. Farbe, Größe, Material). Aufgrund der hohen Zahl von Kombinationsmöglichkeiten sowie der chaotischen Lagerhaltung in den Kommissionierlagern ergeben sich für die Logistik komplexe Optimierungsproblemen bei der Bearbeitung der Kundenaufträge.

> „Das ist ein bisschen komplizierter. Ich hatte es vorhin schon mal gesagt, es ist ‚Disposition & Batching'. Also die Bestellung kommt rein und es heißt nur: ‚Ich will den roten Adidas Schuh in Gr. 43'. So, dann haben wir aber 300 von diesen roten Adidas Schuhen in Gr. 43. Dann müssen wir sagen, das ist genau dieser rote Adidas Schuh in Gr. 43. [...] Das heißt, der [Algorithmus] sucht dann die Bestellungen zusammen, die sich günstig im Lager befinden und baut die dann so, dass sie gut in einen Container reinpassen. Wer sich ein bisschen mit Logistik auskennt, das ist das sogenannte ‚Rucksackproblem'. Insofern, hier gibt's dann nicht immer eine optimale Lösung. Aber approximiert kommt man da relativ nah dran."
> (Zitat: Produktmanagement)

Das vom Produktmanagement beschriebene Rucksackproblem ist eine klassische Aufgabe der Kombinatorik. Das Ziel ist es, Gegenstände unterschiedlicher Ausprägung (bspw. Gewicht, Standort, Größe) effizient zusammenzustellen, ohne zuvor festgelegte

---

[24] Eingelagerte und online bestellbare Produkt des Versandhändlers.

Optimierungsgrenzen (bspw. maximale Paketgröße) zu überschreiten. Derartige Probleme treten in hoher Zahl bei der Bearbeitung der Kundenbestellungen auf. Es gilt effiziente Lösungen, u. a. für Laufwege, Wannenbestückung, Lagerung, Paketzusammenstellung und Versand zu finden. Aufgrund der Komplexität und zeitlichen Dringlichkeit der Aufgaben können diese beim Versandhändler nicht durch menschliche Beschäftigte gelöst werden. Stattdessen nutzt die IT-Abteilung ein digitales System, welches aufbauend auf Echtzeitdaten und Prozessen des Maschinenlernens versucht, möglichst effiziente Routinen für die Lösung der Optimierungsprobleme zu finden. Zur Zeit der Untersuchung arbeiteten ca. 30 Beschäftigte in den zuständigen Algorithmen-Teams.

Bedingt durch die hohe Anzahl an täglichen Bestellungen können selbst kleinste Verbesserungen in den Prozessen zu hohen Einsparungen bzw. Produktivitätssteigerungen führen. Die Standardisierung der Logistikzentren ermöglicht es dem Versandhändler, Änderungen ohne große Anpassungen überall im Konzern einzuführen.

> „[...] Manchmal gibt's dann noch so nen Durchbruch, wo dann nochmal so 1,5 % [...] runterfallen. Die sind dann schon eher selten. Aber 1,5 % bedeuten inzwischen halt auch mehrere zig Millionen Euro, insofern ist das immer noch bemerkenswert." (Zitat: Produktmanagement)

Die Bereiche der Produkteinlagerung bzw. -entnahme (Stow and Pick) gehören zu den beschäftigungsstärksten Abteilungen des Unternehmens und stellen die größten Kostenfaktoren in der Logistikkette dar.

Jede Bestellung im Online-Shop des Versandhändlers löst zunächst einen Entnahmeauftrag (Pick-Auftrag) in einem oder mehreren Warehouse-Standorten aus. Eine vom System erstellte, geordnete Liste bestellter Artikel mit ihren jeweiligen Standorten im dynamisch organisierten Hochregallager wird an das mobile Datenerfassungsgerät eines freien Beschäftigten gesandt. Üblicherweise werden immer mehrere Bestellungen parallel bearbeitet. Mithilfe eines Wegfindungsalgorithmus bestimmt das System die jeweils optimale Strategie zur Warenentnahme, dem Laufweg und der Wannenbestückung des Beschäftigten. Nach dem Abschluss der Liste kehrt der Beschäftigte an den zentralen *Förderbahnhof* zurück und leitet die gefüllten Container über das Fließbandsystem an die nächste Abteilung weiter.

Die Wannen gelangen nun an die Sortierabteilung (Sort) und werden dort an fest installierten Arbeitsstationen von Beschäftigten nach Größe vorsortiert und an drei Liniensortierer (Line Sorter) übergeben. Hierbei handelt es sich um großflächige, automatisierte Anlagen, bestehend aus mehreren Streckenelementen (u. a. Förderbänder, Scan-Stationen, Verteilmechanismen und Rutschen). Mit ihnen werden die Artikelwannen nach Maßgabe eines Sortieralgorithmus verteilt, geordnet und zur Verpackung weitertransportiert. Erst jetzt finden die bestellten Produkte der Kunden erstmals zueinander. Jeder Liniensortierer bearbeitet ca. 5000 bis 6000 Artikel pro Stunde. Am untersuchten Standort wurden sie erst kürzlich, zu einem Stückpreis von ca. 75 Mio., angeschafft.

Nach der Sortierung gelangen die Kundenbestellungen über mehrere Rutschen an die ca. 60 Beschäftigten der Verpackungsabteilung (Pack). Jeder Beschäftigte ist für ca. 10 bis 15 Rutschen zuständig. Sie nehmen die Waren entgegen, scannen sie an ihren Arbeitsstationen und stellen die auszuliefernden Pakete zusammen. Basierend auf den Größen- und Gewichtsdaten der Produkte berechnet ein weiterer Algorithmus die optimale Verpackungsgröße und bestellt neue Verpackungsmaterialien nach. Ihre Anlieferung erfolgt über die Beschäftigten des Unterstützungsbereichs. Anschließend werden die Pakete an die Förderbänder des Outbound-Sortierers übergeben, welcher sie automatisiert vermisst, etikettiert, sortiert und ordert, um sie danach zum Warenausgang weiterzuleiten. In der Zukunft beabsichtigt der Versandhändler, zusätzliche Sensorik zur Gewichtsmessung einzuführen, um auf Basis der hinterlegten Produktdaten automatisiert die Vollständigkeit der ausgehenden Pakete überprüfen zu können.

Am Warenausgang angekommen, werden die Pakete über Rutschen ausgeschleust und in die Auflieger der Transportfirmen verladen. Dabei wird jeder Zentimeter ausgenutzt. Es wird „Tetris gespielt" (Zitat: Produktmanagement).

Retouren und Problemlösung
Warenrückläufer gehören beim Versandhändler zum Alltag. Zum Untersuchungszeitpunkt betrug die Retourenquote ca. 50 %. Ein Grund hierfür ist das veränderte Kaufverhalten der Kunden. Es werden oft gleich mehrere Artikel und Größen bestellt und bei Nicht-Gefallen zurückgesandt. Besonders Saison-Ware ist hiervon betroffen.

Am Standort gelangen die Rückläufer zunächst wie jede Anlieferung in den Receive, wo sie von Beschäftigten des Unterstützungsbereichs aussortiert und an die Bearbeitungstische der Beschäftigten des Bereichs Retoure weitergeleitet werden. Sie melden den Eingang an das Enterprise-Resource-Planning-System und überprüfen die Ware u. a. auf Falschlieferungen, Beschädigungen oder Verschmutzungen. Einwandfreie Rücksendungen werden im System direkt als erfolgreich *retourniert* vermerkt und an die Beschäftigten des Stow weitergeleitet. Retourenwaren haben beim Versandhändler eine hohe Umschlagsgeschwindigkeit und werden deshalb gesondert eingelagert.

> „In der Regel werden Retouren zu 95 % am gleichen Tag nochmal bestellt, [...] deswegen werden die [...] am Anfang des Bereichs eingelagert. Scheinbar sind die Sachen einfach beliebt, also generell beliebt. Wenn einer [die] bestellt, dann ist die Wahrscheinlichkeit sehr hoch, dass ein Zweiter die auch bestellt." (Zitat: Produktmanagement)

Artikel mit behebbaren Verschmutzungen oder kleinen Fehlern werden an eine *Aufbereitungsabteilung* weitergegeben. Bei größeren Problemen oder Fehlern (bspw. fehlender Barcode, falsche Rücksendung, Betrugsversuche) kommen hingegen die Spezialisten der Problemlösung zum Einsatz. Sie sind in allen Abteilungen zu finden. Pro Schicht bearbeiten ca. 40 bis 60 von ihnen nicht-technische Störungen in den standardisierten und kleinteilig gesteuerten Abläufen des Warehouse.

B. Algorithmische Steuerung der Beschäftigten
Mobile Datenerfassungsgeräte

Die Beschäftigten des Warehouse haben während ihrer Arbeit den Anweisungen der mobilen Datenerfassungsgeräte unbedingt Folge zu leisten. Über die Netzwerkschnittstelle zum Enterprise-Resource-Planning-System erhalten die mobilen Datenerfassungsgeräte detaillierte Angaben zu den auszuführenden Aufgaben. Die Vorgaben an die Beschäftigten werden algorithmisch berechnet und sind laut Aussage eines Technikexperten hochoptimiert.

> „Wir haben im Moment [beim Versandhändler] jetzt einen relativ stabilen Zustand was die Logistik angeht. Also das heißt, alle Prozesse die da sind, [die] sind nominal fast optimal, sage ich mal. Also die Wegfindung ist optimal nachgewiesen per Mathematik." (Zitat: Technikexperte)

Kommt es in den Prozessen zu Abweichungen vom vorberechneten Optimum, bspw. aufgrund von Verzögerungen bei der Entnahme von Artikeln im Pick, dann kann dies über die Datenspur der mobilen Datenerfassungsgeräte im System nachverfolgt und einzelnen Personen zugeordnet werden. Verzögerungen ab zwei Minuten werden beim Versandhändler gespeichert, aggregiert und an die Mitarbeiterleitungen der Abteilungen weitergereicht.

C. Innovationsmanagement und Beteiligung der Beschäftigten
Experimentelle Weiterentwicklung durch agile IT-Teams

Das Innovationsmanagement des Versandhändlers orientiert sich maßgeblich an der eigenen Vergangenheit als Tech-Start-Up. Sie ist sowohl Referenzfolie als auch identitätsstiftendes Merkmal für die konzernweiten IT-Teams und das obere Management. Der aggressive Wachstumskurs der vergangenen Jahre, unter bewusster Inkaufnahme von Verlusten, ist ein Resultat des unternehmerischen Bestrebens, neue Märkte zu erschließen und das Kerngeschäft zu optimieren. Seit einigen Jahren verfolgt das Unternehmen den Umbau vom reinen Versandhändler zum breitaufgestellten Technologie-Konzern. Dabei soll das eigene Know-How zur digitalen Verzahnung bzw. Steuerung von Logistikprozessen, dem datenbasierten Marketing und Produktdesign, dem Aufbau und Betrieb leistungsfähiger Onlineshop-Systeme sowie die Kapazitäten der eigenen Unternehmenslogistik, als eigenständige Dienstleistungen und Plattformservice am Markt platziert werden.

> „Na die grundlegende Idee [...] bei der Plattform: Du hast investiert, um gewisses Know-How zu schaffen [...]. Du machst halt das Ganze mandantenfähig und dann verkaufst du diesen Service an andere. [...] Und je besser wir sozusagen die einzelnen Teile davon jetzt noch kapseln, also aufspalten [...], sodass auch jemand anderes das nutzen kann – mit unserer Lizenz sozusagen – dann können wir anfangen und können diese Dienste – jeden für sich, oder alle zusammen, oder nen Teil – verkaufen [...]. [...] Also egal ob jetzt Großmutti drei Mützen strickt und die jetzt bei uns im Laden anbieten will oder ob jemand

nen Warenlager voll Schuhe hat [...]. [...] Es geht darum, möglichst flexibel alles was wir können, auch verkaufen zu können." (Zitat: Technikexperte)

Die ambitionierten Ziele des Versandhändlers sind maßgeblich vom Erfolg der IT-Abteilung abhängig. Im Zuge der Plattformstrategie wurden die Prozesse und Strukturen im Unternehmen nach dem Leitbild des *agilen Managements* neu ausgerichtet. Dieses Führungs- und Organisationskonzept basiert in wesentlichen Teilen auf dem Vorgehensmodell des Scrum[25], einem Konzept aus der Softwareentwicklung, welches der Versandhändler für seine Bedürfnisse anpasste. Mittlerweile befindet sich das Agilitätskonzept bereits in seiner zweiten Entwicklungsphase.

Heute arbeiten die Beschäftigten in der IT-Abteilung in flexiblen, teils auch virtuell organisierten Teams. Sie sind immer einem Aufgabenbereich (bspw. Algorithmen, Automatisierung) zugeordnet und verfügen über breite Handlungs- und Entscheidungskompetenzen, etwa bei der Wahl ihrer Aufgaben, ihrer Arbeitsmittel und – mit wenigen Einschränkungen – auch ihren Budgets. Bei ihrer Arbeit folgen sie einer *„Fail Fast"*-Philosophie[26], nach der schnell darüber entschieden werden soll, ob gerade durchgeführte Maßnahmen erfolgversprechend sind oder nicht. Im Logistikbereich führt dies zu einem fortlaufenden Prozess des Experimentierens und der Weiterentwicklung. Die Lagerhalle wird dabei zum Laboratorium für neue digitale Assistenzsysteme, Automatisierung und andere Technologien.

„Und da musste halt jedes Mal wieder gucken: Ok, bringt das jetzt was? [Du] lässt dir das Gerät hinstellen; baust eine Software dafür; probierst das aus. [...] Du hast nicht den Riesenplan vorher. [...] Und wenn du sagst: ‚keine Ahnung, [das ist] einfach eine Lösung, nur zum Testen wie gut das funktioniert, [das] dauert eine halbe Woche Entwicklungszeit, und das Gerät auszuleihen nochmal 40.000 [Euro] oder so, für X Monate. Macht man es halt. […] Wenn es geht, ist es cool und wenn nicht, nicht." (Zitat: Technikexperte)

Die Beschäftigten der operativen Ebene sind nur sehr begrenzt in die sie betreffenden Veränderungsprozesse miteinbezogen. Die operativen und entwickelnden Bereiche des Unternehmens sind sowohl räumlich als auch arbeitsorganisatorisch streng voneinander getrennt.

---

[25] Scrum ist ein Vorgehensmodell der agilen Softwareentwicklung und zeichnet sich durch seinen spezifisch empirischen, inkrementellen und iterativen Ansatz aus. Im Gegensatz zum klassischen Projektmanagement werden langfristige Entwicklungspläne und Meilensteine durch kurzfristige, flexible und kleinteilige Zwischenaufgaben ersetzt. Dies geht weiterhin mit einer verteilten, flexiblen und flach hierarchischen Arbeitsorganisation einher.

[26] Fail Fast (schnell Scheitern) beschreibt im agilen Management ein Verfahren, bei dem Prozesse nach ihrem Beginn möglichst schnell einer Prüfung auf Probleme oder Ineffizienzen unterzogen werden. Daran schließt sich die sofortige Entscheidung an, ob der aktuelle Ansatz weiterverfolgt, aufgegeben oder verändert wird.

Ein ausgehöhlter kontinuierlicher Verbesserungs-Prozess

Es existiert ein Kaizen-System[27] zur Beteiligung der operativen Mitarbeiter im Rahmen eines kontinuierlichen Verbesserungsprozess[28]. Hier haben Beschäftigte die Möglichkeit, eigene Vorschläge und Problembeschreibungen an die IT-Abteilung weiterzureichen. Ihre formale Einbeziehung führt in seiner Folge aber nicht zu einer wirklichen Beteiligung. Weder die Aussagen des Managements, noch jene der Beschäftigten deuten darauf hin, dass dem kontinuierlichen Verbesserungsprozess im Unternehmen eine größere Bedeutung zugemessen wird.

> „[...] Allerdings haben wir eh so ein bisschen das Problem, [dass wir] ‚Product Owner', ‚Product Specialists', Softwareentwickler mit ‚Ende-zu-Ende'-Verantwortung und diese Prozessteams [haben]. Und alle sind sozusagen bestrebt, ihre Ideen da rein zu werfen. Da hat aber noch kein Mitarbeiter eine Idee gehabt. [...] Es ist halt schwierig, für eine Idee ohne Lobby durchzukommen. Also die muss dann wirklich für sich bestehen. [...] Weil ‚Product Owner' z. B. haben halt ein Interesse aufzusteigen. Und die steigen auf, wenn sie halt möglichst viele gute Ideen untergebracht haben." (Zitat: Technikexperte)

Die Beschäftigten der operativen Ebene werden an den Aushandlungsprozessen im Innovationsmanagement nicht beteiligt. Ihre Ideen benötigen eine Lobby innerhalb der IT-Abteilung, um Beachtung zu finden. Vorschläge welche vor der Einreichung nicht umfassend konzeptualisiert wurden, haben nach Aussage eines Mitarbeiters des Bereichs Stow, nur geringe Chancen gehört zu werden.

> „Wenn du ein Problem hast und keine Lösung, [...] dann ist es auch nicht für Kaizen. [...] Kaizen möchte nur Problem, Lösungsweg und wie sieht dann die [monetäre oder nichtmonetäre] Verbesserung aus." (Zitat: Mitarbeiter, Bereich Stow)

Trotz des formalen Einbezugs der Beschäftigten im Warehouse verbleiben ihr Wissen und ihre Vorschläge lediglich als Restgröße im Innovationsmanagement des Unternehmens. Ihr lebendiges Arbeitswissen erhält nicht den gleichen Stellenwert wie die Ideen der IT-nahen Bereiche.

Für die operativen Beschäftigten zahlen sich erfolgreich eingebrachte Ideen derweil nur wenig aus. Dieses ist unter anderem an der geringen Anerkennung für die von ihnen eingebrachten Vorschläge erkennbar. Ein Problemlöser berichtet: „[..] ich [habe] nicht mal einen Essensgutschein bekommen." Besonders das Missverhältnis zwischen dem oftmals hohen unternehmerischen Nutzen einer guten Verbesserungsidee und der geringen Wertschätzung ihres Beitrags aufseiten der einfachen Beschäftigten, führt bei Vielen zu Desillusionierung und einem Rückzug aus dem Beteiligungsprozess.

---

[27] Ein ursprünglich aus Japan stammendes Konzept zur Qualitäts- und Effizienzsteigerung im Sinne eines kontinuierlichen Verbesserungsprozesses.

[28] Der kontinuierliche Verbesserungsprozess ist ein Managementkonzept zur fortschreitenden, kleinteiligen Optimierung der Arbeitsprozesse in einem Unternehmen, in einen beteiligungsorientierten Prozess, unter Einbezug der Erfahrungen und Ideen einfacher Beschäftigter.

> „[Da sage ich mir], wenn ne Idee richtig rockt, dann macht [das Unternehmen] damit richtig Gewinn oder spart zumindest richtig Geld [...]. Da sehe ich dann nicht ein, meine Ideen preiszugeben. Nein, ich werd' doch noch nicht mal mehr anständig bezahlt für die Arbeit, die ich [hier] mache." (Zitat: Mitarbeiter, Bereich Stow)

Datenbasiertes Innovationsmanagement
Das agile Innovationsmanagement des Versandhändlers funktioniert, da es die Beteiligung und Erfahrungen der operativen Beschäftigten durch moderne Verfahren der Datensammlung und Verwertung ersetzt. Eine Vielzahl datengenerierender und vernetzter Geräte im Warehouse – allen voran die mobilen Datenerfassungsgeräte der Beschäftigten – ermöglichen der IT-Abteilung eine konstante Überwachung (Monitoring) der Prozesse und Zustände von Waren, Maschinen sowie der Arbeit von Beschäftigten. Die so gewonnenen Daten werden zur Analyse im Sinne von Big Data Analytics[29] und (teilweise automatisierten) Echtzeitsteuerung[30] verwendet. Ergänzt werden sie durch die Rückmeldungen einer kleinen Gruppe von Prozess-Spezialisten. Bei ihnen handelt es sich um ehemalige operative Beschäftigte, welche nun als Experten für die Abläufe im Lager und als Schnittstelle für die Zusammenarbeit zwischen der konzernweiten IT-Abteilung und dem Warehouse agieren. Pro Standort sind dies für gewöhnlich nur eine bis zwei Personen.

> „[...] Da gibt es so ein extra Team dafür, [...] die sich mit den Prozessen halt sehr gut auskennen und als Schnittstelle operieren sozusagen. [Die sind die] ersten Ansprechpartner: ‚Was kann bei dem Prozess schiefgehen? Wie geht der Prozess überhaupt?' Die Fragen kann ich erstmal denen stellen. Und wenn es jetzt Konkretes gibt, kann ich nochmal zum Mitarbeiter gehen und kann mich da erkundigen." (Zitat: Technikexperte)

Die operativen Beschäftigten sind nicht vollkommen aus der Kommunikation mit der IT-Abteilung desintegriert. Ihre Beziehung ist aber überwiegend einseitig und auf die Weitergabe von Detailwissen ausgerichtet. Weitere Informationen und Beteiligungsmöglichkeiten erhalten sie nur begrenzt.

> „Jetzt diese Robotertechnik, die ja bei uns getestet wird, [die] kriegen wir halt schon mit [...]. Aber [...], also viele Sachen, die im Hintergrund laufen, kriegen wir nicht mit. [Bei] manchen Sachen können wir direkt mit Einfluss nehmen, wenn man uns halt fragt, [...] aber da wird dann halt auch immer nur häppchenweise auch Informationen gegeben. Also, man bekommt nie alle Informationen um zu wissen, was wäre jetzt wirklich sinnvoll. Man kriegt eigentlich nur Anfragen: Wie ist das; wie könnte es besser sein; und gib uns mal die Informationen, wie es gerade ist [...]." (Zitat: Mitarbeiter, Bereich Problemlösung)

---

[29] Es werden große Datenmengen (Big Data) aus unterschiedlichen Quellen gesammelt, aggregiert und mit unterschiedlichen Methoden analysiert. Das Ziel ist es, Muster zu erkennen oder spezifische Informationen herauszufiltern, um bspw. die Arbeitsprozesse eines Unternehmensbereichs zu optimieren.

[30] Echtzeitsteuerung meint hier, dass Prozesse direkt und ohne längere Verzögerungen durch Datenverarbeitung gesteuert werden.

Die Beteiligung der operativen Beschäftigten wird vom befragten Technikexperten durchaus kritisch gesehen. Im stark strukturierten und datengeleiteten Innovationsprozess der IT-Abteilung führen sie zu unerwarteten Ergebnissen.

> „Manchmal wird die Operative kreativ und das ist meistens das Problem. Weil dann [...] Daten halt so manipuliert werden, wie es vorher nicht erwartet wurde." (Zitat: Technikexperte)

Experimentelle Technologieeinführung

Aufgrund der agilen Arbeitsform der IT-Teams kommt es beim Online-Versandhändler zu häufigen Experimenten mit neuen Technologien oder Verfahrensweisen. Neue Ideen können aufgrund der breiten Handlungs- und Weisungsbefugnisse der IT-Abteilung, zeitnah und ohne größeren Abstimmungsbedarf umgesetzt werden. In den meisten Fällen übernimmt dabei der Ideengeber (Product Owner[31]) die Leitung des Experiments.

> „Wir haben da mehr oder weniger Hebel, das direkt umzusetzen. Insofern ist es [...]: ‚Wir haben hier diesen Roboter. Probieren wir damit aus, was geht!' [...]. Wir haben z. B. HoloLenses und Google Glasses rumliegen, um damit irgendwelche Dinge auszuprobieren." (Zitat: Technikexperte)

In Zusammenarbeit mit den Teamleitungen im Warehouse und den Prozess-Spezialisten wird eine Testsituation entworfen und bei Bedarf mit ausgewählten Beschäftigten der operativen Bereiche besetzt.

> „Insofern müssen die dann schon immer so nen bisschen auf ner menschlichen Ebene auch entscheiden, wer geeignet ist, sowas auszuprobieren. Manchmal suchen wir bewusst [...] ‚Low Performer' raus um rauszubekommen, ob es denen jetzt hilft; oder Leute, die viele Fehler machen [...]. Und [wir] geben denen dann die Gerätschaften um auszutesten, ob das hinhaut oder sich verbessert." (Zitat: Technikexperte)

Während der Experimente werden kontinuierlich Rückmeldungen der Testpersonen und Daten zu den Prozessveränderungen erfasst. Diese dienen den IT-Teams zur Anpassung der Testbedingungen bzw. Veränderungen in der Soft- bzw. Hardware, um schlussendlich eine neue Entwicklungsiteration herausgeben zu können. Nach Abschluss eines Experiments werden die gesammelten Ergebnisse umfassend ausgewertet. Im Erfolgsfall beginnt die Planung zur Umsetzung in jedem Warehouse des Unternehmens. Grundsätzlich sollen Neuerungen möglichst an allen Standorten des Unternehmens, ohne zusätzliche Anpassungen, eingeführt werden können.

---

[31] Festgelegte Rolle im Prozess der agilen Entwicklung (ähnlich Scrum) des Versandhändlers.

> „[...] Wenn wir so nen Prototypen machen, dann ist [das] ja meistens betreut. [...] Und es gibt relativ direkt Feedback, also so nach [einem] halbstunden bis zweistunden Takt. [...] Und dann machst du wieder eine Entwicklungsiteration [...]." (Zitat: Technikexperte)

Zum Untersuchungszeitpunkt konnte der befragte Technikexperte der IT-Abteilung von zwei aktuellen Experimenten berichten.

Im ersten Projekt versuchte die IT, die Prozesse der Warenentnahme (Pick) und manuellen Sortierung (Sort) mithilfe von Augmented Reality-Brillen[32] zu optimieren. Die Beschäftigten sollten ihre Arbeitsaufträge direkt auf das Display der Brille anstatt ihrem mobilen Datenerfassungsgerät erhalten. Aufgrund von Ergonomie-Problemen beim Dauereinsatz der schweren Computerbrillen, wurde dieser Ansatz aber zunächst verworfen. Aktuelle Überlegungen gehen dahin, die Brillen als Schulungsmittel zu nutzen.

Ein weiteres Projekt testet den Einsatz eines beleglosen Kommissionierverfahrens in der Sortierung und der Warenentnahme. Mithilfe eines Sort- bzw. Pick-by-Light-Systems werden den Beschäftigten keine schriftlichen Aufträge mehr übermittelt, sondern sämtliche Anweisungen direkt per Lichtanzeige auf den jeweiligen Gegenstand oder das Behältnis vorgegeben. Die Anforderungen an die Beschäftigten werden dadurch drastisch reduziert.

> „Sort-by-Light, also dieses Sortieren über Licht [...] wird dann meistens entweder für Anfänger oder für ‚low performer' gemacht. [...] Weil da einfach die höchsten Steigerungsraten sind. Also es [ist] blöd gesagt: Je blöder der Mitarbeiter, umso besser hilft es dem. [...] Das heißt, wenn da irgendwie eine Sekunde rausspringt pro Mitarbeiter und Vorgang, dann reicht das. Aber die muss halt auch rausspringen. Man hat ja auch Wartungskosten dann wieder, für die Lichter usw.." (Zitat: Technikexperte)

Widerstand bei der Technikeinführung

Die starke Verflechtung von produktions- und personenbezogenen Daten wird bei einigen operativen Beschäftigten mit zunehmender Sorge betrachtet. Durch die digitale Verkoppelung der Beschäftigten mit den mobilen Datenerfassungsgeräten im Enterprise-Resource-Planning-System ist eine weitgehende Nachverfolgung und langfristige Speicherung der individuellen Arbeitshandlungen möglich.

> „Auf der einen Seite – und das ist der fade Nachgeschmack – wurden die MDE-Geräte jetzt mit RFID-Chips versehen, wo das MDE-Gerät sozusagen auf einen Mitarbeiter gebucht wird [...]. Und der fade Nachgeschmack ist halt, diese RFID-Chips, die lassen sich halt eben orten. Und da denk ich halt sofort wieder so an [...] Datenschutz. Wie sieht's da mit dem Datenschutz aus?" (Zitat: Mitarbeiter, Bereich Receive)

---

[32] Auch als ‚erweiterte Realität' bekannt. Mit Augmented Reality-Brillen werden computerberechnete Darstellungen oder Anweisungen im Sichtfeld des Nutzers, über real existierende Objekte, Räume oder Personen projiziert.

Gesundheitliche Be- und Entlastungen

A. Arbeitsinhalte und Aufgaben: Einfacharbeit mit begrenzten Entscheidungsspielräumen

Der überwiegende Anteil der menschlichen Arbeit im Warehouse ist so gestaltet, dass die Beschäftigten ohne konkretes Vorwissen, Qualifizierung oder Erfahrung in die Prozesse integriert und ausgetauscht werden können. Die von ihnen ausgeführten Tätigkeiten basieren auf sich wiederholenden Bewegungen und Handgriffen, zumeist unter direkter Anleitung durch die allgegenwärtigen Assistenzsysteme und erfordern in den meisten Fällen keine eigenen Entscheidungen der Arbeiter. Nach Aussage eines Mitarbeiters benötigt man für die normalen Abläufe „[..] keine wirkliche Ausbildung. Es kann wirklich jeder machen [..]. [..] Also man kann da auch ein Äffchen hinsetzen[..]."

In diesem Arrangement wird der Mensch zum Anhängsel und Befehlsempfänger der Maschine. In Abwesenheit technischer Lösungen übernimmt er die verbleibenden Arbeiten an den Schnittstellen der automatisierten Systeme.

Die mit der Automatisierung der Logistik betrauten IT-Teams des Unternehmens verfolgen eine Strategie der radikalen Minimierung von Arbeitsanforderungen. Wie ein befragter Experte der Abteilung uns vermittelte, sollen die meisten Prozesse so einfach gestaltet werden, dass jegliche persönliche Befähigung irrelevant wird. Die operativen Beschäftigten sollen vor allem den optimierten Anweisungen des Systems Folge leisten.

> „Die Arbeitsanforderungen gehen runter und die Beschäftigung wird monotoner. [...] Wie gesagt, im Zweifel können die nicht richtig lesen und schreiben, kaum geradeaus gucken und kommen mit 16 [Jahren], mit ihrem abgebrochenen Hauptschulabschluss und wenig Motivation an die Arbeit und müssen es trotzdem hinkriegen. Und das ist sozusagen die Prämisse. Und wenn man davon ausgeht, das ist unfassbar einfach und [das sind] unfassbar stark geleitete Prozesse. Also man kann nichts falsch machen. [...] Und es ist wirklich alles so gemacht, dass jeder das machen kann. Und es ist wirklich so auch gemacht, dass die nicht drüber nachdenken müssen." (Zitat: Technikexperte)

B. Arbeitsorganisation: Überwachung, Kontrolle und Leistungsdruck im Warehouse

Die Arbeitsorganisation im Warehouse ist maßgeblich durch die Interaktionen der Beschäftigten mit dem Enterprise-Resource-Planning-System geprägt. Abhängig davon, ob sie unmittelbar selbst oder vermittelt über andere Personen mit dem System zusammenarbeiten, werden beim Versandhändler zwei Gruppen von Beschäftigten unterschieden.

> „Wir unterscheiden zwischen direkten Mitarbeitern und indirekten Mitarbeitern [...]. Die direkten Mitarbeiter, die sind in unserem System [...], da wird jeder Scan erfasst und so wird die Leistung erfasst von den Mitarbeitern. Und dann gibt's die, die alle unterstützen, die denen alles bringen, alles weg, alles holen. Und die sind halt indirekt gebucht und die werden nicht erfasst." (Zitat: Mitarbeiter, Bereich Problemlösung)

Direkte Beschäftigte sind unmittelbar mit dem Enterprise-Resource-Planning-System verbunden. Sie bilden die größte Gruppe im Warehouse und arbeiten mit vernetzten, datengenerierenden Assistenzsystemen (u. a. mobile Datenerfassungsgeräte) oder an computergestützten Arbeitsstationen im In- und Outbound. Dabei unterliegen sie einer fast durchgehenden Überwachung und Steuerung ihrer Arbeitsleistung. Indirekte Beschäftigte übernehmen vorwiegend helfende Tätigkeiten, bspw. bei der Problemlösung. Aber auch die Teamleitungen und das Warehouse sind dieser Gruppe zuzuordnen. Ihre Arbeit wird nicht zurechenbar im System erfasst, sondern geht in die Arbeitsleistung der direkten Beschäftigten mit ein. Dadurch verfügen sie über persönliche Freiräume und größere Möglichkeiten zum selbstbestimmten Handeln.

Für die Tätigkeiten im Warehouse werden im Allgemeinen keine Qualifikationen benötigt. Es handelt sich um industrielle Einfacharbeit. Die Fluktuation ist hoch, ebenso der Anteil an befristeten Beschäftigten. Dem Unternehmen dienen Arbeitsgeschwindigkeit und Fehlerquoten als Indikator für die Bewertung der Leistungsfähigkeit der Beschäftigten. In der Gruppe der direkten Beschäftigten findet die Leistungsbeurteilung auf Basis der vom System gesammelten digitalen Kennzahlen statt. Dabei werden die individuellen Werte, etwa die Anzahl der verstauten bzw. entnommenen Artikel, mit dem Durchschnittswert der gesamten Abteilung verglichen. Abweichungen von den als optimal berechneten Zeiten für bestimmte Arbeitsaufgaben sowie Fehler bei der Bearbeitung, müssen gegenüber den Teamleitungen erklärt und gerechtfertigt werden.

„Die wollen halt Stress aufbauen, mit ihren Performance-Zahlen und Standzeiten. [...] Und [du] sollst so viel wie möglich machen. Da wirst du einmal, zweimal im Monat zum Teamleiter zitiert und dann kriegst du einen Monitor [vorgehalten]: Da hast du das gemacht; da hast du das gemacht und dies [...]." (Zitat: Mitarbeiter, Bereich Stow)

Besonders die große Gruppe der befristeten Arbeitnehmer wird hierdurch so unter einen enormen Leistungsdruck gestellt. Ihre Weiterbeschäftigung ist von der relativ zu ihren Kolleginnen und Kollegen gemessenen Arbeitsleistung abhängig. Da diese Daten nicht veröffentlicht werden, kommt es zu einem ständigen Wettlauf und einer Konkurrenz um die Möglichkeit zur Weiterbeschäftigung oder der Festanstellung. Allerdings berichten langjährige Beschäftigte, dass auch hohe Arbeitszahlen und geringe Standzeiten[33] kein Garant für die Weiterbeschäftigung sein müssen. Der Versandhändler fördert die individuelle Selbstausbeutung und geringe Kollegialität zwischen den operativen Beschäftigten im Warehouse.

„Dadurch, dass eigentlich die Hälfte der Leute in der Befristung ist oder in dieser Leiharbeit, reißen die sich den Arsch auf und die machen Zahlen. Die machen richtig gute

---

[33] Begriff für die aufgezeichneten, gesammelten Abweichungen der Beschäftigten vom berechneten Optimum ihrer auszuführenden Arbeitshandlung (bspw. in der Warenentnahme). Wird in anderen Bereichen auch für Zeiten, während der eine Maschine oder Anlage nicht arbeiten kann, also stillsteht, verwendet.

> Zahlen! [...] Weil, die sind permanent unter dem Druck, die wollen den Arbeitsvertrag." (Zitat: Mitarbeiter, Bereich Stow)

> „Ja, [...] manchmal rennen die an dir richtig vorbei: ‚Ich muss meine Zahlen, [schaffen].' [...] Manche schreiben sich alles auf, was sie gemacht haben und so weiter. [...] Und da ist halt dieses Miteinander nicht so, sondern gegeneinander. Wenn du im Weg stehst kann es sein, dass du schon mal über den Haufen gefahren wirst." (Zitat: Mitarbeiter, Bereich Stow)

Da indirekt arbeitende Beschäftigte kaum mit den datenerhebenden Assistenzsystemen des Lagers interagieren, sind sie von der Leistungsbeurteilung durch die engmaschige Überwachung im Lager nicht betroffen. Dieses ermöglicht ihnen ein höheres Maß an Autonomie bei der Arbeit.

> „[...] Was man heute nicht schafft, macht man halt morgen. [...] [Aber] ich seh' dann halt immer diese Unfairness gegenüber den Kollegen, [...] bei denen dann wirklich jeder Scan erfasst wird. Die dann halt wegen 10 Minuten Standzeit am Tag [...] nen Gespräch bekommen. [...] [Um] dann zum Ende der Befristung zu hören [zu] kriegen: [...] Du bringst zwar ’ne super Leistung; du bist überall super einsetzbar; bist immer pünktlich; bist immer da; aber deine Standzeit, das geht gar nicht!" (Zitat: Mitarbeiter, Bereich Problemlösung)

Beim Versandhändler fließen die individuellen Standzeiten und Fehler der Beschäftigten in ein allgemeines Leistungsprofil. Laut Aussage eines Betriebsratsmitglieds dient dieses Profil den Teamleitungen im Warehouse als Grundlage für die regelmäßig stattfindenden Beurteilungsgespräche der operativen Beschäftigten. In ihnen wird das individuelle Arbeitsergebnis mit der durchschnittlichen Leistung aller Abteilungsbeschäftigten verglichen. Während „High Performer" keine direkte Belohnung für ihre Mehrleistung erhalten, laufen „Low Performer" Gefahr, ihre Beschäftigung zu verlieren. Besonders auf den großen Bereich der befristeten Beschäftigung und der Leiharbeit hat dieses einen disziplinierenden Effekt.

> „Das ist wie 'ne Anlagenauslastung. In 'nem anderen Werk wird die Anlagenauslastung gemessen, hier wird die Menschenauslastung gemessen." (Zitat: Mitarbeiter, Bereich Stow)

Die Hintergründe der algorithmischen Berechnung der Arbeitsanweisungen sind den Beschäftigten des Warehouse weitgehend unbekannt. Ein Mitspracherecht zu deren Erstellung haben sie nicht. Mehrere Beschäftigte des Bereichs Pick äußern die starke Vermutung, dass sie in Zeiten geringer Auslastung durch das System auch geplant ineffiziente Arbeitsanweisungen (bspw. Laufwege) erhalten.

C. Soziale Beziehungen, Kommunikation und Kooperation: Symbolische Hierarchien und belastende „Reibereien"

Die Belegschaft des Warehouse ist funktional und hierarchisch untergliedert. Jeder Gruppe ist ein Farbcode zugeordnet, welcher ihre Stellung im Produktionsprozess wiederspiegelt. Die größte Gruppe stellen die Beschäftigten der Abteilungen Receive, Stow, Pick, Pack und Sort dar. Vom Unternehmen werden sie als Universalisten flexibel in allen Abteilungen des Lagers eingesetzt. Ihr individueller Status als Leiharbeitnehmer, befristete oder festangestellte Kraft ist heute nicht mehr zu erkennen. In der jüngeren Vergangenheit trugen Leiharbeitnehmer noch die Namen ihrer Zeitarbeitsfirma auf dem gefärbten T-Shirt.

Leistungsstarke operative Beschäftigte haben die Möglichkeit, Mentoren zu werden und ihren Status aufzuwerten. Sie sind u. a. für die Anlernphasen neuer Kollegen verantwortlich oder stehen als Ansprechpartner bei Nachfragen zu den Arbeitsvorgängen zur Verfügung. Ihre Statusaufwertung und neuen Verantwortungen gehen allerdings nicht mit einem wirklichen Jobaufstieg einher. Mentoren erhalten lediglich einen Bonus von 100 EUR zu ihrem regulären Gehalt als Operative.

> „Da hat jede Abteilung zwei bis vier [...] Mentoren. [Von denen] gibt's eine ganze Menge, circa 200 bis 300 pro Schicht. [...] Wir haben Mentoren, die betrachten sich, dadurch dass sie auch eine andere T-Shirt-Farbe tragen, als was Besseres." (Zitat: Mitarbeiter, Bereich Stow)

Die operativen Beschäftigten sind in Teams unterschiedlicher Größe (im Pick sind es ca. 10 Personen) eingeteilt. Jedem Team ist eine Leitungsperson vorangestellt, welche als Bindeglied zur Führungsebene fungiert. Teamtreffen finden regelmäßig, im Schnitt mindestens alle 14 Tage, teilweise aber auch täglich statt. Während der Treffen besteht die Möglichkeit zur wechselseitigen Information und Absprache mit den Vorgesetzten.

Der Versandhändler versucht, über die Teamtreffen ein Gemeinschaftsgefühl und die Identifikation der Belegschaft mit dem Unternehmen zu fördern.

> „Also, jeden Tag gibt es ja dieses Meeting, wo halt immer so ein paar Informationen bekannt gegeben werden und am Ende wird immer gerufen: Wir alle sind ein …? Und dann müssen wir schreien: TEAM! Aber [so] ist es nicht. Jeder [...] arbeitet für sich und hat seine Zahlen. Und was der andere macht, ist scheißegal." (Zitat: Mitarbeiter, Bereich Stow)

Wie uns mehrheitlich berichtet wird, erleben die Beschäftigten diese Motivationsversuche als aufgedrängt und nicht im Einklang mit den real vorherrschenden Arbeitsbedingungen. Durch den kompetitiven Leistungsdruck, die hohe Heterogenität der Belegschaft und die ständige Fluktuation der Kollegen, sehen sich vor allem langjährige Beschäftigte als Einzelkämpfer. Gemeinsam ist Ihnen, dass sie einen fortschreitenden Desillusionierungsprozess mit dem Versandhändler und der eigenen Arbeit beschreiben.

In der standortnahen IT-Abteilung scheinen diese Probleme nur wenig bekannt zu sein. Als Außenstehende erhalten sie nur einen sehr begrenzten Einblick in den Alltag der operativen Beschäftigten. Wenn möglich, vermeiden diese das direkte Gespräch mit den IT-Experten oder geben Kritik nur gedämpft an sie weiter. Als Grund hierfür vermutet ein befragter Techniker die Angst um den eigenen Arbeitsplatz.

> „[...] Sobald man in zivil durchs Lager läuft, wird man irgendwie als wichtig wahrgenommen und dann reden die natürlich auch entsprechend gesittet mit einem [oder] versuchen einem dann am Ende komplett aus dem Weg zu gehen. [...] Die [scheinen] dann irgendwie Angst [zu] haben, dass sie die Kündigung kriegen. Jetzt nicht ganz so schlimm,

aber dadurch kommt da jetzt selten sowas wie: Ihr Blödmänner! Wie konntet ihr nur? Mein Leben ist zerstört! Oder sowas. [...] Also, man kriegt schon dann die gedämpfte Version von der Kritik ab und guckt dann, was man damit machen kann." (Zitat: Technikexperte)

Der überwiegende Teil der befragten Beschäftigten gibt trotz des Konkurrenzdrucks und dem Wettbewerb untereinander an, dass das Arbeitsklima und die Verständigung der Kollegen weitgehend gut funktioniere. Besonders die Integrationsbemühungen neuer, oft ausländischer Kollegen in die ständig wechselnde Belegschaft werden als positiv hervorgehoben.

„Also ich würde [das Klima unter den Kollegen] jetzt als nicht negativ beurteilen. Also auch gerade in der Retoure funktioniert das mit den verschiedenen Nationen relativ gut. Also dadurch, dass auch die Kollegen, die neu [zum Standort] kommen, sich sehr viel Mühe geben, sich zu integrieren." (Zitat: Mitarbeiter, Bereich Problemlösung)

Dennoch zeigen sich auch wiederkehrende Krisenmomente. Bedingt durch den allgegenwärtigen, stressauslösenden Leistungsdruck, kommt es zu Spannungen, wenn sich Kollegen bei der Arbeit unterbrechen oder behindern. Denn obwohl die operativen Beschäftigten in Teams organisiert sind, handelt es sich bei ihren Tätigkeiten nicht um Teamaufgaben. Auch von Handgreiflichkeiten bzw. physischer Gewalt gegen Kollegen oder Gerätschaften wird berichtet. Über die Häufigkeit derartiger Auseinandersetzung lässt sich allerdings nur wenig sagen.

„Ja, ab und zu mal gibt es ein paar Reibereien [in der Belegschaft]. [...] Wenn du im Weg stehst, wirst du schon mal vollgeschnauzt. Es gab schon Momente, wo welche vermöbelt worden sind." (Zitat: Mitarbeiter, Bereich Stow)

Ein weiteres Konfliktfeld ist die ungleiche Verteilung von Leistungsanforderungen und Freiheitsgraden zwischen den direkten und indirekten Beschäftigten. Während das umfassende Kontrollregime des Versandhändlers die Arbeit der direkt mit dem System Interagierenden sekundengenau erfasst, sie unter Rechtfertigungszwang stellt und in ihrer Fähigkeit beschneidet, eigenständige Entscheidungen zu treffen oder Arbeitsroutinen anzupassen, unterliegen ihre indirekt arbeitenden Kollegen weitgehend nicht diesen Beschränkungen und Erwartungen.

Der interpersonelle Zusammenhalt zwischen deutschen und ausländischen Beschäftigten beim Versandhändler lässt sich als allgemein gut beschreiben. Ein Großteil der Befragten gab an, mit den Kollegen aus Ost- und Nordeuropa allgemein gut zusammenzuarbeiten oder keinen Unterschied zwischen den Beschäftigtengruppen zu machen. Allerdings zeigen sich in unseren Befragungen auch vereinzelte kritische Äußerungen. Kritik wurde vor allem an einer gefühlten Ungleichbehandlung zwischen Deutschen und Nicht-Deutschen geäußert, etwa wenn Fehler oder Minderleistung während der Arbeit unterschiedlich angesprochen werden. Laut der Aussage eines Mitarbeiters des Bereichs Stow, soll die Sprachbarriere zwischen Teamführungen und den Kollegen dafür ausschlaggebend sein. Eine weitere Mitarbeiterin berichtet ebenfalls davon, dass die Vielzahl von Sprachen und Gruppen im Lager zu Konflikten führen kann. Einige Kollegen in den Teams würden sich zusätzlich gestresst und zunehmend von der weiteren Belegschaft isoliert fühlen.

D. Körperliche Belastungen aufgrund von Monotonie, Laufwegen, Unfällen, Umweltbedingungen und Schichtarbeit

Zu den größten physischen Belastungsfaktoren gehören beim Versandhändler die langen Laufwege der operativen Beschäftigten. Die Lagerhallen des Standorts erstrecken sich über eine Fläche von mehr als 100.000 Quadratmetern. Innerhalb der fünf Hallen sind die einzelnen Abteilungen nur über lange, teils verwinkelte Gänge zu erreichen. Allein die Wege der Packer und Sorter zu ihren Arbeitsplätzen nahe des Warenausgangs betragen jeweils rund einen Kilometer. In den beschäftigungsstärksten Abteilungen des Pick and Stow legen die Mitarbeiter bei der Einlagerung oder Entnahme der Waren täglich Strecken zwischen 10 und 15 Kilometern zurück. Sitzgelegenheiten bietet man ihnen während der Arbeit nicht an.

Zu den Pausenzeiten stellen die Entfernungen in den Hallen ein großes zeitliches Problem dar. In Verbindung mit dem rigiden Zeitmanagement beklagen Beschäftigte, dass sie regelmäßig zu spät in ihre Pausen gelangen und zu früh aus ihren Pausen zurückkehren müssen.

> „Wir haben sehr lange Wege, was die Pausen angeht. Von meiner Abteilung her brauche ich 3 Minuten, wenn ich normal und langsam gehe, bis ich in dem Pausenbereich komme. Stehe ich weiter rechts, z. B. in Halle 4 oder 5, dann kann das schonmal 5 bis 7 Minuten dauern. [...] Der Betriebsrat hat eine 3-Minuten-Regelung eingeführt, die besagt: Wer in die Halle 3 verschoben wird, darf 3 Minuten vor dem eigentlichen Pausenton losgehen. Das Problem an der Sache ist, da 3 Minuten nicht ausreichen, gehen die Kollegen immer schon früher zum Drehkreuz und stehen dort oben." (Zitat: Mitarbeiter, Bereich Receive)

Die Arbeit der Beschäftigten in der Unterstützung verlangt ein besonderes Maß an körperlich belastender Arbeit. Sie entleeren u. a. die angelieferten Paletten, heben und transportieren die Kommissionierwannen, kleben die Barcodes im Receive, bestücken die Maschinen im Sort, liefern die Verpackungsmaterialien an den Pack und verstauen die fertigen Pakete im Warenausgang. Diese Tätigkeiten sind mit häufigen Hebe-, Dreh- und Beugebewegungen verbunden, welche zu Muskel- und Skelett-Erkrankungen führen können. Zum Zeitpunkt der Untersuchung experimentierte die IT-Abteilung mit dem Einsatz neuer Robotik in der Unterstützung, um den Bedarf an Arbeitskräften in diesem Bereich zu verringern oder ganz zu ersetzen.

> „Naja, grundsätzlich wirkt [die neue Robotik] erstmal positiv. [...] Also, es gibt im Support-Bereich schon auch einige körperlich anstrengende Dinge und da ist jede Verbesserung auch wirklich [...] ihr Geld am Ende [wert]. [...] Auch wenn es Arbeitskräfte eventuell kostet. Aber da sage ich mir: Gesundheit geht da vor." (Zitat: Mitarbeiter, Bereich Problemlösung)

Die Zahlen der offiziellen Unfall- und Krankheitsstatistik für den untersuchten Standort sind den Autoren leider nicht bekannt. Die Abwesenheitsquote sämtlicher

Logistik-Standorte wird vom Versandhändler allerdings mit ca. 11 % (2016/2017) beziffert. Hierbei werden allerdings nur vergleichsweise schwere krankheits- und unfallbedingte Ausfälle erfasst.

Aus den Berichten der befragten Beschäftigten geht hervor, dass Unfälle im Warehouse durchaus an der Tagesordnung sind. Sie berichten, dass der vorherrschende Leistungsdruck Beschäftigte dazu bewegt, Vorsichtsmaßnahmen nur bedingt zu beachten und höhere Risiken bei der Arbeit einzugehen.

> „Ja, [das ist] zurückzuführen auf den Leistungsdruck. Weil diese Wannenwagen die wir haben, [...] ich schätze die wiegen so 25 bis 30 Kilogramm, wenn sie leer sind. [Und ca. 50-150 Kilogramm, wenn voll] [...] Und durch den Leistungsdruck, dem man ja auch permanent unterworfen ist, rennen die Picker auch. [...] Und die kriegen das Ding – wenn da wirklich mal einer kurzfristig aus'm Gang rauskommt, auf'n halben Meter – du kriegst es nicht gebremst. Und dann passiert sowas [wie mit dem gebrochenen Arm der Kollegin]!" (Zitat: Mitarbeiter, Bereich Stow)

Die Arbeit in den Lagerhallen weist auch anderweitig Potenziale für Verbesserungen auf. Kritik wird von den Beschäftigten an den allgemeinen Umweltbedingungen festgemacht. Die Ausleuchtung der Arbeitsplätze und Gänge im Warehouse scheint dabei eines der vorrangigen Probleme zu sein. Beschäftigte berichten, dass die installierten Neonröhren in zu großen Abständen angebracht wurden und immer wieder Defekte aufweisen oder flackern. Weiterhin werden sie durch Bewegungsmelder gesteuert, was die Ausleuchtung der Gänge ständig verändert.

> „[...] Ich merke jetzt nach 5 Jahren auch schon, dass es auf die Augen geht. Weil unsere [...] Neonröhren nicht immer alle leuchten. [...] Dann haben wir noch nette Bewegungsmelder, die erkennen sollen, wenn jemand im Gang ist. Was halt auch nicht so funktioniert. [...] Da ist halt ein Problem, [...] [wenn] du auch das MDE [...] ablesen musst. Der Monitor ist halt noch nen bisschen kleiner als der hier [vom Smartphone]. Und da sind rechts oben in der Ecke, [die] Zahlen mit ner Größe [...] [von ca.] 2,5 bis 3 Millimetern. Und, wenn du das 5 Jahre machst, [dann] hast du wirklich Probleme diese Zahlen zu erkennen." (Zitat: Mitarbeiter, Bereich Stow)

Da unter diesen Umständen ebenfalls die hellen, kleinen Displays der mobilen Datenerfassungsgeräte bei einer Vielzahl von Vorgängen von den Beschäftigten erfasst werden müssen, kommt es bei den Beschäftigten über die Dauer zu einer Belastung der Augen und möglicherweise längerfristigen Beeinträchtigung der Sehfähigkeit.

Natürliches Licht spielt auch bei einem weiteren Problem eine wichtige Rolle. In den Hallen herrschen je nach Jahreszeit und Wetter sehr unterschiedliche klimatische Bedingungen. Im Sommer steht die Hitze in einigen Bereichen der Lagerhalle, z. B. in den obersten Etagen der Kommissionierlager. Die Kapazitäten der Klimaanlage am Standort scheinen nicht so dimensioniert zu sein, dass sie die Sommerhitze angemessen abführen können. An besonders heißen Tagen werden mannsgroße Ventilatoren eingesetzt, die über einen Wasseranschluss feuchte Luft in den Hallen verteilen. Beschäftigte berichten, dass dies zwar zunächst für die erhoffte Abkühlung sorgt, langfristig die Situation aber nur verschlechtert. Durch die gestiegene Luftfeuchtigkeit wird die Wärmeregulation des Körpers behindert. Als Arbeiter stehe man mitunter „klatschnass" am Arbeitsplatz.

Neben den klimatischen Bedingungen gehört auch der Lärm in den Lagerhallen zu einem Umweltproblem des Versandhändlers. Durch regelmäßige Lärmschutzmessungen versucht das Unternehmen, den Schalldruck der Förderanlagen und Arbeiter zu dokumentieren und die daraus entstehenden Belastungen zu minimieren. Werte oberhalb von 80 Dezibel sollen nicht überschritten werden. Dennoch berichten Beschäftigte, dass die ermittelten Werte in einigen Bereichen (bspw. bei den Förderbändern) und einigen Tätigkeiten (bspw. dem Verstauen der Kommissionierwannen) regelmäßig überschritten werden.

> „Unten [im] Pack und Receive [ist der Lärm] ganz schlimm [...]. Ich hab mal 'ne Lärmschutzauswertung, ein Lärmdiagramm gesehen, was bei uns gemacht wurde. Und ich bezweifle die Werte, die da draufstehen. [...] Wer die Messung gemacht hat, hat das wahrscheinlich während der Nachtschicht gemacht. Da steht die Hälfte vom Band. Also, da unten ist es ganz schlimm." (Zitat: Mitarbeiter, Bereich Stow)

Beim Versandhändler erfolgt die Arbeit im Warehouse grundsätzlich in einem Zwei-Schicht-System, mit einer Frühschicht von 06:00 bis 15:00 Uhr und einer Spätschicht zwischen 15:00 bis 24:00 Uhr. Die Zuteilung der operativen Beschäftigten zur Früh- oder Spätschicht wechselt im wöchentlichen Rhythmus. Neben den regulären Schichten besteht für Eltern mit Kleinkindern die Möglichkeit, von 07:00 bis 16:00 Uhr vorübergehend in der sogenannten „Mutti-Vati-Schicht" zu arbeiten. Weitere Schichten finden zu saisonalen Stoßzeiten, z. B. in der Weihnachtszeit statt. Die Schichtarbeit ist für die Beschäftigten mit Belastungen verbunden, da sie ihren Bio- und Schlafrhythmus stört und langfristig, besonders bei älteren Beschäftigten, zu anhaltenden körperlichen und psychischen Problematiken führen kann.

> „Und ich mein', es ist halt auch von den Arbeitszeiten her [so], muss man damit klarkommen können. Also, dass ich in der Spätschicht ins Bett gehe, wenn ich in der Frühschicht aufstehe. Das ist schon auch für den Körper auf Dauer nicht gesund. Da hoffe ich, dass auch auf Dauer noch mehr Lösungen gefunden werden in dem Bereich. [...] Also wir wechseln wöchentlich, also eine Woche Frühschicht, eine Woche Spätschicht [...]." (Zitat: Mitarbeiter, Bereich Problemlösung)

Arbeits- und Gesundheitsschutz

Im Unternehmen wird der Arbeits- und Gesundheitsschutz durch gesonderte Fachkräfte für Arbeitssicherheit wahrgenommen. Am Standort sind dies drei hauptverantwortliche Personen sowie weitere Beauftragte in den einzelnen Abteilungen. Sie bewerten die Situation der Standorte und überprüfen die Einhaltung gesetzlicher und vom Unternehmen vorgegebener Sicherheitsstandards. Bei Bedarf leiten sie Maßnahmen zur Behebung der Missstände ein. Regelmäßige Begehungen mit dem Betriebsarzt und vierteljährliche Sitzungen eines Ausschusses für Arbeitsschutz sollen die Wirksamkeit der Maßnahmen am Standort überprüfen.

Das Unternehmen führt jährlich eine grundlegende Gesundheitsschulung am Standort durch. Hier wird u. a. Wissen zu schonenderen Bewegungen und Haltungen im Arbeitsablauf an die operativen Beschäftigten vermittelt.

> „[...] Wir haben [...] gewisse Schulungen [dazu], wie man heben soll. Das ist in der jährlichen Grundunterweisung mit drin, dass man halt aus den Beinen heben soll. [...] Die Grundunterweisung [ist für alles] was irgendwie für den Arbeitsablauf relevant ist. Die dauert eine halbe Stunde [bzw.] dreiviertel Stunde." (Zitat: Mitarbeiter, Bereich Problemlösung)

Zusätzlich zu den Schulungen stellt das Unternehmen auch elektronische Sicherheits- und Arbeitsschutzmaterialien im Intranet des Standorts zu Verfügung.

Den operativen Beschäftigten des Logistikbereichs wird die persönliche Schutzkleidung, z. B. Arbeitsschuhe mit und ohne Stahlkappe oder Schutzbrillen und schnittfeste Handschuhe, vom Unternehmen zur Verfügung gestellt. Einlagen und Gesundheitsschuhe müssen die Beschäftigten selbst finanzieren.

Der Versandhändler bietet seinen Beschäftigten mehrere freiwillige Schulungsangebote an. Dazu gehören u. a. die Brandschutz- oder Ersthelferausbildungen sowie eine Rückenschule.

Das betriebliche Eingliederungsmanagement am Standort sorgt dafür, dass Beschäftigte mit bestehenden Erkrankungen bzw. nach einer Erkrankung wieder in den regulären Betrieb integriert werden können.

Für die psychische Gesundheit und bei sozialen Problemstellungen zwischen den Beschäftigten steht ein betrieblicher Sozialarbeiter am Standort zur Verfügung. Dieser wird teilweise auch in die regelmäßig stattfindenden Feedback-Gespräche miteinbezogen.

Personalmanagement

A. Flexibles Modell mit hoher atypischer Beschäftigung
Mit seinem hohen Anteil an gering entlohnten und atypischen Beschäftigten, ist das betriebliche Beschäftigungssystem des Online-Versandhändlers charakteristisch für die gesamte Logistikbranche. Der operative Bereich bedient sich aus einem Jederpersonen-Arbeitsmarkt mit hohen Anteilen an gering oder unqualifizierten Arbeitskräften, befristeten Beschäftigten und Leiharbeiternehmern.

Zu Beginn der Untersuchung im Jahr 2015, verfügte nur etwa die Hälfte der Logistikbeschäftigten am Standort über einen unbefristeten Arbeitsvertrag. Ein weiteres Drittel arbeitete in Befristung und ein Sechstel in Leiharbeit. In den daraufhin folgenden drei Jahren verschob sich dieses Verhältnis, durch die unbefristete Übernahme von 500–700 Beschäftigten. Im Mai 2018 waren rund zwei Drittel aller Verträge entfristet.

Mit dem Wachstum stabiler und langfristiger Beschäftigungsverhältnisse, nahm ebenfalls die extrem hohe Fluktuation der Beschäftigten im Unternehmen ab. Ein langjähriger Beschäftigter und Mitglied des Betriebsrats berichtete zu Beginn der Untersuchung

(2017) noch von ca. 50 Neubeschäftigten wöchentlich. Als Gründe hierfür, wurden u. a. die Flexibilitätsstrategie des Versandhändlers für den Logistikbereich und die häufigen selbstgewählten Austritte von Beschäftigten ausgemacht.

> „Ja, 50-60 [neue Mitarbeiter] pro Woche im Moment und das ist relativ wenig. Denn wir hatten schon Zeiten, da sind 150 die Woche gekommen. [...] Aber es funktioniert halt auch nur einmal. Also, du kannst die Leute 2 Jahre beschäftigen und danach kannste sie nicht mehr beschäftigen, ohne sie fest einzustellen. [...] Ich hab die Woche erst wieder 'n Gespräch [darüber] geführt, wie viele Leute wohl schon durch [das Unternehmen gegangen] sind. Und da sagte jemand 15.000 [Personen]. Und ich: Das wird nicht reichen! Weil, wenn du allein unsere 50 pro Woche [hast] [und das] auf die letzten 4 Jahre hochrechnest, dann biste bei [...] 'ner Zahl, die höher ist. Und wir liegen seit ungefähr einem Jahr konstant bei ungefähr 50 % festangestellten Leute [...]. Und alles andere wird ausgetauscht. Entweder mit Leiharbeit oder mit Befristung." (Zitat: Mitarbeiter, Bereich Stow)

Der hohe Anteil atypisch Beschäftigter wirkt sich aber auch heute unter den Beschäftigten noch immer im Sinne einer disziplinierenden Prekarität auf alle operativen Beschäftigten aus. Besonders atypische Beschäftigte müssen sich ständigen betrieblichen Bewährungsproben stellen. Da ihre Arbeitsleistung im Vergleich zur (nicht allgemein bekannten) Durchschnittsleistung der ganzen Abteilung beurteilt wird, führt dies zu wettbewerbsähnlichen Zuständen, in denen die Beschäftigten weniger Rücksicht aufeinander nehmen und Stress sowie Unsicherheit um die Weiteranstellung die Arbeit prägen.

> „Das ganze Klima, sagen wir mal so, der Druck, den es auf dich aufbaut. Die eintönige Arbeit, der Stress, der von oben auf uns kommt. Die Angst und so weiter und so fort. Die machen schon permanenten Druck und wenn du damit nicht klarkommst, ist das halt nicht gut. [...] Aber auf einen Mitarbeiter stehen zehn draußen, könntest du sagen." (Zitat: Mitarbeiter, Bereich Problemlösung)

B. Grenzen des Produktionsmodells

Der Versandhändler ist auf die stete Zufuhr neuer Arbeitskräfte für den operativen Bereich angewiesen. Das aktuelle Beschäftigungssystem im Unternehmen funktionierte bisher, da es auf die besonderen sozialstrukturellen Rahmenbedingungen der ostdeutschen Region setzen konnte. Der Logistikstandort schöpft aus einer weitgehend deindustrialisierten, strukturschwachen Region mit niedrigem Lohnniveau und einer, im deutschlandweiten Vergleich, hohen Verfügbarkeit von Erwerbslosen. Allerdings ist dieser regionale Arbeitsmarkt kaum noch in der Lage, die Nachfrage und den flexiblen Austausch des Unternehmens zu befriedigen. Es kommt zu Engpässen auf allen Ebenen des operativen Bereichs. Um dennoch das Produktionsmodell in der Logistik beibehalten zu können, wirbt das Unternehmen zunehmend Arbeitskräfte aus anderen Regionen Deutschlands und dem osteuropäischen Ausland an, insbesondere aus Polen, Tschechien und der Slowakei.

> „Wie gesagt, der Arbeitsmarkt ist [...] sage ich mal, angespannt. [...] Dann wird halt unter anderem auch auf Polen zurückgegriffen. Das stimmt schon. Das sind Busse und Autos die

da kommen. [...] Also, wenn man jetzt schätzen müsste, vielleicht so 10 Prozent [aller Mitarbeiter im Warehouse] könnten polnische Mitarbeiter sein [...]." (Zitat: Technikexperte)

Auch am Arbeitsmarkt benachteiligte Gruppen, wie Geflüchtete, Migranten oder Menschen mit Behinderungen, werden verstärkt in das Unternehmen integriert.

„Na, die [Geflüchteten], mit Arbeitserlaubnis haben die bei uns natürlich immer gute Chancen. [...] Weil du brauchst halt keine Qualifizierung und die Prozesse sind – wie gesagt – teilweise sogar mit Piktogrammen und ohne Text." (Zitat: Technikexperte)

Im Zuge der Erschöpfung der lokalen Arbeitsmärkte werden auch vermehrt Anstrengungen unternommen, die Prozesse im Warehouse weiter zu vereinfachen und mit immer neuen Assistenzsystemen auszustatten. Das Ziel ist es, bisher nicht erfasste Gruppen von Erwerbslosen in das Unternehmen integrieren zu können.

C. Umfassende Automatisierung als mögliches Zukunftsszenario
An den westdeutschen Standorten des Versandhändlers werden verstärkt neuste automatisierte Anlagen, etwa Sortiermaschinen und Assistenzrobotik, eingesetzt, um den Bedarf an operativen Arbeitskräften zu verringern. Das Produktionsmodell am untersuchten Standort basiert bislang auf dem massenhaften und flexiblen Einsatz von gering entlohnten Einfacharbeitern. Im Zuge der allgemeinen Erholung am Arbeitsmarkt, gerät es aber zunehmend unter Druck.

„Gerade in [Westdeutschland] ist das manchmal schwierig, weil die zu wenig Arbeitslose haben, so blöd wie es klingt. Und die Stellen die wir da besetzten, sind ja schon jetzt nicht im Hochlohnsektor." (Zitat: Technikexperte)

In Ostdeutschland begünstigen bisher die im innerdeutschen Vergleich niedrigeren Löhne eine Zurückhaltung bei der Investition in neue Automatisierungstechnik. Aktuelle Planungen und Zukunftsvisionen zeigen aber auch, dass die an den westdeutschen Standorten erprobten Anlagen, im Fall höherer ostdeutscher Löhne oder weiterer Rekrutierungsprobleme, schnell ihren Weg in das untersuchte Werk finden könnten. Ein befragter Technikexperte erklärte wiederholt, dass dieser Entscheidung eine simple Kostenkalkulation der Geschäftsführung zugrunde liegt. Im stark automatisierten Zukunftsszenario, bestände für große Teile der heutigen Belegschaft kein weiterer Bedarf mehr. Eine Aufwertung oder Qualifizierung der operativen Beschäftigten ist nicht geplant.

„[...] Also man brauch immer Leute, nur halt andere. [...] Die sind dann halt irgendwelche ausgebildeten Elektrotechniker, Maschinenbauer, Mechatroniker, die dann da also ihrem Handwerk nachgehen und da Sachen wechseln, warten und in Schuss halten. [...] Da brauch' ich halt auch wieder Fachkräfte, die Fließbänder wechseln können und keine Leute, die drei Anweisungen auf einem Display folgen." (Zitat: Technikexperte)

2.4 Arbeitsbelastungen und Gesundheitsschutz in der Digitalisierung

Stephanie Drössler, Maximilian Bretschneider, Daniel Kämpf, Selina Magister, Maria Zeiser, Andreas Seidler

2.4.1 Arbeitsmedizinische Debatte

Technologische Innovationen im Zusammenhang mit Industrie 4.0, wie modernste Informations- und Kommunikationstechnik in Produktions- und Dienstleistungsprozessen, sind auch für den Arbeits- und Gesundheitsschutz mit neuen Herausforderungen verbunden. Die gesundheitlichen Folgen des technologischen Wandels wurden bisher eher auf Grundlage von Prognosen bzw. auf Basis weniger empirischer Befunde diskutiert. Dabei wurde neben dem immer noch gleich hohen Niveau der Belastungen durch klassische Gefährdungen wie z. B. durch schwere körperliche Arbeit, Gefahrstoffe oder Lärm, seit einigen Jahren insbesondere auf eine Zunahme psychischer Arbeitsanforderungen und die Notwendigkeit verwiesen, die psychischen Belastungen in den Strukturen des Arbeits- und Gesundheitsschutzes zu berücksichtigen [62]. Bereits seit 2013 verpflichtet der Gesetzgeber daher Arbeitgeber gemäß Arbeitsschutzgesetz (§5 ArbSchG) dazu, eine Gefährdungsbeurteilung psychischer Belastungen durchzuführen. Darüber hinaus legen verschiedene Programme und Initiativen der Primär-, Sekundär- und Tertiärprävention den Fokus auf die psychische Gesundheit von Beschäftigten (z. B. Programm der Gemeinsamen Deutschen Arbeitsschutzstrategie).

Als Grund für die zunehmenden psychischen Belastungen wurde der Wandel der Arbeitswelt gesehen, der im Januar 2013 im von der Bundesanstalt für Arbeitsschutz und Arbeitsmedizin veröffentlichten „Stressreport Deutschland 2012" mit folgenden Stichworten skizziert wird [63]:

- „Tertiarisierung – Entwicklung zur Dienstleistungsgesellschaft, die eine Zunahme von geistigen und interaktiven Tätigkeiten nach sich zieht und mit steigenden emotionalen und kognitiven Anforderungen einhergeht,
- Informatisierung – zunehmende Durchdringung der Arbeitswelt mit modernen Kommunikationstechnologien, die in immer höherem Maße ortsunabhängiges, zeitlich flexibles Erledigen von Aufgaben ermöglichen,
- Subjektivierung – damit wird die Entwicklung neuer Steuerungsformen veranschaulicht, die mit oder ohne Zielvereinbarungen von zunehmender Eigenverantwortung für Ablauf und Erfolg von Arbeitsprozessen gekennzeichnet ist,
- Akzeleration – diese illustriert die fortlaufende Beschleunigung von Produktions-, Dienstleistungs- und Kommunikationsprozessen bei steigender Komplexität der Aufgaben und zunehmenden Lernanforderungen,

- Neue Arbeitsformen – damit wird abgezielt auf die Ausbreitung beruflicher Unsicherheit in diskontinuierlichen Beschäftigungsverhältnissen als Ausdruck ständiger Veränderungsprozesse, einhergehend mit wachsender Instabilität sozialer Beziehungen in Zusammenhang mit Tätigkeits- und Berufswechseln." [64, S. 11]

Bereits bekannte psychische Belastungen, wie z. B. Tätigkeitsspielraum, Vollständigkeit von Aufgaben, Transparenz, Führung oder soziale Beziehungen am Arbeitsplatz, sind auch im Zusammenhang mit veränderten Arbeitsbedingungen im technologischen Wandel für die körperliche wie psychische Gesundheit der Beschäftigten von Bedeutung. Auch in diesem Wandel der Technologien gilt, dass ein höheres Ausmaß an Tätigkeitsspielräumen mit positiven gesundheitsbezogenen Indikatoren (z. B. einem höheren Wohlbefinden) verbunden ist [65], dass Führungsqualität auch deshalb für Gesundheit relevant ist, weil sie verschiedene weitere Belastungen bei der Arbeit beeinflusst [66] und dass eine als hoch erlebte soziale Unterstützung als Schutzfaktor gegen Depressionen und emotionale Erschöpfung wirken kann [67]. Durch die zunehmende Automatisierung und intelligente Vernetzung von Produktionsabläufen und damit verbundene Veränderungen der Arbeitsaufgaben verschieben sich diese bekannten Belastungen jedoch in neue Arbeitsbereiche und/oder intensivieren sich. So werden z. B. Arbeitsplätze mit einfachen Bedientätigkeiten zu solchen mit monotonen Überwachungstätigkeiten, bei denen im Störungsfall Entscheidungen mit weitreichenden Folgen über hoch komplexe Prozesse getroffen werden müssen. Außerdem kann die Automatisierung und Selbststeuerung von Produktionsprozessen mit der Einsparung von Personal verbunden sein und damit zu einem deutlichen Rückgang der Beschäftigtenzahlen und einer Verkleinerung oder gar Auflösung von Teamstrukturen führen. Dies wiederum wirkt sich auf die für die Gesundheit relevanten Belastungsfaktoren wie Führung (Wegfall von Hierarchieebenen, veränderte Führungsspannen) und soziale Beziehungen (Wechsel von „Kollege Mensch zu Kollege Roboter") aus.

Darüber hinaus werden bisher weniger beachtete Belastungen relevant wie hohe Informationsmengen [67, 68], Tracking- bzw. Überwachungsmöglichkeit von Leistung durch ständigen Datenfluss [69], arbeitsbezogene erweiterte Erreichbarkeit und Arbeitszeitflexibilität [70].

Über Auswirkungen veränderter Arbeitsbelastungen in Zeiten des technologischen Wandels auf die Gesundheit der Beschäftigten ist aus empirischen Untersuchungen nur wenig bekannt, da insbesondere Längsschnittstudien fehlen. Die Ergebnisse eines Literaturreviews, das im Rahmen des Projektes erstellt wurde, sind in Abschn. 1.2 dargestellt. Dabei zeigen sich Entlastungspotenziale durch die Einführung neuer Technologien einerseits und Verschiebungen bekannter Belastungen sowie das Auftreten neuer Belastungen andererseits. Daraus ableitend bedarf es der entsprechenden Gestaltung der Schnittstellen zwischen Mensch und Maschinen und der gesundheitsförderlichen Gestaltung der Arbeitsaufgaben. In diesem Kontext ist die adäquate Vorbereitung der Beschäftigten durch Weiterbildungen und Einbindung in Entscheidungsprozesse bei der Einführung neuer Technologien zu berücksichtigen.

Vor dem Hintergrund steigender psychischer Belastungen am Arbeitsplatz wird bereits jetzt die Bedeutung eines ganzheitlichen Arbeits- und Gesundheitsschutzes deutlich, in dem die Gefährdungsbeurteilung eine zentrale Rolle einnimmt [71]. Diese sollte sämtliche Einwirkungen am Arbeitsplatz berücksichtigen, etwa physikalische, chemische, biologische oder psychische, die in ihrem Gesamtkontext und Zusammenwirken bewertet werden müssen. Es ist ratsam, dabei die Expertise von Arbeitsmedizinern und Fachkräften für Arbeitssicherheit hinzuzuziehen.

Wie bereits erwähnt, ist die Berücksichtigung psychischer Belastungen in der Gefährdungsbeurteilung nach § 5 Arbeitsschutzgesetz seit Ende 2013 explizit vorgesehen. Eine Erfassung psychischer Belastungen in der Gefährdungsbeurteilung berichten bisher jedoch nur 21 % der Unternehmen [72]. Dabei handelt es sich vorrangig um Großunternehmen und/oder um Unternehmen mit etablierten Strukturen des Arbeits- und Gesundheitsschutzes (z. B. Vorhandensein einer Fachkraft für Arbeitssicherheit, Betriebsarzt). Dies macht deutlich, dass vor allem kleine und Kleinstunternehmen durch Beratung und Bereitstellung von geeigneten Instrumenten unterstützt werden sollten. Denn es mangelt weniger an Instrumenten zur Gefährdungsbeurteilung als an deren Einsatz. So konstatieren Adolph und Michel [73], dass „regulatorische und programmatische Aktivitäten und Maßnahmen zur Förderung psychischer Gesundheit in großer Zahl vorhanden sind […] und Zielsetzungen, normative Texte, Maßnahmen, Programme, Instrumente und Handreichungen auf den verschiedenen Ebenen des Arbeitsschutzsystems vorliegen und auch weiterhin erarbeitet werden." [73, S. 49]. In diesem Zusammenhang können Potenziale der Digitalisierung genutzt werden, indem z. B. Online-Tools wie Tutorials, Unterweisungen oder Elemente der Telemedizin entwickelt und eingesetzt werden.

2.4.2 Digital gestützte Automatisierungsprozesse und die Entwicklung von Arbeitsbelastungen

Fallbeispiel: Automatisierung in der IT-Branche

Einsatz digitaler Technologien
Der IT-Dienstleister unterstützt Unternehmen bei der digitalen Transformation, d. h. bietet neben der technischen und strategischen Beratung Leistungen im Bereich Anforderungsmanagement, Entwicklung, Testung und Betreiben der Software. Am befragten Standort arbeiten ca. 1500 Beschäftigte (29 % Frauen, Alter: M=36,4 Jahre).

Eine wesentliche Veränderung besteht in der zunehmenden Digitalisierung und Automatisierung bzw. Teil-Automatisierung interner (Geschäfts)Prozesse in verschiedenen Unternehmensbereichen. Automatisiert wurden sowohl die Testung der Software als auch die Rechnungsprüfung und Zeichnungsketten. Ein weiterer Aspekt des Wandels ist in der zunehmenden Nutzung von Cloud-Technologien zu sehen. Virtuelle Zusammenarbeit von Teams gewinnt ebenfalls an Bedeutung.

Veränderung der Belastungen und Beanspruchungen
Es wird ein Wandel in den Aufgaben beschrieben. So nehmen Programmiertätigkeiten ab, während das Konfigurieren deutlich an Bedeutung gewinnt. Administrative Aufgaben gehen zugunsten kreativer, wertschöpfender Aufgaben zurück. Dazu braucht es aufseiten der Beschäftigten verstärkt ein bereichsübergreifendes Verständnis sowie die Kooperation zwischen Abteilungen und Akteuren der Wertschöpfungskette. Die zunehmende virtuelle Kommunikation erfordert ein Umdenken bezüglich der veränderten Anforderungen im Vergleich zur persönlichen Kommunikation und eine entsprechende Schulung der Beschäftigten. Weiterhin wird von kurzen Innovationszyklen, einem steigenden Leistungsdruck, zunehmenden Informationsmengen und einer Verdichtung der Arbeit berichtet. Ein Anstieg der psychischen Belastung und des Stresserlebens wird beobachtet.

Veränderung im Arbeits- und Gesundheitsschutz
Das Unternehmen verfügt bereits seit vielen Jahren über ein umfassendes betriebliches Gesundheitsmanagement. Im Zuge der beschriebenen Veränderungen wurde der Fokus hier verstärkt auf verhaltenspräventive Maßnahmen aus dem Bereich Meditation, Achtsamkeit und positive Psychologie gelegt.

Fallbeispiel: Industrie 4.0 in der Herstellung von Roboter- und Automatisierungslösungen

Einsatz digitaler Technologien
Der Hersteller für Automatisierungstechnik in der Mikroelektronikbranche produziert schienengebundene und freifahrende Roboter. Es handelt sich um ein mittelständisches Unternehmen mit 58 Beschäftigten (Stand 2016: 15 % Frauen; 75 % unter 50 Jahre alt).
   Wenngleich das Unternehmen Automatisierung in anderen Firmen vorantreibt, hält das Thema „Industrie 4.0" im eigenen Haus nur punktuell und eher in Form eines langsamen Prozesses Einzug. Vornehmlich handelt es sich dabei um eine zunehmende Digitalisierung von Geschäftsprozessen (z. B. Einführung eines Enterprise-Resource-Planning-Systems, Nutzung von Intranet/Sharepoint). Durch die stärkere Fokussierung auf die Produktion freifahrender Roboter (statt wie in der Vergangenheit auf die Herstellung schienengebundener Lösungen) gewinnt die Bedeutung von Software und IT in der (ursprünglich reinen) Elektromontage zunehmend an Bedeutung und auch die technologische Komplexität der Zukaufteile nimmt zu.

Veränderung der Belastungen und Beanspruchungen
Es besteht ein wachsender Qualifizierungsbedarf im laufenden Betrieb. Die Schwerpunkte der Qualifizierungsmaßnahmen variieren dabei in den verschiedenen

Unternehmensbereichen (Enterprise-Resource-Planning-Systeme im Office-Bereich; IT-Kenntnisse im Produktionsbereich). Berichtet wird von einer Zunahme der Informationsmengen und der Verdichtung von Arbeit. Darüber hinaus besteht die Anforderung, dass Beschäftigte über hoch spezifisches Wissen verfügen, sie gleichzeitig aber auch breit einsetzbar sein müssen. Dies hat Auswirkungen auf die Beschäftigten selbst, aber auch auf die Rekrutierung und Auswahl von neuen Beschäftigten.

Veränderung im Arbeits- und Gesundheitsschutz
Größere Anpassungen im Arbeits- und Gesundheitsschutz und der betrieblichen Gesundheitsförderung waren nicht erforderlich. Erstmals wurde eine Gefährdungsbeurteilung psychischer Belastungen in Form einer schriftlichen Beschäftigtenbefragung durchgeführt. Auf Leitungsebene wurde im Rahmen des GAP-Projektes die Durchführung eines Workshops zum Umgang mit digitaler Kommunikation und Informationsüberflutung angeregt.

Fallbeispiel: Ein automatisiertes Lager-Lift-System in der Herstellung von Roboter- und Automatisierungslösungen

Einsatz digitaler Technologien
Der Hersteller für Automatisierungstechnik in der Mikroelektronikbranche (s. vorangegangenes Beispiel) produziert schienengebundene und freifahrende Roboter. Nach Fusion mit einem Partnerunternehmen 2017 beschäftigt das Unternehmen derzeit ca. 180 Beschäftigte. Im Zuge der Fusion und des Umzugs an einen neuen Standort wurde ein automatisiertes vertikales Lager-Lift-System installiert. Der Lift ist mittels einer Schnittstelle an das SAP-System angebunden, in dem eine Lift-Datei erstellt werden kann, welche eine Auflistung der benötigten Artikel für einen Produktionsauftrag enthält. Der Zugang zum System erfolgt passwortgeschützt über einen Terminal. Nach Einlesen der Lift-Datei werden die benötigten Teile im Fahrstuhlprinzip zum Ausgabefach gefahren, das sich etwa auf Hüfthöhe befindet. Die Bestückung des Lift-Systems erfolgt in regelmäßigen Abständen händisch. Dabei werden die einzelnen Teile in mit Codes versehene Fächer auf Tablaren einsortiert.

Veränderung der Belastungen und Beanspruchungen
Durch die Einführung des neuen Systems können körperliche Belastungen durch das Heben der schweren Kisten mit Lagerartikeln minimiert werden. Im Lager werden Laufwege reduziert, das Steigen auf Leitern sowie ungünstige Körperhaltungen entfallen durch die Ausgabe der Ware auf ergonomischer Höhe. Auch das Einsortieren der Teile kann in ergonomischer Haltung erfolgen. Die befragten Beschäftigten sehen den Lift als eine Entlastung bei der Arbeit. Durch den passwortgeschützten Zugang zum Lift-System sind Fehler, die bei der Buchung o. ä. entstehen können, auf einzelne Personen rückführbar. Eine Zunahme der psychischen Belastung durch die Installation und Inbetriebnahme

des Lager-Lift-Systems (z. B. durch die individuelle Identifizierbarkeit von Fehlern) wird nicht berichtet.

Veränderung im Arbeits- und Gesundheitsschutz
Das Lager-Lift-System ist mit Bewegungssensoren ausgestattet, bei Gefahr stoppt der Lift automatisch. Das System wird jährlich überprüft, bei Problemen steht ein Servicemitarbeiter zur Verfügung.

2.4.3 Intensiv-Fallstudie: Mikroelektronik-Hersteller

Zugang und Material
Die Akquise des Unternehmens erfolgte über das Branchennetzwerk und den unternehmensinternen Betriebsarzt. Der Zugang zu den Interviewpartnern wurde über die betriebliche Sozialberaterin geschaffen. Im Fokus der Interviews stand der Geschäftsbereich Fertigung/Produktion, einige Befragte machten auch Aussagen zum Bereich Service/Instandhaltung. Es wurden insgesamt sieben Interviews geführt, je eines mit den folgenden Personen bzw. Bereichen:

- betriebliche Sozialberaterin
- Leiter Arbeitssicherheit, Umweltschutz und Brandschutz
- Betriebsarzt
- Leiterin Human Resources
- Ingenieure aus dem Bereich Automatisierung (Projektleiter im Automatisierungsprojekt – Koordination)
- Ingenieur Automatisierung – technische Umsetzung
- Leadingenieur Maintenance-Engineering

Die Dauer der Interviews variierte zwischen 43 Minuten und 1 Stunde 46 Minuten. Die Interviews wurden mit Diktiergerät aufgezeichnet, transkribiert und mit der Software MAXQDA einer thematischen Analyse unterzogen. Es fanden zwei Unternehmensbegehungen im Bereich der Produktion statt: vor Beginn und nach Abschluss der Interviews. Darüber hinaus wurden ausgewählte Unternehmensdaten für die Fallstudie zur Verfügung gestellt.

Basisdaten und betriebliche Strukturen (Stand 2016/2017)
Bei dem untersuchten Unternehmen handelt es sich um einen internationalen Hersteller für Halbleiter (Automobilindustrie) und Leistungshalbleiter (Energiebranche) sowie Chipkarten-ICs (integrated circuits). Die nachfolgenden Angaben beziehen sich ausschließlich auf den befragten Unternehmensstandort. Knapp 2000 Beschäftigte (25 % Frauen) arbeiten am Standort überwiegend im Bereich der Produktion (75 %), die auf die Herstellung über 400 verschiedener Produkte ausgerichtet ist. Etwa die Hälfte der

Beschäftigten (49 %) arbeitet in Schichten, wobei es verschiedene Schichtsysteme gibt (z. B. Wechselschicht ohne Nachtschicht, Drei-Schicht-Konti-Modell). Zwei Drittel der Mitarbeiter sind zwischen 40 und 59 Jahre alt. Es gibt einen Betriebsrat und hausinterne betriebsmedizinische Versorgung sowie Fachkräfte für Arbeitssicherheit.

Anwendung neuer Technologien
Zum Zeitpunkt der Befragungen sind wesentliche Technologieeinführungen, die in mehreren Wellen implementiert wurde, bereits abgeschlossen. Als wesentliche Gründe für die Einführung der Technologien wurden genannt:

- wirtschaftliche Gründe (Kostenersparnis, Effizienz) und Erhalt der Wettbewerbsfähigkeit durch höhere Produktivität mit unverändertem (bzw. reduziertem) Personalbestand; Flexibilität bei veränderten Bedarfen sowie stabile Fertigung
- Verbesserung der Produktqualität (Fehlerreduktion durch automatisierte Prozesskontrolle; Partikelreduktion; Standardisierung)
- gesundheitliche Gründe (Entlastung der Gelenke; Reduktion körperlich schwerer und ergonomisch ungünstiger Bewegungen)

An der grundsätzlichen Entscheidung zu automatisieren, waren die Beschäftigten nicht beteiligt. Im Vorfeld jeder der drei Automatisierungswellen gab es jedoch Verhandlungen mit dem Betriebsrat, Informationskampagnen sowie Möglichkeiten, sich in die Umsetzung einzubringen und Erfahrungen und Ideen beizusteuern.

Die Einführung insbesondere der Automatisierungstechnik war mit verschiedenen Herausforderungen verbunden. So erfolgte die Einführung im laufenden Produktionsbetrieb. Da bereits vor Abschluss der Technologieeinführung gesetzliche Regelungen zu einem Weggang von Beschäftigten geführt hatten (z. B. Altersteilzeit, Vorruhestand), war darüber hinaus phasenweise dieselbe Arbeit mit weniger Leuten und ohne technische Unterstützung zu bewerkstelligen.

Eine weitere Herausforderung stellte die Qualifizierung einer großen Anzahl von Beschäftigten mit heterogenen Voraussetzungen dar. Die Organisation der Qualifizierungsmaßnahmen wurde als sehr umfassend beschrieben und reichte von der Ermittlung der Bedarfe bis hin zur Durchführung von Maßnahmen.

Automatisierung
Gegenstand der Produktion sind Silicium-Scheiben (Wafer), von denen 25 in einem Los zusammengefasst sind. Ein Los durchläuft (je nach Produkteigenschaften) 600 bis 1200 Fertigungsschritte und benötigt ca. zwei Monate Durchlaufzeit. Gleichzeitig werden 400 verschiedene Produkte parallel bearbeitet, d. h. die Lose durchlaufen je nach Zielprodukt unterschiedliche Fertigungsschritte. Über 100.000 Wafer werden gleichzeitig in der Produktion bearbeitet. Zu den Bereichen, die (je nach Produkt) durchlaufen werden, gehören: Ofen, Chemical Mechanical Polishing, Nasschemie, Implantation, Defektdichte, Metrologie, Lithographie, Ätzen, Abscheiden und Chemical Vapor Deposition.

Am befragten Standort werden sowohl Wafer mit 200 Millimeter als auch mit 300 Millimeter Durchmesser in zwei unterschiedlichen Produktionslinien auf insgesamt 40.000 Quadratmeter Reinraumfläche bearbeitet.

Vor der Automatisierung gab es ein Transportsystem für die Lose unter der Decke, das diese an bestimmte Lagerplätze (Stocker) brachte. Von dort wurden die Lose manuell durch einen Operator an die Anlagen gebracht und händisch bestückt und die Anlage mit einer Eingabe („Rezept") für dieses Los versehen. Wenn der Prozessschritt fertig war, wurde das Los vom Operator wieder abgeholt und zur nächsten Anlage gebracht. Handlungsgrundlage waren Listen, auf denen die Lose nach Priorität sortiert waren, und die vom Operator abgearbeitet wurden. Zu betreuen hatte ein Operator je nach Durchlauf der Anlagen zwischen zwei (Anlagen mit schnellem Durchlauf) bis sieben Anlagen (mit langsamen Durchlaufzeiten).

Der Schritt, die Lose vom Stocker zu Anlagen zu bringen und diese zu bestücken, ist der zentrale Bestandteil der Automatisierung.

> „Heute, alles automatisiert, da fahren jetzt Roboter, die holen die Lose ab, legen die auf das Transportsystem, das Transportsystem hebt die hoch und fährt die dann quasi durch die ganze Linie, lädt die wieder irgendwo ab, da steht dann wieder ein Roboter, der nimmt die wieder entgegen, führt die zur Anlage, belädt die Anlage und wenn das fertig ist, kommt ein anderer Roboter und macht das gleiche dann wieder." (Interview 4)

Der Automatisierungsgrad liegt bei knapp 90 %, erreicht in drei Wellen über sechs Jahre (40 %, 60 %, 90 %). Die Verfügbarkeit der Robotersysteme liegt bei 98 %. In den verbleibenden 2 % der Zeit müssen diese gewartet und repariert werden. Etwa 170 Roboter wurden installiert.

Integrierte Fertigungssteuerung und Überwachung
Es besteht ein komplexes und miteinander verbundenes Produktionssystem, zu dem die Fertigungsanlagen selbst, das Transportsystem und die Robotik gehören und das sich zum Teil über verschiedene Etagen erstreckt. Zentrale Merkmale des Produktionssystems sind die integrierte Fertigungssteuerung, in der die Fertigungsinformationen in Echtzeit vorliegen und die voll automatisierte Anlagenbedienung in nahezu allen Anlagenbereichen. Das Transportsystem umfasst eine Strecke von 12 Kilometern. Es wurde eine papierlose Fertigung realisiert.

Jeder einzelne Wafer ist über einen Lasermarker markiert und so einem bestimmten Los zugeordnet. Die Lose sind mit RFID-Chips versehen, in denen alle Prozess- und Qualitätsdaten gespeichert werden und jederzeit eingesehen werden können. Die Roboter enthalten RF-Tags, über die sie das Material (Lose) identifizieren. Diese Informationen geben sie an ein Leit-Rechnersystem (Lead Time Dispatcher), das dem Roboter die Informationen gibt, auf welche Anlage das Los zu platzieren ist. Es findet eine Prozessüberwachung und Selbstoptimierung statt, sodass mögliche Fehler erkannt und korrigiert werden. Eine Doppelprozessierung oder das Auslassen von Prozessschritten sind damit ausgeschlossen.

RFID-Chips beinhalten Informationen über die Priorität der Lose. Diese Informationen können bei Bedarf eingesehen werden. Ein Eingriff sollte nur im Störfall erfolgen. Priorisierung von Losen kann über das System verändert werden und so eine schnelle Anpassung an Kundenwünsche erfolgen.

Für einen kleinen Teil der Anlagen ist Automatisierung technisch/finanziell nicht möglich oder sinnvoll. Hier wird die Funktion des Operators weiter benötigt. Die Lose werden voll automatisiert zur Anlage gebracht und einige Arbeitsschritte müssen händisch erfolgen (z. B. Verteilen von Retikeln [Belichtungsbilder] in den Litographieanlagen).

Die Kontrolle der Anlagen erfolgt an zentralen Überwachungsplätzen (Leitständen) außerhalb des Anlagenbereichs. Auch die Behebung von Störungen erfolgt nach Möglichkeit von dort (weitere Bildschirme befinden sich aber auch an den Anlagen selbst). Es gibt sieben Leitstände. Jeder Leitstand überwacht 20 bis 30 Prozessanlagen, plus die Roboter selbst. Es sind damit zwischen 20 bis 60 technische Anlagen einem Leitstand zugeordnet. Diese sind in kleinere Workcenter unterteilt (z. B. Lithografie).

Ist ein Roboter zum Stehen gekommen, wird erst aus der Ferne versucht, ihn wieder zu initialisieren (Reset). Die Roboter sind mit Kameras versehen, um den Instandhaltern eine Ferndiagnose bei Störungen bzw. einen Blick von außen auf das Geschehen zu ermöglichen. Störungen der Roboter werden überwiegend durch äußere Einflüsse verursacht.

Größere Störungen, die nicht über Reset zu beheben sind, müssen dem System gemeldet werden, damit der Materialfluss, der durch die Roboter erfolgt, gestoppt wird. In den meisten Fällen ist die Störung durch Leitstandmitarbeiter oder Instandhalter in kurzer Zeit behoben.

Weiterhin gibt es freifahrende, sich selbstständig an Ladestationen aufladende Robotersysteme, die kontinuierlich Parameter der räumlichen Bedingungen erheben (Partikel, Spurengas, Klima, Kontamination), um die Reinraumbedingungen zu überwachen. Position und Messergebnisse werden über WLAN an einen Server übertragen.

Die zunehmende Bedeutung von Überwachungsaufgaben führte zur Einrichtung zentraler Überwachungs-/Monitoring-Arbeitsplätze außerhalb des Anlagenbereichs.

Besonderheiten der unterschiedlichen Produktionslinien
Ursprünglich lag der Fokus des befragten Standortes auf der 200 Millimeter-Linie. Hier wurde von Beginn an ein Transportsystem unter der Decke installiert, der Aufbau der Anlagen wurde jedoch auf die manuelle Bestückung ausgerichtet. Dadurch besteht eine Trennung der Transportabschnitte in (1) bis zum Stocker und (2) bis zur Anlage, was auch im Zuge der Automatisierung erhalten blieb. Transportweg (2) wurde zunächst von Operateuren und später von schienengebundenen Robotern realisiert. Der Transport der Wafer erfolgt in offenen Behältern (Lose).

Beim Aufbau der Anlagen wurde die automatisierte Bestückung schon mitgedacht, sodass die Lose über ein Transportsystem unter der Decke direkt zu den Anlagen gebracht werden, welche dann auch gleich von oben bestückt werden (Integration des Transport- und Bestückungssystems). Die Wafer befinden sich in geschlossenen Behältern.

Datenerfassung und Datennutzung
Im Produktionsprozess werden verschiedene Arten von Daten erfasst:

- Produktbezogene Daten: welches Los an welchem Tag, zu welcher Zeit, an welcher Anlage oder an welchem Prozess war (über Jahre zurückverfolgbar)
- Anlagenbezogene Daten oder Parameter: Welche Gase sind an welchen Temperaturen mit welchen Flüssen gelaufen, damit der Prozess das richtige Ergebnis bringt (direkt kontrolliert auf dem Monitor oder im Nachhinein einsehen)
- Performance-Daten: Anlagenauslastung

Alle Daten werden in Datenbanken abgelegt, sind aktuell abrufbar und einsehbar, aber auch später zurückzuverfolgen. Die Daten werden zur direkten Prozesskontrolle und zur Überwachung der Auslastung verwendet. Ingenieure und Systemexperten werten die Daten aus. Während ein Teil der Daten an den zentralen Überwachungsplätzen zeitnah überprüft wird, um bei Fehlern einzugreifen, werden andere Daten von Ingenieuren außerhalb der Linienproduktion mit Blick auf mittel- und längerfristige Entscheidungen und Optimierungen ausgewertet. Zur Qualitätssicherung wird zur Fehleranalyse auf Fertigungs- und Stoffdaten zurückgegriffen.

Psychische Be- und Entlastungen
Arbeitsinhalte und Aufgaben
Die Umsetzung und Realisierung der Automatisierung führte zu einem neuen Aufgabenspektrum für alle Beschäftigten, die direkt und indirekt in den Ausbau der Automatisierung involviert waren. Die Bedeutung von Tätigkeiten und Aufgaben innerhalb eines Arbeitsplatzes veränderte sich vor allem dahin gehend, dass der Anteil reiner Bedienungstätigkeiten abnahm (von 50 % im Jahr 2010 auf 15 % in 2015) und der Anteil von Analyse- und Entscheidungserfordernissen zunahm (von 20 % in 2010 auf 65 % in 2015). Niedrig qualifizierte Tätigkeiten wurden von der Automatisierungstechnik ersetzt. Reine Transportaufgaben (bis auf wenige Anlagen) sind weitgehend weggefallen.

Im Vordergrund stehen seit der Automatisierung überwachende und kontrollierende Prozesse. Ein Eingreifen ist nur im Störungsfall erforderlich. Vor- oder nachbereitende sowie ausführende Tätigkeiten sind nicht oder nur in geringem Ausmaß erforderlich.

> „[…] wo man dann als Mitarbeiter riesige Bildschirme hat und man überwacht eigentlich die Prozesse jetzt anstatt sie selber als Handling zu betreiben." (Interview 4)

> „Und Überwachungsfunktionen sind natürlich erforderlich. Und die Leute dort haben die Möglichkeit in diese Liste, die der Roboter in sich hat, einzusehen, jederzeit. Aber müssen nicht aktiv dort eingreifen. Nur im Störfall." (Interview 2)

Die zentralen Überwachungs(arbeits)plätze sind teilweise weit von den Anlagen entfernt. Fehlermeldungen laufen zentral ein und sollen nach Möglichkeit auch fern der Anlagen behoben werden (z. B. über Reset). Eine Rückmeldung über die erfolgreiche Re-Initialisierung der Anlage erfolgt ebenfalls über den zentralen Überwachungsbildschirm. Es ist nicht vorgesehen, dass der Beschäftigte vor Ort an der Anlage deren Wiederanlaufen überprüft.. Diese fehlende direkte Sichtbarkeit und Kontrolle hat anfänglich zu Irritationen geführt und wurde durch die Nutzung von Kameras (eigentlich für die Instandhalter gedacht) wiederhergestellt.

Das Eingreifen des Menschen wird zunehmend als Störfaktor gesehen, was seinen Entscheidungsspielraum durch zunehmende Standardisierung von Abläufen einschränkt.

> „Zunehmend weniger, dass sie nach eigenem Ermessen irgendwo eingreifen. Es wird immer mehr standardisiert, wir geben die Abläufe vor. Die sollen eigentlich dort nicht mehr eingreifen, weil in 90 % der Fälle der negative Einfluss größer ist als der positive." (Interview 5)

Die Reihenfolge zur Bearbeitung der Lose ist vom System durch die Verfügbarkeit der Anlagen und die Priorität der Lose vorgegeben. Es bleibt wenig Entscheidungsspielraum, in welcher Reihenfolge vorgegangen wird. Auch werden Handlungsnotwendigkeiten durch Störungsmeldungen des Systems vorgegeben.

> „Das war in der vorhergehenden Zeit nicht so, da hatten die Leute eine Auswahlmöglichkeit. Die haben einen Bildschirm gehabt, da waren die zu bearbeitenden Lose und Wafer drin, das war auch schon nach Priorität sortiert aber ich musste die Priorität nicht einhalten und eigne Entscheidungen treffen und ihr Erfahrungswissen hat dabei geholfen, z. B. die Anlagen besser zu belasten." (Interview 7)

Ebenso gibt es Handlungshilfen, Notfallkonzepte und Vorgaben für Störungsfälle. Die Qualifizierung der Beschäftigten umfasste die Vorbereitung auf bestimmte Fehler, die sie selbst beheben können. Für andere wird das Supportteam benachrichtigt. Eine mögliche Folge dessen ist, dass die Beschäftigten die Verantwortung für bestimmte Vorgänge an die Maschinen abgeben, dass „Mitdenken" anders funktioniert:

> „Es war erschreckend, wie schnell die Leute verlernt hatten, wenn sie uns z. B. diese Regelwerke wie ich Lose ordere, damit ich die Anlage möglichst geschickt auslaste, das haben sie uns erzählt und gegeben und teilweise hat jemand das sofort so kodiert und als es dann lief, haben wir es produktiv laufen lassen. Und dann fiel das aus und Mitarbeiter sollte selber weitermachen und wusste es schon nach drei Monaten nicht. Also sie haben sich sehr schnell von den Aufgaben verabschiedet, weil es ja dann das System gemacht hat." (Interview 7)

Gleichzeitig wird berichtet, dass die Verantwortung der Beschäftigten in der Linie wächst, wenn in bestimmten Situationen (z. B. bei gleichrangigen Störungen) eigene Entscheidungen getroffen werden müssen. Dabei wird darauf hingewiesen, dass diese von wirtschaftlicher Relevanz sind, was mit einem Leistungsdruck einhergehen kann. Dazu kommt, dass – wie dies für alle Überwachungsarbeitsplätze charakteristisch ist –

Informationen phasenweise ausbleiben und dann mitunter massiert auftreten. Weitere Entscheidungen betreffen Situationen, in denen Abweichungen in den Kontrollprozessen offensichtlich werden und über das weitere Vorgehen zu entscheiden ist (eingreifen oder nicht; in welchem Umfang und an welcher Stelle eingreifen).

Die neu entstandenen Aufgaben der Kontrolle, Überwachung und Steuerung stellen Fachkräfte-Aufgaben dar. Die zunehmende Komplexität und Verknüpfung von Anlagen und Teilsystemen in der Wertschöpfungskette hat zur Folge, dass die Beschäftigten über zunehmende Kenntnisse verfügen müssen und ihnen Entscheidungsprozesse sowie ein Verständnis der ablaufenden Prozesse abverlangt werden. Auch sind die Beschäftigten für mehr Anlagen als früher zuständig, deren Prozesse sie kennen müssen. Weiterhin braucht es Wissen über Eskalationswege, darüber, was in welchen Situationen zu tun ist. Es sind Fertigkeiten wie Problemlösekompetenzen gefragt. Auch hat sich die Art der zu verarbeitenden Informationen geändert und sich deren Umfang deutlich erhöht. Der Einsatz von Wissen zur Fehlerbehebung hat einen größeren Stellenwert. Insgesamt beschreiben alle Interviewpartner, dass die kognitiven Anforderungen gestiegen sind.

> „Anforderung an das Verständnis der Prozesse, die ganzen Bildschirmarbeitsplätze, Monitoringtätigkeit, Entscheidungen treffen haben deutlich zugenommen und damit für die Leute auch die Stresssituationen." (Interview 1)

> „Für Leute, die umgeschult wurden für diesen Bereich, für die ist es eine riesige Anforderung und Leistungsverdichtung." (Interview 2)

> „Mehr Wissen über Anlagen ist notwendig, genauso wie Flexibilität, Anlagen vertretungsweise zu übernehmen." (Interview 1)

Dies war mit der Möglichkeit und Notwendigkeit verbunden, Beschäftigte weiter zu qualifizieren. Schulungen und Weiterbildungen mussten absolviert werden, im laufenden Tagesgeschäft. Wenngleich Qualifizierungen nicht mehr in dem Umfang erforderlich sind wie in Zeiten der zunehmenden Automatisierung, befinden sich die Mitarbeiter auch aktuell und zukünftig in einem kontinuierlichen Lernprozess. Sie müssen auf neue Anlagen oder bei Änderungen von Anlagen zertifiziert werden und es ergeben sich Lernerfordernisse aus technischen Veränderungen im Unternehmen (Umrüsten auf eine neue Produktionslinie). Die Bereitschaft zur Weiterentwicklung und Qualifikation ist daher von großer Bedeutung.

Eine besondere Bedeutung im Zusammenhang mit den Qualifikationserfordernissen kommt der Altersstruktur der Belegschaft zu.

> „Dann haben wir das Problem, es gibt eine Reihe von Mitarbeitern, die schon ein gewisses Alter erreicht haben, und die tun sich natürlich schwerer als die jungen Leute, etwas neu zu lernen, sich mit Veränderungen auseinander zu setzen. Und nicht, weil sie nicht wollen, sondern weil sie ab einer bestimmten Stelle auch nicht können." (Interview 5)

Gleichzeitig gibt es Hinweise darauf, dass die Qualifizierung nicht immer ausreichend war/ist bzw. an die Beschäftigen Anforderungen gestellt wurden/werden, für die sie noch nicht ausreichend ausgebildet und vorbereitet sind. Aktuelle Bemühungen erfassen den Qualifikationsbedarf und streben an, den Beschäftigten mehr Zeit für Qualifikationen einzuräumen.

Während einerseits von einem Anstieg der kognitiven Anforderungen gesprochen wird, kam in den Interviews vereinzelt auch zum Ausdruck, dass die Arbeit als monoton erlebt wird.

> „Da gab es dann auch die Frage 'Was soll ich denn hier noch machen? Ich kann ja mein Gehirn zuhause lassen, ich muss nur lesen können, und dann mach ich das, was mir das übergeordnete System sagt'." (Interview 7)

Der Aspekt mangelnder geistiger Herausforderung gilt auch für die verbleibenden Operatortätigkeiten. Diese sind z. T. noch weniger anspruchsvoll als vor der Automatisierung, weil sie nur noch das reine Beladen/Entladen beinhalten und alles andere der Roboter/das System entscheidet.

Arbeitsorganisation
Durch die Automatisierung kam es zu einem Rückgang der Beschäftigtenzahlen und damit zu einer Verkleinerung der Teams. Um diesem Umstand bei der Einsatzplanung gerecht zu werden, wurde das Schichtsystem flexibilisiert.

Zeit- und Leistungsdruck bestanden vor der Automatisierung und bestehen fort. Verändert haben sich Art und Ursache. Da die Bestückung der Anlagen von Hand erfolgte, waren die Beschäftigten auch dafür verantwortlich, wie schnell eine Anlage be- und entladen wurde. Im Laufe der letzten Jahre, auch schon vor der Automatisierung, wurden die Durchlaufzeiten immer kürzer, die Anzahl der Anlagen größer und damit der Zeitdruck höher.

Ein weiterer Aspekt von Leistungsdruck ist im großen finanziellen Wert eines Loses zu sehen. Manueller Transport und Bestückung der Anlagen waren immer auch mit dem Risiko verbunden, ein Los fallen zu lassen und damit einen finanziellen Schaden anzurichten. Allerdings können durch die Automatisierung und Rückkopplung mit dem System Fehler der Beschäftigten vermieden werden (z. B. bei der Eingabe von Informationen in die Anlagen; Vergessen von Teilschritten), was als Entlastung erlebt werden kann.

> „[…] weil die Fenster, wo sie die Lose reinstellen müssen, sehr klein sind. Man muss aber auch Obacht geben beim Hand rausziehen, da sind Lose oft mal runtergefallen. Nicht schön, aber man kann den Leuten aber kein Vorwurf machen, weil die Maschine von der Ergonomie her ganz gruselig gestaltet ist." (Interview 7)

> „Auch wenn mich das System darauf hinweist, ich hab es jetzt auf die falsche [Anlage] gestellt, dass das nicht alleine startet. Das ich keinen Fehler mehr machen kann. Also auch das haben die Leute am Ende doch als positiv aufgefasst." (Interview 7)

Die Bestückung übernehmen jetzt die Roboter. Leistungsdruck ist dennoch da und wird durch die Automatisierung möglicherweise größer. Zum einen weil dieses komplexe technische System zentral für den Produktionsprozess ist und dafür gesorgt werden muss, es am Laufen zu halten. Zum anderen produziert die Automatisierung kontinuierlich hohe Takt- und Durchlaufzeiten, an die sich die Beschäftigten anpassen müssen. Neuer Leistungsdruck entsteht auch durch die Notwendigkeit, Entscheidungen zu treffen. Dabei spielt der Kostendruck eine entscheidende Rolle.

Performance-Daten werden teambezogen, nicht personenbezogen ausgewertet. Zeitvorgaben gibt es nicht, auch kein Leistungsentgelt. Allerdings wird die Leistungserbringung der Mitarbeiter verglichen und ggf. durch Führungskräfte hinterfragt.

Außerdem hat eine Verdichtung von Aufgaben stattgefunden. So werden inzwischen fast doppelt so viele Anlagen bedient wie vor der Automatisierung:

> „Für den Großteil der Mannschaft ist es „normales Tagesgeschäft", dass sie Anlagen zu warten und Entscheidungen zu treffen haben, aber die Anzahl der Anlagen, die sie betreuen müssen, hat deutlich zugenommen" (Interview 2)

Die Mensch-Maschine-Interaktion läuft nicht immer reibungslos. So treten Störungen auf, wenn beispielsweise der Interaktionsraum der Roboter durch den Menschen beeinträchtigt wurde und es zum kurzzeitigen Stehenbleiben kommt. Auch Stromschwankungen, auf die die Anlagen sehr empfindlich reagieren, sowie technische Defekte können zu Störungen führen. Das Besondere ist, dass Störungen nicht die eigentliche Arbeit des Beschäftigten in der Linie unterbrechen, sondern dass sie den zentralen Bestandteil seiner Arbeit darstellen.

> „Die [Technik] funktioniert nur nicht oder macht Schwierigkeiten, wenn technische Probleme vorliegen, wenn IT-Systeme ausfallen oder andere Störungen, die die Automatisierung dann lahmlegen oder negativ beeinträchtigen. Ansonsten eigentlich nicht." (Interview 5)

> „Es wurden Dinge miteinander verbunden, die vorher nie verbunden waren. Das führt dazu, dass bei kleineren Störungen Assistenz nötig wird." (Interview 7)

Die Wartung der Anlagen ist nach einem systematischen Programm und nach Terminplänen getaktet. Mit zunehmendem Alter der Anlagen fallen jedoch ungeplant Störungen und damit Wartungs- und Instandhaltungsmaßnahmen an, die die eigentliche Arbeit unterbrechen.

Soziale Beziehungen, Kommunikation, Kooperation
Während vor der Automatisierung die Anlagen durch die Beschäftigten bestückt wurden, befanden sich viele Personen gleichzeitig in einer Schicht, die sich in einem Bereich bewegten (z. T. 100 pro Bereich). Durch Übernahme dieser Aufgaben durch Roboter sind derzeit nur zwei bis drei Beschäftigte pro Schicht für einen Bereich/Leitstand zuständig. Dadurch kam es zu einer Reduktion der sozialen Interaktionen und einer Veränderung der sozialen Beziehungen.

> „Wir hatten ja die Listen, wir haben ja die Planung gemacht für die Automatisierung. In Bereichen wo vorher 100 Leute gearbeitet haben, dass dann pro Schicht dann nur noch zwei übrig blieben. Und was das für die bedeutet, war uns auch nicht so richtig klar." (Interview 7)

Angst vor Arbeitsplatzverlust
Zu Beginn der Automatisierung war Arbeitsplatzverlust ein Thema, die technischen Veränderungen wurden als Bedrohung erlebt. Momentan ist der angestrebte Automatisierungsgrad weitgehend erreicht. Auch gibt es eine Erweiterung der Produktionskapazität, sodass dies aktuell weniger eine Rolle zu spielen scheint. Generell ist jedoch die Halbleiterindustrie eine dynamische Branche, in der Standortsicherheit nicht zu garantieren ist – dies gilt unabhängig von der Automatisierung.

Körperliche Be- und Entlastungen
Die größten Veränderungen hat es für die Beschäftigten im ehemaligen Operating-Bereich gegeben, die nun an den Überwachungsarbeitsplätzen tätig sind. Die Automatisierung hat dabei in erster Linie körperliche Entlastungen zur Folge. Das Heben und Tragen der Lose stellte eine körperlich schwere Arbeit dar. Die Bestückung der Anlagen war außerdem mit ergonomisch ungünstigen und einseitigen Haltungen und Bewegungen verbunden (Kipp- und Drehbewegungen). Besonders die Handgelenke, Ellbogen und Schultern waren betroffen.

Die Laufstrecken für die Beschäftigten an den Überwachungsarbeitsplätzen sind, verglichen mit denen der ehemaligen Operator-Tätigkeiten, geringer geworden. Gelegentlich sind Wege zu den Anlagen erforderlich. Dabei spricht sich das Team in einer Schicht ab, wer zu welchen Anlagen geht und wer am Leitstand verbleibt. Für die Beschäftigten des zentralen Operating-Teams, die Anlagen weiterhin manuell bestücken, sowie für die Instandhalter sind lange Laufwege geblieben bzw. mehr geworden, weil sie für größere Anlagenbereiche zuständig sind.

> „[…] kurze Laufwege. Früher sind sie sechs bis sieben Kilometer pro Schicht gelaufen, heute geschätzt eins bis zwei Kilometer." (Interview 5)

Dafür finden sich hier die typischen Belastungen eines Bildschirmarbeitsplatzes – dauerhaftes Sitzen und Beanspruchung der Augen.

Hinsichtlich Gefährdungen durch Chemikalien, Strahlung, Lärm etc. hat es keine Veränderungen gegeben. Auch die Reinraumbedingungen und die entsprechenden Schutzkleidungen (Handschuhe → Feuchtarbeit) haben sich durch Einführung der Automatisierung nicht verändert.

Gesundheitliche Situation
Unfallsituation
Zur Prävention von Unfällen im Rahmen der Interaktion zwischen Mensch und Roboter wurden Sensorik und Sicherheitstechnik (Lasererkennungssystem zur Einhaltung von Sicherheitsabständen, mechanischer Anfahrschutz) installiert und getestet.

Entwicklungen erfolgten gemeinsam mit dem Roboterhersteller und unter Einbezug eines Sachverständigen der Berufsgenossenschaft. Nähert sich der Mensch dem Roboter bis zu einem definierten Sicherheitsbereich, wird dieser zunächst langsamer, verringert sich der Abstand zwischen Mensch und Roboter weiter, bleibt der Roboter stehen. Auch freifahrende Roboter sind mit Sensoren und Sicherheitstechnik ausgestattet; anders als bei schienengebundenen Robotern ist hier jedoch auch GPS zur Positionsbestimmung relevant. Diese kommen in den Linienbetrieb erst seit Kurzem dazu, so dass bisher wenige Erfahrungen damit bestehen, außer bei freifahrenden Analyse-Robotern zur Messung der Luftwerte.

Jedoch hat die fortschreitende Automatisierung zur Folge, dass sich Mensch und Maschine nicht mehr im selben Umfeld bewegen müssen, sondern eine Fernüberwachung und -steuerung erfolgt. Auch Instandhaltungs- und Bedienbereich sind räumlich voneinander getrennt. So hat es in diesem Zusammenhang bislang auch keine Unfälle gegeben.

Häufige Unfälle sind unbeeinflusst von der zunehmenden Automatisierung: Stolper-Sturz- und Rutschunfälle, Stoßen (da z. B. die Maschinen und Anlagen sehr eng sind und Reparaturen in Zwangshaltungen in verwinkelten Bereichen erfolgen).

Befinden

Es hat einen Rückgang von Beschwerden in den Handgelenken gegeben. Bei Beschäftigten mit langen Laufstrecken in der Linie sind Beschwerden im Fußbereich geblieben.

Veränderungen im psychischen Befinden werden vereinzelt beschrieben. Inwiefern die Gründe in der Automatisierung liegen, lässt sich hier nicht klar beantworten. Zusammenhänge zur Arbeitsverdichtung und wachsenden Anforderungen sind zu vermuten.

„Leute sind aggressiver, gereizter" (Interview 2)

„die Mitarbeiter wollen dann irgendwann nicht mehr, die wollen keinen Change mehr. Die können nicht nein sagen, weil die ganze Welt verändert sich, aber ziehen sich dann ein bisschen zurück und sagen „Ich habe genug vom Change, ich mag nicht mehr, ich will nicht mehr und ich will eigentlich ein bisschen Ruhe und bisschen Schutz und Sicherheit und nicht schon wieder neu lernen und nicht schon wieder was Neues angehen", da weiß ich nicht, bin ich aber auch kein Experte für, ob das was mit der Psyche macht, also Thema Depressionen, Burnout, ob das irgendwie eine Rolle spielt, das geht ja auch so in Richtung Gesundheitsschutz. Das sind nochmal spannende Themen, die man mal beobachten muss." (Interview 4)

Vom technologischen Wandel unbeeinflusst, sind typische körperliche Beschwerden im Bereich Haut durch das Tragen der Reinraumkleidung zu verorten. Auch Muskel-Skelett-Beschwerden treten auf, z. B. durch Zwangshaltungen der Instandhalter beim Arbeiten in und an den Anlagen. Bei älteren Beschäftigten finden sich vor allem internistische Erkrankungen, Bluthochdruck. Die Problematik der Nachtschicht gewinnt mit steigendem Alter an Relevanz und zeigt sich in zunehmender Erschöpfung.

Häufiger zeigen sich auch (nicht nur bei Älteren) Muskel-Skelett-Beschwerden, Rückenbeschwerden, vor allem der Lendenwirbelsäule, Knieschmerzen und – vor allem bei Mitarbeitern mit langen Wegstrecken in der Linie (Instandhalter, Operator) – Probleme mit dem Fußgewölbe.

Insgesamt wird von einem recht hohen Krankenstand berichtet (Zahlen dazu werden nicht genannt), der sich auch in einer relativ hohen BEM-Rate widerspiegelt (Betriebliches Eingliederungsmanagement). Es ist allerdings zu vermuten, dass es einen Zusammenhang zwischen einer alternden Belegschaft und einem steigenden Krankenstand gibt. Die Automatisierung wird als Ursache für steigenden Krankenstand von den Befragten eher ausgeschlossen.

Auch ist der Krankenstand bei Frauen (in Teilzeit) höher als bei Männern. Hier spielt vermutlich die Mehrfachbelastung der Frauen eine Rolle (Mutter; pflegende Tochter/Schwiegertochter).

> **Zwischenfazit zu Belastungen und Gesundheitssituation**
>
> - Reduktion körperlich schwerer und ergonomisch ungünstiger Arbeit
> - Produktionsarbeit wird zu Bildschirmarbeit mit entsprechenden Belastungen
> - Produktionssystem zielt auf hohe Standardisierung von Abläufen: Mitdenken und Problemlösen im Regelfall nicht erforderlich; eher reine Überwachungstätigkeiten; wenig Entscheidungsspielraum
> - Auch in Störfällen unterstützt System durch standardisierte Handlungshilfen
> - Dennoch Situationen, in denen eigene Entscheidungen erforderlich: komplexes Wissen über die Abläufe, Anlagen und Lose nötig, um möglichst effizient und wirtschaftlich zu handeln
> - Hohe Qualifikationserfordernisse einerseits und längere Phasen monotoner Arbeit andererseits stellen dabei einen Widerspruch dar
> - Problem der Wissensaufrechterhaltung/Übung, wenn seltenes Eingreifen erforderlich ist
> - Wechsel von Phasen mit geringer vs. hoher Informationsmenge
> - weniger Aufgabenvielfalt, aber Verantwortung für mehr Anlagen
> - Automatisierung schafft Zufallsaufgaben für die Beschäftigten
> - hohe Takt- und Durchlaufzeiten, Verdichtung von Aufgaben
> - Kostendruck
> - Die Reduktion der Beschäftigtenzahl pro Anlagenbereich und Schicht hat zu Veränderungen in sozialen Beziehungen geführt
> - Angst vor Arbeitsplatzverlust spielte zu Beginn der Automatisierungsbestrebungen eine große Rolle
> - Keine Veränderungen in Unfallsituation (Sensorik in Robotern; räumliche Trennung von Produktion und Überwachung/Steuerung)
> - Krankenstand und Langzeiterkrankungen in Tendenz steigend; eher durch demografische Situation erklärbar

- Rückgang Beschwerden Handgelenke und Ellbogen
- Vereinzelt Veränderungen im psychischen Befinden beschrieben → permanente Anpassungsprozesse, Arbeitsverdichtung ◄

Arbeits- und Gesundheitsschutz
Der durch die Automatisierung zunehmenden Mensch-Roboter-Interaktion wurde durch die Entwicklung von Sensorik und Sicherheitstechnik zusammen mit der Roboterhersteller Rechnung getragen. Auch wurde von Beginn an ein Sachverständiger der Berufsgenossenschaft einbezogen. Im Nachgang der Automatisierung waren keine besonderen Anpassungen erforderlich. Veränderungen ergaben sich jedoch im Bereich ergonomischer Maßnahmen. So wurden mehr höhenverstellbare Tische und ergonomische Stühle sowie Fußbetteinlagen/orthopädisches Fußbett für die Reinraumschuhe zur Verfügung gestellt. Im Arbeits- und Gesundheitsschutz (Unterweisungen etc.) wurde das Thema „Sicherheit im Umgang mit Robotern" aufgenommen. Aufgrund der kleineren Teams wurde ein flexibleres Schichtsystem eingeführt.

Personalmanagement
Die Automatisierung und die damit einhergehenden Veränderungen waren eine große Herausforderung und gleichzeitig eine große Chance für die Personalentwicklung. Im Produktionsbereich arbeiten überwiegend Beschäftigte, die in Vor-Automatisierungs-Zeiten des Operating aus anderen Berufen gekommen sind und angelernt wurden. Die Beschäftigungsstruktur änderte sich durch die Automatisierung dahin gehend, dass Operatortätigkeiten an Bedeutung verloren und dementsprechend Personal im Bereich Operating eingespart wurde; dafür gab es einen Zuwachs an Personalbedarf im Überwachungsbereich, der Fachkräfte erfordert. 2010 waren 77 % der Beschäftigten als Operator tätig. 2015 noch 42 % mit sinkender Tendenz (ohne Angabe konkreter Zahlen). Auch in der Ausbildung spielt das Operating-Profil keine Rolle mehr. Dem gegenüber ist der Bedarf an Fachkräften entsprechend von 23 % (2010) auf 58 % (2015) gestiegen, mit weiter steigender Tendenz.

Die Qualifizierungen im Rahmen der Automatisierung mussten während des laufenden Tagesgeschäfts durchgeführt werden. Nicht alles ist dabei optimal gelaufen, für aktuelle und anstehende Lern- und Qualifikationserfordernisse soll den Beschäftigten mehr Zeit gegeben werden.

> „Die Konsequenz ist, dass die niedrig qualifizierten Jobs weg sind und im Prinzip eine komplette nach oben Verschiebung an Qualifikation stattgefunden hat und das müssen sie dann im laufenden Betrieb hinbekommen." (Interview 4)

Um Qualifikationsbedarfe sowie Passung von Beschäftigten und Anlagen zu ermitteln, werden Qualifikationsmatrizen erstellt, die die Qualifikationen und Zertifizierungen der Beschäftigten und die Anforderungen der Anlagen beinhalten.

Aktuell wird stärker als früher Insourcing betrieben, d. h. Aufgaben werden nicht mehr ausgelagert. So soll die Reparatur der Automatisierungssysteme zunehmend durch eigene Beschäftigte übernommen werden.

Veränderungen im Bereich der Führung hat die Automatisierung dahin gehend gebracht, dass die Führungsspanne kleiner geworden ist. So gab es z. B. Bereiche, in denen ein Schichtleiter mit zwei Teamleitern bis zu 60 Beschäftigte geführt haben. „Heute gibt's einen Schichtleiter, der hat drei oder vier Leitstandsmitarbeiter zu führen." (Interview 5). Dies ermöglicht eine intensivere Auseinandersetzung mit dem eigenen Team.

2.5 Personelle und organisationale Potenziale der Digitalisierung als ressourcenorientierter Gesundheitsschutz

Holger Muehlan, Jan Vitera, Sandra Lemanski

2.5.1 Arbeits- und organisationspsychologischer Forschungsstand

Die moderne Arbeitswelt ist gekennzeichnet durch Globalisierung, Flexibilisierung und Technologisierung [74]. Im Zuge der digitalen Transformation, die im Rahmen der Industrie 4.0 vor allem durch eine digitale Vernetzung der Produktionsabläufe und der darin eingesetzten Produkte gekennzeichnet ist, entwickeln sich neue Arbeitsformen wie Crowdworking oder Cloudworking [75]. Daraus ergeben sich häufig Veränderungen in den Unternehmensstrukturen, wie das Aufweichen traditioneller Rollenbilder und das Verschwimmen der Grenzen zwischen Arbeit und Freizeit. Der konkrete Einsatz einer neuen Technologie ist aber häufig nicht nur mit direkten Auswirkungen verbunden. Vermittelt über veränderte personelle Strukturen und neue Formen der Arbeitsorganisation ergeben sich zudem indirekte Auswirkungen auf die Arbeitsanforderungen. Die Anwendung neuer Technologien und Arbeitsformen stellt den Arbeits- und Gesundheitsschutz vor neue Herausforderungen, eröffnet aber gleichzeitig neue Gestaltungsoptionen für gesunde Arbeit. Demnach bieten die bisher noch nicht genutzten Möglichkeiten im Sinne von Potenzialen und damit die Identifikation von Ressourcen eine bislang wenig genutzte Chance, den Herausforderungen zu begegnen und die Gestaltungsoptionen nutzbar zu machen.

Ressourcenorientierung im Kontext der digitalen Transformation
Die Relevanz von Ressourcen, deren Identifikation, Nutzung sowie Auf- und Ausbau werden auch zunehmend im betrieblichen Arbeits- und Gesundheitsschutz und der betrieblichen Gesundheitsförderung diskutiert [76]. Dieser Perspektivwechsel und die damit verbundenen Umsetzungsbestrebungen lassen sich in verschiedenen Bereichen

beobachten. Anstelle einer Konzentration auf Problemlösung und bessere Usability fokussiert sich z. B. das Forschungsinteresse auf positive Nutzererlebnisse [77]. Dies zeigt sich in Ansätzen wie „Positive Technologies", „Positive Design" und „Positive Computing", die auf positive Technologieerlebnisse in Arbeitskontexten abzielen. Dabei kann Technologie u. a. Kompetenz- und Autonomieerleben und die Erfahrung von Sinnhaftigkeit im Arbeitskontext fördern. Dies ist aber nur dann möglich, wenn „die Technologie optimal zu den Eigenschaften der Nutzer, ihre[n] Aufgaben und der sozialen, organisatorischen und physischen Umgebung passt" [77].

Die Einführung neuer Technologien hat das Potenzial, Beschäftige zu befähigen, ihre Ziele effektiver und effizienter zu erreichen. Dadurch kann die Zufriedenheit und das Wohlbefinden der Beschäftigten erhöht und eine positive Einstellung gegenüber der Nutzung gefördert werden. Neue Technologien in Unternehmen, insbesondere in kleinen und mittleren Unternehmen, werden in der Regel aber nicht zum Zweck der positiven Arbeitsplatzgestaltung eingeführt, sondern dienen primär der Erreichung von Arbeits- und Unternehmenszielen. Daher steht weniger die gesundheitsförderliche Gestaltung von Technologien im Fokus, sondern eine reflektierte, lösungs- und ressourcenorientierte Einführung neuer Technologien. Eine wichtige Grundlage ist hierbei die Forschung zu „Positive Technologies" und „Positive Computing" [78, 79]. Danach sollte die Einführung neuer Technologien so gestaltet sein, dass Individuen diese als positiv, d. h. befähigend oder unterstützend wahrnehmen, anstatt den Einsatzfolgen mit negativen Gefühlen wie Bedrohung oder Überforderung entgegenzutreten. Die Nutzung von Technologien soll der Selbstverwirklichung des Individuums und der Verbesserung des Commitments dienen. Ziel ist der Aufbau neuer und nachhaltiger personeller Ressourcen.

Durch die Strukturierung, Erweiterung und Erneuerung von Technologien soll die Qualität des Nutzererlebnisses beeinflusst werden, um Wohlbefinden sowie den Aufbau von Stärken und Resilienz von Individuen, Organisationen und Gesellschaft zu fördern [78]. Dies ist nur möglich, wenn auf individuelle Präferenzen und Potenziale der Nutzer eingegangen und ein partizipativer Ansatz, also die Einbindung des Nutzers bei der Einführung neuer Technologien, verfolgt wird [77]. Durch eine nach diesen Prinzipien gestaltete Einführung neuer Technologien können simultan übergeordnete unternehmensrelevante Ziele und individuelle, beschäftigtenbezogene Bedürfnisse verfolgt und erfüllt werden. So kann z. B. durch den Aufbau von „Mobile Communities of Practice" (MCOP), die dem gezielten Austausch von Beschäftigten, die sich mit einer ähnlichen Umstrukturierung ihrer Tätigkeit durch neue Technologien konfrontiert sehen, dazu beigetragen werden, den Bedürfnissen der Beschäftigten nach Kompetenz, Verbundenheit und Unterstützung zu entsprechen. Dadurch werden nicht nur potenziell negative Auswirkungen der Technikeinführung abgepuffert, sondern es soll zugleich ein positives Erlebnis für die Beschäftigten geschaffen werden.

Positives Erleben im Arbeitskontext und der damit verbundene Aufbau und die Förderung von internalen Ressourcen kann durch Strategien wie Feedback und

Wertschätzung, Unterstützung, Kompetenzerleben, Kommunikation und die Möglichkeit neuer Erfahrungen gefördert werden [77].

Technologien können dann präventiv auf eine Arbeitstätigkeit wirken, wenn sie von den betroffenen Personen als Ressourcen wahrgenommen und damit nutzbar gemacht werden können. Unter solchen arbeitsbezogenen Ressourcen sind alle physischen, psychischen, sozialen und organisationalen Facetten der Arbeit zu verstehen, welche folgende Wirkungen haben können: Arbeitsbelastungen und verbundenen Kosten zu verringern; die Erfüllung der Arbeitsaufgaben zu unterstützen; individuelle Entwicklung und Kompetenzerweiterung zu ermöglichen [80]. Daraus resultieren entsprechende Potenziale zur Gestaltung der Arbeitstätigkeit, zur individuellen Kompetenz- und Persönlichkeitsentwicklung sowie zur Zielerreichung des Unternehmens.

2.5.2 Einsatz digitaler Technologien und deren Auswirkungen in Abhängigkeit der Unternehmensspezifika (Kurzfallstudie)

Fallstudie: Beratung (IKT-Branche)

Einsatz digitaler Technologien
Das Beratungsunternehmen bietet verschiedene Dienstleistungen im Bereich der Informationstechnologie an und zählt mit weniger als 50 Beschäftigten zu den kleinen Unternehmen. Die Geschlechterverteilung ist paritätisch. Das Unternehmen arbeitet selbst organisiert und hierarchiefrei. Der technologische Wandel besteht in einer Verringerung und Vereinheitlichung dezentral gewachsener Softwarelösungen. Digitale Lösungen haben eine unterstützende und substituierende Funktion, wodurch sie weitestgehend als Assistenzsysteme verstanden werden. Zur Informationsteilung und Kommunikation werden verschiedene Wissensmanagementsysteme sowie Messenger verwendet. Die genutzten Technologien verbessern die Transparenz, die eine notwendige Voraussetzung gleichberechtigten hierarchiefreien Arbeitens darstellt.

Neue und veränderte Anforderungen
Als sinkende Leistungsanforderung wird die zeit- und aufwandsparende Eigenschaft von assistierenden Funktionen analoger und technischer Hilfsmittel erlebt. Die Beschäftigten teilen die Arbeitszeit und -inhalte eigenverantwortlich ein. Hierbei ermöglichen die Technologien ein asynchrones und ortsunabhängiges Arbeiten. Als steigende Leistungsanforderung wird die Einarbeitung in verschiedene digitale und analoge Arbeitsmittel und deren verlässliche Integration in die eigene Arbeit erlebt. Man muss mehrere digitale Kommunikationskanäle im Blick behalten und ist prinzipiell ständig erreichbar. Auch die analoge Kommunikation stellt hohe Anforderungen aufgrund der hierarchiefreien Selbstorganisation, die den Beschäftigten Mitsprache- und Entscheidungsgelegenheiten in verschiedenen Beteiligungsformaten ermöglicht.

Be- und Entlastungen
Als physische Belastungen werden langes Stehen oder langes Sitzen genannt. Entlastend wirkt dabei die Möglichkeit zur flexiblen Gestaltung von Arbeitszeit und -ort. Die Möglichkeit, immer und überall zu arbeiten, und die Eigenverantwortung zur Nutzung dieser Möglichkeit stellen eine Herausforderung an die Selbstorganisation der Beschäftigten dar. Sie selbst müssen intensiv auf die eigene Gesundheit achten und Verantwortung für deren Schutz übernehmen. Als psychische Belastungen werden Überlastung, Selbstüberforderung und eine fehlende Abgrenzung genannt. Dem entgegen wirken die gegenseitige Fürsorge im Kollegium und der Zugang zu unterstützenden Maßnahmen (z. B. Coaching). Im Unternehmen wird keine Arbeit über die festgelegten Aufgaben hinaus erwartet. Diese Kultur soll vor psychischen Fehlbelastungen schützen. Die Eigenverantwortung jedes Beschäftigten bietet die Möglichkeit, auf die eigene Gesundheit und ein individuelles Gleichgewicht von Arbeit und Freizeit zu achten.

Fallstudie: Zulieferer (u. a. für Windenergie-Branche)

Einsatz digitaler Technologien
Das Kerngeschäft des Zuliefererunternehmens ist die Produktion von Verbundstoffen, die unter anderem in Windkraftanlagen verwendet werden. Im Unternehmen sind ca. 30 Beschäftigte tätig, womit es zu den Kleinunternehmen zählt. Drei Viertel der Beschäftigten sind männlich. Aspekte des Wandels sind die Einführung von 3D-Scannern, 3D-Druckern und Fräsrobotern. Diese unterstützen bei der Fertigung der benötigten Teile und führen zur Automation der Prozesse.

Neue und veränderte Anforderungen
Für die Beschäftigten in der Projektplanung ergeben sich neue und veränderte Anforderungen, da sich ihre Tätigkeit von der eigentlichen Projektplanung zur IT-Entwicklung (z. B. von Bauteilen) gewandelt hat. Die Beschäftigten in der Produktion müssen vermehrt Überwachungs- und Bedienfunktionen übernehmen. Außerdem müssen die Maschinen befüllt, gewartet, überprüft und die Erzeugnisse eingelagert werden. Dabei bedarf es einer kurzfristigen Reaktionsfähigkeit. Für diese veränderten und neuen Anforderungen werden entsprechende Qualifikationen benötigt, die über die bisherigen hinausgehen. Dazu müssen Weiterbildungen angeboten und Beschäftigte ausführlich eingearbeitet werden.

Be- und Entlastungen
Hinsichtlich der physischen Belastungen haben diese durch Lärm und Hitze weiter zugenommen. Neue psychische Belastungen sind auf Seite der Beschäftigten in der Produktion in Form von simultanen Überwachungs- und Bedienprozessen hinzugekommen. Ein „schnelles hin- und herspringen" in Form von unfreiwilligen Unterbrechungen aktueller Arbeitsprozesse ist notwendig. Auch der höhere Produktionstakt im Zusammenhang mit der größeren Bandbreite wird als Belastung wahrgenommen.

Verletzungsgefahren, körperliche Anstrengungen und Einflüsse von Dämpfen auf die Belegschaft konnten mittels der neuen Technologien gesenkt werden. Abgenommen hat zudem die Verantwortung am Fertigungsprozess. Dies wurde positiv bewertet.

Psychische Belastungen und erhöhte Anforderungen im Bereich der für die Automationstechniken verantwortlichen Ingenieure liegen primär in den notwendigen Weiterbildungen und der hohen Weiterbildungsfrequenz. Ein Lern- und Integrationsprozess in die Abläufe des Unternehmens ist notwendig. Weiterhin treten umfangreiche Vorbereitungsprozesse in den Mittelpunkt, um einen fehlerfreien Ablauf der Automation zu gewährleisten. Durch die Programmierung als zentraler Gegenstand der Arbeit hat sich diese von der eigentlichen Projektplanung zur IT-Entwicklung gewandelt. Durch die mögliche dezentrale Arbeitsweise und die Expertise weniger Ingenieure in ihrem Automationsbereich, wird eine umfangreichere Erreichbarkeit dieser Beschäftigten notwendig. Dieses wird als ein möglicher Stressor benannt.

2.5.3 Intensiv-Fallstudie: Handwerk (Werkstoffverarbeitung)

Basisdaten
Das holz- und kunststoffverarbeitende Handwerksunternehmen hat 18 Beschäftigte, davon drei Auszubildende. Vier Beschäftigte arbeiten auch mobil (z. B. vor Ort beim Kunden). Zwei Drittel der Belegschaft sind älter als 40 Jahre. Die Organisation der Arbeit findet auftragsbedingt in flexiblen Projektteams statt.

Technologischer Wandel & Anwendung neuer Technologien
Der *technologische Wandel* vollzog sich sowohl bezogen auf die Bearbeitung von Werkstücken als auch bezogen auf die mobile Arbeit bei Kunden. Letzteres erfolgt mittlerweile unterstützt durch laserbasierte Raumausmessungen mit verbundener Datenübertragung für computergenerierte 3D-Modelle. Die Raummodelle sind die Grundlage, um mittels Software die Integration von zugeschnittenen Produkten in die jeweiligen Räume zu simulieren und diese Entwürfe den Kunden als Diskussionsgrundlage zu präsentieren.

Für die Bearbeitung von Werkstücken wurde 2011 ein *Roboter* und 2014 eine *CNC-5-Achs-Fräse* eingeführt. Beide Maschinen können im Bereich der Aktorik ohne relevante Sensorik eingeordnet werden. Das heißt, beide Maschinen führen programmierte Arbeitsschritte aus, ohne über eine intelligente Sensorik auf ggf. veränderte Umgebungsfaktoren reagieren zu können. Die Steuerung der Maschinen setzt wiederum spezifische Software- und Programmierkenntnisse voraus. Hierzu gehört auch die 3D-Modellierung von Werkstücken (Computer-Aided Design).

Hauptgründe für die Einführung des Roboters und der CNC-Fräse war die *Erweiterung des Geschäftsmodells* (d. h. die Herstellung individualisierter, anspruchsvoller und kunstvoller Stücke). Da beide Maschinen händische Arbeiten substituieren und keine direkte Interaktion mit dem Menschen erfordern, der Roboter zudem in einem abgegrenzten Bereich operiert, ergibt sich eine massive Minimierung arbeitsbezogener Unfallgefahren. Die Arbeit mit Computermodellen bietet die Möglichkeit der externen Vernetzung mit Kunden, da diese eigene Modelle zur Verfügung stellen können, die dann beispielsweise vom Roboter plastisch umgesetzt werden. Die Einspeisung von Kundendaten in die unternehmensinterne Software wird bislang dadurch erschwert, dass unternehmensübergreifend keine einheitlichen Systeme genutzt werden. Ferner liegen Grenzen der Maschinen in ihrer Präzision. Zum Beispiel erkennen die Maschinen aufgrund fehlender Sensorik die Abnutzung der genutzten Werkzeuge (z. B. Fräsköpfe) oder Positionierungsfehler des zu bearbeitenden Materials nicht.

Gesundheitliche Belastung & Entlastung
Die Tätigkeiten im Unternehmen gehen grundsätzlich mit *physischen Belastungen* wie Staub und Wasserlacken sowie körperlicher, teils monotoner Arbeit einher. *Psychische Belastungen* ergeben sich in den Werkshallen durch Lärm und den verschiedenen Anforderungen einer vollständigen Aufgabe (von Planung und Aufgabendesign über die Werkstückbearbeitung bis hin zur Ergebnisrückmeldung). Die direkte Arbeit mit Kunden erfordert Mobilität, Kommunikation und aufgrund des gestiegenen Vorwissens der Kunden ein hohes Maß an Fachwissen.

Die Integration der neuen Maschinen in den Fertigungsprozess hatte deutliche *Auswirkungen auf die Arbeitsorganisation, die unternehmensinterne Kommunikation und das soziale Gefüge*. Hierzu zählen neue Belastungen, aber auch gestiegene und gesunkene Arbeitsanforderungen.

Neue und erhöhte Belastungen treten durch die hohen Konstruktions- und Planungsanforderungen bei der Erstellung von Computermodellen und der Programmierung der Maschinen auf. Anders als beim iterativen händischen Bearbeiten von Werkstücken erfolgen die Programmierungen der Maschinen für mehrere, aufeinander aufbauende Bearbeitungsschritte. Das erfordert beispielsweise zu antizipieren, wie das Werkstück auf die verschiedenen Einwirkungen durch die Maschine reagiert. Um diesen Aufgaben gerecht zu werden, bedarf es zunächst entsprechender Qualifizierungen der Beschäftigten. Gegenwärtig können diese Arbeitsschritte nur von einigen wenigen Experten im Unternehmen ausgeführt werden. Für diese Beschäftigten besteht eine neue Belastung in dem Bewusstsein, dass Fehlbedienungen der Maschinen immense Kosten verursachen können.

Andere Beschäftigte sind gezwungen, die Experten für den Roboter und die CNC-Fräse in die eigenen Arbeiten einzubeziehen (z. B. weil gewisse Teile nur noch per CNC gefertigt werden). Damit sind zum einen erhöhte Anforderungen an die Kommunikation verbunden (z. B. Absprachen, das Bitten um Unterstützung). Das Konfliktpotenzial unter den Kollegen ist gestiegen. Zum anderen sind damit teils starke Veränderungen der berufsbezogenen und unternehmensinternen Hierarchien verbunden. Beschäftigte, die vor der Integration der Maschinen aufgrund ihrer ausgeprägten händischen Fertigkeiten besonders geschätzt wurden, müssen sich nun anderen Experten unterordnen (d. h. sofern sie sich nicht weiterbilden). Abstrakt formuliert, ändern sich in diesem

Zuge berufliche Identitäten in gravierender Form. Erfahrungen und Fertigkeiten zur händischen Bearbeitung von Werkstücken verlieren und die Schnittstelle Computer-Maschine sowie die Kundenorientierung gewinnen zunehmend an Bedeutung.

Im Unternehmen treten durchaus *Widerstände gegen die technologischen Neuerungen* auf. Das Problem einiger Beschäftigter besteht darin, dass ihnen die Arbeit, für die sie besonders qualifiziert sind und die sie gern ausführen, von Maschinen „weggenommen" wird. Tritt ein solcher Widerstand in Kombination mit einer Ablehnung von Qualifizierungsmaßnahmen auf, kommt es zur Resignation und Gefühlen subjektiver Geringschätzung.

Eine *Reduktion der Belastungen erfolgt im Wesentlichen durch die Abnahme monotoner händischer Arbeit*. Die Verringerung zeitintensiver monotoner Arbeiten erweitert die Handlungsspielräume vieler Beschäftigter, die nun mehrere miteinander verbundene Arbeitsschritte ausführen.

Die Beherrschung der Maschinen vermittelt das Gefühl einer hohen Wirksamkeit. Auch, weil sich die Beschäftigten in der Lage fühlen, speziellen Kundenwünschen gerecht werden zu können. Die Technologien wirken hierbei dadurch entlastend, dass sie die Fehlerquote in der Fertigung senken und Unsicherheiten hinsichtlich der Ergebnisqualität reduzieren.

Gesundheitsschutz, Gesundheitsmanagement & Gesundheitsförderung
Die Zuständigkeit für den *allgemeinen Gesundheitsschutz* liegt beim Geschäftsführer. Es gibt mehrere Begehungen mit der Berufsgenossenschaft im Betrieb, eine jährliche Prüfung der Handmaschinen sowie der Absauganlagen und der daran gebundenen Staubbelastung. Es besteht das Prinzip der gegenseitigen Kontrolle und Maßregelung.

Es erfolgen Einweisungen in die Maschinen im „Shop Floor" sowie wiederholte Arbeitsschutzbelehrungen zu ausgewählten Maschinen. Das betriebliche Gesundheitsmanagement und die Gesundheitsförderung spielen in regelmäßigen Abständen mit ausgewählten Vorträgen (z. B. zur Ernährung) eine Rolle.

Personalentwicklung & -management
Allen Beschäftigten werden Angebote und Chancen zur Weiterentwicklung geboten. Die Qualifikationen sind momentan neigungs-, interessen- und motivationsgeleitet. In die Überlegungen mit einbezogen wird auch, ob der Beschäftigte langfristig im Unternehmen bleiben möchte. Mit Blick auf neue Technologien wird versucht, Einsicht für deren Überlegenheit gegenüber üblichen Methoden bzw. Werkzeugen zu generieren. Die Weiterbildungen erfolgt in der Regel „on the job" und nur in Ausnahmen in unternehmensgesteuerten Workshops.

Die Weiterbildungen betreffen hauptsächlich die Bedienung der Schnittstellen zu den Maschinen. Die Kompetenzen zum Computer-Aided Design wurden per Rekrutierung ins Unternehmen gebracht. Grundsätzlich ist das Selbststudium in der Freizeit für schnelle Lernfortschritte wichtig. Der Wandel des Berufsbilds (von Hand- in Richtung Kopfarbeit) wird bereits bei den Auszubildenden berücksichtigt.

2.5.4 Personelle Präventionspotenziale für eine gesunde Arbeit 4.0 – Resümee und Ausblick

Wesentliche Zielstellung der Falltudien war es, die sich aus dem digitalen Wandel in Unternehmen ergebenden personellen Präventionspotenziale zu identifizieren und diese als Ressourcen im Rahmen einer „gesunden Arbeit 4.0" zu nutzen. Dies umschließt zum einen solche Potenziale mit unmittelbaren Auswirkungen auf Beschäftige, wie der Selbstbestimmung in der Gestaltung von Arbeitsort und -zeit durch die Nutzung digitaler Kommunikationstools (Wissensarbeit) oder auch das Erleben von Selbstwirksamkeit in der produktionsbezogenen Anwendung neuer Technologien (Industriearbeit). Darüber hinaus sind aber mittelbare Auswirkungen auf Beschäftigte zu berücksichtigen, die insgesamt aus den Veränderungen des soziotechnischen Systems hervorgehen (z. B. zeitliche und körperliche Entlastungen infolge neuer Strukturen und Prozesse).

Um der Zielsetzung gerecht zu werden, wurde im Rahmen der FallStudien eine umfassende Konzeption zur ganzheitlichen Betrachtung potenzieller Technikfolgen der digitalen Transformation in kleinen und mittleren Unternehmen unter besonderer Berücksichtigung der unterschiedlichen Strukturen eines Unternehmens entwickelt. Im Ergebnis resultierte daraus ein Informations-Modul in Form eines Manuals zur Identifizierung und Nutzung personeller Präventionspotenziale (vgl. dazu die folgende ausführliche Beschreibung, Abschn. 4.3). Die darin aufbereiteten Befunde machen deutlich, dass diese präventiven Potenziale der digitalen Transformation bisher kaum berücksichtigt wurden. Stattdessen wurden bisher primär direkte Entlastungseffekte auf die Arbeitstätigkeiten der Unternehmensmitarbeiter in den Blick genommen.

Darüber hinaus wird deutlich, dass der Arbeits- und Gesundheitsschutz praktisch noch kaum Eingang in die Gestaltungskriterien der digitalen Transformation gefunden hat. Dies wird jedoch eine wesentliche Herausforderung für die Zukunft von kleinen und mittleren Unternehmen – die erfolgreiche Bewältigung des Wandels der Arbeitswelt. Für die digitale Transformation ist die *Umstellung auf eine systemische und prospektive Analyse von möglichen Auswirkungen technologischer Neuerungen und Unternehmensveränderungen* statt einer am Primat des technischen Fortschritts orientierten Perspektive von zentraler Relevanz. Nur so können Potenziale identifiziert und genutzt werden. Zur Unterstützung für einen solchen Perspektivenwandel leistet das Manual zur Identifizierung und Nutzung personeller Präventionspotenziale einen Beitrag.

Der digitale Wandel von Arbeit in innovativen Branchen: Qualifikationsentwicklung, gesundheitliche Belastungen und Ressourcen

Thomas Engel, Martin Ehrlich, Carola Schulze, Gitta Haupold, Stephanie Drössler, Jan Vitera, Holger Muehlan, Sandra Lemanski und Marlene Mühlmann

Zusammenfassung

Wie sich die digitale Transformation betrieblich vollzieht, bedarf eines Abgleichs der bisher vorliegenden Erkenntnisse aus der Literatur mit Befunden aus Unternehmensbefragungen, wie sie hier vorgestellt werden. In mehreren Branchen wurden

---

Die Reihenfolge der Autoren entspricht nicht der Reihenfolge der Gewichtung zum Beitrag. Die korrespondierenden Autoren sind nur für ihre spezifischen eigenen Abschnitte zuständig. Die Autoren der einzelnen Abschnitte finden Sie im jeweiligen Abschnitt innerhalb des Kapitels.

T. Engel (✉) · M. Ehrlich
Institut für Soziologie, Friedrich-Schiller-Universität Jena, Jena, Deutschland
E-Mail: thomas.engel@uni-jena.de

C. Schulze (✉) · G. Haupold
Silicon Saxony e. V., Dresden, Deutschland
E-Mail: carola.schulze@silicon-saxony.de

S. Drössler
Institut und Poliklinik für Arbeits- und Sozialmedizin, Technische Universität Dresden, Medizinische Fakultät, Dresden, Deutschland
E-Mail: stephanie.droessler@tu-dresden.de

J. Vitera (✉) · H. Muehlan · S. Lemanski · M. Mühlmann
Lehrstuhl Gesundheit und Prävention, Institut für Psychologie, Universität Greifswald, Greifswald, Deutschland
E-Mail: jan.vitera@uni-greifswald.de

H. Muehlan
E-Mail: holger.muehlan@uni-greifswald.de

S. Lemanski
E-Mail: sandra.lemanski@uni-greifswald.de

© Springer-Verlag GmbH Deutschland, ein Teil von Springer Nature 2021
T. Engel et al. (Hrsg.), *Digitale Transformation, Arbeit und Gesundheit*,
https://doi.org/10.1007/978-3-662-63247-5_3

insgesamt rund 1300 (überwiegend computergestützte telefonische) Interviews durchgeführt. Es wurden verschiedene Formen der eingesetzten Technologien ermittelt. Dabei standen die veränderten Anforderungen für Betriebe und die Beschäftigten im Vordergrund. Alle Befragungen zeigen, dass kleine und mittlere Unternehmen besonders häufig weniger Ressourcen bereitstellen können, um den Arbeits- und Gesundheitsschutz an die neuen digitalen Anforderungen anzupassen. Branchen- bzw. Technologie-Netzwerke stellen eine wichtige externe Ressource dar und können mit verschiedenen unternehmensübergreifenden Angeboten wertvolle Unterstützung für ihre Mitgliedsunternehmen bieten.

3.1 Konkurrenz um IT-Kompetenz: Digitale Transformation und Qualifikationsbedarf im Branchenvergleich in Thüringen

Thomas Engel, Martin Ehrlich

3.1.1 Digitalisierungsaffine Branchen und Betriebe

Um Anhaltspunkte für die technologiegetriebene Entwicklung des Arbeitskräftebedarfs zu bekommen, fand 2017 eine Befragung von Geschäftsführern und Personalverantwortlichen in ausgewählten Betrieben Thüringens statt. In computergestützten Telefoninterviews (CATI) wurden 1062 etwa zehnminütige Gespräche mit Personalverantwortlichen und Geschäftsführern durchgeführt[1]. Ermittelt wurden der Arbeitskräftebedarf, Strategien zur Fachkräftesicherung sowie der Stellenwert der Digitalisierung und der veränderte Qualifikationsbedarfe. Die Aussagekraft der gewonnenen Daten ist aufgrund des Fokus auf neun zentrale Wirtschaftsbereiche für ein Bundesland als hoch einzuschätzen. Unter anderem wurden Personalverantwortliche in der Metall- und Elektroindustrie, im Baugewerbe, im Handel, im Verkehr und der Logistik, im Bereich der Informations- und Kommunikationsdienstleistungen sowie im Sozial- und Gesundheitssektor befragt. Zusammen stellen diese ausgewählten Wirtschaftsbereiche in der Grundgesamtheit 63 % aller Thüringer Betriebe sowie 64 % aller sozialversicherungspflichtig Beschäftigten im Freistaat. Auf der Grundlage einer mittleren Ausschöpfungsquote von rund 12 % konnte so ermittelt werden, dass knapp die Hälfte (47 %) der Unternehmen der Digitalisierung eine hohe Bedeutung und weitere 9 % ihr eine sehr hohe Bedeutung für das eigene Unternehmen zuschreiben.

---

[1] Die Studie wurde in einer Zusammenarbeit des Zentrums für Sozialforschung Halle mit der Friedrich-Schiller-Universität Jena im Auftrag des Thüringer Ministeriums für Arbeit, Soziales, Gesundheit, Frauen und Familie erarbeitet [81].

3 Der digitale Wandel von Arbeit in innovativen Branchen …

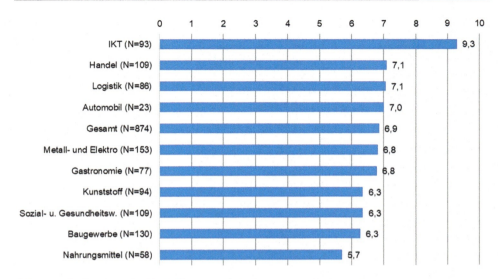

Abb. 3.1 Stellenwert von Digitalisierung (Mittelwert auf Skala von 0–10)

Die Frage nach der Bedeutung von Digitalisierung und Vernetzung für die Entwicklung regionaler Arbeitsmärkte zielt ebenso auf digitale Produktionstechnologien wie auf eine Digitalisierung von Geschäftsprozessen. Unter dem Begriff Digitalisierung werden sowohl technische Assistenzsysteme, Robotik oder 3D-Druck als auch Enterprise-Resource-Planning-Systeme, Cloud-Computing oder Dokumentations- und Archivierungssysteme zusammengefasst. Anknüpfend an diese weite Definition werden digitale Technologien von der Mehrzahl der befragten Thüringer Unternehmen als wichtig für den Unternehmenserfolg eingestuft.

Auf einer Skala von 0 (keine Bedeutung für das Unternehmen) bis 10 (höchste Bedeutung für das Unternehmen) wurde unter allen Antworten ein Mittelwert von 6,9 errechnet (Abb. 3.1).

Dabei misst fast die Hälfte der Unternehmen (47 %) der Digitalisierung und Vernetzung eine hohe Bedeutung (Skalenwerte 7–9) und nahezu jedes zehnte Unternehmen (9 %) die höchste Bedeutung (Skalenwert 10) bei (Tab. 3.1). Für Unternehmen aus dem Bereich Informations- und Kommunikationstechnologie ist der technologische Wandel von herausragendem Stellenwert. Für nahezu zwei Drittel der Betriebe (62 %) innerhalb dieser Schlüsselbranche ist die fortschreitende Digitalisierung von höchster Bedeutung (Skalenwert 10). Eine überdurchschnittliche Relevanz wird digitalen Technologien im Handel und in der Logistikbranche zugesprochen. In beiden Wirtschaftsbereichen sind die Individualisierung der Kundennachfrage sowie der Bedeutungszuwachs von E-Business und Online-Handel zentrale Entwicklungslinien [82]. Die Automobilbranche befindet sich ebenfalls im Umbruch und die fortschreitende Digitalisierung ist neben der Elektromobilität ein zentraler Baustein sich verändernder Rahmenbedingungen [45].

Tab. 3.1 Stellenwert von Digitalisierung nach Wirtschaftsbereichen

Wirtschaftsbereiche	Keine Bedeutung (0)	Niedrige Bedeutung (1–3)	Mittlere Bedeutung (4–6)	Hohe Bedeutung (7–9)	Höchste Bedeutung (10)
IKT (N = 93)	0 %	0 %	9 %	57 %	34 %
Handel (N = 109)	5 %	6 %	32 %	45 %	12 %
Logistik (N = 86)	6 %	2 %	24 %	57 %	10 %
Automobil (N = 23)	0 %	0 %	43 %	52 %	4 %
Metall- u. Elektro (N = 153)	2 %	12 %	31 %	46 %	9 %
Gastronomie (N = 77)	3 %	8 %	30 %	52 %	8 %
Kunststoff (N = 94)	1 %	12 %	36 %	46 %	5 %
Sozial- und Gesundheitswirtschaft (N = 109)	4 %	10 %	37 %	43 %	6 %
Bau (N = 130)	8 %	12 %	30 %	46 %	5 %
Nahrung (N = 58)	7 %	14 %	38 %	38 %	3 %
Gesamt (N = 874)	4 %	9 %	31 %	47 %	9 %

Alle befragten Zulieferunternehmen für diese Branche weisen dem technologischen Wandel[2] daher mindestens eine mittlere Bedeutung (Skalenwerte 4–6) zu.

Ein unterdurchschnittlicher Stellenwert wird der Digitalisierung und Vernetzung vor allem in der Nahrungsmittelindustrie sowie dem Baugewerbe, der Sozial- und Gesundheitswirtschaft und der Kunststoffindustrie zugeordnet. Der Abstand der Nahrungsmittelbranche kann einerseits damit erklärt werden, dass es sich um eine Anwenderindustrie handelt, d. h. um einen Wirtschaftsbereich, der nicht mit seinen Produkten von der Digitalisierung profitiert. In Teilbereichen der heterogenen Branche spielt zudem Handarbeit eine wichtige Rolle (z. B. Konditoreiwaren und Fleischverarbeitung) und Automatisierungsschritte sind schwer zu realisieren [83]. Ähnliches gilt aktuell für die Baubranche, in der Bauunternehmen vor allem auf die Digitalisierung von Planung, Bauausführung und Logistik blicken [84].

Es lässt sich kein statistischer Zusammenhang zwischen dem Stellenwert von Digitalisierung und der Betriebsgröße abbilden. Lediglich bezogen auf die höchste Bedeutungskategorie (Skalenwert 10) ist ein leichtes Übergewicht von Unternehmen mit 50 und mehr Beschäftigten erkennbar (14 % gegenüber 9 % im Durchschnitt). Damit wird deutlich, dass für kleine und mittlere Unternehmen der technologische Wandel einen vergleichbaren Stellenwert wie für größere Unternehmen hat.

---

[2]Aus Gründen der Lesbarkeit wird der Begriff „technologischer Wandel" als Synonym für eine fortschreitende Digitalisierung und Vernetzung verwendet.

Tab. 3.2 Stellenwert von Digitalisierung, nach Qualifikationsstruktur

Quantitativ größte Qualifikationsgruppe im Unternehmen	Keine Bedeutung (0)	Niedrige Bedeutung (1–3)	Mittlere Bedeutung (4–6)	Hohe Bedeutung (7–9)	Höchste Bedeutung (10)
An- u. Ungelernte (N = 144)	11 %	8 %	29 %	44 %	8 %
Facharbeiter (N = 566)	2 %	9 %	33 %	46 %	9 %
Akademiker (N = 70)	3 %	3 %	21 %	59 %	14 %
Gesamt (N = 874)	4 %	9 %	31 %	47 %	9 %

Die größten Unterschiede gibt es mit Blick auf die Qualifikationsstruktur. In akademikergeprägten Unternehmen kommt Digitalisierung und Vernetzung eine deutlich wichtigere Bedeutung zu (Mittelwert 8,2) als in facharbeitergeprägten Unternehmen (Mittelwert 6,8) sowie in Unternehmen mit An- und Ungelernten als größter Beschäftigtengruppe (Mittelwert 6,2) (Tab. 3.2). Dabei gilt, je höher der Anteil an Akademikern, desto wichtiger wird der Stellenwert der fortschreitenden Digitalisierung im Unternehmen bewertet. Ein schwacher Zusammenhang besteht zwischen dem Stellenwert von Digitalisierung und dem erwarteten Personalwachstum. Unternehmen, die innerhalb der nächsten fünf Jahre mit Personalzuwachs rechnen, gewichten Digitalisierung im Durchschnitt höher (Mittelwert 7,4) als Unternehmen, die von konstanten (Mittelwert 6,6) oder rückläufigen (Mittelwert 6,2) Beschäftigtenzahlen ausgehen.

3.1.2 Digitalisierung und Personalbedarf: Ende der Fachkräfteengpässe?

Der skizzierte Zusammenhang zwischen erwartetem Personalwachstum und Digitalisierung ist möglicherweise ein Hinweis darauf, dass digitalisierungsaffine Unternehmen höheren Beschäftigungszuwachs verzeichnen. Wie einleitend beschrieben, ist die akademische Debatte um Digitalisierung und Industrie 4.0 stark von der Angst um Arbeitsplatzverluste geprägt. Bemerkenswert daher, dass unter den befragten Thüringer Betrieben nur ein sehr kleiner Teil des Managements (4 %) von einem negativen Effekt auf den Arbeitskräftebedarf im Unternehmen ausgeht. Hingegen erwartet jeder vierte Interviewpartner (25 %) im Zuge der fortschreitenden Digitalisierung einen Zuwachs an Beschäftigung. Die Mehrzahl der Befragten (70 %) geht allerdings – zumindest mit Blick auf die nächsten fünf Jahre – von keinem Zusammenhang zwischen dem aktuellen Digitalisierungsniveau und dem Bedarf an Arbeitskräften aus (Abb. 3.2). Gemessen an dem hohen Stellenwert der Digitalisierung kann der Einfluss auf die Entwicklung der Arbeitskräftebedarfe innerhalb der nächsten fünf Jahre als eher moderat bezeichnet werden.

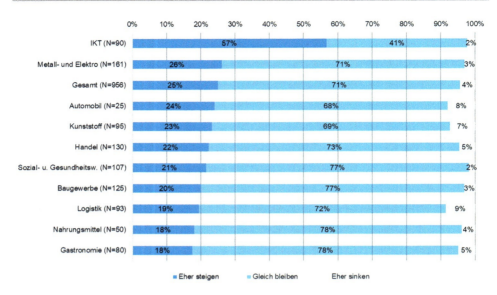

Abb. 3.2 Einfluss der Digitalisierung auf den Arbeitskräftebedarf innerhalb der nächsten fünf Jahre, nach Wirtschaftsbereichen

Wenig überraschend wird eine besonders starke Dynamik in der Informations- und Kommunikationstechnik erwartet. In dieser Schlüsselbranche rechnet mehr als die Hälfte der Unternehmen (57 %) mit Beschäftigungszuwachs. Von sinkenden Arbeitskräftebedarfen im Zuge der Digitalisierung wird am häufigsten in den Wirtschaftsbereichen Logistik (9 %), Automobilindustrie (8 %) und Kunststoff (7 %) ausgegangen. Einerseits profitiert die Logistikbranche aufgrund des wachsenden Onlinehandels stark von der Digitalisierung, andererseits werden Automatisierungslösungen wie Drohnen und selbststeuernde Fahrzeuge erprobt. Die geringsten Veränderungsdynamiken werden in der Gastronomie, der Nahrungsmittelindustrie, dem Baugewerbe und der Sozial- und Gesundheitswirtschaft erwartet, d. h. in Wirtschaftsbereichen, in denen Digitalisierung und Automatisierung eine unterdurchschnittliche Bedeutung zukommt (Abb. 3.2).

Da Digitalisierung in akademikergeprägten Unternehmen besonders verbreitet ist, beeinflusst der technologische Wandel auch den zukünftigen Arbeitskräftebedarf entsprechend stark. Im Vergleich zu facharbeitergeprägten Unternehmen rechnen etwa doppelt so viele Befragte mit einem steigenden Arbeitskräftebedarf (43 % gegenüber 21 %). Dass Unternehmen mit überwiegend An- und Ungelernten ebenfalls häufiger von Beschäftigungszuwachs im Zuge der Digitalisierung ausgehen (30 %), lässt sich als ein Argument für eine zunehmende Polarisierung der Arbeitswelt lesen (Tab. 3.3).

Unter den befragten Unternehmen mit Wachstumsperspektiven (N = 380) gehen 42 % davon aus, dass digitale Technologien einen Beitrag zum erwarteten Beschäftigungszuwachs leisten. Bei den Betrieben, die von sinkenden Beschäftigtenzahlen innerhalb der nächsten fünf Jahre ausgehen (N = 124), vermuten lediglich 11 % der Befragten

3 Der digitale Wandel von Arbeit in innovativen Branchen ...

Tab. 3.3 Einfluss von Digitalisierung auf Arbeitskräftebedarf innerhalb der nächsten fünf Jahre, nach Qualifikationsstruktur

Quantitativ größte Qualifikationsgruppe im Unternehmen	Eher steigen	Eher gleich bleiben	Eher sinken
An- u. Ungelernte (N = 139)	30 %	66 %	4 %
Facharbeiter (N = 616)	21 %	74 %	5 %
Akademiker (N = 103)	43 %	56 %	1 %
Gesamt	25 %	70 %	4 %

einen entsprechenden Zusammenhang mit digitalen Technologien. Bemerkenswert ist, dass zwar nur eine kleine Minderheit der Unternehmensvertreter von rückläufigen Arbeitsplatzeffekten ausgeht, gleichzeitig jedoch die Digitalisierung durchaus als ein strategisches Mittel bewertet wird, um Fachkräfteengpässe zu schließen. Mehr als ein Drittel der Befragten (36 %) stimmt einer entsprechend formulierten Aussage voll und ganz (11 %) oder eher zu (25 %) (Abb. 3.3).

Besonders groß ist die Zustimmung innerhalb der befragten Wirtschaftsbereiche des verarbeitenden Gewerbes. Mit Ausnahme der Nahrungsmittelindustrie bewertet rund die Hälfte der Unternehmen im Automobilbau (56 %), der Metall- und Elektroindustrie (53 %) sowie in der Kunststoffindustrie (50 %) die Digitalisierung als ein strategisches Mittel gegen Fachkräfteengpässe (Abb. 3.3). Innerhalb der Sozial- und Gesundheits-

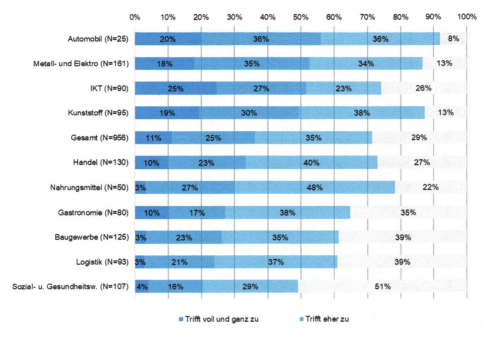

Abb. 3.3 Digitalisierung, ein strategisches Mittel um Fachkräfteengpässe zu schließen?

wirtschaft (20 %), der Logistik (24 %), dem Baugewerbe (26 %) und dem Gastgewerbe (27 %) wird Technik deutlich seltener dafür genutzt, fehlende menschliche Arbeitskraft zu ersetzten. Zwar weisen gerade diese Wirtschaftsbereiche die größten Rekrutierungsprobleme auf, allerdings sind die Substituierungspotenziale digitaler Technologien geringer als im verarbeitenden Gewerbe. Gerade im Bereich von Interaktionsarbeit sind der Automatisierung Grenzen gesetzt. Zwar werden auch hier immer mehr Automatisierungslösungen erprobt, aber viele der Technologien, wie beispielsweise Roboter im Einzelhandel oder Pflegeroboter im Gesundheitswesen, sind nicht als Ersatz für die Arbeit mit Menschen konzipiert.

Neben der Branchenzugehörigkeit spielt die Betriebsgröße eine Rolle bei der Frage, inwieweit digitale Technologien dazu genutzt werden, Rekrutierungsengpässe zu schließen. Unterschiede zeigen sich vor allem mit Blick auf große Unternehmen mit mehr als 50 Beschäftigten. Hier stimmt mehr als die Hälfte der Gesprächspartner (56 %) darin überein, Technologie als ein entsprechendes strategisches Mittel einzusetzen.

3.1.3 Neue Qualifikations- und Ausbildungsbedarfe

Danach befragt, wie sich die Qualifikationsanforderungen im Zuge der Digitalisierung und Vernetzung in ihrem Betrieb in den nächsten fünf Jahren voraussichtlich entwickeln (Abb. 3.4), erwarten 44 % der Unternehmen keine Veränderungen. Ebenso viele Geschäftsführer und Personalverantwortliche (44 %) gehen davon aus, dass der vermehrte Einsatz digitaler Technologien zusätzliche Anforderungen an die Beschäftigten stellt. Dass ein Teil der Beschäftigten mit steigenden und ein anderer Teil mit sinkenden Anforderungen

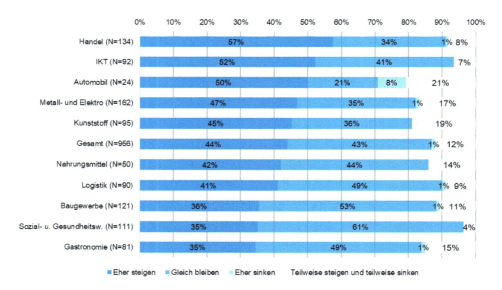

Abb. 3.4 Neue Bedarfe in der Aus- und Weiterbildung durch Digitalisierung

konfrontiert wird, erscheint lediglich jedem achten Befragten (12 %) als wahrscheinlichstes Szenario. Das häufig von Arbeitsmarktforschern diskutierte Risiko einer Polarisierung spielt in der Wahrnehmung vieler Thüringer Unternehmen eine untergeordnete Rolle. Eine Entwertung der Arbeit durch digitale Assistenz und rückläufige Qualifikationsanforderung stellt nur für einen ganz kleinen Teil der Befragten (1 %) ein plausibles Entwicklungsszenario dar.

Überdurchschnittlich häufig rechnen vor allem die digitalisierungsaffinen Wirtschaftsbereiche Handel (57 %), Informations- und Kommunikationstechnik (52 %) und Automobil (50 %) mit steigenden Anforderungen. Innerhalb der Gastronomie wird vergleichsweise selten von positiven Impulsen durch digitale Technologien ausgegangen und zwar sowohl hinsichtlich der Qualifikationsanforderungen (35 %) als auch hinsichtlich des Arbeitskräftebedarfs, wie bereits im vorherigen Abschnitt gezeigt (vgl. Abb. 3.2).

In der Automobilindustrie wird eine besonders große Dynamik erwartet: Lediglich jeder fünfte Befragte (21 %) geht mittelfristig von unveränderten Qualifikationsanforderungen aus. Besonders selten werden dagegen qualifikatorische Veränderungen aufgrund der Digitalisierung innerhalb der Sozial- und Gesundheitswirtschaft (61 %) erwartet.

Eine Gleichzeitigkeit von steigenden und sinkenden Anforderungen wird vor allem in den Wirtschaftsbereichen Automobil (21 %) und Kunststoff (19 %) als Zukunftsperspektive benannt. Solche, auch widersprüchlich zu interpretierenden Entwicklungen finden sich viel seltener in der Sozial- und Gesundheitswirtschaft (4 %), in der Informations- und Kommunikationstechnik (7 %) und im Handel (8 %).

Eine weitere differenzierende Auswertung (hier ohne tabellarische oder grafische Darstellung) beleuchtet den Zusammenhang zwischen erwarteter Qualifikationsentwicklung und der dominierenden Qualifikationsstruktur: Je höher die Bedeutung von Digitalisierung für den Unternehmenserfolg ist, desto häufiger wird der Einfluss digitaler Technologien auf die zukünftige Qualifikationsentwicklung vermutet. Aufwertungsprozesse finden etwas häufiger in akademiker- (52 %), als in facharbeitergeprägten Unternehmen (45 %) statt. In Betrieben, in denen An- und Ungelernte die größte Beschäftigtengruppe sind, wird eine generelle Aufwertungsperspektive seltener (35 %) benannt. Stattdessen rechnen die Befragten überdurchschnittlich häufig (15 %) mit Polarisierungstendenzen. Keine statistischen Zusammenhänge für die erwartete Qualifikationsentwicklung zeigen sich mit Blick auf die Betriebsgröße oder die Wachstumsaussichten der befragten Unternehmen.

Insgesamt geht also fast die Hälfte der befragten Unternehmen (44 %) im Zuge der fortschreitenden Digitalisierung von eher steigenden Qualifikationsbedarfen aus. Weitere 12 % rechnen zumindest in Teilbereichen mit veränderten Anforderungsprofilen. Folgerichtig ist mehr als die Hälfte der Geschäftsführer und Personalverantwortlichen (55 %) davon überzeugt, dass die Digitalisierung zu neuen Bedarfen in der Aus- und Weiterbildung führt (Abb. 3.4).

Die Branchenunterschiede sind vergleichbar mit dem in Abb. 3.5 dargestellten Einfluss der Digitalisierung auf Qualifikationsbedarfe. Mit Blick auf Digitalisierung werden neue Bedarfe in der Aus- und Weiterbildung am häufigsten in der Automobilindustrie (68 %), dem Handel (67 %) und der IKT-Branche (66 %) benannt. Vergleichsweise selten spielen

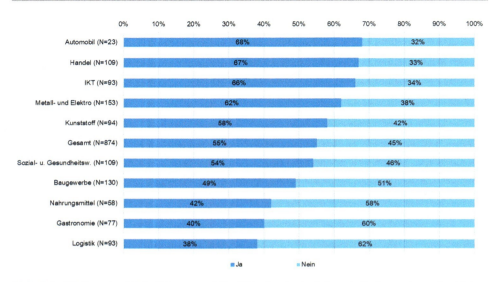

Abb. 3.5 Einfluss der Digitalisierung auf Qualifikationsbedarfe innerhalb der nächsten fünf Jahre

neue Bedarfe im Bereich der Nahrungsmittelindustrie (42 %), der Gastronomie (40 %) und der Logistik (38 %) eine Rolle.

Die Nachfrage, um welche Aus- und Weiterbildungsinhalte es sich ganz konkret handelt, erzeugt hunderte Einzelnennungen, die nachträglich in 3 Ober- und 23 Unterkategorien zusammengefasst wurden. Ganz allgemein lässt sich hierbei zwischen grundlegenden Fähigkeiten (71 %) sowie der Angabe von spezifischen Bedarfen (41 %) und weiteren Anforderungen (9 %) unterscheiden (Tab. 3.4). Die mit großem Abstand häufigsten Nennungen thematisieren den Umgang mit moderner IT-Technik und Standardsoftware. Unter den Befragten, die von der Notwendigkeit neuer Aus- und Weiterbildungsinhalte überzeugt sind, sieht etwas mehr als die Hälfte (56 %) einen Nachholbedarf bei IT-Grundkenntnissen, wie beispielsweise der Umgang mit Betriebssystemen oder Office-Programmen. In der Regel werden die Grundkenntnisse allerdings nicht näher spezifiziert, sondern zum Beispiel als „Umgang mit digitalen Medien" oder „Umgang mit neuer Software" umschrieben. Eine formale IT-Berufsqualifikation (6 %) oder komplexere Prozesskenntnisse, Systemverständnis und eine generelle IT-Affinität (5 %) werden vergleichbar selten als Anforderung benannt.

Die Nennungen verdeutlichen die branchenübergreifend wachsende Bedeutung der Digitalisierung. Es gibt einen generellen Nachholbedarf an Grundkenntnissen und an Methodenkompetenzen im Umgang mit digitalen Medien. Manche Gesprächspartner verweisen in diesem Zusammenhang auf die Geschwindigkeit oder die Zukunftsoffenheit des Wandels und wünschen sich Mitarbeiter, die offen für Neues und entwicklungsfähig sind. Darüber hinaus werden auch zahlreiche spezifische Anforderungen genannt. Die häufigsten Nennungen betreffen Buchhaltungs-, Planungs- und Logistiksoftware (5 %), Kenntnisse über bestimmte Fertigungsprozesse und -mittel (inkl. Werkzeuge)

Tab. 3.4 Neue Bedarfe in der Aus- und Weiterbildung durch Digitalisierung (N = 580, Mehrfachnennung möglich, Angaben nachträglich kategorisiert)

	Häufigkeit	Prozent
Kategorie 1: Grundlegende Bedarfe und Fähigkeiten	**411**	**71 %**
Umgang mit moderner IT-Technik und Standardsoftware	326	56 %
Formale IT-Berufsqualifikation	32	6 %
Systemverständnis, Prozesswissen, IT-Lernbereitschaft u. Affinität	30	5 %
Zusatzkenntnisse und –fähigkeiten (Softskills, Sprachkenntnisse u. a.)	23	4 %
Kategorie 2: Spezifische Kompetenzen	**246**	**41 %**
Buchhaltungs-, Planungs- und Logistiksoftware	31	5 %
Fertigungsprozesse und -mittel (inkl. Werkzeuge)	26	4 %
Gestaltungssoftware (Medien, Modelle, Inhalte)	22	4 %
Datenbank- und Dokumentationssysteme	22	4 %
Webprogrammierung und Online-Shopsysteme	19	3 %
Kundenmanagementsoftware öffentl. Plattformen (inkl. sozialen Medien)	19	3 %
Robotik sowie Steuerungs- u. Automatisierungstechnik	15	3 %
Programmierfähigkeiten und -kenntnisse	14	2 %
Maschinensteuerungskenntnisse	14	2 %
Fernwartungssysteme und vernetzte Systeme	12	2 %
Automobil-IT und -elektronik	11	2 %
IT-Sicherheitssysteme	9	2 %
Diagnose und Messsysteme	9	2 %
Systemische Unternehmenslösungen (übergreifend)	7	1 %
System- und Netzwerkadministration	6	1 %
Netzwerktechnik	6	1 %
Finanztechnik und -software	4	1 %
Kategorie 3: Weitere Anforderungen an Beschäftigte und Organisation	**50**	**9 %**
Kenntnisse gesetzlicher Regelungen (v. a. Datenschutz)	35	6 %
Optimierung von Schulungsstrategien (z. B. für ältere Mitarbeiter)	15	3 %

(4 %), über Gestaltungssoftware (Medien, Modelle, Inhalte) (4 %) sowie über Datenbank- und Dokumentationssysteme (4 %). Weitere Anforderungen zielen auf Kenntnisse gesetzlicher Regelungen, darunter vor allem Wissen über Datenschutz (6 %). Ein kleiner Teil der Befragten (3 %) weist zudem auf die Notwendigkeit hin, Qualifizierungsmodule und Schulungsstrategien auf bestimmte Beschäftigtengruppen abzustimmen. Beispielhaft werden ältere Mitarbeiter, Mitarbeiter im Bereich der Produktion sowie Mitarbeiter in technikfernen Branchen, wie dem Pflegesektor, benannt.

3.1.4 Fazit: Wer gewinnt und wer verliert in der Konkurrenz um IT-Kompetenz?

Anhand der Geschäftsführerbefragung in den wichtigsten Thüringer Wirtschaftszweigen kann die Bedeutung der fortschreitenden Digitalisierung für den Arbeitsmarkt präziser als bisher abgebildet werden. Je nach Blickwinkel lassen sich unterschiedliche Tendenzen bilanzieren: Deutlich wird, dass es sich um eine pfadabhängige Entwicklung handelt und innerhalb der nächsten Jahre keine massiven technologischen Umbrüche, durchaus aber zahlreiche Veränderungen zu erwarten sind. Fokussiert man auf den aktuellen Entwicklungsstand, so zeigen sich erhebliche branchenspezifische Unterschiede. Innerhalb der Informations- und Kommunikationstechnik-Branche, der optischen Industrie, dem Handel, der Automobilzulieferindustrie und der Logistikbranche entfaltet Digitalisierung deutlich größere Veränderungsdynamiken als innerhalb der Nahrungsmittelindustrie, dem Baugewerbe, der Gastronomie oder der Sozial- und Gesundheitswirtschaft. Diese Veränderungen müssen sich nicht unbedingt auf die Anwendung neuer Produktionstechnologien beziehen (wie das folgende Beispiel der optischen Industrie zeigt, vgl. Abschn. 3.2). Viele Betriebe profitieren als Ausrüster von der fortschreitenden technologischen Entwicklung. Dies gilt auch für den Wirtschaftsbereich Information und Kommunikation, der eine Schlüsselbranche für Digitalisierung ist.

Mit Blick auf die Potenziale der Informations- und Automatisierungstechnik wie sie unter den Schlagworten Industrie 4.0 oder Arbeit 4.0 diskutiert werden, steht Thüringen in vielen Branchen noch am Anfang. Gleichzeitig gilt aber auch, dass Digitalisierung aus dem Alltag vieler Unternehmen nicht mehr wegzudenken ist. Dies betrifft vor allem eine Digitalisierung von Geschäftsprozessen im Sinne einer zunehmenden Vernetzung von Bereichen, der Etablierung neuer Schnittstellen zu Kunden oder Lieferanten oder auch der Nutzung von Enterprise-Resource-Planning-Systemen.

Die wachsende Bedeutung spiegelt sich unter anderen bei der Frage nach einer Veränderung von Qualifikationsanforderungen wider. Mehr als die Hälfte aller Personalverantwortlichen erwartet im Zuge der Digitalisierung steigende Anforderungen und neue Bedarfe in der Aus- und Weiterbildung. Diese beziehen sich vor allem auf IT-Grundkenntnisse und generelle Fähigkeiten im Umgang mit digitalen Medien. Im Fokus vieler Nennungen steht der flexible, lern- und anpassungsfähige Mitarbeiter. Das Erlernen spezifischer Maschinensoftware und digitaler Fertigungsprozesse wird auch im Bereich des verarbeitenden Gewerbes eher selten als Anforderung benannt.

Das Potenzial, zukünftig nicht nur körperliche, sondern zunehmend auch geistige Tätigkeiten durch Technik zu ersetzen, spiegelt sich hingegen nicht in der Erwartungshaltung der befragten Personalverantwortlichen und Geschäftsführer wider. Die Mehrzahl der Unternehmen rechnet innerhalb der nächsten fünf Jahre mit keinem relevanten Einfluss der Digitalisierung auf die Beschäftigungsentwicklung. Von umfassenden Automatisierungsszenarien und einer rückläufigen Anzahl an Beschäftigten ist generell eher in Ausnahmefällen die Rede. Wenn überhaupt, dann ist ein solches Szenario vor allem im Bereich der Logistikunternehmen, der Automobilzuliefererindustrie und der Kunststoffindustrie präsent. Die mittelfristig eher moderate Wirkung des technologischen Wandels auf die Anzahl an Arbeitsplätzen ist ein Indiz für ungenutzte Potenziale, die auf verschiedene Hemmfaktoren zurückgeführt werden können.

Digitalisierungsstrategien benötigen digitalaffine Mitarbeiter. Dass diese teilweise fehlen, zeigt der Blick auf die Aus- und Weiterbildungsbedarfe, bei denen vor allem IT-Grundkenntnisse wie der Umgang mit Betriebssystemen und Office-Programmen genannt werden. Gleichzeitig nimmt ein großer Teil der Geschäftsführer und Personalverantwortlichen – gerade in den digitalisierungsaffinen Branchen – digitale Technologien als eine Strategie wahr, um bestehende Fachkräfteengpässe zu schließen. Im verarbeitenden Gewerbe sind die wachsenden Rekrutierungsschwierigkeiten besonders hoch, sodass hier stark auf das Substituierungspotenzial digitaler Technologien gesetzt wird. Dass die Unternehmen in der Gesamtbilanz eher von steigenden als von rückläufigen Beschäftigtenzahlen ausgehen, hat mit neu entstehenden Beschäftigungsmöglichkeiten, aber auch mit den guten wirtschaftlichen Perspektiven der Betriebe zu tun.

Viele der befragten Personalverantwortlichen sind optimistisch und gehen von wachsenden Beschäftigungszahlen und steigenden Qualifikationsanforderungen aus. In der Tat wird die Digitalisierung vor allem von erfolgreichen Unternehmen auf Wachstumskurs vorangetrieben. Die Personalverantwortlichen nehmen zwar Einsparpotenziale wahr, gehen aber davon aus, dass der bisherige Personalwachstumskurs beibehalten werden kann. Inwieweit diese Erwartung realistisch ist und ob die Anzahl an neuen Jobs der Anzahl an durch zukünftige Automatisierungslösungen eingesparte Arbeitsplätze annähernd entsprechen wird, lässt sich nur schwer prognostizieren.

Generell ist aber zu erwarten, dass Digitalisierungsgewinner auch Digitalisierungsverlierer auf den Plan rufen. Wenn die Beschäftigungszahlen in digitalisierungsaversen Betrieben sinken, weil diese Marktanteile an digitalisierungsaffine Betriebe verlieren, so fällt der Gesamtbeschäftigungseffekt trotz optimistischer Prognosen möglicherweise negativ aus. Aktuell können angesichts dieser – am Bundesland Thüringen prototypisch diskutierten – ambivalenten Arbeitsmarktlage weder Alarmismus noch übermäßiger Optimismus ein guter Ratgeber für die Abschätzung der Digitalisierungsfolgen sein. Klar ist lediglich, dass digitalisierungsaffine Unternehmen mit den neuen Technologien sowohl einen Qualifizierungsbedarf formulieren als auch eine Lösung von Personalengpässen avisieren. Obwohl bereits überdurchschnittlich von Akademikern und Fachkräften geprägt, sehen diese Unternehmen Weiterbildung und die Entwicklung von Personalgewinnungsstrategien als wichtige Handlungsfelder an. Digitalisierungsaverse Unternehmen vernachlässigen diese Strategien häufiger oder messen ihnen keine zentrale Bedeutung zu. Aufgrund des starken Zusammenhangs zwischen der Bewältigung des technologischen Wandels und hohen Qualifikationen wächst hier das Risiko für Wettbewerbsnachteile, Arbeitsplatzverluste und qualifikatorische Entwertung.

3.2 Steigende Qualifikationsanforderungen bei begrenzter Digitalisierung in der optischen Industrie

Thomas Engel, Martin Ehrlich

Die bisher dargestellten. branchenübergreifenden Erkenntnisse werden im Folgenden mit Fokus auf die Pionierbranche Optik bzw. Photonik vertieft. Hier wurden – unabhängig von den Kurzinterviews – ausführlichere Gespräche mit Geschäftsführern und Personalverantwortlichen der Branche in Thüringen durchgeführt. Ein Großteil der Erhebung wurde als durchschnittlich 30-minütige CATI-Interviews mit 122 Unternehmen realisiert [85]. Ergänzend fanden sechs Interviews, teilweise als Gruppengespräche und Besichtigungen vor Ort in den Unternehmen statt, die entsprechend ausführlicher ausfielen [81].

3.2.1 Akademisch geprägte Branchen- und Qualifikationsstruktur

Bei der Thüringer Optikbranche handelt es sich um 187 Unternehmen mit rund 15.800 Beschäftigten (vgl. Tab. 3.5). Darunter befinden sich klassische Optikhersteller, Unternehmen der Bildverarbeitung, Mess- und Sensortechnik, Firmen aus den Bereichen der Lasertechnik und Lasermaterialbearbeitung, Anbieter und Hersteller von optoelektronischen Bauelementen und Systemen, Produzenten von Beleuchtungstechnik oder Unternehmen aus dem Bereich Medizintechnik und Lebenswissenschaften, deren Produkte auf photonischen Lösungen basieren.

Die Photonik ist eine Querschnittstechnologie, die mit ihren Produkten viele andere Hightech-Branchen adressiert und ein „Problemlöser" für nahezu alle Wirtschaftsbereiche mit Wachstumsaussichten ist [85].

Tab. 3.5 Übersicht Branchendaten optische Industrie Thüringen

Unternehmen	187
Umsatz (gerundet)	3,1 Mrd. EUR
Umsatzanteile für Forschung und Entwicklung	11,8 %
Exportanteile am Umsatz	66 %
Beschäftigte in der Industrie	15.800
Beschäftigte in Forschungseinrichtungen	1300
Durchschnittliche Betriebsgröße	80 Mitarbeiter
Ausbildungsquote	3,5 %
Personalprognose 2020	+2,5 % p.a

Quelle: OptoNet, 2017 [85]

Die Branche ist stark durch kleine und mittlere Unternehmen geprägt. Nur 15 der 175 Unternehmen haben mehr als 250 Beschäftigte. Die optische Industrie kann seit 2001[3] fast durchgängig Umsatz- und Personalzuwachs verzeichnen. Das aktuelle Geschäftsklima ist sehr gut, was sich unter anderem in prognostiziertem Personalzuwachs von 2,5 % pro Jahr in Perspektive 2020 widerspiegelt. Zudem zeichnet sich die Branche durch eine hohe Forschungsintensität aus, rund 12 % des Umsatzes fließen in Forschung und Entwicklung. Die fast ausschließlich im Hightech-Bereich anzusiedelnden Unternehmen beschäftigen überwiegend qualifiziertes Personal. Die Hälfte der Mitarbeiter sind Facharbeiter, weitere 40 % haben einen Hochschulabschluss. Un- und Angelernte spielen in den Belegschaften und für die Personalrekrutierung kaum eine Rolle.

Mit einem Exportanteil von durchschnittlich 66 % hebt sich die optische Industrie deutlich von anderen Branchen des verarbeitenden Gewerbes in Thüringen ab. Gleichzeitig gibt es stabile Binnenmarktbeziehungen, die sich durch ein hohes Kooperationsniveau und einen hohen Grad an Vernetzung auszeichnen. Es handelt sich um ein gewachsenes Cluster mit zum Teil mehrere Jahrzehnte zurückreichenden Wurzeln.

3.2.2 Begrenzte Reichweite der Digitalisierung

Ähnlich wie die Informations- und Kommunikationstechnik gilt die optische Industrie als eine Schlüsselbranche der Digitalisierung. Als Zulieferer für andere Hightech-Branchen treibt die Photonik die Digitalisierung voran, unter anderen in den Bereichen Medizin und Life Science und Automobilbau. In der Anfang 2017 durchgeführten Geschäftsführerbefragung geben 55 % der Gesprächspartner an, dass viele Produkte im Unternehmen zur Digitalisierung und Vernetzung der Arbeitswelt beitragen. Vor allem Unternehmen aus den Bereichen Sensorik und Messtechnik agieren als Ausrüster von digitalen Produktionstechnologien und sogenannten Industrie 4.0-Lösungen. In zwei Drittel der Unternehmen (69 %) werden Investitionen in neue Technologien häufig durch Kunden oder Zulieferer angestoßen (vgl. Tab. 3.6).

Drei Viertel der Branchenvertreter (75 %) geben an, dass Digitalisierung ein Teil der strategischen Planung im Unternehmen ist. Dabei profitiert die Branche von der hohen Qualifikationsstruktur der Belegschaften ebenso wie von der Technikaffinität des Personals, zumindest äußern die meisten Geschäftsführungen (89 %) keine Skepsis gegenüber neuer Technik. Die große Bedeutung der Digitalisierung erstreckt sich allerdings nicht zwangsläufig auf den Produktionsprozess. Das Sammeln und Auswerten von Daten spielt beispielsweise in 37 % der produzierenden Optikunternehmen (eher) keine Rolle. Nicht wenige Geschäftsmodelle basieren auf Handarbeit

---

[3]2001 fand erstmals eine Branchenbefragung durch das Institut für Soziologie an der Friedrich-Schiller-Universität Jena, beauftragt vom Technologienetzwerk OptoNet Thüringen e. V., statt. Seitdem wird die Datenbasis etwa alle zwei Jahre erneuert.

Tab. 3.6 Bewertung der Digitalisierung in der optischen Industrie

	Trifft zu	Trifft eher zu	Trifft eher nicht zu	Trifft gar nicht zu
Digitalisierung und Vernetzung sind Teil der strategischen Planung im Unternehmen	53 %	22 %	19 %	6 %
Viele unserer Produkte tragen zur Digitalisierung und Vernetzung der Arbeitswelt bei	34 %	21 %	22 %	22 %
Investitionen in neue Technologien werden häufig durch Kunden oder Zulieferer angestoßen	38 %	31 %	22 %	9 %
Die Belegschaft steht der Einführung neuer Technik häufig skeptisch gegenüber	2 %	8 %	32 %	57 %
Das Sammeln und Auswerten von digitalen Daten im Produktionsprozess spielt eine große Rolle im Unternehmen	27 %	36 %	18 %	19 %

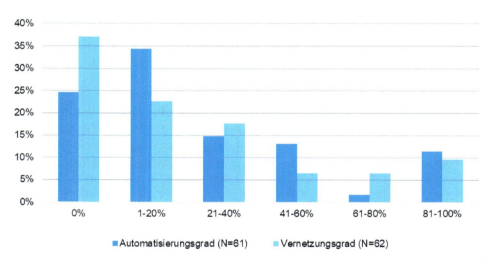

Abb. 3.6 Automatisierungs- und Vernetzungsgrad in der optischen Industrie

und mechanischen Anlagen. In jedem vierten produzierenden Optikunternehmen gibt es keine automatisierten Fertigungsschritte und in etwa jedem Dritten (34 %) ist der Automatisierungsgrad[4] wie Abb. 3.6 zu entnehmen ist, niedrig (1–20 %). Ähnliches gilt für den Vernetzungsgrad[5]. In 37 % der untersuchten Betriebe gibt es keine miteinander

---

[4]Definiert als das Verhältnis der Anzahl an automatisierten Fertigungsschritten zu der Gesamtzahl der Fertigungsschritte.

[5]Definiert als Anteil der Anlagen und Maschinen, die untereinander vernetzt sind.

vernetzten Anlagen und Maschinen und bei 23 % der Unternehmen ist der Vernetzungsgrad eher gering (unter 20 %).

Nahezu drei Viertel der Optikunternehmen (72 %) messen Forschung und Entwicklung eine sehr große Bedeutung zu. Gegenüber 2015 sind die Ausgaben für Forschung und Entwicklung innerhalb der Branche von 10 % auf 12 % angewachsen, wobei die Mehrheit der Unternehmen in neue Maschinen und Anlagen, in Mess-, Prüf- und Labortechnik oder die Entwicklung eigener Softwareprodukte investierte. Digitale Produktionstechnologien und die Vernetzung von Fertigungsprozessen spielen eine zunehmend wichtige Rolle, allerdings trifft dies nur auf wenige, eher größere Unternehmen zu. Die im Kontext von Industrie 4.0-Kampagnen propagierten Cyber-Physischen Systeme oder smarten Fabriken sucht man auch in der Hochtechnologiebranche Photonik vergebens. RFID-Chips (oder eine vergleichbare Technik) werden lediglich in 14 % der Unternehmen eingesetzt (vgl. Tab. 3.7). Weitere 10 % planen eine entsprechende Einführung innerhalb der nächsten zwei Jahre. Technische Assistenzsysteme kommen in 41 % der befragten Betriebe zum Einsatz, darunter vor allem Robotik (17 %) und Fernwartungssysteme (15 %).

Aus Sicht des Branchenverbandes wird Automatisierung in der entwicklungsorientierten und auf Nischen ausgerichteten Branche auch zukünftig an Grenzen stoßen. Die wachsende Bedeutung der Digitalisierung zeigt sich vor allem mit Blick auf eine Optimierung von Geschäftsprozessen. Nahezu zwei Drittel der optischen Unternehmen (63 %) nutzen softwarebasierte Planungssysteme und weitere 11 % planen eine Einführung innerhalb der nächsten zwei Jahre. Eine hohe Dynamik ist zudem bei der Etablierung neuer Plattformen und Schnittstellen zu Kunden beobachten. Insgesamt verweisen 42 % der befragten optischen Unternehmen auf entsprechende Aktivitäten innerhalb der vergangenen fünf Jahre.

Alles in allem ergibt sich mit Blick auf Stand und Reichweite der Digitalisierung das Bild einer pfadabhängigen Entwicklung, die sich in moderatem Tempo vollzieht. Befragt nach den wichtigsten Anpassungen oder Erneuerungen von Anlagen, Maschinen,

Tab. 3.7 Verbreitungsgrad digitaler Technologien in der optischen Industrie

Gibt es im Unternehmen…?	Ja	Nein, aber in den nächsten zwei Jahren	Nein
Softwarebasiertes Planungssystem (N = 84)	63 %	11 %	26 %
Neue Plattformen/Schnittstellen zu Kunden* (n = 84)	42 %	4 %	55 %
Technische Assistenzsysteme** (N = 71)	41 %	3 %	56 %
RFID-Chips oder vergleichbare Technik (N = 71)	14 %	10 %	76 %

*Innerhalb der letzten fünf Jahre eingeführt, darunter: Fernwartungs-/Diagnose-/Steuerungsdienste (11 %), Rechnungslegung/Buchhaltungsschnittstellen (8 %), Anwendungs-/Produktionssystem (inkl. CAD/CAM) (7 %), Informations-/Warenwirtschaftssystem (7 %), Bestell-/Bieter-/Vergabeplattform (6 %)
**Darunter: Robotik (17 %), Fernwartung (15 %), Visualisierungssysteme (7 %), Fernsteuerung (4 %)

Tab. 3.8 Einfluss von Technik auf Beschäftigungszahlen

Aufgrund der Einführung von neuer Technik in den letzten fünf Jahren gibt es im Unternehmen…? (n = 76)	Anteil
… mehr Beschäftigte	33 %
… keine Auswirkungen auf die Beschäftigtenzahl	64 %
… weniger Beschäftigte	3 %

Produktions- oder Verwaltungsprozessen in den letzten fünf Jahren, beziehen sich 28 % aller Nennungen auf den Maschinenpark und die Produktionsstrecke und weitere 21 % auf Sensorik und Messsysteme. Etwa ein Fünftel der Befragten nahm Investitionen in Anwendungs-, Portal- oder Systemsoftware (21 %) vor. Ebenso viele setzten auf Steuerungs- und Enterprise-Resource-Planning-Systeme (20 %). Eher selten wurde in neueste Bearbeitungs- oder Fertigungstechnologien, wie zum Beispiel 3D-Druck (11 %), investiert. Auch die Anschaffung oder Pflege der IT-Infrastruktur stand keineswegs im Vordergrund. Lediglich 8 % erwähnten die Erneuerung von Arbeitscomputern, Workstations oder Servern. Für nur 7 % stand der Netzwerkausbau im Vordergrund.

3.2.3 Intensivierte Digitalisierung bei wachsender Personalprognose

Nahezu zwei Drittel des befragten Managements (64 %) gehen davon aus, dass die technologische Entwicklung in den letzten fünf Jahren – definiert als Anpassung oder Erneuerung von Anlagen, Maschinen, Produktions- oder Verwaltungsprozessen – keinen nennenswerten Einfluss auf die Beschäftigungsentwicklung im Unternehmen hatte (vgl. Tab. 3.8). Jeder dritte Gesprächspartner (33 %) sieht einen positiven Zusammenhang, geht also von steigenden Beschäftigtenzahlen im Zuge des technologischen Wandels aus. Eine Ersetzung von Beschäftigten durch Technik wird hingegen nur in Einzelfällen (3 %) als Entwicklungstrend der letzten Jahre benannt.

Um den Zusammenhang zwischen Personalentwicklung und Digitalisierung näher in den Blick zu nehmen, ist es hilfreich, zwischen einer Ausrüster- und einer Anwenderperspektive zu unterscheiden. Als *Ausrüster* bezeichnen wir Unternehmen, deren Produkte und Dienstleistungen nach eigenem Bekunden zur Digitalisierung und Vernetzung der Arbeitswelt beitragen, was auf 55 % der Fälle zutrifft. Als *Anwender* definieren wir Unternehmen, die mindestens einen von vier digitalen Anwendungsbereichen[6] nutzen,

---

[6] Bei den vier Teilbereichen handelt es sich um: RFID-Chips oder vergleichbare Datenerfassungssysteme (1), das Sammeln und Auswerten von digitalen Produktionsdaten (2), softwarebasierte Planungssysteme wie z. B. SAP o. ä. (3) sowie technische Assistenzsysteme wie z. B. Robotik oder Fernwartungssysteme (4).

Tab. 3.9 Verbreitungsgrad digitaler Technologien in der optischen Industrie

	Digitalisierungstyp		
	Ausrüster und Anwender	Ausrüster oder Anwender****	Weder Ausrüster noch Anwender
Anteil der Unternehmen in der Branche	50 %	39 %	11 %
Davon mit Umsatzplus*	71 %	56 %	50 %
Davon mit Personalplus**	63 %	54 %	25 %
Davon mit positiver Personalprognose***	72 %	68 %	50 %

*Entwicklung gegenüber Befragungsvorjahr 2015, gezählt werden Steigerungsraten ab 2 %
**Entwicklung in den letzten zwei Jahren, gezählt werden Steigerungsraten ab 2 %
***Entwicklung des Personalstands in den kommenden zwei Jahren, abgeschätzt
****Aufgrund der geringen Fallzahl an Betrieben die Ausrüster, aber keine Anwender sind, wurde die Kategorie „Ausrüster oder Anwender" gebildet

was auf 85 % der Betriebe zutrifft. Unter Verwendung dieser Heuristik kann die Hälfte der befragten Unternehmen (50 %) dem Digitalisierungstyp „Ausrüster und Anwender" zugeordnet werden, darunter vor allem Messtechnik- und Sensorikhersteller. Vier Prozent der Betriebe sind Ausrüster, aber keine Anwender und 35 % lassen sich als Anwender, aber nicht als Ausrüster klassifizieren. In etwa jedem zehnten befragten Unternehmen (11 %) spielt die Digitalisierung sowohl mit Blick auf eigene Produkte und Dienstleistungen als auch auf Vernetzungsaspekte und Prozesse keine oder kaum eine Rolle.

Wie in Tab. 3.9 dargestellt, ist innerhalb der Gruppe der Ausrüster und Anwender der Anteil an Unternehmen mit Umsatz- und Personalzuwächsen am höchsten. In der Bilanz festigt sich der Eindruck, dass Automatisierungslösungen in der optischen Industrie bislang keine wichtige Rolle spielen. Der positive Zusammenhang zwischen technologischem Wandel und Personalzuwächsen kann vor allem darauf zurückgeführt werden, dass viele Produkte und Dienstleistungen der Branche zur Digitalisierung und Vernetzung der Arbeitswelt beitragen.

3.2.4 Steigende Qualifikationsanforderungen

Für die Mehrzahl der optischen Unternehmen (58 %) geht die technologische Entwicklung in den letzten fünf Jahren mit steigenden Qualifikationsanforderungen einher (vgl. Tab. 3.10). Etwas mehr als ein Drittel (35 %) der Geschäftsführer geht von gleichbleibenden Bedarfen aus und nur eine kleine Minderheit (6 %) nimmt einen Polarisierungstrend, d. h. sowohl steigende als auch sinkende Anforderungen wahr. Für keinen der Befragten waren in den letzten fünf Jahren Abwertungstendenzen erkennbar.

Die Arbeitsinhalte werden durch die fortschreitende Digitalisierung also tendenziell komplexer. Dabei nimmt vor allem die Bedeutung von Wissensarbeit, der „geistige Bereich", wie es ein Gesprächspartner ausdrückt, zu. Unabhängig vom

Tab. 3.10 Einfluss von Technik auf Qualifikationsanforderungen

Aufgrund der Einführung von neuer Technik in den letzten fünf Jahren sind die Qualifikationsanforderungen im Unternehmen…? (n = 76)	Anteil
… überwiegend gestiegen	58 %
… gleichgeblieben	35 %
… überwiegend gesunken	0 %
… teils gestiegen, teils zurückgegangen	6 %

Automatisierungsgrad gewinnen abstrakte Fähigkeiten, wie der Umgang mit komplexen Prozessen, Kreativität und Problemlösungskompetenzen sowie ganzheitliches und vernetztes Denken an Stellenwert. Vielen Beschäftigten werden eine erhöhte Flexibilität und die Bereitschaft abverlangt, sich kontinuierlich an die neuen Anforderungen anzupassen. Am häufigsten benennen die befragten Geschäftsführer einen wachsenden Bedarf an IT-Kenntnissen und auch der Umgang mit großen Datenmengen wird in diesem Zusammenhang oft genannt (vgl. Tab. 3.11).

Das sich verändernde Anforderungsprofil der Unternehmen führt zu einem wachsenden Wettbewerb um bestimmte Berufsgruppen. Besonders groß ist die Konkurrenz bei Fachinformatikern und IT-Kaufleuten. Rund drei Viertel der Interviewpartner (74 %) schätzen mit Blick auf ihr Unternehmen das Angebot in diesen Berufsgruppen als eher schlecht (49 %) oder sogar als sehr schlecht (25 %) ein [86]. Generell wird die Fachkräftesituation in der Branche als problematisch bewertet. Deutliche Engpässe sehen viele Unternehmen auch bei der Rekrutierung von Facharbeitern (63 %), Meistern und Technikern (57 %) sowie Ingenieuren, Physikern und sonstigen

Tab. 3.11 Anforderungen an Beschäftigte im Zuge der Digitalisierung

Konkret bezogen auf die fortschreitende Digitalisierung und Vernetzung: Welche Anforderungen werden vermehrt an die Beschäftigten im Unternehmen gestellt? (N = 64, Mehrfachnennungen möglich)	Anteil
IT-Kenntnisse	59 %
Ständige Weiterbildung/lebenslanges Lernen	45 %
Umgang mit komplexen Prozessen	33 %
Umgang mit großen Datenmengen	30 %
Kommunikation und Zusammenarbeit	27 %
Fähigkeit zur Selbstorganisation	23 %
Kreativität	22 %
Problemlösungskompetenzen	20 %
Ganzheitliches und vernetztes Denken	20 %
Höhere Qualifikationsabschlüsse	16 %
Fremdsprachenkenntnisse	6 %

Akademikern (46 %). Eine politische Flankierung von Digitalisierungsstrategien muss aus Sicht vieler Gesprächspartner daher auf eine Verbesserung der Rekrutierungsbedingungen zielen. Dazu gehört auch die Reduzierung von Defizite der städtischen Wohnungsmärkte, der Verkehrsanbindung und teilweise auch der Lebenshaltungskosten.

3.2.5 Fazit: Hohe Anforderungen an traditionelle Wissensbasis plus digitale Kompetenzen

Zusammenfassend erweist sich die Optik- bzw. Photonikbranche mit ihrem Fokus auf eine Querschnittstechnologie zur Verarbeitung von Licht als Problemlöser für viele Wirtschaftsbereiche. Gerade wachsende Hightech-Branchen profitieren von der Optik als Ausrüster (z. B. für Beschichtung, Mikro- und Nanostrukturen usw.) sowie von ihren Erfahrungen mit der Anwendung digitaler Technologien. Die von kleinen und mittleren Unternehmen geprägte Branche verzeichnet deshalb seit vielen Jahren Umsatz- und Personalzuwächse, was Investitionen in die Digitalisierung begünstigt. Dadurch wird zugleich der Eindruck vermittelt, dass wirtschaftlicher Erfolg eine wesentliche Voraussetzung für die Digitalisierung ist, die wiederum weitere Wachstumseffekte auslösen kann. Die Personalbedarfsprognose ist aber (aufgrund verschiedener Abhängigkeiten von der Konjunktur-, Regional- und Exportentwicklung) weniger verlässlich als die qualitativen Erkenntnisse zum Wandel des Qualifikationsbedarfes. Veränderte, insbesondere steigende Anforderungen für das überwiegend akademisch geprägte Personal ergeben sich demnach vor allem für IT-Kenntnisse, für den Umgang mit komplexen Prozessen der Digitalisierung und Vernetzung sowie mit großen Datenmengen. Auch die Kommunikation und die Zusammenarbeit der Beschäftigten untereinander verändern sich stark, außerdem wächst die Anforderung zu permanenter Weiterbildung. Das bereits vorhandene Qualifikationsniveau der Belegschaften ebenso wie eine hohe Technikaffinität des Personals erweisen sich als Katalysatoren für Digitalisierungs- und Vernetzungsprozesse.

Allerdings beschränken sich diese bisher überwiegend auf Geschäfts- und Kommunikationsprozesse und erstrecken sich weniger auf die Produktion. Das Sammeln und Auswerten von Daten spielt beispielsweise für mehr als ein Drittel der produzierenden Optikunternehmen (eher) keine Rolle, nicht wenige Geschäftsmodelle basieren immer noch auf Handarbeit, Einzel- oder Kleinserienfertigung und mechanischen Anlagen. Für die Fachkräfteentwicklung der Branche bedeutet dies nach wie vor eine hohe, traditionelle Wissensfundierung (Grundlagen der optischen Physik u. ä.), auch wenn der Bedarf an digitalen Kompetenzen wächst. Die nachgefragte Qualifikations- und Kompetenzstruktur bei Fachkräften wird dennoch komplexer. Vielfältige Berufs- und vor allem IT-Erfahrungen werden bei einer klassischen Facharbeiter-, Ingenieurs- oder naturwissenschaftlichen Grundausbildung (auch) für diese Innovationsbranche immer wichtiger.

3.3 Belastungen digitaler Arbeit in der Mikroelektronik

Carola Schulze, Gitta Haupold, Stephanie Drössler

Das Unternehmensnetzwerk Silicon Saxony e. V. führte 2016 und 2017 Branchenbefragungen unter ihren Mitgliedern zum Stand der Digitalisierung sowie zu Veränderungen infolge neuer Technologien durch. Zu den etwa 350 Mitgliedern des Netzwerkes gehören sowohl kleine und mittlere Unternehmen, Großunternehmen als auch Forschungseinrichtungen. Die Mitgliedsunternehmen sind in verschiedenen Bereichen der Branche verortet: Neben der Herstellung von Halbleitern stellen die Entwicklung von Software, Hardware, (erneuerbare) Energien und Zulieferung sowie die Aktivitäten in Dienstleistung und Forschung Kompetenzen der Unternehmen dar.

3.3.1 Stand der Digitalisierung (Branchenbefragung 2016)

An der Befragung zum Stand der Digitalisierung beteiligten sich 54 Unternehmen/Einrichtungen. Als bedeutendste Gründe für die Digitalisierung wurde die Verbesserung der Prozesse, zunehmende Komplexität, Anforderungen der Kunden, zunehmendes Datenvolumen und die Optimierung der Kostenstruktur genannt. Weniger bedeutend wurden Verpflichtungen durch die Politik angegeben. Die Einschätzungen sollten für die aktuelle Situation und perspektivisch für die Zukunft vorgenommen werden. Die aktuellen Gründe unterschieden sich nur unwesentlich von denen für zukünftige Entwicklungen.

Zur Wahrnehmung der aktuellen Situation wurde angegeben, dass zu den am bedeutendsten durch Digitalisierung beeinflussten Funktionsbereichen das Rechnungswesen, das Controlling, die Finanzen und der Service/Maintenance gehören (basierend auf 46 Antworten). Der Einfluss durch die Digitalisierung wurde hier als mittelhoch angegeben. Es wird davon ausgegangen, dass der Einfluss der Digitalisierung zukünftig auf alle Geschäftsbereiche noch größer werden wird, vor allem im Bereich Wissensmanagement, Logistik und Vertrieb/Kundenbeziehungen.

Für das eigene Unternehmen schätzten die Befragten den Digitalisierungsgrad mit mittelhoch als am stärksten bzw. am bedeutendsten für die Bereiche Rechnungswesen, Finanzen, Controlling und Steuern ein. Auch hier konnten 46 Antworten ausgewertet werden.

3.3.2 Veränderungen in Belastungen und Arbeits- und Gesundheitsschutz durch technologischen Wandel (Branchenbefragung 2017)

An der Befragung in 2017, die von zwei Studierenden der TU Dresden mittels leitfadengestützter Telefoninterviews durchgeführt wurde, beteiligten sich 25 Mitgliedsunternehmen (16 kleine und mittlere Unternehmen, 5 Großunternehmen, 4

Forschungseinrichtungen). Alle Mitgliedsunternehmen wurden vorab über die Befragung informiert. Das ursprüngliche Interview umfasste 84 Fragen und dauerte 30 Minuten. Insgesamt 18 Unternehmen konnten zur Teilnahme motiviert werden. Als Grund für eine Nichtteilnahme wurde u. a. die Dauer der Befragung angegeben. Nach Kürzung auf 41 Fragen und damit 10 Minuten Interviewzeit konnten sieben weitere Unternehmen für die Befragung gewonnen werden.

Veränderungen von Gefährdungen und Belastungen in den letzten 5 Jahren
Die Mehrheit der Befragten gab an, dass körperliche Gefährdungen (z. B. durch Gefahrstoffe) unverändert geblieben sind (16 Befragte, 67 %). Nur fünf Befragte (21 %) berichteten von einer Zunahme, wobei drei von ihnen angaben, dass dies auf neue Technologien zurückzuführen ist.

Demgegenüber gaben jeweils 10 Befragte (je 41 %) an, dass psychische Gefährdungen zugenommen haben bzw. gleich geblieben sind. Ein Rückgang wurde nur von vier Personen (18 %) berichtet. Von den 10 Personen, die einen Anstieg der psychischen Gefährdungen erlebten, gab die Mehrheit (n = 8, 80 %) an, dass dies auf den technologischen Wandel zurückzuführen ist.

Den Befragten wurden verschiedene Belastungen am Arbeitsplatz vorgegeben und sie sollten einschätzen, inwiefern diese in den vergangenen fünf Jahren zugenommen haben, rückläufig waren oder konstant geblieben sind.

Abb. 3.7 zeigt die Anforderungen und Belastungen, bei der die Mehrheit der Befragten eine Zunahme angab. Am häufigsten wurden zunehmende Anforderungen im Umdenken auf neue Situationen und Aufgaben sowie der Umgang mit großen Datenmengen gesehen. Mehr als 15 der 25 Befragten sahen gestiegene Anforderungen beim Umgang mit komplexen Anforderungen, im Hinblick auf Problemlösekompetenz, Kommunikationsfähigkeit und Multitasking. Zunahmen im Zeit- und Leistungsdruck sowie in den Anforderungen an Kreativität nannten 14 bzw. 13 der Interviewten. Die anderen Personen gaben an, dass es bei diesen Merkmalen keine Veränderungen gegeben habe. Mit Ausnahme der Problemlösekompetenzen gab die Mehrheit der Befragten zu allen Anforderungen an, dass die gestiegenen Anforderungen auf den technologischen Wandel zurückzuführen sind.

In Abb. 3.8 sind die Anforderungen dargestellt, die von der Mehrheit der Befragten als konstant in den letzten fünf Jahren eingeschätzt wurden. Qualifikationsanforderungen und lebenslanges Lernen sind nach Ansicht von 13 Befragten konstant geblieben, 12 Befragte sahen hier eine Zunahme. Jeweils 15 der 25 Interviewten sahen Anforderungen an zeitliche Flexibilität und IT-Kenntnisse als unverändert an. Die einzigen Anforderungen, für die auch Veränderungen in Richtung eines Rückgangs benannt wurden, betreffen körperliche Belastungen. Wenngleich die Mehrheit auch hier eine Konstanz der Anforderungen konstatierte, sahen fünf Interviewte (körperlich einseitige Belastung) bzw. acht Interviewte (körperlich schwere Arbeit) einen rückläufigen Trend in den körperlichen Belastungen. Den Rückgang der körperlichen Belastungen sieht jedoch nur etwa die Hälfte dieser Personen im technologischen Wandel begründet.

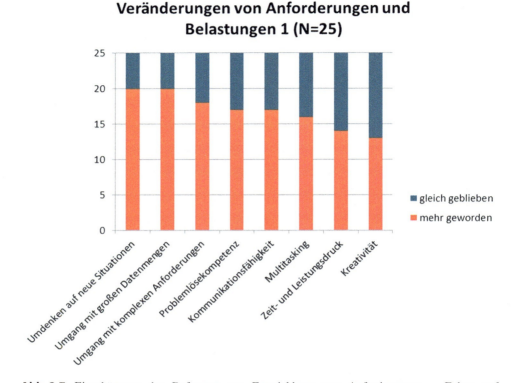

Abb. 3.7 Einschätzung der Befragten zur Entwicklung von Anforderungen – Fokus auf gestiegene Anforderungen

Abschließend konnten die Befragten unabhängig von den vorgegebenen Anforderungen in einer offenen Frage angeben, welche Belastungen sie in den vergangenen fünf Jahren als besonders verändert wahrgenommen hatten. Folgende Aspekte wurden dabei genannt:

- höherer Termindruck, Zeitdruck
- höherer Erfolgsdruck
- Leistungsverdichtung
- Mehrarbeit
- mehr Dokumentation, Reporting
- höhere Anforderungen
- höhere Komplexität der Projekte und Aufgaben
- ständige Erreichbarkeit
- mehr Arbeit am Rechner
- zunehmend weniger Bewegung
- Konzerndenken

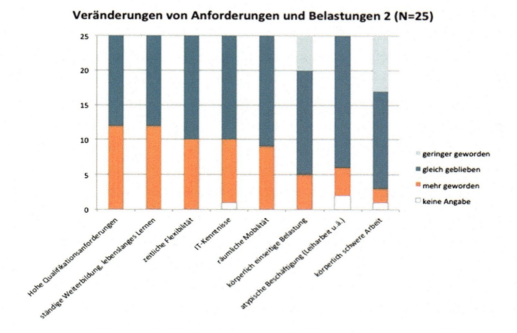

Abb. 3.8 Einschätzung der Befragten zur Entwicklung von Anforderungen – Fokus auf unveränderte Anforderungen

Veränderungen im Arbeits- und Gesundheitsschutz in den letzten fünf Jahren
Veränderungen im Arbeits- und Gesundheitsschutz wurden mehrheitlich (16 von 25 Befragten) im Hinblick auf Anpassungen in den Gefährdungsbeurteilungen vorgenommen. Nur bei fünf der Nennungen war dies auf den technologischen Wandel zurückzuführen. Vermutlich wurden Anpassungen der Gefährdungsbeurteilungen in diesen Fällen durch die Einführung neuer Technik erforderlich. Im Hinblick auf Anpassungen der Gefährdungsbeurteilung ist jedoch auch zu bedenken, dass seit 2013 im Arbeitsschutzgesetz (§5 ArbSchG) die Berücksichtigung psychischer Belastungen in der Gefährdungsbeurteilung gesetzlich verpflichtend ist. Es ist anzunehmen, dass vor allem Großunternehmen hier Veränderungen vorgenommen haben.

Themenspezifischer Bedarf an Austausch mit anderen Unternehmen
Im Rahmen der Konzeptionierung und Etablierung einer Kommunikationsplattform wurden die Unternehmen auch nach Themen gefragt, zu denen sie Erfahrungen und Ideen mit anderen Unternehmen austauschen möchten. Am häufigsten (8 bzw. 9 Nennungen, 33 % bzw. 38 %) wurden folgende Themen genannt:

- Personalentwicklung (Mitarbeiterbindung, Nachwuchsgewinnung, Umgang mit alternder Belegschaft)
- Informationsüberflutung

- Regelungen der Arbeitszeit, lebensphasenorientierte Arbeitszeitmodelle
- mobiles Arbeiten, Integration/Bindung mobiler Beschäftigter an das Unternehmen

Weitere Themen, zu denen Austausch gewünscht wurde (6 bzw. 7 Nennungen, 25 % bzw. 29 %):

- Gefährdungsbeurteilung psychischer Belastungen
- Gestaltung Schnittstelle Mensch-Technik
- Psychische Belastungen
- Umgang mit veränderten Anforderungen durch technologischen Wandel
- Vereinbarkeit von Beruf und Familie
- Rolle der Führungskräfte/Führungsmodell

3.4 Technologischer Wandel und Arbeitsschutz in der Windenergie – Branchenbefragung unter den Mitgliedern des WindEnergy Network e. V.

Jan Vitera, Holger Muehlan, Sandra Lemanski, Marlene Mühlmann

3.4.1 Auswirkungen von Anforderungen an Beschäftigte

Der Einsatz moderner Technologien betrifft diverse Bereiche der Arbeitswelt. Sowohl in produzierenden als auch in dienstleistungsorientierten Unternehmen ändern sich durch die technologischen (vor allem digitalen) Entwicklungen die Anforderungen aber auch die Möglichkeiten, für die Sicherheit und Gesundheit von Beschäftigten zu sorgen – physisch wie psychisch.

Zwei bedeutsame Handlungsfelder, die gerade den kleinen und mittleren Unternehmen einiges abverlangen und sich häufig gegenseitig bedingen, sind die *digitale Transformation und der Arbeits- und Gesundheitsschutz*.

Für den Arbeits- und Gesundheitsschutz ist es dabei wichtig, zu unterscheiden, ob sich Änderungen durch den technologischen Wandel positiv oder negativ auf die Belastungen und in der Folge auf die Gesundheit der Beschäftigten auswirken. Es gibt verschiedene Modelle, die den *Zusammenhang zwischen Arbeitsmerkmalen und der Gesundheit der Beschäftigten* beschreiben. Im Kontext des Arbeits- und Gesundheitsschutzes findet vor allem das Belastungs-Beanspruchungs-Konzept [87] aufgrund seiner vereinfachten Darstellung der Ursache-Wirkungs-Zusammenhänge Anwendung. Dieses dient entsprechend einer Industrienorm als gemeinsames Begriffsverständnis, wonach Belastung als „Gesamtheit aller Einflüsse, die von außen auf den Menschen zukommen und psychisch auf ihn einwirken" [88] definiert wird. Dabei können sich diese Einflüsse auf emotionale, informationsverarbeitende und kognitive Vorgänge im Menschen beziehen. Die psychische Beanspruchung wird in Abgrenzung dazu als „unmittelbare (nicht die langfristige) Auswirkung der psychischen Belastung im Individuum in Abhängigkeit von seiner jeweiligen überdauernden und augenblicklichen Voraussetzungen, einschließlich der individuellen Bewältigungsstrategien" [88] definiert. Eine Beanspruchung kann sowohl anregende (positive) als auch beeinträchtigende (negative) Effekte haben. Die jeweiligen Folgen einer Beanspruchung können vielfältig ausfallen und sich z. B. auf die Motivation, die Arbeitszufriedenheit, Fehlzeiten oder die Gesundheit der Beschäftigten auswirken [76].

Während die gängigen Begrifflichkeiten beibehalten werden sollen, liegt der hier vorgestellten Untersuchung ein komplexeres Erklärungsmodell zur Stressentstehung im Arbeitskontext zugrunde. Dabei handelt es sich um die Theorie der *Job Demands-Resources* (JD-R) von Bakker und Demerouti [89]. Die Autoren integrieren in ihrer Theorie verschiedene gesundheitspsychologische Modelle [89, S. 2] und unterscheiden dabei Anforderungen *(job demands)* und Ressourcen *(resources)*, die auf die Beschäftigten einwirken [89, S. 9]. Anforderungen sind in Anlehnung an Demerouti et al. [90, S. 501] physische, psychische, soziale oder organisationale Aspekte im Arbeitskontext, die Anstrengung und Fähigkeiten der Beschäftigten erfordern und daher mit psychischen und physischen Kosten verbunden sind. Typische Anforderungen sind Leistungsdruck oder Störungen und Unterbrechungen während der Arbeit. Anforderungen sind jedoch nicht notwendigerweise negativ zu verstehen. Es werden hierbei *hindrance* und *challenging demands* unterschieden. Hindrance demands behindern die Beschäftigten in der Erledigung ihrer Aufgaben, wirken sich negativ auf das Engagement und die Arbeitsleistung aus und können negative Emotionen und Kognitionen auslösen [91, S. 307]. Challenging demands hingegen sind Anforderungen im Sinne von fordernden, stimulierenden Aufgaben, die ebenso wie die hindrance demands mit Anstrengungen verbunden sind. In ihrer Wirkung können sie jedoch das Engagement und die Arbeitsleistung der Beschäftigten fördern, positive emotionale und kognitive Wirkungen mit sich bringen und gehen mit einem Wachstumspotenzial einher, d. h. sie bieten beispielsweise die Möglichkeit, Fähigkeiten aufzubauen [91, S. 307f.].

Neben den Anforderungen werden in der JD-R-Theorie Ressourcen einbezogen. Ressourcen können nach Bakker und Demerouti [89] personeller Art oder arbeitsbezogen sein. Arbeitsressourcen sind Aspekte der Arbeit, welche die Beschäftigten dabei unterstützen, ihre Arbeitsziele zu erreichen, Kosten und Anforderungen abpuffern oder zu persönlicher Weiterentwicklung anregen [90, S. 501], also beispielsweise ein hoher Grad an Autonomie oder sozialer Unterstützung am Arbeitsplatz. Personelle Ressourcen umfassen Konzepte wie Selbstwirksamkeitserwartung oder Optimismus [89, S. 13]. Die Ressourcen stoßen den Motivationsprozess an, der zu erhöhter Arbeitsleistung führt und hilft, die (psychische) Gesundheit zu erhalten. Während das Belastungs-Beanspruchungs-Konzept lediglich den isolierten Einfluss von Anforderungen oder Ressourcen auf die Motivation und das Stresserleben von Beschäftigten erklärt, werden in der JD-R-Theorie auch Moderationseffekte von Anforderungen und Ressourcen, sowie Wechselwirkungen zwischen Outcomes und arbeitsbezogenen Aspekten beschrieben und ermöglichen eine umfassende Betrachtung der Arbeitsbedingungen und ihrer Auswirkungen [89]. Zur Gewährleistung der Anschlussfähigkeit im betrieblichen wie wissenschaftlichen Setting wird in diesem Bericht grundsätzlich für Anforderungen im Sinne der JD-R Theorie der Begriff Belastung verwendet und nur in einzelnen Fällen eine entsprechende Konkretisierung vorgenommen.

Wie sich die Arbeitsbedingungen im Zuge des technologischen Wandels ändern, ist eine zentrale Frage im Rahmen des Arbeits- und Gesundheitsschutzes. Um Fehlbeanspruchungen der Beschäftigten zu vermeiden und die Gesundheit zu erhalten und zu fördern, ist eine Analyse der Anforderungen und weiterer Arbeitsbedingungen als Ausgangspunkt für die Entwicklung von Präventionsansätzen nötig.

3.4.2 Technologischer Wandel

Funktionsbereiche

Es gibt eine Vielzahl an neuen Technologien und mittlerweile fast genauso viele Versuche, diese anhand verschiedenster Dimensionen zu systematisieren. Für diese Studie wurde als Kategorisierungsgrundlage die Systematisierung anhand der Funktionsbereiche gewählt [19] (siehe auch Abschn. 2.1.3). Dabei werden fünf Bereiche entsprechend ihrer Funktion unterschieden:

- Technologien zur *Vernetzung und Integration* werden eingesetzt, um die Zusammenarbeit mit anderen Abteilungen, innerhalb einer Abteilung oder mit Partnern im Netzwerk zu ermöglichen (z. B. Intranet, Sharepoint, Cloudlösungen).
- Technologien zur IT-basierten *Datenerfassung und -verarbeitung* (z. B. Enterprise-Resource-Planning-Systeme) von Kunden-, Produkt-, Produktions- und Nutzungsdaten ermöglichen vor allem Prozess- und Qualitätsverbesserungen.
- *Assistenzsysteme* sind Geräte, Maschinen und Systeme, welche die Beschäftigten bei ihrer Arbeit unterstützen, so dass sich diese auf das Erledigen ihrer wesentlichen Verpflichtungen und hauptsächlichen Aufgaben konzentrieren können (z. B. verschiedene Endgerätetypen, Drohnen).
- *Technologien zur Dezentralisierung und Serviceorientierung* umfassen Leistungen oder Services, die von anderen Abteilungen oder Partnern angeboten werden sowie Leistungen und/oder Serviceangebote, welche selbst von den Unternehmen genutzt werden.
- Der fünfte Funktionsbereich, die *Technologien zur Selbstorganisation & Autonomie,* beinhaltet alle Systeme, die Steuerungsfunktionen übernehmen oder automatische Regelkreise/Selbstoptimierung.

Digitalisierung und Industrie 4.0
Weiterhin soll der Einsatz von neuen Technologien entsprechend ihres Reifegrades eingeteilt werden. Dafür kann der Industrie 4.0 Maturity Index [92, S. 15ff.] herangezogen werden. Dieser differenziert grob in die Entwicklungsstufen *Digitalisierung* und *Industrie 4.0*. Digitalisierung umfasst in diesem Modell Technologien zur Computerisierung (Stufe 1) und zur Konnektivität der verwendeten IT-Komponenten (Stufe 2). Industrie 4.0-assoziierte Technologien bauen auf denen zur Digitalisierung auf. Grundlegend sind die datenbasierte Verknüpfung der Prozesse und Bereiche des gesamten Unternehmens und deren Sichtbarkeit (Stufe 3, „Was passiert?"). Höhere Stufen der Industrie 4.0 bilden zudem Ursachen ab (Stufe 4, Transparenz, „Warum passiert es?"), können zukünftige Szenarien simulieren (Stufe 5, Prognosefähigkeit, „Was wird passieren?") und selbstoptimierend handeln (Stufe 6, Adaptierbarkeit, „Wie kann autonom reagiert werden?").

3.4.3 Methodische Umsetzung

Aber wie genau gestaltet sich die digitale Transformation und welche konkreten Veränderungen gehen damit einher? Im Folgenden bereiten wir eine Übersicht zu den wichtigsten Erkenntnissen aus der Literatur und den Befunden einer telefonischen Befragung von Mitgliedsunternehmen des WindEnergy Network e. V. (WEN) zu den beiden Themenfeldern auf.

Da im Rahmen des Gesamtforschungsprojektes die Auswirkungen des technologischen Wandels auf die Beschäftigten untersucht werden sollten, wurden in allen beteiligten industriellen Netzwerken Mitgliederbefragungen zum Ist-Stand durchgeführt und darüber hinaus teilvorhabenspezifische Aspekte abgefragt. Alle drei Netzwerke vertreten unterschiedlichste kleine und mittlere Unternehmen aus der jeweiligen Branche. Besonders hier fehlen häufig Ressourcen, um den Arbeits- und Gesundheitsschutz an die neuen Anforderungen anzupassen [93]. Daher stellen die Netzwerke eine wichtige externe Ressource dar und können mit verschiedenen unternehmensübergreifenden Angeboten wertvolle Unterstützung für Ihre Mitgliedsunternehmen bieten. Das Teilvorhaben der Universität Greifswald hat sich innerhalb des Projektes näher mit dem Aspekt der Ressourcen beschäftigt: Welche Ressourcen können durch die Einführung neuer Technologien erschlossen oder erhöht werden und wie können diese Potenziale nutzbar gemacht werden?

Der Fokus der Befragungen lag auf der Ermittlung der eingesetzten Technologien, um den Stand hinsichtlich digitaler Entwicklung und der Industrie 4.0 festzuhalten sowie den Perspektiven und Erfahrungen der Mitgliedsunternehmen der Netzwerke mit den jeweils eingeführten Technologien. Weiterhin wurden mögliche Anforderungsänderungen für die Beschäftigten erfragt. Im Anschluss wurden die Strukturen des Arbeits- und Gesundheitsschutzes und zusätzlich der Betrieblichen Gesundheitsförderung erfasst.

3.4.4 Ergebnisse der Befragung

Datengrundlage
Da nicht alle der insgesamt 56 befragten Mitgliedsunternehmen des WEN neue Technologien eingeführt hatten, dies zum Zeitpunkt der Befragung getan haben oder für die Zukunft geplant hatten, stand nicht für alle Fragestellungen der vollständige Datensatz zur Verfügung. Für die Analysen, welche sich auf den (geplanten) Einsatz neuer Technologien bezogen, wurden daher die Daten von 49 Unternehmen (reduzierter Datensatz, im Folgenden durch *[reduziert]* kenntlich gemacht) in die Auswertung einbezogen. Weiterhin wurden anhand des Zeitpunktes der Technologieeinführung zwei Untergruppen im reduzierten Datensatz gebildet:

- *[VG → Vergangenheit & Gegenwart]* – Unternehmen, die bereits in der Vergangenheit eine neue Technologie eingeführt haben oder diese zum Zeitpunkt der Befragung aktuell einführten ($n=44$) und
- *[Z → Zukunft]* – Unternehmen, die eine solche Einführung für die Zukunft geplant hatten ($n=5$).

Die dargestellten Ergebnisse enthalten jeweils Angaben darüber, welcher Datensatz der Auswertung zugrunde lag.

Teilnehmende Unternehmen
Von den 128 Mitgliedsunternehmen des WindEnergy Network e. V. (Stand März 2017, https://www.wind-energy-network.de/) wurden ca. 80 Unternehmen ausgewählt, die aufgrund ihres Kerngeschäftes mit hoher Wahrscheinlichkeit vom technologischen Wandel betroffen sind. Diese wurden zunächst schriftlich und anschließend telefonisch kontaktiert.

Insgesamt 56 Unternehmen (70 %) erklärten sich für ein Interview bereit. Es wurde jeweils ein Unternehmensvertreter befragt, der zu den verwendeten Technologien und zum Arbeits- und Gesundheitsschutz aussagefähig war.

Der branchenspezifischen Kategorisierung des Netzwerkes[7] folgend, lassen sich die befragten Unternehmen wie folgt unterteilen:

- Kategorie *Windenergie auf See* – 6 befragte Mitgliedsunternehmen
- Kategorie *Windenergie an Land* – 5 befragte Mitgliedsunternehmen
- Kategorie *Maritime Wirtschaft* – 3 befragte Mitgliedsunternehmen
- 15 befragte Mitgliedsunternehmen mit 2 zugewiesenen Kategorien, davon

---

[7]http://www.wind-energy-network.de/mitgliedersuche.html; 5.01.2018 12:02.

- 8 aus den Kategorien Windenergie *auf See und an Land*
- 6 aus den Kategorien Windenergie *auf See und Maritime Wirtschaft*
- 1 Mitglied aus den Kategorien Windenergie *an Land und Maritime Wirtschaft*
• 6 Mitglieder vereinigten alle drei Kategorien auf sich
• 21 Mitglieder ohne zugewiesene Kategorie.

Da für die Auswertung vor allem die Unternehmen eine Rolle spielen, die bereits Erfahrungen mit neuen Technologien aufweisen, wird hier zum Vergleich noch einmal ein Überblick über die Branchenzugehörigkeit der Unternehmen mit eingeführten Technologien [VG, $n=44$] gegeben:

• Kategorie *Windenergie auf See* – 5 befragte Mitgliedsunternehmen
• Kategorie *Windenergie an Land* – 5 befragte Mitgliedsunternehmen
• Kategorie *Maritime Wirtschaft* – 3 befragte Mitgliedsunternehmen
• 9 befragte Mitgliedsunternehmen mit 2 zugewiesenen Kategorien, davon
  - 5 aus den Kategorien Windenergie *auf See und an Land*
  - 4 aus den Kategorien Windenergie *auf See und Maritime Wirtschaft*
  - kein Mitglied aus den Kategorien Windenergie *an Land und Maritime Wirtschaft*
• 6 Mitglieder vereinigten alle drei Kategorien auf sich
• 16 Mitglieder ohne zugewiesene Kategorie.

3.4.5 Eingeführte Technologien und Auswirkungen auf Arbeit

Anhand der jeweiligen Funktionsbereiche sollten die befragten Unternehmensvertreter die in ihrem Unternehmen eingeführten Technologien zuordnen. Um das Verständnis für die Funktionsbereiche zu erhöhen und so eine passende Zuordnung der betrieblichen Technologien zu ermöglichen, wurden sie von den Interviewern ausführlich erläutert und bei Bedarf mit praxisnahen Beispielen ergänzt.

Im Zuge der Auswertung wurden die Technologien erneut den fünf Funktionsbereichen zugeordnet, um eine möglichst passende Struktur der Angaben zu erhalten. Diese Zuordnung der genannten Technologien erfolgte durch zwei Experten, welche in einem ersten Schritt jeweils unabhängig voneinander eine Zuordnung vornahmen. Wurden abweichende Ratings vorgenommen, so wurden diese Technologien und die Gründe für die Zuordnungen im nächsten Schritt von beiden Ratern diskutiert. Ziel war eine inhaltlich begründbare übereinstimmende Zuordnung der jeweiligen Technologien.

Eingeführte Technologien [vollständig]
Insgesamt wurden 116 Technologien genannt, die in den Unternehmen eingeführt wurden [vollständig, $N=56$]. Die entsprechende Verteilung auf die Funktionsbereiche kann Abb. 3.9 entnommen werden.

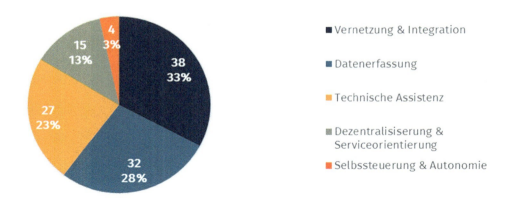

Abb. 3.9 In Vergangenheit oder Gegenwart eingeführte Technologien (Anzahl, Prozent) im Netzwerk [reduziert, $n = 49$]

Eine konkrete Technologie konnte teilweise mehreren Funktionsbereichen zugeordnet werden. Für die Auswertung wurde sich in diesen Fällen für den Funktionsbereich entschieden, den die Befragten selbst angaben.

- Technologien zur *Vernetzung und Integration* umfassten das Arbeiten mit Cloudsystemen oder in Intranets (bspw. Sharepoint) sowie Enterprise-Resource-Planning-Systeme.
- Techniken zur *Datenerfassung und -verarbeitung* waren in der vorliegenden Studie zum Großteil Datenbanken, Dokumentenmanagement- und Abrechnungssoftware. Auch Barcodes zur Inventarisierung oder zu Kontrollzwecken wurden mehrfach eingesetzt.
- Als eingeführte *technische Assistenzsysteme* wurden vermehrt Technologien wie Tablets und Kommunikationstechnologien wie Smartphones angegeben. Auch die Fernwartung/-überwachung von Geräten wurde mehrfach genannt. Deutlich seltener wurden in den Unternehmen Technologien wie Drohnen oder Roboter angegeben.
- Techniken zur *Dezentralisierung und Serviceorientierung* waren meist Onlineplattformen zur Kommunikation oder Customer-Relationship-Management-Systeme.
- Technologien zur *Selbststeuerung und Autonomie* wurden bisher von den wenigsten Unternehmen eingeführt. Hier finden sich robotergestützte, halb- oder voll automatisierte Prozesse.

Weitere zehn Technologien aus den fünf Funktionsbereichen waren zum Zeitpunkt der Befragung in Planung [vollständig, $N = 56$]. Die sieben Unternehmen, die angaben, keine Technologie eingeführt zu haben und dies auch nicht planen, werden im Folgenden aus den Analysen ausgeschlossen. Sie gaben folgende Gründe an, die in ihrem Unternehmen gegen das Einführen von Technologien sprachen:

- Nichts benötigt
  - Arbeit findet lediglich am Schreibtisch statt
  - Kopf und persönliche Präsenz sind nötig
  - Handwerkliche Arbeit
  - Office reicht (Büro)
  - Gute Funktion der bisherigen Mittel
- 1 Mal aufgeführt wurde auch die Angst vor dem Versagen der Technik
- 1 Unternehmen hatte zum Zeitpunkt der Befragung zukünftig vor, Technologien einzuführen – gab jedoch keine konkrete Technologie an

Im Folgenden wird nur noch auf den reduzierten Datensatz [reduziert] zurückgegriffen ($n = 49$).

Die wichtigste Technologie
Tiefergehende Analysen der Untersuchung beziehen sich auf die Technologien, die von den Unternehmen jeweils als für sie am wichtigsten eingeschätzt wurden. Die Befragten trafen die Aussagen zu Gründen und Auswirkungen der Technologieeinführung in Bezug auf diese konkrete Technologie. Die so verbleibenden Technologien werden hier noch einmal differenziert nach ihrem Funktionsbereich dargestellt. Eine konkrete Technologie konnte teilweise mehreren Funktionsbereichen zugeordnet werden. Für die Auswertung wurde sich in diesen Fällen für den Funktionsbereich entschieden, den die Befragten selbst angaben. Die Abb. 3.10 zeigt hierbei sowohl Technologien, die zukünftig eingeführt werden sollen, als auch in der Vergangenheit und gegenwärtig eingeführte.

Zu den als am wichtigsten eingeschätzten Technologien für die Unternehmen zählen an erster Stelle Technologien zur Vernetzung und Integration, welche die Zusammenarbeit mit anderen Abteilungen, innerhalb einer Abteilung oder mit Partnern im Netzwerk ermöglichen (z. B. Intranet, Sharepoint, Cloudlösungen). Technologien zur Datenerfassung und -verarbeitung folgen an zweiter Stelle (z. B. Enterprise-Resource-Planning-Systeme).

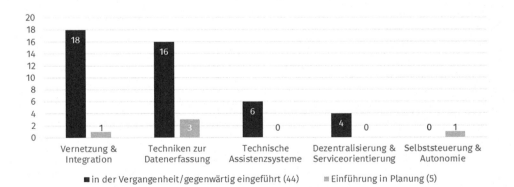

Abb. 3.10 Funktionsbereich der wichtigsten Technologien [reduziert; $n = 49$]

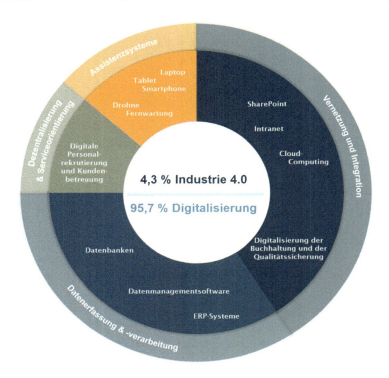

Abb. 3.11 Prozentuale Verteilung der Funktionsbereiche bezogen auf die selbsteingeschätzte wichtigste Technologie entsprechend des Reifegrades [reduziert; $n=49$]

Auffällig ist, dass sich der Großteil (75 %) der für die Unternehmen bedeutsamen Technologien auf die Stärkung der digitalen Infrastruktur beziehen. Insgesamt 95,7 % der wichtigsten Technologien können der *Digitalisierung,* dagegen lediglich 4,3 % der *Industrie 4.0* entsprechend des in Abschn. 3.4.2 dargestellten Industrie 4.0 Maturity Index [92, S. 15ff.] zugeordnet werden. Abb. 3.11 fasst die Ergebnisse grafisch zusammen.

Zeitpunkt der Einführung der wichtigsten Technologie [VG] Für die wichtigste Technologie wurde im Anschluss auch noch einmal betrachtet, wann diese eingeführt wurde. Dazu sollte von den Gesprächspartnern das Jahr angegeben werden, in welchem die wichtigste Technologie eingeführt wurde. Wie Abb. 3.12 zeigt, beziehen sich die Angaben in 53 % der Fälle auf die letzten fünf Jahre. Fraglich ist hier, ob die Auswirkungen einer Technologie, deren Einführung mehr als fünf Jahre zurückliegt, vom Betreffenden noch zuverlässig eingeschätzt werden können. Beim Vergleich der Anforderungsänderungen der beiden Gruppen (mehr vs. weniger als fünf Jahre zurückliegend), zeigten sich jedoch keine gravierenden Unterschiede, so dass zugunsten der Gruppengröße weiterhin alle wichtigsten Technologien und die Angaben dazu mit in die Analyse eingeflossen sind.

3 Der digitale Wandel von Arbeit in innovativen Branchen ...

Abb. 3.12 Zeitpunkt der Einführung der wichtigsten Technologien [VG; $n=44$]. Fehlende Angaben: 1 × im Bereich der technischen Assistenz

Gründe für das Einführen der wichtigsten Technologien [reduziert] Häufig genannte Gründe für die Einführung der bedeutsamsten Technologie beziehen sich vorrangig auf die Organisation der Arbeit, die mithilfe der Technologien vereinfacht, transparenter und sicherer gestaltet werden soll/te.

Qualitative Angaben zu Auswirkung der wichtigsten Technologien [reduziert]
Die Effekte, die die Einführung einer Technologie auf die Arbeit und die Beschäftigten haben kann, sind vielfältig.

Neben der Erhebung quantitativer Daten mittels standardisierter Items wurden zunächst offene Fragen gestellt. Diese qualitativen Aussagen wurden im Zuge der Auswertung von Ratern kategorisiert und zusammengefasst.

Die Befragten wurden gebeten zu benennen, was sich durch die Einführung der wichtigsten Technologie geändert hat, aktuell ändert bzw. welche Veränderungen erwartet werden. Hierzu wurden ihnen die drei Kernbereiche Arbeitsinhalt und/oder -aufgabe, Arbeitsorganisation und soziale Beziehungen als Orientierung für mögliche Veränderung vorgegeben. Diese Kernbereiche wurden in Anlehnung an die Empfehlungen der Gemeinsamen Deutschen Arbeitsschutzstrategie [94, S. 17-20] ausgewählt und den Befragten zur Verdeutlichung mit Beispielen (Handlungsspielraum etc.) vorgelesen.

- Zum *Arbeitsinhalt/der Arbeitsaufgabe* zählen Aussagen bzgl. Vollständigkeit, Handlungsspielraum, Variabilität der Aufgaben, Informationen, Verantwortung, Qualifikation und emotionale Inanspruchnahme. Hier wurden Auswirkungen genannt wie die Arbeit on-demand verbunden mit dem Wegfall kleinerer Arbeiten, Gefahrenminimierung und Wandel der Qualifikationsanforderungen mit vermehrt benötigten IT-Kenntnissen. Es wurde auch erwähnt, dass beim Einführen der Technologie weiterführende Schulungsmaßnahmen nötig werden.

- *Arbeitsorganisation* bezieht sich auf Arbeitszeit, Arbeitsabläufe und Kommunikation/Kooperation während der Arbeit. Auswirkungen auf die Arbeitsorganisation standen für die meisten Befragten im Mittelpunkt. Hier wurde vermehrt die Effizienz genannt, die eine Technologie ermöglicht. Die Arbeit geht schneller, fehlerfreier von der Hand. Es wird einfacher, regelmäßig mit seinen Kollegen zu kommunizieren. Auch die Zeitersparnis durch den Wegfall nun überflüssig gewordener Kommunikation wird hier genannt. Transparenz und strukturiertes Arbeiten ermöglichen hier vor allem Technologien zur Datenerfassung und -verarbeitung sowie zur Vernetzung und Integration und führen zu entspannterem Arbeiten/verringertem Stress. Erwähnt wurde auch, dass die persönliche Kommunikation weiterhin notwendig ist – die Technologie wird hier vor allem als Hilfsmittel verstanden und kann persönliche Interaktionen nicht ersetzen.
- *Soziale Beziehungen* umfassen sowohl die Beziehungen zu den Kollegen als auch zu den Vorgesetzten. Veränderungen hinsichtlich dieser Aspekte wurden im Vergleich zu den anderen beiden Punkten am wenigsten festgestellt. Tendenziell werden bessere Kollegialität und weniger Konflikte beobachtet, wobei im Großteil der Fälle nichts oder keine wesentliche Veränderung angegeben wurden.

Weiterhin wurden verbesserte *Qualität der Arbeit/genaueres Arbeiten* angegeben.

- Einschränkend ist hier anzumerken, dass es Angaben von Befragten gab, die zwar Änderungen in Arbeitsinhalt, Organisation der Arbeit oder sozialen Beziehungen sehen, dies jedoch nicht auf das Einführen der Technologien zurückführen oder anmerkten, dass dies schwer zu beurteilen sei.

Quantitativ erfasste Änderungen [VG]
Die wichtigsten aus der wissenschaftlichen Literatur bekannten Auswirkungen wurden den befragten Unternehmen anschließend zur quantitativen Bewertung vorgelegt. Den Befragten wurde eine Liste spezifischer Belastungen vorgelesen, die in Abstimmung mit den Verbundpartnern von der Technischen Universität Dresden erarbeitet wurde. Es sollte eingeschätzt werden, ob und in welchem Ausmaß sich diese durch die Technologieeinführung innerhalb der letzten fünf Jahre verändert haben, verändern oder verändern könnten. Für die Befragung wurden vor dem Hintergrund möglicher negativer Konnotationen der Begriffe im Alltagsverständnis auf die Begriffe Anforderung (als mögliche negative Belastung) und Potenzial (als mögliche positive Belastung) zurückgegriffen. Die Antwortoptionen wurden den Interviewten vorgelesen. Die Antwortoptionen umfassten das Vorhandensein der jeweiligen Belastung („gibt es gar nicht", „gab es vorher gar nicht") und wenn vorhanden, die Einschätzung der Veränderung von „viel weniger geworden" (−2) über „etwa gleich geblieben" (0) bis „viel mehr geworden" (+2). Da es sich hierbei um eine Fremdeinschätzung handelte, konnte zudem die Antwortoption „weiß ich nicht" genutzt werden.

Die angegebenen Mittelwerte beziehen sich hier auf die Angaben zwischen −2 und +2. Gesondert sind die Angaben zu neu hinzugekommen und nicht vorhandenen Belastungen

3 Der digitale Wandel von Arbeit in innovativen Branchen …

Abb. 3.13 Veränderungen verschiedener Belastungsfaktoren durch Einführung einer neuen Technologie [reduziert; $n=49$]

dargestellt. Es zeigte sich, dass vor allem die körperliche Belastung als geringer eingeschätzt wird und zwar sowohl bezüglich des Schweregrades als auch bezogen auf die Einseitigkeit (vgl. Abb. 3.13). Auf psychischer Ebene steigen die Belastungen tendenziell. So werden im Zuge der Einführung neuer Technologien u. a. höhere Qualifikationsanforderungen an die Beschäftigten gestellt und eine kontinuierliche Weiterentwicklung ist erforderlich. Zudem wurden die Belastungsfaktoren ganzheitliches Denken, Kommunikationsfertigkeit sowie Eigenständigkeit als gestiegen eingeschätzt. Neu hinzugekommene Belastungen („gab es vorher gar nicht") wurden interessanter Weise nicht angegeben.

3.4.6 Arbeits- und Gesundheitsschutz und Betriebliche Gesundheitsförderung

Im Anschluss an die Fragen zu eingeführten Technologien und deren Auswirkung wurden die Unternehmen, die eine Technologie aktuell einführten, bereits eingeführt hatten oder eine Einführung planten [reduziert, $n=49$], nach den Verantwortlichen für den Arbeits- und Gesundheitsschutz befragt. Zusätzlich wurde erfasst, ob es eine betriebliche Gesundheitsförderung gibt und wer für diese verantwortlich ist. Dafür wurde zunächst erfragt, wer im Unternehmen in den Arbeits- und Gesundheitsschutz und/oder die betriebliche Gesundheitsförderung eingebunden ist. Hierzu wurden einige mögliche Positionen vorgelesen und die Befragten sollten angeben, ob es diese im Unternehmen (oder extern angestellt) gibt und wenn ja, ob sie in den Arbeits- und Gesundheitsschutz und/oder die betriebliche Gesundheitsförderung eingebunden ist.

Arbeits- und Gesundheitsschutz [reduziert]
Der Arbeits- und Gesundheitsschutz hat im Unternehmen u. a. die Aufgabe, Gefährdungen zu minimieren. Dazu zählen sowohl physische als auch psychische Belastungen der Beschäftigten. Die Abb. 3.14 zeigt die Zuständigkeiten für den

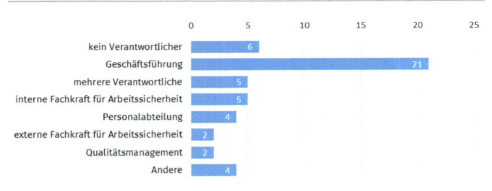

Abb. 3.14 Verantwortliche im AGS [reduziert; $n = 49$]

Arbeits- und Gesundheitsschutz in den Unternehmen, die neue Technologien einführen, eingeführt haben oder dies in naher Zukunft planen.

In den befragten Unternehmen ist es vor allem die Geschäftsführung, welche für den Arbeits- und Gesundheitsschutz verantwortlich ist. Eine ausschließlich für den Arbeits- und Gesundheitsschutz zuständige Fachkraft ist hingegen weniger häufig anzutreffen. In der folgenden Tabelle (Tab. 3.12) wurden die Angaben zu Verantwortlichkeiten im Arbeits- und Gesundheitsschutz differenziert dargestellt zwischen Unternehmen, in denen es zusätzlich eine betriebliche Gesundheitsförderung gibt und in denen es keine gibt.

Tab. 3.12 Verantwortlichkeit für Arbeits- und Gesundheitsschutz (AGS) in Abhängigkeit des Vorhandenseins einer betrieblichen Gesundheitsförderung (BGF)

Verantwortlich für AGS	BGF vorhanden		BGF nicht vorhanden	
	Anzahl	%	Anzahl	%
Kein Verantwortlicher	2	7.7	4	17.4
Zwei Verantwortliche	**4**	**15.4**	**1**	**4.3**
Fachkraft für AS (intern)	3	11.5	2	8.7
Fachkraft für AS (extern)	–	–	2	8.7
Qualitätsmanagement	–	–	2	8.7
Personalabteilung	2	7.7	2	8.7
Geschäftsführung	**15**	**57.7**	**6**	**26.1**
Betriebsarzt intern/extern	–	–	–	–
Betriebsrat/Beschäftigtenvertretung	–	–	–	–
Andere	–	–	4	17.4
Gesamtsumme	26	100.0	23	100.0

Abkürzungen. AGS = Arbeits- und Gesundheitsschutz, Fachkraft für AS = Fachkraft für Arbeitssicherheit, BGF = Betriebliche Gesundheitsförderung, $n = 49$

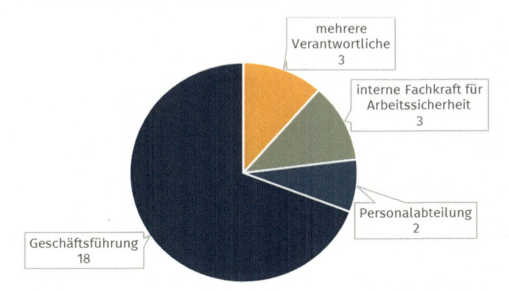

Abb. 3.15 Verantwortliche bei vorhandener betrieblicher Gesundheitsförderung [$n = 26$], Antwortoptionen, die nicht gewählt wurden: Betriebsarzt extern oder intern, Betriebsrat/Beschäftigtenvertretung, Qualitätsmanagement (QM)

Betriebliche Gesundheitsförderung [reduziert]

In 53 % (26 von 49) der befragten Unternehmen gibt es zusätzlich zum Arbeits- und Gesundheitsschutz, zu dem diese gesetzlich verpflichtet sind, eine betriebliche Gesundheitsförderung. Die betriebliche Gesundheitsförderung ist bestrebt, Bedingungen zu schaffen und Maßnahmen anzubieten, um die Gesundheit der Beschäftigten nicht nur zu erhalten, sondern zu fördern. Auch hier wurden die Verantwortlichen erfragt. Eine Übersicht dazu findet sich in Abb. 3.15.

Mitwirkende im Arbeits- und Gesundheitsschutz und in der betrieblichen Gesundheitsförderung [reduziert]

Keiner der Befragten war ausschließlich für die betriebliche Gesundheitsförderung im Unternehmen zuständig. Zusätzlich waren sie für den Arbeits- und Gesundheitsschutz verantwortlich. Eine Aufstellung der Antworten findet sich in der folgenden Tabelle (Tab. 3.13).

Tab. 3.13 Verteilung der Verantwortlichkeiten für Arbeits- und Gesundheitsschutz (AGS) und, sofern vorhanden, für betriebliche Gesundheitsförderung (BGF)

WER	Eingebunden in AGS	Eingebunden in AGS & BGF	BGF gibt es nicht	Nicht eingebunden
Fachkraft für AS (intern)	5 (10 %)	24 (49 %)	20 (41 %)	–
Fachkraft für AS (extern)	10 (21 %)	6 (12 %)	33 (67 %)	–
Betriebsarzt (intern)	Nicht angegeben			
Betriebsarzt (extern)	9 (18 %)	19 (39 %)	18 (37 %)	3 (6 %)
QM	12 (25 %)	22 (45 %)	9 (18 %)	6 (12 %)
Personalabteilung	10 (20 %)	17 (35 %)	16 (33 %)	6 (12 %)
Betriebsrat/Beschäftigtenvertretung	3 (6 %)	4 (8 %)	40 (82 %)	2 (4 %)
Geschäftsführung	13 (27 %)	29 (59 %)	1 (2 %)	6 (12 %)
				Keine Angabe
Andere	7 (14 %)	4 (8 %)	37 (76 %)	1 (2 %)
	Ersthelfer Fertigungsleiter Niederlassungsleitung Projekt- und Zeitmanager Sicherheitsbeauftragte	Arbeitssicherheitsausschuss Office Managerin Projektleitung Prokuristin		

Anmerkungen. Fachkraft für AS = Fachkraft für Arbeitssicherheit, QM = Qualitätsmanagement, n = 49

3.4.7 Zusammenfassung und Grenzen der Befragung

Die Mitgliederbefragung des WindEnergy Network e. V. (WEN) ging der *Frage nach, wie sich der technologische Wandel konkret in den Unternehmen der Windenergiebranche gestaltet und welche Veränderungen damit einhergehen.* Einschränkend für diese Untersuchung muss darauf hingewiesen werden, dass weniger als die Hälfte der Mitgliedsunternehmen ihre Erfahrungen einbrachte. Aufgrund kleiner Stichprobengrößen lassen sich die Ergebnisse nur eingeschränkt verallgemeinern. Die Daten liefern dennoch erste belastbare Hinweise auf Technologien und ihre Folgen im WEN.

Technologien im WindEnergy Network e. V.
Im vorliegenden Beitrag sollte der technologische Wandel mit Schwerpunkt auf Industrie 4.0 untersucht werden. Die Änderungen der Anforderungen sollten in Bezug auf moderne Technologien, die in den letzten Jahren in den Mitgliedsunternehmen des WEN eingeführt wurden, betrachtet werden. Die Differenzierung in Digitalisierungs- und Industrie 4.0-Technologien ergab, dass Industrie 4.0 in den Unternehmen bisher lediglich vereinzelt

Einzug gehalten hat. Die Ergebnisse zeigen, dass mehr als 92,7 % der eingeführten Technologien sich der Digitalisierung und nur 7,3 % der Industrie 4.0 zuordnen lassen. Folgt man einschlägigen Reifegradmodellen, so steht die *Mehrzahl der befragten Unternehmen also noch am Anfang des technologischen Wandels.*

Dies wird auch daran ersichtlich, dass der Zeitpunkt der Einführung der wichtigsten Technologie in vielen Fällen mehr als fünf Jahre zurücklag. Im WEN sollte der Schwerpunkt also zunächst weiterhin auf der Unterstützung im Bereich der Digitalisierungstechnologien liegen, um die Unternehmen auf Industrie 4.0-Technologien vorzubereiten.

Um den Einfluss zu untersuchen, den der technologische Wandel im Sinne von Industrie 4.0-Technologien auf die Anforderungen der Beschäftigten hat, sollten weiterführende Studien in den Einzelunternehmen folgen, die bereits mit Industrie 4.0 arbeiten. Die Wahl der Befragungsteilnehmenden sollte dabei angepasst werden. Beschäftigte, die mit neuen Technologien arbeiten und von ihnen betroffen sind, kamen bisher selbst nicht zu Wort, um die konkreten Auswirkungen einzuschätzen.

Die vorliegende Stichprobe zeigt, wenn auch nicht repräsentativ, den Ist-Stand der technologischen Entwicklung im WEN. Unter den Befragungsteilnehmenden fanden sich auch Unternehmen, welche bisher überhaupt keine Technologien eingeführt hatten. Dabei wurde die Einführung *(neuer) Technologien nicht als notwendig erachtet oder die Möglichkeiten zur Technologisierung waren gänzlich unbekannt.* Außerdem fand sich als Grund der Nichteinführung die *fehlende Überzeugung, dass Technologie die Arbeit überhaupt unterstützen oder fördern könnte.* Es gilt hier, die Unternehmen zu sensibilisieren sowie Chancen und Potenziale aufzuzeigen, die sich durch die Einführung neuer Technologien ergeben können. Auch das fehlende Vertrauen in die Technik stellt ein mögliches Hindernis dar. Es gilt im Weiteren genauer zu eruieren, welche konkreten Maßnahmen ergriffen werden können, um die Unternehmen bei der digitalen Transformation zu unterstützen.

Eine Stellschraube für mögliche Replikationen der Befragung liegt im Untersuchungsobjekt – der Industrie 4.0. Der Fokus der Industrie 4.0 liegt in der Integration verschiedener Systeme. Wenn Industrie 4.0 und ihre Auswirkungen auf die Beschäftigten untersucht werden sollen, ist es nicht zielführend, nach den Auswirkungen isolierter Technologien zu fragen. Die direkte Auswirkung einer einzelnen Technologie zu untersuchen und einschätzen zu können, ist zwar wichtig, sollte aber nicht den Blick auf deren indirekte Auswirkungen verstellen. Um einschätzen zu können, was Industrie 4.0 für den einzelnen Beschäftigten im Arbeitsalltag bedeutet, müssen also direkte und indirekte Auswirkungen analysiert werden. Um Industrie 4.0 zu untersuchen, sollte daher jeweils das gesamte Unternehmen, dessen Unternehmenskultur etc. in die Untersuchung mit einbezogen werden [92, S. 10]. Dafür sind im Rahmen dieses Projektes entsprechende Fallstudien durchgeführt worden.

Auswirkung der Technologien und die Integration in den Arbeits- und Gesundheitsschutz & die betriebliche Gesundheitsförderung

Bezogen auf die veränderten Belastungen der Beschäftigten zeigten sich ein *Anstieg der psychischen und eine Abnahme der körperlichen Belastungen,* was den allgemeinen, branchenunabhängigen Erkenntnissen entspricht [76]. Die Ergebnisse zeigen, dass die Belastungen anstiegen. Es gilt demnach in jedem Fall, die personellen oder arbeitsbezogenen Ressourcen der Beschäftigten zu stärken, wenn digitale Technologien im Arbeitskontext eingeführt werden. Dies ergibt sich z. T. direkt aus der Einführung der neuen Technologien. Sie sollen die Arbeit der Beschäftigten erleichtern und diese bei der Arbeit unterstützen. Dadurch können seitens der Beschäftigten, aber auch hinsichtlich der Arbeitsorganisation Ressourcen freigesetzt werden. Die Nutzung entsprechender Potenziale kann im Umkehrschluss dazu beitragen, besser mit den neuen Herausforderungen umzugehen und damit einen Beitrag zum Gesundheitsschutz zu leisten.

Das veränderte Belastungsmuster muss im Arbeits- und Gesundheitsschutz Berücksichtigung finden und damit vor allem den erhöhten psychischen Belastungen Rechnung tragen. Betrachtet man die Verteilung der für den Arbeits- und Gesundheitsschutz Verantwortlichen in den befragten Unternehmen, so stellt sich heraus, dass die speziell für die psychischen Belastungen geschulten Fachkräfte für Arbeitssicherheit eher selten für den Arbeits- und Gesundheitsschutz verantwortlich sind. Überwiegend liegt dieser im Verantwortungsbereich der Geschäftsführung. Kritisch muss zudem angemerkt werden, dass es in einigen Unternehmen keinen Verantwortlichen für den Arbeits- und Gesundheitsschutz gibt.

Im Zuge der Auswertung wurde ersichtlich, dass unter den Experten teilweise Uneinigkeit darüber herrschte, wie eine Anforderung, sprich Belastung, verstanden werden konnte. Hierzu ließen sich zukünftig die untersuchten Belastungen für die befragten Personen definieren. Zudem sollten Ressourcen explizit erfasst werden, anstatt ihr Auftreten aus sinkenden Belastungen zu schlussfolgern. Dies gilt vor allem für arbeitsbezogene Ressourcen, die durch Technologien hinzukommen, denn diese gäben bezogen auf den Arbeits- und Gesundheitsschutz direkte Ansatzpunkte für Präventionsmöglichkeiten. Da Belastungen auch positive Effekte auf die Gesundheit der Beschäftigten haben können, wäre es zudem wichtig, Beanspruchungen der Beschäftigten und ihre gesundheitlichen Folgewirkungen zu identifizieren. Nur so kann abgeschätzt werden, wo Bedarfe der Unternehmen liegen und wo es sie zu unterstützen gilt.

4 Gestaltungswissen und Werkzeuge: Betriebliche Erfahrungen mit Präventionsinstrumenten und überbetriebliche Konzepte

Manfred Füchtenkötter, Christian Erfurth, Arlett Semm, Marcus Wolf, Sandra Lemanski, Jan Vitera, Holger Muehlan, Stephanie Drössler, Maximilian Bretschneider, Selina Magister, Maria Zeiser, Daniel Kämpf, Andreas Seidler, Martin Ehrlich, Thomas Engel, Laura Künzel, Gitta Haupold, Carola Schulze, Thomas Bauer, Peggy Lerner, Jan Schubach, Gisela Hachmeister und Sylvio Schinke

Zusammenfassung

Um geeignete Instrumente für die Gestaltung gesunder digitaler Arbeit zu entwickeln, wurde zunächst eine Wissensbasis zur Identifikation zentraler Themen geschaffen. Zum Einsatz kamen Unternehmensbegehungen, Interviews mit zentralen Akteuren der Technologieeinführung und des Arbeits- und Gesundheitsschutzes, Beschäftigtenbefragungen sowie Befragungen in verschiedenen Branchennetzwerken. Dadurch

---

Die Reihenfolge der Autoren entspricht nicht der Reihenfolge der Gewichtung zum Beitrag. Die korrespondierenden Autoren sind nur für ihre spezifischen eigenen Abschnitte zuständig. Die Autoren der einzelnen Abschnitte finden Sie im jeweiligen Abschnitt innerhalb des Kapitels.

M. Füchtenkötter (✉) · M. Ehrlich · T. Engel (✉) · L. Künzel
Institut für Soziologie, Friedrich-Schiller-Universität Jena, Jena, Deutschland
E-Mail: manfred.fuechtenkoetter@uni-jena.de

T. Engel
E-Mail: thomas.engel@uni-jena.de

C. Erfurth (✉) · A. Semm · M. Wolf
Fachbereich Wirtschaftsingenieurwesen, Ernst-Abbe-Hochschule Jena, Jena, Deutschland
E-Mail: christian.erfurth@eah-jena.de

S. Lemanski (✉) · J. Vitera · H. Muehlan
Lehrstuhl Gesundheit und Prävention, Institut für Psychologie, Universität Greifswald, Greifswald, Deutschland
E-Mail: sandra.lemanski@uni-greifswald.de

J. Vitera
E-Mail: jan.vitera@uni-greifswald.de

© Springer-Verlag GmbH Deutschland, ein Teil von Springer Nature 2021
T. Engel et al. (Hrsg.), *Digitale Transformation, Arbeit und Gesundheit*,
https://doi.org/10.1007/978-3-662-63247-5_4

konnte eine Vielzahl relevanter Themen identifiziert werden. Im GAP-Projekt wurde der Fokus auf folgende Inhalte gelegt: Datenschutz, Umgang mit Informationsüberflutung, Einsatz von Gefährdungsbeurteilungen psychischer Belastungen mit Fokus auf Industrie 4.0, Gewinnung und Sicherung von Fachkräften, Austausch mit anderen Unternehmen zu Erfahrungen von Technikeinführung, zu den damit verbundenen Präventionspotenzialen sowie zu den Auswirkungen auf Gesundheit, Arbeits- und Gesundheitsschutz und Personalthemen. Dazu wurden Instrumente entwickelt und eine Auswahl davon in zwei mittelständischen Unternehmen erprobt. Zielgruppen sind das betriebliche Management und Betriebsräte, Gesundheitsschutz-Akteure sowie Koordinatoren überbetrieblicher Netzwerke. Es entstanden Wissensspeicher für Betriebe und Netzwerke (Praxisbeispiele und Informations-Modul), betriebliche Instrumente der Gefährdungsbeurteilung (Fragebogen) und der Qualifizierung (Workshop-Unterlagen, Handreichungen) sowie überbetriebliche Instrumente der Netzwerkgestaltung. Neben diesen betrieblichen und überbetrieblichen Gestaltungsinstrumenten werden konkrete Erfahrungen aus zwei mittelständischen Unternehmen bei der Gestaltung gesunder Arbeit und der Entwicklung eines ganzheitlichen Gesundheitsschutzes berichtet.

4.1 Erprobte Gestaltungsinstrumente und die Aufbereitung von Wissen

Manfred Füchtenkötter
Die verschiedenen Einblicke in die Unternehmenspraxis, die Fallstudien und Branchenanalysen haben gezeigt, wie die Digitalisierung der letzten Jahre als zentraler Treiber

---

H. Muehlan
E-Mail: holger.muehlan@uni-greifswald.de

S. Drössler (✉) · M. Bretschneider · S. Magister · M. Zeiser · D. Kämpf · A. Seidler
Institut und Poliklinik für Arbeits- und Sozialmedizin, Technische Universität Dresden, Medizinische Fakultät, Dresden, Deutschland
E-Mail: stephanie.droessler@tu-dresden.de

M. Bretschneider
E-Mail: maximilian.bretschneider@psychologie.tu-chemnitz.de

G. Haupold · C. Schulze (✉)
Silicon Saxony e.V., Dresden, Deutschland
E-Mail: carola.schulze@silicon-saxony.de

T. Bauer · P. Lerner (✉)
OptoNet e.V., Jena, Deutschland
E-Mail: peggy.lerner@optonet-jena.de

J. Schubach (✉) · G. Hachmeister
POG Präzisionsoptik Gera GmbH, Löbichau, Deutschland
E-Mail: jan.schubach@pog.eu

S. Schinke
Fabmatics GmbH, Dresden, Deutschland

für Veränderungen der Arbeit wirkt. Damit diese gesundheitsförderlich und für die Menschen in der Industrie, im Handwerk und in Dienstleistungsbetrieben zu bewältigen sind, bedarf es einer Bereitstellung neuen Wissens über Technologien und ihre Wirkung auf Arbeit und Gesundheit sowie über neue Gestaltungsansätze. Eine solche Zielstellung wurde mit der hier vorgelegten Aufbereitung von Forschungserkenntnissen und Praxiswissen verfolgt.

Für viele Menschen wurde die Arbeit durch Computer und Software komplexer, schneller, aber auch leichter ausführbar. Roboter und automatisierte Anlagen verrichten heute komplexe Abläufe, die früher mit schweren körperlichen Belastungen verbunden waren. Mobile Geräte zur Unterstützung von Logistik-, Büro- und Wartungsarbeiten sind heute Alltag und wirken bis in die Freizeit der Beschäftigten. Diese Schlaglichter auf den Wandel der Arbeitswelt deuten die Vielfalt der Prozesse und gesundheitsrelevanten Folgen an. Darüber braucht es sowohl wissenschaftlich fundiertes Überblickswissen als auch konkrete Kenntnis über die betriebliche Praxis. Mit dem Ziel gesundheitsgerechter Gestaltung von Arbeit wurden im GAP-Projekt (2016 bis 2019) Instrumente entwickelt, die diesem Anspruch gerecht werden. Neben einer verbesserten Wissensbasis ging es auch um die Erprobung und Anpassung von Instrumenten des Arbeits- und Gesundheitsschutzes im Betrieb.

Zielgruppen sind Management und Betriebsräte, Gesundheitsschutz-Akteure sowie Koordinatoren überbetrieblicher Netzwerke, die dabei helfen können, digitale Arbeit menschengerecht zu gestalten. Das schließt nicht aus, dass in der Anwendungspraxis der Blick über den Tellerrand gewagt wird. Denn grundsätzlich stehen die Instrumente allen Interessierten zur Verfügung.

Die in den folgenden Abschnitten (4.2 bis 4.7) vorgestellten Instrumente gliedern sich in vier Bereiche (Abb. 4.1):

1. Wissensspeicher für Betriebe (Abschn. 4.2)
2. Wissensspeicher für Netzwerke (Abschn. 4.3)
3. betriebliche Werkzeuge der Gefährdungsbeurteilung (Abschn. 4.4) und Qualifizierung (Abschn. 4.5)
4. überbetriebliche Instrumente der Netzwerkgestaltung (Abschn. 4.6 und 4.7).

Das bereitgestellte betriebliche Wissen (Praxisbeispiele Digitalisierung und Gesundheit) in Form einer Fall-Datenbank stellt den Schwerpunkt der Wissensspeicher dar. Diese Praxisbeispiele zur Digitalisierung können orientierende Informationen geben. Erst die Beschreibung von betrieblichen Fällen lässt die Gestaltungsprobleme und Lösungsansätze der Unternehmen plastisch werden. Die Erkenntnisse der Praxis machen es möglich, ähnliche Entwicklungen im Technologieeinsatz und damit verbundene Gefährdungen und Belastungen für Beschäftigte zu erkennen und künftig besser zu bewältigen.

Darauf aufbauend sind die Werkzeuge (Gestaltungsinstrumente) entstanden. Sie greifen häufig auf Erkenntnisse aus den Praxisbeispielen zurück. Oder machen es

Abb. 4.1 Produktübersicht/Serviceangebot

möglich, ähnliche Entwicklungen im Technologieeinsatz und damit verbundene Gefährdungen und Belastungen für Beschäftigte zu erkennen und damit umzugehen.

Erkenntnisse und Werkzeuge aus dem Projekt wurden in zwei Partnerunternehmen bei der Gestaltung gesundheitsförderlicher Arbeit einbezogen und die Erfahrungen werden in den Abschn. 4.8 und 4.9 dargestellt.

Das interdisziplinäre GAP-Projekt zeichnet sich für diese Wissens- und Gestaltungsinstrumente verantwortlich. Mit Ende des Projektes im April 2019 fand eine Übergabe an zwei Netzwerkpartner statt: Der OptoNet e. V. in Thüringen und der Silicon Saxony e. V. stellen künftig die Erkenntnisse auf ihren Web-Plattformen zur Verfügung und können bei Rückfragen den Kontakt zu den Wissenschaftlern und Praktikern herstellen, die an der Entwicklung beteiligt waren.

4.2 Praxisbeispiele Digitalisierung und Gesundheit (EAH)

Christian Erfurth, Arlett Semm, Marcus Wolf

Die Digitalisierung der Arbeitswelt und die daraus entstehenden Potenziale und Risiken für Beschäftigte, insbesondere die Wirkung auf Gesundheitsaspekte, werfen eine Reihe von Fragen auf. Dies macht es für Unternehmen notwendig, sich mit den Neuerungen der Digitalisierung auseinanderzusetzen und gute Praktiken für die nachhaltige Einführung zu identifizieren.

In diesen Fragestellungen unterstützend wurden Praxisbeispiele zur Digitalisierung und Gesundheit für eine Internetnutzung aufbereitet. Dadurch bietet sich Praktikern eine Recherche- und Wissensplattform, die Einblicke in aktuelle Technologien und den Stand der Digitalisierung in Unternehmen erlaubt. Außerdem sind daran Beschreibungen von Vorgehensweisen bei der Einführung von technologischen Lösungen sowie Gestaltungsmöglichkeiten im Rahmen des Arbeits- und Gesundheitsschutzes gekoppelt. In Form von zahlreichen Praxisbeispielen aus den verschiedensten Branchen liegt aufbereitetes Interview- und Beobachtungsmaterial vor, das online nach Schlagworten strukturiert wurde und frei durchsucht werden kann. Alle Praxisbeispiele sind zudem als Fallstudien im PDF-Format (CC-Lizenz) speicherbar.

Zielgruppen

Das beschriebene Material wurde auf einer Webseite „Praxisbeispiele Digitalisierung und Gesundheit" hinterlegt und richtet sich an Personen, die Digitalisierung nachhaltig unter Berücksichtigung von gesundheitlichen Aspekten im Unternehmen vorantreiben und dabei von den Erfahrungen anderer Unternehmen profitieren möchten.

Die erhobenen Praxisbeispiele dienen unter anderem als Basis für einen wertvollen Wissens- und Erfahrungsaustausch für Unternehmen und Beschäftigte sowie überbetriebliche Beratungsakteure. Im Speziellen eignen sich die Inhalte der Praxisbeispiele als attraktiver Input unter anderem für folgende Personengruppen:

- Geschäftsführer
- Projektleiter und Verantwortliche aus dem IT-Bereich
- Arbeits- und Gesundheitsschützer (betriebliche und überbetriebliche)
- Personalvertreter und Betriebsräte
- Interessierte Arbeitnehmer.

Abb. 4.2 Thematischer Einstieg in den Bereich „Technologien" über die seitliche Navigation

Aufbau und Nutzungsmöglichkeiten
Die Wissensplattform ermöglicht den Einstieg in die Recherche über verschiedene Wege:

1. Direkteinstieg in die Praxisbeispiele (Branche),
2. den thematischen Einstieg über folgenden Wissensbereiche (Menu-Struktur): Organisation, Technologien, Arbeit, Gesundheit, Personal und Perspektiven (s. Abb. 4.2) oder
3. die Navigation über konkrete Schlagworte sowie
4. die Freitextsuche im gesamten Bestand.

Um zu den einzelnen Praxisbeispielen zu gelangen, kann die Navigation im linken Menü genutzt werden. Dabei stehen unter dem Menüpunkte „Praxisbeispiele" alle Gesamtberichte aus den jeweiligen Unternehmen zur Verfügung (siehe Abb. 4.3). Außerdem ist es möglich mit Hilfe von Schlagworten alle Praxisbeispiele thematisch zu durchsuchen und so eine übergreifende Sicht auf die Praxisbeispiele zu bekommen.

Strukturierung der Praxisbeispiele und Entwicklung der Wissensplattform im GAP-Projekt
Auf der Grundlage verschiedener Vorschläge aus sozialwissenschaftlichen Fachdisziplinen, die sich mit der Digitalisierung und ihren Effekten auf Arbeit und Gesund-

Abb. 4.3 Einstieg in das Praxisbeispiel „Automobilzulieferer" auf der Website https://gesunde-digitale-arbeit.de/praxisbeispiele

heit befassen, konnten Gliederungsvorschläge, Leitfäden und Fragebogeninstrumente zur Strukturierung der Praxisbeispiele verwendet und weiterentwickelt werden. So wurden beispielsweise aus der Orientierung an der Studie von Bischoff und Kollegen [19] Kriterien zur Einordnung der technischen Entwicklung gewonnen, die mit folgenden Funktionsbereichen umschrieben werden:

- Datenerfassung und -verarbeitung
- Assistenzsysteme,
- Vernetzung und Integration,
- Dezentralisierung und Serviceorientierung
- Selbstorganisation und Autonomie

Ein Kategoriensystem wurde als Ergebnis eines gründlichen Diskussionsprozesses zur Strukturierung der Praxisbeispiele erarbeitet und verwendet:

- Funktionsbereiche
- Technologischer Implementierungsgrad
- Digitalisierte Wertschöpfungsbereiche

- Design und Entwicklung
- Produktion und Lieferkette
- Service
- Logistik
- Marketing und Vertrieb
• Unternehmensgröße

Bereits bei der Strukturierung der Praxisbeispiele sah das Konzept der Wissensplattform vor, die Suche und die Navigation über die Kategorien sowie die freie Auswahl bestimmter Kategorien bzw. Schlagworte und damit eine Eingrenzung der Ergebnisliste zu ermöglichen. Die Verdichtung und Generalisierung der Praxisbeispiele erfolgte durch das Annotieren der erarbeiteten Dokumente mit Merkmalen (Schlagworten) an Textpassagen. Die Details zur Gestaltung der Wissensplattform wurden auf Grundlage von Ergebnissen eines World Cafés im Projekt ermittelt. Folgende Schlagwortliste strukturiert das verfügbare Wissen und wurde in die Navigation bei der Umsetzung als Website aufgenommen:

• Organisation
• Technologien
• Gesundheit
• Personal
• Arbeit
• Perspektiven

Diese Hauptschlagwörter sind untersetzt mit jeweils weiteren zwei bis sieben Schlagwörtern. An den vorhandenen Fallstudien getestet, ergab sich die Möglichkeit für eine Mehrfachvergabe pro Textabschnitt und die Erkenntnis, dass Zwischenüberschriften die Lese-/Nutzer-Navigation erheblich erleichtern. Auf diese Weise wurde die Wissensplattform der Praxisbeispiele auf der Projektwebseite (https://gesunde-digitale-arbeit.de/praxisbeispiele) in Wordpress integriert und steht nun der Öffentlichkeit zur Nutzung zur Verfügung.

Praxisbeispiele
Digitalisierung und Gesundheit

4.3 Informations-Modul zu Potenzialen der Digitalen Transformation – Manual zur Identifizierung und Nutzung personeller Präventionspotenziale (MP3)

Sandra Lemanski, Jan Vitera, Holger Muehlan

4.3.1 Einleitung und Kurzbeschreibung

Das im Rahmen des Forschungsprojektes entwickelte Manual hat die didaktische Funktion eines Informations-Moduls und ermöglicht einen intuitiven und strukturierten *Zugriff auf vorliegende Erkenntnisse zur Identifizierung und Nutzung personeller Präventionspotenziale*, die sich im Zuge der digitalen Transformation in kleinen und mittleren Unternehmen ergeben können. Als solche Potenziale werden alle Möglichkeiten verstanden, die auf Ebene der Arbeitstätigkeit sowie auf organisationaler Ebene gestaltend für eine gute und gesunde Arbeit genutzt werden können. Das Manual soll die beteiligten Akteure dabei unterstützen, sich reflektiert und ressourcenorientiert mit den möglichen Gestaltungsspielräumen der digitalen Transformation auseinanderzusetzen.

4.3.2 Hintergrund und Grundlagen

Personelle Präventionspotenziale
Personelle Präventionspotenziale können definiert werden als *all jene Ressourcen, denen eine positive kurzfristige Wirkung im Sinne von Anregung oder Vermeidung von Belastung (Entlastung) sowie ein Einfluss auf Outcome-Variablen im Sinne langfristig krankheitsvorbeugender und/oder gesundheitsförderlicher Wirkung für Mitarbeiter zukommt, die sich aus Arbeitstätigkeit, -organisation sowie -gestaltung ergeben*. Mit einer solchen Definition wird impliziert, dass sich diese Ressourcen auf Personen in ihrer spezifischen Rolle als Mitarbeiter eines Unternehmens und damit als Bestandteil des soziotechnischen Systems beziehen, d. h. es werden Ressourcen adressiert, die sich aus den Interaktionen zwischen Personal und dem jeweiligen Arbeitskontext ergeben. Dabei ist zu berücksichtigen, dass vor dem Hintergrund sogenannter „neuer Arbeits- und Beschäftigungsformen" ein Arbeitskontext nicht mehr zeitlich-räumlich fixiert lokalisiert wird, sondern oft auch flexible, mobile und wechselnde Arbeitsumgebungen mit einschließt (so etwa „Home Work/Office"). Der Begriff *„Präventionspotenziale"* schließt auch ein, dass es sich hierbei um Möglichkeiten der Prävention psychischer und physischer Krankheit und der psychischen und physischen Gesundheitsförderung handelt, die noch brachliegen und nicht genutzt werden. Die reflektierte, kontextspezifische Gestaltung der Einführung neuer Technologien birgt in sich das Potenzial, bei den Beschäftigten gesundheitsrelevante Ressourcen aufzubauen oder zu stärken. Das Konzept der personellen Präventionspotenziale zielt also darauf ab, bisher ungenutzte

Möglichkeiten zur Prävention und Gesundheitsförderung zu identifizieren und nutzbar zu machen.

> **Beispiel**
>
> So können z. B. Mitarbeiter der Automobilindustrie selbst individuell entscheiden, welche technischen Geräte zur Anzeige von Informationen zum Zusammensetzen von Cockpits sie nutzen möchten (z. B. Google Glasses, Smart Watch). Dies führt kurzfristig zu einer Entlastung und Unterstützung des Mitarbeiters, da alle Arbeitsprozesse übersichtlich dargestellt und die Anzeige selbst individualisiert werden kann. Mittelfristig führt die individuelle Auswahl von Gerät und Anzeige zu einer verbesserten Mitgestaltung des Arbeitsprozesses selbst bei monotonen Aufgaben, was eine verbesserte Selbstwirksamkeit und einer höheren Arbeitszufriedenheit ermöglicht. Langfristig könnten Investitionen in die Gesundheit der Mitarbeiter zu einer Verringerung der Fehlzeiten und des Krankenstandes, weniger Fluktuation, einer Erhöhung der Produktivität, Sicherung qualifizierten Personals, sinkenden Lohnnebenkosten und einem verbessertes Image des Arbeitgebers beitragen [74]. ◀

Personelle Präventionspotenziale im Kontext neuer Technologien
Digitalisierung und neue Technologien bergen in sich potenziell die Möglichkeit einer gesteigerten Flexibilisierung von Denken und Handeln und einer erhöhten Resilienz durch positive Erfahrungen in der Interaktion mit der Software [77, 95]. Dabei ergeben sich vielfältige Potenziale, sowohl Lebensqualität und Wohlbefinden zu verbessern als auch positive Verhaltensänderungen über Technik anzuregen. So können technische Neuerungen Menschen z. B. bei der Verfolgung und dem Erreichen persönlich relevanter Ziele unterstützen [96]. Die Nutzung der personellen Präventionspotenziale im Kontext des technologischen Wandels lässt sich dabei weder als primär individuumzentriertes Vorgehen (Verhaltensprävention) noch als primär strukturelle Intervention (Verhältnisprävention) konzipieren. Personelle Präventionspotenziale als personalbezogene Ressourcen innerhalb eines sozio-technischen Systems müssen systemisch-interaktional unter wechselseitigem Bezug aufeinander konzeptualisiert werden (Mensch-System-Interaktion). Ein entsprechender Forschungsansatz wird vor allem auf die Analyse von Mensch-Maschine-Interaktionen (einschließlich Mensch-Computer-Interaktion) und interpersonalen Kommunikationen fokussieren müssen.

Gerade in kleinen und mittleren Unternehmen erfolgt die *Einführung neuer Technologien* häufig nicht primär mit dem Ziel der Gesundheitsförderung der Beschäftigten, sondern dient der Erreichung wirtschaftlicher Unternehmensziele. Dabei ergeben sich immer auch *erwünschte und unerwünschte Effekte* auf die psychische und physische Gesundheit der Beschäftigten. Bei personellen Präventionspotenzialen im Kontext der digitalen Transformation kann dem folgend zwischen der Einführung von Technologien zur *aktiven Entlastung und Gesundheitsförderung* und damit aktiven Nutzung von Potenzialen sowie *passiv generierten Potenzialen* durch den Einsatz der Technologie unterschieden werden. Ausgangspunkt für diese Unterscheidung ist das mit der Einführung verfolgte Ziel im Hinblick auf die Gesundheitssituation der Beschäftigten. Damit kann eine Technologie je nach Ziel der Einführung ganz unterschiedliche Effekte bezüglich der präventiven Potenziale haben. Im ersten Fall stellt der Technologieeinsatz eine Maßnahme der Arbeitsgestaltung zur Nutzung oder zum Auf- oder Ausbau von Ressourcen dar. Im zweiten Fall können mögliche Potenziale und damit Ressourcen als nicht beabsichtigte Nebeneffekte generiert werden, bleiben aber entsprechend ungenutzt. Zur Nutzbarmachung der passiv generierten Potenziale kann eine lokale und damit unternehmensspezifische *Technikfolgenabschätzung* vorgenommen werden, die durch das hier vorgestellte Manual unterstützt werden kann. In der Regel untersucht die Technikfolgenabschätzung die unerwünschten und nicht intendierten Wirkungen des Technologeinsatzes, gleichwohl kann dieser Ansatz auch zur Identifizierung von nicht intendierten jedoch erwünschten Technikfolgen herangezogen werden. Erfolgt die lokale Technikfolgenabschätzung prospektiv oder werden die Beschäftigten an der Planung und Einführung im Sinne eines partizipativen Ansatzes der Arbeitsgestaltung beteiligt, kann von einer proaktiven Nutzung der passiv generierten Potenziale gesprochen werden. Werden hingegen Anpassungen der Arbeitsorganisation im Nachgang einer Technologieeinführung durchgeführt, kann dies als reaktive Nutzung der passiv generierten Potenziale bezeichnet werden.

Nutzung personeller Präventionspotenziale
Der qualifizierte Personalbedarf stellt in vielen Branchen eine besondere Herausforderung dar, die durch den allgemeinen demografischen Wandel verschärft wird. Daher ist es für die Unternehmen von besonderer Bedeutung, ihre Beschäftigten möglichst dauerhaft und möglichst gesund an sich zu binden. Auf lange Sicht tragen Maßnahmen zur Nutzung personeller Präventionspotenziale zum einen dazu bei, kleine und mittlere Unternehmen für Fachkräfte attraktiver zu gestalten und zum anderen die Beschäftigungsfähigkeit der Arbeitnehmer zu erhalten und auszubauen, sodass diese so lange und so gesund wie möglich in Beschäftigung bleiben können. *Ziel ist die feste Implementierung der Potenzialnutzungsmaßnahmen im Rahmen eines präventiven Arbeits- und Gesundheitsschutzes und der betrieblichen Gesundheitsförderung als Wettbewerbsvorteil.* Aufseiten der Beschäftigten wird die effektive Nutzung vorhandener Potenziale die Motivation, Zufriedenheit, Bindung ans Unternehmen und damit die Produktivität steigern. Dadurch gelingt es Unternehmen, nicht nur die Beschäftigten im Rahmen einer Fachkräftesicherungsstrategie zu gewinnen und länger im Betrieb zu halten, sondern – vermittelt über die erprobten Maßnahmen des Arbeits- und Gesundheitsschutzes- sowie der betrieblichen Gesundheitsförderung – dies auch so gesund wie möglich.

4.3.3 Zielgruppen und Konzeption

Das Manual richtet sich grundsätzlich an alle potenziell Interessierten, die sich mit Themen der digitalen Transformation umfassend und tief greifend beschäftigen wollen, im Besonderen aber an Akteure der folgenden Zielgruppen: Arbeitssicherheitsfachkräfte, Arbeits-/Gesundheitsschützer, Technische Planer, Geschäftsführer, Personalvertreter, Betriebsräte und Arbeitnehmer.

Die im Manual dokumentierten Inhalte stellen u. a. *Antworten auf folgende Fragestellungen* bereit:

- Welche Veränderungen ergeben sich durch die digitale Transformation für die Gestaltung von Arbeit?
- Was für personelle Potenziale ergeben sich daraus für Unternehmen und Beschäftigte?
- Wie können diese Ressourcen sowohl unternehmensseitig als auch seitens der Beschäftigten für eine gute und gesunde Arbeit genutzt werden?

Die Konzeption des Informations-Moduls resultiert aus der Umsetzung einer ganzheitlichen Betrachtungsweise des technologischen Transformationsprozesses in kleinen und mittleren Unternehmen. Dabei wird der digitale Wandel entlang der Technikimplementierung und dessen direkten/indirekten Folgen sowie potenziell moderierenden Einflüssen rekonstruiert und zudem entsprechend ausgewählte Angebote für die Arbeitsgestaltung dokumentiert (siehe Abb. 4.4).

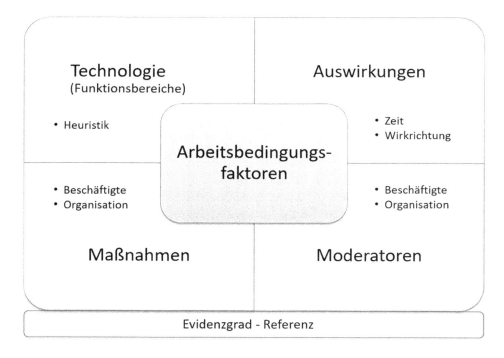

Abb. 4.4 Konzeptstruktur (eigene Darstellung)

Ausgangspunkt bilden die Technologien, die sich mit Bezug auf eine Heuristik (Abschn. 2.1.4) verschiedenen Funktionsbereichen zuordnen lassen. Entsprechend dieser Funktionskombination können jeweils unterschiedliche Auswirkungen identifiziert werden, die bezüglich der zeitlichen Dauer (kurz-, mittel- und langfristig) und Wirkung auf die Gestaltungsmerkmale guter Arbeit (positiv, negativ) weiter differenziert werden können. Bezug nehmend auf die Auswirkungen werden Maßnahmen benannt, die zur Förderung positiver und Vermeidung negativer Effekte eingesetzt werden können. *Moderatoren* umfassen die förderlichen und/oder hinderlichen Einflüsse, welche Technikfolgen auf personaler und organisationaler Ebene mit beeinflussen. Die Aufbereitung der Inhalte erfolgte entsprechend der jeweils relevanten *Arbeitsbedingungsfaktoren*. Zudem sind die Quellen der Inhalte entsprechend dokumentiert, deren Evidenzgrad ausgewiesen und zudem weiterführendes Material verlinkt.

4.3.4 Umsetzung

Um eine hohe Anwendungsorientierung zu gewährleisten, ging die Entwicklung des Informations-Moduls mit den empirischen Untersuchungen Hand in Hand. Damit war es möglich die theoriebasierten Entwicklungen immer wieder an der Praxis und für die jeweiligen thematischen Schwerpunkte anzupassen sowie zugleich auch weiterzuentwickeln. Dementsprechend wurden für die Umsetzung des Manuals als Online-Tool die Bezeichnungen der Kategorien dahingehend überprüft und adaptiert, dass diese für alle Zielgruppen verständlich sind. So werden die Arbeitsbedingungsfaktoren im Online-Tool als Arbeitsmerkmale und die Moderatoren als Kontextfaktoren bezeichnet. Die modulare Struktur eröffnet neben dem Potenzial für Erweiterungen vor allem auch einen *individualisierten Zugriff zur Nutzung* des Manuals. So können gezielte Informationen zu den jeweils relevanten Bereichen abgerufen werden. Dies macht die Anwendung für Interessierte flexibel und zudem unabhängig von der jeweiligen Position des Unternehmens im Transformationsgeschehen. Zur An- und Auswahl durch den Nutzer stehen verschiedene Kategorien zur Verfügung (Abb. 4.5). Da die Kontextfaktoren häufig eine sehr individuelle Kombination darstellen und daher nur wenige allgemeingültige Kategorien ableitbar waren, werden diese nur in der Ergebnisdarstellung aufgeführt.

Damit stellt das Informations-Modul eine sehr nützliche und relevante Ressource für kleine und mittlere Unternehmen und einschlägige Akteure dar, denen es eine praxisnahe Orientierung zu Fragen der psychischen Gesundheit und insbesondere der Stärkung von Präventionspotenzialen im Kontext der digitalen Transformation ermöglicht.

▶

Info-Modul zu Potenzialen
der digitalen Transformation

Abb. 4.5 Individualisierter Zugriff zur Nutzung des Informations-Moduls (MP3)

4.4 Präventionsinstrumente für Belastungen in der digitalen Arbeit

Stephanie Drössler, Maximilian Bretschneider, Selina Magister, Maria Zeiser, Daniel Kämpf, Andreas Seidler

Auf Grundlage der Ergebnisse aus dem Teilvorhaben der TU Dresden sowie zentralen Erkenntnissen aus dem gesamten Forschungsverbund wurden inhaltliche Schwerpunkte für die Entwicklung von Präventionsinstrumenten abgeleitet. Gestützt wurde sich dabei auf die Literaturrecherche zum Stand der Forschung (vgl. Abschn. 1.2), der zahlreichen Unternehmensfallstudien/Praxisbeispiele (vgl. https://gesunde-digitale-arbeit.de/praxisbeispiele/), auf die Mitgliederbefragung im Branchennetzwerk Silicon Saxony e. V. (vgl. Abschn. 3.3) und auf Aktivitäten beim Praxispartner Fabmatics (vgl. Abschn. 4.9). Mit Blick auf die abgeleiteten inhaltlichen Schwerpunkte entstand dann eine Instrumentensammlung zur Prävention arbeitsbedingter Belastungen in der digitalen Arbeit. Sie besteht aus drei Modulen (s. Abb. 4.6): einem **Kurzfragebogen** zur Ergänzung der psychischen Gefährdungs-

Abb. 4.6 Übersicht über die Bestandteile der Instrumente zur Prävention arbeitsbedingter Belastungen in der digitalen Arbeit

beurteilung der Arbeit 4.0 (GAP-Modul), einem **Halbtages-Workshop** zum Umgang mit digitaler Kommunikation und Informationsüberflutung im Unternehmen sowie einer **Handreichung** zum Umgang mit personenbezogenen Daten. Alle Materialien finden sich unter https://gesunde-digitale-arbeit.de/praevention/. Die Module werden nachfolgend im Einzelnen näher beschrieben.

4.4.1 GAP-Modul: Fragebogen-Instrument zur Ergänzung der Gefährdungsbeurteilung psychischer Belastungen der Arbeit 4.0

In Anbetracht des Bedeutungszuwachses psychosozialer Belastungen im Arbeitsgeschehen erkannte der Gesetzgeber die Notwendigkeit, die psychische Gesundheit der Beschäftigten in besonderem Maße zu schützen. Seit 2013 sind daher Arbeitgeber gemäß Arbeitsschutzgesetzt (§ 5 ArbSchG) verpflichtet, eine Gefährdungsbeurteilung psychischer Belastungen durchzuführen. Den Aspekten der zunehmenden Digitalisierung, Automatisierung und Vernetzung von Technologien wurde in diesem Zusammenhang bisher wenig Beachtung geschenkt bzw. wurden diese in bestehenden Instrumenten nicht hinreichend berücksichtigt.

Vor diesem Hintergrund wurde das GAP-Modul entwickelt, mit dem Ziel, die spezifischen Belastungen zu erfassen, die bei der Arbeit mit digitalen Kommunikationsmitteln/Medien und neuen Technologien auftreten können. Es kann als Zusatzmodul zu herkömmlichen Verfahren der Gefährdungsbeurteilung psychischer Belastungen eingesetzt werden. Entwickelt wurde es als Ergänzung des Verfahrens COPSOQ [97].

Zielgruppen
Der Kurzfragebogen GAP-Modul richtet sich an alle betrieblichen Akteure des Arbeits- und Gesundheitsschutzes, die mit dem Thema der Gefährdungsbeurteilung im Unternehmen betraut sind. Insbesondere Arbeitsmediziner und Fachkräfte für Arbeitssicherheit sind aufgrund ihrer Expertise die zentralen Ansprechpartner zum Einsatz des Moduls und zur Ableitung adäquater Maßnahmen. Aber auch überbetriebliche Einrichtungen und Akteure, die Unternehmen bei der Vorbereitung und Durchführung von Gefährdungsbeurteilungen beratend und unterstützend zur Seite stehen, können das Fragebogenmodul nutzen. Schließlich richtet es sich auch an Wissenschaftler, die an der Untersuchung arbeitspsychologischer und arbeitsmedizinischer Fragestellungen interessiert sind.

Aufbau
Erfragt werden mit dem GAP-Modul drei Bereiche:

1. *Nutzung von Technologien bei der eigenen Arbeit:* Umfasst sieben Fragen zum Einsatz und zur Nutzung digitaler Daten, Kommunikationsmittel und Vernetzung sowie von Robotik und Automaten.

2. *Belastungen im Zusammenhang mit neuen Technologien:* Umfasst sechs Fragen zu psychischen Belastungen am Arbeitsplatz, die sich als besonders relevant im Zusammenhang mit der Einführung neuer Technologien gezeigt haben und die in gängigen Gefährdungsbeurteilungen nur unzureichend erfasst werden (z. B. große Informationsmenge, Notwendigkeit ständiger Weiterbildung). Bei Vorhandensein der Belastungen ist jeweils der Zusammenhang mit digitalen Kommunikationsmitteln/ Technologien einzuschätzen.
3. *Bewertungen der Arbeit mit neuen Technologien:* Umfasst 12 Fragen dazu, inwiefern neue Technologien die Arbeit und Arbeitsbedingungen verändert haben, die zur Hälfte als positive und negative Bewertungen formuliert sind.

Unterlagen und Hilfsmittel

Das GAP-Modul steht als pdf-Dokument zur Verfügung. Damit kann es als Druckvorlage für schriftliche Paper-Pencil-Befragungen sowie zur Einspeisung in digitale Befragungsformate genutzt werden. Dem Nutzer steht außerdem ein Manual mit Hinweisen zur Durchführung, Auswertung und Interpretation der Ergebnisse sowie mit ein Manual mit Informationen zur Fragebogenentwicklung zur Verfügung.

Kombination mit weiteren Instrumenten/Materialien dieser Toolbox

Allgemeine Hinweise zur Durchführung einer Gefährdungsbeurteilung psychischer Belastungen finden sich im Qualifizierungshandbuch, Themenfeld 2: Gefährdungsbeurteilung psychischer Belastung digitaler Arbeit (vgl. Abschn. 4.5.3) und https:// gesunde-digitale-arbeit.de/qualifizierungshandbuch/).

Werden auf Grundlage der Gefährdungsbeurteilung Handlungsbedarfe abgeleitet, können folgende Instrumente dieser Toolbox Teil der betrieblichen Maßnahmen sein: Workshop „Umgang mit digitaler Kommunikation im Unternehmen" (vgl. Abschn. 4.4.2); Handreichung „Umgang mit personenbezogenen Daten in Zeiten des digitalen Wandels" (vgl. Abschn. 4.4.3); Qualifizierungshandbuch, Themenfeld 3: Datenschutz und Rechte in der digitalen Arbeit (vgl. Abschn. 4.5.3).

4.4.2 Workshop: Digitale Kommunikation im Unternehmen. Umgang mit Informationsüberflutung am Arbeitsplatz

Der unternehmensspezifische Halbtagesworkshop hat zum Ziel, Informationen und Forschungsbefunde zum Thema digitale Kommunikation und Informationsüberflutung zu geben sowie Erfahrungen der Teilnehmenden zur Kommunikation mit digitalen Medien zu reflektieren. So soll ein Bewusstsein für die Relevanz des Themas für die eigene Arbeit geschaffen werden. Probleme und Besonderheiten im unternehmensbezogenen digitalen Informationsaustausch sollen identifiziert und lösungsorientierte Vereinbarungen zum Umgang damit erarbeitet werden.

Zielgruppen

Der Workshop richtet sich an alle betrieblichen Akteure des Unternehmens. Durchgeführt werden kann er von Verantwortlichen des Arbeits- und Gesundheitsschutzes oder des Personalmanagements. Eine optimale Gruppengröße ist mit max. 12 Personen erreicht. Dabei kann die Zusammensetzung der Gruppe je nach Bedarf und Unternehmensgröße unterschiedliche Ebenen fokussieren: Führung (in Abhängigkeit von der Anzahl der Hierarchieebenen), Beschäftigte in unternehmensspezifischen Gruppierungen (Teams, Abteilungen, Schichten, Standorten).

Aufbau und Methoden

Der Halbtagesworkshop ist für einen zeitlichen Umfang von vier Stunden (+ 45 min Pause) konzipiert und wie folgt aufgebaut (Tab. 4.1):

Unterlagen und Hilfsmittel

Durch den Halbtagesworkshop leitet ein Foliensatz im Sinne eines Dozierendenvortrags mit Hintergrundinformationen und unterstützenden Instruktionen für die moderierte Gruppenarbeit. Die *Workshop-Folien* stehen als *pdf-Dokument* zur Verfügung. Um verschiedenen betrieblichen Akteuren das erforderliche Wissen zum Thema sowie eine Hilfestellung zum Anleiten und Durchführen des Workshops zur Verfügung zu stellen, finden sich in einem *begleitenden Dozierendenleitfaden* (pdf) folgende weiterführende Informationen:

Tab. 4.1 Aufbau des Workshops „Digitale Kommunikation im Unternehmen"

1. Einführungsphase 30–40 min	
Kurze Begrüßung, Ablauf Warm-up Einführung ins Thema Diskussion: Relevanz der Informationsüberflutung für Teilnehmende?	PPT-Folien; Gruppendiskussion
Optional: Kurzfragebogen zum Informationsaufkommen	*Fragebogen*
2. Erarbeitung der Problembereiche 50 min	
Input: Ursachen von Informationsüberflutung	PPT-Folien
Sammlung und Sortieren von Problemen mit E-Mail-Kommunikation und Gründe für Informationsüberflutung im Unternehmen	Kartenmethode
Pause 30 min	
3. Finden von Lösungsansätzen 90 min	
Input: Folgen von Informationsüberflutung	PPT-Folien
Sammlung von Lösungsideen zu den identifizierten Problembereichen; Ergänzung um Empfehlungen aus Literatur	Kleingruppen; Flipcharts; PPT-Folien
Pause 15 min	
4. Treffen von Vereinbarungen 60 min	
Lösungsansätze gewichten und Vereinbarungen treffen; Planung der Umsetzung	Flipchart; Arbeitsblätter

- Hinweise zur Zielgruppe, zum Ablauf, zur Methodik, zum benötigten Material und zur Durchführung des Workshops,
- Zusatzinformationen zu den Inputphasen
- Material für die Teilnehmenden (z. B. Outlook-Leitfaden)
- Evaluationsbögen (Evaluation des Workshops und des Maßnahmenerfolgs)
- exemplarische Darstellung von Vereinbarungen/Workshopergebnissen eines Beispielunternehmens

4.4.3 Handreichung: Umgang mit personenbezogenen Daten in Zeiten des technologischen Wandels

Die fortschreitende Digitalisierung der Arbeitswelt, der damit in vielen Fällen verbundene Einsatz von technischen Assistenzsystemen und die verstärkte Nutzung von Informations- und Kommunikationstechnik führen dazu, dass innerhalb der Unternehmen immer mehr Daten anfallen. Diese werden zunächst lediglich gespeichert, können aber darüber hinaus, zum Teil in Echtzeit, verfolgt und auch ausgewertet werden. Dies betrifft dabei häufig nicht nur betriebsbezogene und mit der unmittelbaren Arbeitsausführung in Zusammenhang stehende, sondern auch zunehmend personenbezogene Daten der Beschäftigten.

Die Handreichung soll insbesondere aus arbeitspsychologischer und juristischer Sicht für einen verantwortungsvollen Umgang mit personenbezogenen Daten der Beschäftigten sensibilisieren.

Zielgruppen

Die Handreichung richtet sich einerseits an *Arbeitgeber* und alle *betrieblichen Akteure*, die mit dem Thema der Datenerfassung und Auswertung betraut sind. Ebenso richtet sie sich an *Arbeitnehmer* deren Daten zu betrieblichen Zwecken erfasst und ausgewertet werden sowie an *Betriebsräte* als unmittelbare Interessenvertreter der Belegschaften.

Aber auch *Arbeitsmediziner, Fachkräfte für Arbeitssicherheit und andere Akteure des Arbeits- und Gesundheitsschutzes* können die Handreichung nutzen, um sich einen ersten Überblick zur Erfassung personenbezogener Daten als psychosoziale Belastung im Arbeitskontext zu verschaffen und sich über adäquate Gestaltungsmöglichkeiten zu informieren.

Aufbau

Die Handreichung gliedert sich in drei thematische Schwerpunkte und einen Serviceteil mit Checklisten und Ansprechpartnern:

1. Einleitung – Grundlagen und Begriffe
2. Bedeutung des Schutzes personenbezogener Daten aus arbeitspsychologischer und juristischer Perspektive

3. Was bedeutet das für die Praxis? – Handlungshilfen für Arbeitgeber, Arbeitnehmer und Betriebsräte

Unterlagen und Hilfsmittel
Die *Handreichung* steht im Gesamten als pdf-Dokument zur Verfügung. Somit ist sie den betrieblichen Akteuren jederzeit und unkompliziert zugänglich.

In direkter Verbindung mit der Handreichung werden dem Nutzerkreis eine *Checkliste zum Einführungsprozess*, eine *Handlungshilfe bei Verstößen gegen den Datenschutz* und eine *Checkliste zur Bewertung verschiedenster technischer Lösungen* zur Verfügung gestellt. Diese Materialien stehen auch separat zum Abruf bereit.

Kombination mit weiteren Instrumenten/Materialien dieser Toolbox
Weitere Informationen und Hinweise zur gesundheitlichen Gestaltung des Datenschutzes im Unternehmen finden sich im Qualifizierungshandbuch, Themenfeld 3: Datenschutz und Rechte in der digitalen Arbeit (vgl. Abschn. 4.5.3 sowie https://gesunde-digitale-arbeit.de/qualifizierungshandbuch/).

 Instrumente zur Prävention arbeitsbedingter Belastungen in der digitalen Arbeit

4.5 Qualifizierungshandbuch: Digitalisierung, Gefährdungsbeurteilung, Datenschutz als Themen der Weiterbildung

Martin Ehrlich, Thomas Engel, Manfred Füchtenkötter, Laura Künzel

Das Qualifizierungshandbuch des GAP-Projekts bietet Überblickswissen zum betrieblichen Arbeits- und Gesundheitsschutz im Kontext des aktuellen technologischen Wandels – aufbereitet für den Einsatz in der betrieblichen Weiterbildung. Die Digitalisierung der Arbeitswelt und die daraus entstehenden Potenziale und Risiken für Beschäftigte, Arbeit und Gesundheit werfen eine Reihe von Fragen auf, die in der betrieblichen Aus- und Weiterbildung immer stärker berücksichtigt werden müssen. Statt einer Wiedergabe verkürzter Prognosen der Digitalisierung, die die Teilnehmer von Workshops auf die Rolle von passiven Empfängern von Hiobsbotschaften reduziert, geht es um die aktive Auseinandersetzung mit möglichen Entwicklungslinien und den betrieblichen Gestaltungsmöglichkeiten. Potenziale und Risiken des technologischen Wandels werden für Beschäftigte in der betrieblichen Aus- und Weiterbildung sicht- und begreifbar gemacht und anhand realer Entwicklungen diskutiert.

4.5.1 Zielgruppen

Das Qualifizierungshandbuch richtet sich an alle, die sich mit den Themen Digitalisierung und Gesundheit im Rahmen von Seminar- und Weiterbildungsformaten befassen. Die Bestandteile des Qualifizierungshandbuches geben Referenten Hilfestellungen an die Hand, um Veranstaltungen mit Präsentationen oder Angebote mit Workshop-Charakter sicher vorzubereiten. Die Inhalte eignen sich für sowohl für Managementseminare als auch für Betriebsrats- oder Beschäftigtenschulungen. Sie sind unter anderem für folgende Zielgruppen konzipiert:

- Arbeits- und Gesundheitsschützer (betriebliche und überbetriebliche)
- Personalvertreter
- Betriebsräte
- Geschäftsführer
- interessierte Arbeitnehmer

4.5.2 Aufbau

Das Qualifizierungshandbuch besteht aus drei Themenfeldern: Digitalisierung und Industrie 4.0, Gefährdungsbeurteilung psychischer Belastung digitaler Arbeit sowie Datenschutz und Rechte in der digitalen Arbeit. Es hält den aktuellen Wissensstand bereit und liefert Hilfestellungen zur gesundheitsförderlichen Gestaltung betrieblicher Prozesse (vgl. Abb. 4.7).

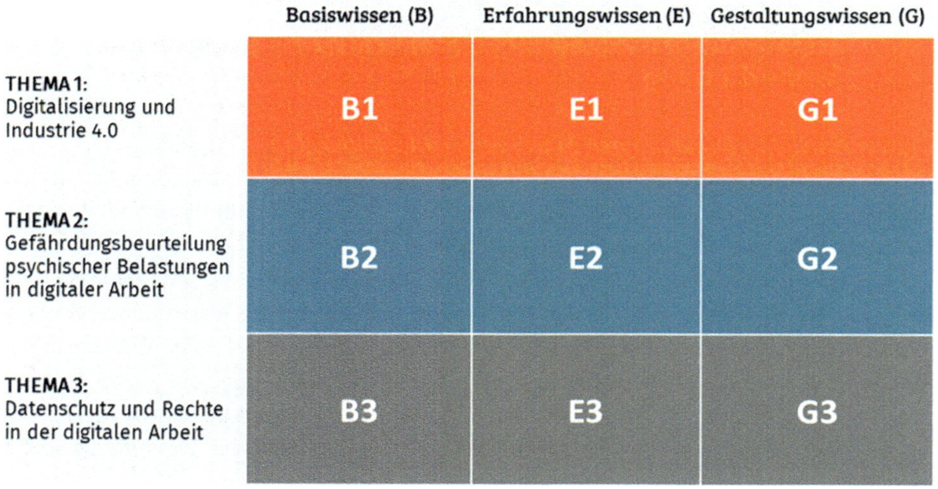

	Basiswissen (B)	Erfahrungswissen (E)	Gestaltungswissen (G)
THEMA 1: Digitalisierung und Industrie 4.0	B1	E1	G1
THEMA 2: Gefährdungsbeurteilung psychischer Belastungen in digitaler Arbeit	B2	E2	G2
THEMA 3: Datenschutz und Rechte in der digitalen Arbeit	B3	E3	G3

Abb. 4.7 Struktur des Qualifizierungshandbuchs

Jedes der Themenfelder ist in drei Module unterteilt: 1) Basiswissen, 2) Erfahrungswissen und 3) Gestaltungswissen. Diese Module bauen aufeinander auf und können den Vorkenntnissen der Beteiligten entsprechend inhaltlich eingesetzt werden. Die insgesamt neun Module bestehen aus einem Präsentationssatz von 3 bis 10 Folien sowie Zusatzmaterial zur weiteren Vorbereitung bzw. zur Vertiefung. Das Begleitmaterial enthält unter anderem Checklisten zum Wissensstand der Teilnehmer und Literaturhinweise für die Referenten und Workshop-Durchführenden.

4.5.3 Qualifizierungsinhalte

Digitalisierung und Industrie 4.0 (Module B1-E1-G1)
Zunächst benötigen Teilnehmer von Qualifizierungsmaßnahmen eine Klärung der grundsätzlichen Wirkungsweise und betrieblichen Erscheinungsform technologischer Veränderungen, die sich hinter Digitalisierungsstrategien verbergen können. Daran schließt sich die Schlüsselfrage an, inwieweit mit Veränderungen in der Zahl der Arbeitsplätze, der Arbeitsorganisation und der Anforderungen an Beschäftigte zu rechnen ist. Tiefergehend ist die Analyse, wie sich digitale Technologien auf die psychische und körperliche Gesundheit von Beschäftigten auswirken. Schließlich gilt es zu klären, wie Technologieeinführungs- und Arbeitsgestaltungsprozesse zu organisieren sind, um nachteilige Effekte für Beschäftigte zu vermeiden. Dass Beteiligung von Beschäftigten eine entscheidende Stellschraube für den Erfolg von Technologieeinführungsprozessen ist, wird als zentrale Erkenntnis dieses Weiterbildungsmoduls herausgearbeitet. Zugleich werden die Probleme bei der Umsetzung von Partizipation gekennzeichnet, um Anknüpfungspunkte und Abgrenzungsgelegenheiten für die Diskussion mit den Workshop-Teilnehmer aus der eigenen betrieblichen Erfahrung zu ermöglichen.

Thesenorientiert wird das Thema auf sieben Folien für das Basiswissen vorgestellt. Dabei bieten kontrovers diskutierbare Aussagen, anschauliche Abbildungen und Karikaturen jederzeit Anhaltspunkte, Thesen zu hinterfragen, zu differenzieren und diese als Ausgangspunkt für eine Diskussion mit den Workshop-Teilnehmern zu nutzen. Die Folien können je nach verfügbarem Zeitrahmen für dieses Workshop-Modul und Themenschwerpunkten gekürzt oder umgestaltet werden.

Das Modul gliedert sich in folgende Teile:

- technologische Veränderungen (Modul B1a)
- Folgen für Arbeitsplätze und Arbeitsorganisation (Modul B1b)
- Gesundheit von Beschäftigten (Modul E1)
- Partizipation von Beschäftigten (Modul G1a)
- Fragen zur Diskussion (Modul G1b)

Das Modul endet mit der Möglichkeit zur Diskussion. Die dafür vorgeschlagenen Fragen können betrieblich angepasst werden. Sie sind für die vertiefende Arbeit in

Workshops oder Runde-Tisch-Formaten (World Cafe u. ä.) geeignet, können aber auch zum gemeinsamen Abschluss der Präsentation genutzt werden. Je nach Format und Zielstellung (Erarbeitung einer konkreten Strategie, Sensibilisierung für das Thema u. ä.) kann für diese Diskussion zwischen 15 min und zwei Stunden eingeplant werden. Eine Ergebnissicherung in Form eines Protokolls oder einer Flipchart-Mitschrift wird empfohlen. Wenn sich Einigkeit herstellen lässt, können nächste Schritte, Verantwortlichkeiten und Zeiträume zur Erledigung verabredet werden.

Gefährdungsbeurteilung psychischer Belastungen digitaler Arbeit (Module B2-E2-G2)
Aufgrund der nach wie vor schwachen Verbreitung von Gefährdungsbeurteilungen, obwohl seit 1996 gesetzlich vorgeschrieben, lohnt es, regelmäßig die begrifflichen Grundlagen und die gültigen Standards im Arbeits- und Gesundheitsschutz vorzustellen. Die Unterscheidung psychischer Belastungen und Beanspruchungen, das idealisierte Kreislauf-Modell der Gefährdungsbeurteilung und die Gesetzeslage z. B. in Mitbestimmungsfragen werden im ersten Teil dieses Qualifizierungsmoduls behandelt.

Anschließend wird das Erfahrungswissen in Form vorliegender Fallstudien-Einblicke zugänglich gemacht und in die Diskussion mit der eigenen betrieblich erlebten Praxis gestellt. Schließlich geht es um die Aufbereitung und den Zugang zum vorhandenen Gestaltungswissen. Handlungsschritte sowie Anregungen zur Weiterführung werden erläutert. Anhand des Pilotunternehmens POG GmbH wird transparent, wie verschieden psychische Belastungen in den jeweiligen Betriebsbereichen ausfallen.

Das Modul gliedert sich in folgende Teile:

- Begriffe, Standards, Gesetze (Modul B2)
- Kenntnisstand aus Wissenschaft und Fallstudien (Modul E2)
- Erprobte Handlungsschritte und Anregungen (Modul G2)

Das Erfahrungswissen zur Gefährdungsbeurteilung (E2) wird theoretisch und empirisch vermittelt. Insbesondere der Einblick in betriebliche Fallstudien zeigt anhand von Zitaten aus Interviews u. a. mit Arbeitern, Führungskräften und Betriebsräten welche konkreten Belastungsfragen im Arbeitsalltag zu bewältigen sind. Diese Zitate bieten eine gute Gelegenheit, Zielstellungen der Gefährdungsbeurteilung konkret zu identifizieren. Dafür können dialogische Elemente der Workshop-Gestaltung genutzt werden. Abschließend sind Vertiefungsfragen zur Reflektion des eigenen Erfahrungswissens vorgesehen. Diese können auch für Gruppenübungen genutzt werden, in denen die Praxisbeispiele (Datenbank aus Abschn. 4.2) und das GAP-Modul (siehe Abschn. 4.4.1) einbezogen werden können.

Datenschutz und Rechte in der digitalen Arbeit
Datenschutz wird in der Digitalisierung von Arbeit immer wichtiger. Er ergibt sich aus der Verarbeitung personenbezogener Daten, sei es von Beschäftigten, sei es von betrieb-

lichen Kunden. Die Verunsicherung angesichts neuer gesetzlicher Regelungen und neuer Technologien ist sehr groß. Deshalb lohnt eine grundlegende Einführung in das Thema, das viele Anschlussmöglichkeiten für weitere betriebliche Themen bietet.

Als Grundlagenwissen wird mit dem hier vorgestellten Qualifizierungsmodul zunächst in die Entwicklung und Systematik des Datenschutzrechtes eingeführt. Die hohe aktuelle Relevanz ist sowohl mit Blick auf bekannte Fälle von Datenmissbrauch und Datenlecks aus der Presse als auch mit Blick auf die Erfahrungen der Seminarteilnehmer herzustellen. Ebenfalls geklärt wird, in welchem Zusammenhang Datenschutz mit Gesundheitsschutzfragen zu stellen ist. Datenschutz für Beschäftigte wird bei neuen Technologien permanent relevant. Dafür sorgen beispielsweise Near Field Communication, RFID-Chips, das Tracking von Waren- und Bewegungsabläufen von Mitarbeitern via Handheld-Geräten u. ä. Betriebsvereinbarungen helfen bei der Bewältigung von Datenschutzanforderungen, wie gezeigt wird. Auch verschiedene Stufen der Datenschutzbeschwerden erlauben eine Handhabe von Beschäftigten, ihre Daten zu schützen. Dieses Qualifizierungsmodul liefert Anhaltspunkte für weitere, eigenständige Recherchen in Gesetzestexten, Verordnungen und erprobten Vereinbarungen.

Das Modul gliedert sich in folgende Teile:

- Entwicklung und Systematik des Datenschutzrechtes (Modul B3a)
- Datenschutz für Beschäftigte (Modul B3b)
- Erfahrungen aus der Datenschutzpraxis (Modul E3)
- Datenschutzgestaltung und Überprüfung (Modul G3)

In das Qualifizierungsmodul wurden mehrfach Einstimmungs-, Überprüfungs- und Diskussionsfragen eingebaut, die eine Kommunikation mit den Workshop-Teilnehmern erlauben. Sie stellen ein Angebot zur Entschleunigung und Enttheoretisierung des Themas dar. Die Diskutanten haben Gelegenheit eigene Erfahrungen und Widersprüche aus dem betrieblichen Alltag zu reflektieren und ihren Wissensstand auf konkrete, für Sie erfahrbare betriebliche Sachverhalte anzuwenden. Das Modul endet mit einer Reihe von Verweisen in Richtung weiterer Gesetzestexte und Auslegungen, die eine Vertiefung und Konkretisierung für bestimmte Datenschutzfragestellungen erlauben.

 Qualifizierungshandbuch

4.6 Kommunikationskonzept für Unternehmensnetzwerke am Beispiel des Silicon Saxony e. V.

Gitta Haupold, Carola Schulze

4.6.1 Ausgangslage: Industrie 4.0 als realer Wandel

Die „Industrie 4.0" ist keine Zukunftsvision, sie ist Realität. Mit ihr geht seit Jahren eine fortschreitende Digitalisierung und intelligente Vernetzung verschiedener Prozesse, auch in Wirtschaft, Handel, Logistik, Wissenschaft und Forschung, einher. Klassische Arbeits-, Produktions-, Dienstleistungs- und Vermarktungskonzepte werden zunehmend überholt. Der globale Wettbewerb ist damit längst auch ein Wettbewerb der digitalen Technologien. Sich mit diesem technologischen Wandel auseinanderzusetzen, ist unerlässlich.

Während die Digitalisierung einerseits zum entscheidenden Wettbewerbsvorteil avanciert, somit enorme Chancen bietet, verändert sie andererseits aber auch die Arbeitswelt in erheblichem Maße. Zwar können physische Belastungen reduziert und Arbeiten qualitativ aufgewertet werden. Auch öffnen sich Gestaltungsspielräume, neue kommunikative Möglichkeiten und flexiblere Arbeitszeitmodelle. Doch Über- als auch Unterforderungen von Beschäftigten werden in diesem Umfeld ebenfalls wahrscheinlicher. Die Entgrenzung zwischen Frei- und Arbeitszeit sowie bislang unbekannte psychische Belastungen sind zu befürchten bzw. treten aktuell bereits in Erscheinung.

Neue Kontrollformen, ein überarbeitetes Gesundheitsmanagement sowie der immer stärkere Ausgleich zwischen multipler geistiger und eindimensionaler körperlicher Belastung werden daher zunehmend erforderlich. Genau hier setzt GAP an.

4.6.2 Zielstellung: Kommunikation über einen Arbeits- und Gesundheitsschutz 4.0

Im Projekt „Gesunde Arbeit in Pionierbranchen" (GAP) galt es, nicht nur den aktuellen Stand der Digitalisierung in für die Bundesländer Sachsen, Thüringen und Mecklenburg-Vorpommern charakteristischen Branchen abzufragen, sondern auch die bisherigen Auswirkungen und befürchteten Effekte der digitalen Transformation am Arbeitsplatz zu ergründen. Ausgehend von den bereits gesammelten Erfahrungen und Fakten sollten mögliche Lösungen erarbeitet sowie auf einer neu zu schaffenden Kommunikations- und Kooperationsplattform zusammengeführt werden. In diesem Zusammenhang galt es auch, darüber hinausgehende Formate zum persönlichen Wissenstransfer zu entwickeln oder, soweit vorhanden, besser zu nutzen.

Definition einer Kommunikations- und Kooperationsplattform
Die angestrebte Kommunikations- und Kooperationsplattform versteht sich als zentraler Anlaufpunkt für alle Fragen, Probleme und Bedarfe im Bereich des gesunden Arbeitens.

Neben klar definierten und stets erreichbaren Ansprechpartnern für alle relevanten Themenfelder in diesem Umfeld, stehen hier auch spezifische Veranstaltungsformate, wie Arbeitskreise, Workshops, Seminare u. a., im Fokus. Neben diesen örtlich gebundenen Kontaktpunkten gilt es auch elektronische und damit international erreichbare Plattformzugänge, z. B. durch die Einrichtung einer Internetseite, zu etablieren.

4.6.3 Schritte für eine kommunikative Entwicklung des Arbeits- und Gesundheitsschutz 4.0

1. Identifizierung von Ansprechpartnern, Wissensträgern und Verantwortlichen im Bereich des Arbeits- und Gesundheitsschutzes

In einem der ersten Arbeitsschritte erfasste das Netzwerk Silicon Saxony die relevanten Ansprechpartner aus den Mitgliedsunternehmen für den Arbeits- und Gesundheitsschutz. Von Personalverantwortlichen über Sicherheitsfachkräften bis zu Betriebsärzten wurden alle Kontakte DSGVO-konform in einem Verteiler erfasst. Neben persönlicher Akquise in Unternehmen, Verbänden und Institutionen wurden auch verschiedenste Veranstaltungsformate, wie z. B. der Silicon Saxony Day, Arbeitskreise etc., für die Kontaktdatensammlung genutzt. Bereits im Zuge des Erstkontaktes wurden Bedarfe, Themen und Probleme abgefragt.

2. Umfrage zu Potenzialen, Bedarfen, Problemen und bereits umgesetzten Arbeits- und Gesundheitsschutz-Lösungen

Mit Unterstützung der Hochschulpartner wurde eine breit angelegte Befragung zu möglichen Potenzialen, identifizierten Bedarfen, aktuellen Problemen und bereits eingesetzten Arbeits- und Gesundheitsschutz-Lösungen im Zuge der Digitalisierung inhaltlich vorbereitet. Das entwickelte Umfrageformular wurde an die bereits gesammelten Ansprechpartner, Wissensträger und Verantwortlichen (siehe Punkt 1) sowie an alle weiteren Ansprechpartner des Netzwerkes übermittelt. Die Umfrage wurde sowohl elektronisch, schriftlich als auch telefonisch durchgeführt. Die bei der Befragung erfassten Daten bildeten die valide Grundlage zur Feststellung des Ist-Zustandes – vom Digitalisierungsgrad über den vorhandenen Arbeits- und Gesundheitsschutz bis zu bereits wahrgenommenen Veränderungen und Belastungen im Zuge der Digitalisierung.

3. Gründung einer persönlichen und regelmäßig stattfindenden Austauschplattform

Um eine Plattform für den persönlichen Austausch zu schaffen, gründete Silicon Saxony kurz nach Projektbeginn den Arbeitskreis „Gesundes Arbeiten 4.0". Der Arbeitskreis wurde über die gesamte Projektlaufzeit hinweg regelmäßig veranstaltet. Als Referenten wurden Unternehmen und Institutionen ausgewählt, die entweder wichtige Wissensträger darstellten oder Erfolgsgeschichten bzw. bereits gesammelte Erfahrungen zu vermitteln hatten. Neben Fachvorträgen und Workshop-Formaten standen im Rahmen des Arbeitskreises speziell der direkte Wissenstransfer und das Netzwerken im Vordergrund. Hierfür wurden nationale Arbeits- und Gesundheitsschutz-Experten identifiziert, eingeladen und in die Veranstaltungsreihe eingebunden.

4. Einrichtung einer themenfokussierten Onlinepräsenz
Frühzeitig wurde eine Onlinepräsenz des GAP-Projektes im Rahmen der Silicon Saxony Website (www.silicon-saxony.de/gap-projekt) angelegt. Neben den Ergebnissen der ersten Umfrage, darauf basierenden Grafiken und Datensätzen sowie den gesammelten Arbeits- und Gesundheitsschutz-Angeboten der Standorte, stehen hier das Marketing und die Öffentlichkeitsarbeit für das GAP-Projekt im Fokus. Alle wichtigen Ansprechpartner des Projektes sind über diese Plattform auffind- und ansprechbar. Die ausgewählten Kontaktpersonen sind die Knotenpunkte im Netzwerk und verbinden alle bislang beteiligten Partner an den Standorten.

5. Fortlaufender Wissenstransfer in den Netzwerken und darüber hinaus
Die in GAP erzielten Projekterkenntnisse und -erfolge wurden im Cluster Silicon Saxony fortlaufend an die hier organisierten Mitglieder weitergeleitet. In Vorstandssitzungen, Mitgliederforen, thematisch passenden Arbeitskreisen, News, Newslettern und Mailings fand eine stets aktuelle Kommunikation über alle verfügbaren Medien sowie Kanäle hinweg statt. Doch auch über das Netzwerk hinaus wurde das erlangte Wissen geteilt und verbreitet – so z. B. in Richtung Ministerien, Verbände und Institutionen.

6. Durchführung von Arbeits- und Gesundheitsschutz-Fachveranstaltungen für die breite Öffentlichkeit
Im Zuge des GAP-Projektes wurden verschiedene Veranstaltungsformate mit klarem Themenbezug entwickelt und einer breiten Öffentlichkeit zugänglich gemacht. Ziel der Veranstaltungen, wie z. B. „Arbeit für die Zukunft – Mit psychologischem Wissen gestalten", war es, auch nicht direkt am Projekt beteiligten oder in den Netzwerken organisierten Zielgruppen Zugang zu GAP-Erkenntnissen, -Erfolgsgeschichten und -Experten zu verschaffen. Da die in den Netzwerken Silicon Saxony und OptoNet organisierten Mitglieder laut Studien der Wirtschaftsministerien, die national am besten digitalisierten Branchen repräsentieren, galt es, die damit verbundene Vorreiterrolle auch im Bereich der Arbeits- und Gesundheitsschutz-Wissensbeschaffung und des -Wissenstransfers zu bestätigen.

7. Entwicklung und Vermarktung von Arbeits- und Gesundheitsschutz-Dienstleistungen, -Lösungen und -Angeboten
Neben der Kommunikation von bereits bestehenden Arbeits- und Gesundheitsschutz-Angeboten an den Standorten, entwickelte GAP auch Dienstleistungen, Lösungen und Angebote – sowohl eigenständig als auch in Zusammenarbeit mit den Projektpartnern wie der Fabmatics GmbH, einem Automatisierungsspezialisten am Standort Dresden. In enger Zusammenarbeit mit Fabmatics wurde z. B. ein konkretes Steuerungskonzept zum ganzheitlichen Arbeits- und Gesundheitsschutz für automatisierte Produktionsanlagen entwickelt. In regelmäßigen Umfragen wurden hier zentrale Probleme und

Bedarfe eruiert und mit konkreten Lösungen verknüpft. Zudem wurde ein allgemeines Fallstudienarchiv von den sächsischen Hochschulen und Universitäten zur Verfügung gestellt. Auf dessen Grundlage entwickelte die TU Dresden zudem eine Toolbox für den Arbeits- und Gesundheitsschutz, in der vorhandene Lösungen und Arbeits- und Gesundheitsschutz-Angebote zusammengefasst wurden.

Neben konkreten Beratungsleistungen, Vor-Ort-Analysen und -Maßnahmen, Workshops sowie Seminaren, konnten auch weiterführende Leistungen für den Gesundheitsschutz sowie den körperlichen Ausgleich angeboten werden. Vermarktet werden diese Leistungen sowohl direkt, als auch über die bereits vorgestellte Onlineplattform des Projektes und die Toolbox der TU Dresden.

4.6.4 Fazit: Sensibilisierung führt zu Verbesserungen

Dem Projekt „Gesunde Arbeit in Pionierbranchen" (GAP) gelang es erfolgreich, ein standortübergreifendes Netzwerk für den Arbeits- und Gesundheitsschutz im Zuge der zunehmenden Digitalisierung zu entwickeln. Die Sensibilisierung der in den Unternehmen, Instituten und Institutionen verantwortlichen Personen für das Thema „Arbeits- und Gesundheitsschutz 4.0" führte bereits zu entscheidenden Verbesserungen an den Arbeitsplätzen. Eine ganze Palette an Dienstleistungen, Lösungen und Angeboten steht bereits jetzt zur Verfügung, um negative Auswirkungen im Zuge der Digitalisierung zu verhindern oder zumindest abzumildern. Auch über die Projektlaufzeit hinaus, soll das Thema „Arbeits- und Gesundheitsschutz 4.0" in Sachsen weiter verfolgt werden.

 Kommunikationskonzept für Unternehmensnetzwerke

4.7 Strategien zur Fachkräftesicherung am Beispiel des OptoNet e. V. Thüringen

Thomas Bauer, Peggy Lerner

4.7.1 Zielstellung: Entwicklung von Fachkräfte-Sicherungsstrategien durch Verbesserung der Arbeits- und Gesundheitssituation

Die Photonik-Industrie im Freistaat Thüringen präsentiert sich im Jahr 2019 mit gestiegenen Umsätzen, gewachsenen Belegschaften und einer Forschungsquote auf

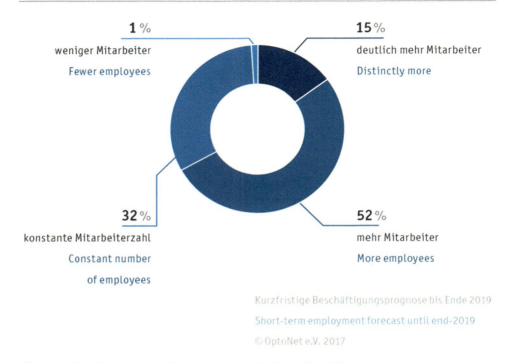

Abb. 4.8 Kurzfristige Beschäftigungsprognose bis Ende 2019 [85]

Rekordniveau. Die Geschäftsführer stehen dem digitalen Wandel aufgeschlossen gegenüber, erwarten positive Effekte für ihren Absatz und planen für die eigene Fertigung und Unternehmensorganisation entsprechende Investitionen. Radikale Veränderungen im Geschäftsmodell, Markteinbrüche oder gar den Abbau von Beschäftigtenzahlen, wie sie für andere Branchen prognostiziert werden, befürchten sie nicht.

Die Mitgliederbefragung, die im Rahmen des GAP-Projektes stattgefunden hat, zeigt das deutliche Gegenteil (vgl. Abb. 4.8): Die Mehrheit der Unternehmen plant, die Mitarbeiterzahl signifikant zu erhöhen. 68 % der Befragten rechnen bis 2021 mit wachsenden Belegschaften, die die Wettbewerbsfähigkeit aufrechterhalten.

Besonders im hoch qualifizierten und akademischen Bereich sind diese Steigerungen notwendig, um den hohen Grad an Forschungs- und Entwicklungsaktivitäten umzusetzen, die im gesamten Netzwerk einen großen Stellenwert einnehmen. Um dieser Entwicklung gerecht zu werden, stellen sich die Unternehmen auf die demografischen Herausforderungen ein und müssen sich zugleich den Veränderungen, die eine digitalisierte Arbeitswelt mit sich bringt, anpassen. Zunehmend zählen die Mitarbeiter als wichtigste Ressource für den Unternehmenserfolg, sodass es personalpolitisch essenziell ist, geeignete Strategien zur Fachkräftesicherung zu verfolgen. Zur Umsetzung dieser Strategie lohnt es, gesundheitsförderliche Arbeitsbedingungen zu ermöglichen.

OptoNet hat verschiedene Handlungsfelder identifiziert, die angegangen werden können, um Fachkräftezuwächse zu erreichen und die Fluktuation möglichst gering zu halten.

4.7.2 Strategien der Mitarbeiterbindung

Besonders unter dem Gesichtspunkt des demografischen Wandels bedeutet Mitarbeiterbindung, die Belegschaft arbeitsfähig zu halten und Bedingungen zu schaffen, die die geistige und körperliche Gesundheit der Mitarbeitenden gewährleisten. Im Photonik-Cluster besteht aufgrund von Erweiterungsbedarf und Ersatzbedarf aufgrund steigender Verrentung bis 2021 eine Deckungslücke von mehr als 500 Fachkräften. Deshalb ist es ein großes Anliegen für Unternehmen, die bestehende Belegschaft in den Betrieben zu halten. Dafür werden einerseits Maßnahmen ergriffen, physischen und psychischen Belastungen entgegenzuwirken und andererseits die Identifizierung mit dem Unternehmen bzw. eine emotionale Bindung aufrecht zu erhalten. Gerade in Zeiten des spürbar werdenden Fachkräftemangels und der Verknappung potenzieller Bewerber werden zahlreiche Anstrengungen unternommen einer Fluktuation von – insbesondere hoch qualifizierten und teilweise eigens ausgebildeten – Fachkräften zu verhindern.

Gesunde Führung als Voraussetzung für ein gelingendes Gesundheitsmanagement
Abgesehen von den zwei Branchenriesen mit Konzernstruktur ist die Unternehmenslandschaft im Thüringer Photonik-Cluster klein- und mittelständisch geprägt. Daher herrschen vergleichsweise flache Hierarchien mit kurzen Entscheidungswegen und relativer Nähe zwischen Geschäftsführung und Mitarbeitenden vor. Die meisten Unternehmen geben an, dass in erster Linie die Geschäftsführung und die Personalabteilung, sowie (soweit vorhanden) die Beschäftigtenvertretungen in die Strukturen des Arbeits- und Gesundheitsschutzes eingebunden sind. Daher wurde seitens des OptoNet im GAP-Projekt ein Schwerpunkt auf das Thema Führung und Gesundheit gelegt und Workshops mit Führungskräften und Human Resource-Verantwortlichen durchgeführt. Im Rahmen dieser Veranstaltungen ergaben sich Erfahrungswerte und Handlungsimpulse, die dem Netzwerk als Anreiz dienten, gesundheitsförderliche Arbeitsbedingungen in den Fokus zu rücken. Einheitlicher Konsens besteht darin, dass eine gesunde Führung sich positiv auf die Unternehmenskultur und im Endeffekt auf die Gesundheit der Belegschaft auswirkt. Führungskräfte beeinflussen die Unternehmenskultur, indem sie Gesundheitsorientierung und Motivation vorleben und gleichzeitig für Beschäftigte ein gesundheitsförderliches Umfeld schaffen. Hierbei stehen vor allem die Identifizierung und Vermeidung von psychischen Gefährdungen im Mittelpunkt, da diese durch Digitalisierung und Vernetzung in den letzten fünf Jahren im Cluster zugenommen haben, während körperliche Gefährdungen als gleichbleibend wahrgenommen wurden.

Führungskräften stehen zahlreiche Instrumente zur Verfügung, eine gesunde Unternehmenskultur zu etablieren:

Gesunde Selbstführung: Aufgrund der relativ flachen Hierarchien und überschaubaren Mitarbeiterzahlen werden Einstellungen und Verhaltensweisen der Geschäftsführung in kleinen und mittleren Unternehmen von der Belegschaft besonders deutlich wahrgenommen. Daher nehmen Führungskräfte eine Vorbildfunktion im Umgang mit der eigenen Gesundheit ein. Insbesondere Inkonsistenzen zwischen Vorgaben an Mitarbeiter und eigenem Verhalten (z. B. im Krankheitsfall) wirken schnell unauthentisch und verunsichernd.

Ganzheitliches betriebliches Gesundheitsmanagement: Im Photonik-Cluster nutzt ein Großteil der Unternehmen zahlreiche Instrumente zum Arbeits- und Gesundheitsschutz. Dazu gehören Gesundheitsprogramme (Präventionskurse, Gesundheitstage), betriebliches Eingliederungsmanagement, arbeitsmedizinische Vorsorge und Gefährdungsbeurteilungen. Erfahrungsgemäß kommt es vor, dass teilweise Angebote von Mitarbeitenden wenig oder gar nicht genutzt werden und somit deren Effekt verpufft. Hier kann es sinnvoll sein, die Angebote spezifisch auf die Beschäftigten zuzuschneiden und sie in die Ausgestaltung der Maßnahmen einzubinden.

Verantwortung delegieren: Die veränderten Anforderungen an Beschäftigte betreffen auch Führungskräfte. Deshalb ist die Abgabe von Verantwortlichkeiten an die Belegschaft einerseits eine Bewältigungsstrategie und schafft andererseits einen größeren Handlungsspielraum für die Mitarbeiter.

Sinnhaftigkeit vermitteln: Eine sinnhafte Tätigkeit ist das meistgenannte Bedürfnis in Arbeitnehmerbefragungen. Wenn die Sinnhaftigkeit der eigenen Arbeit nicht erkannt wird, ist dies einer der Hauptgründe für eine Distanzierung vom Arbeitsgeschehen und Arbeitgeber. Dem kann entgegengewirkt werden, indem Unternehmensziele transparent und verständlich vermittelt werden und der jeweilige Beitrag der Beschäftigten wertgeschätzt wird.

Perspektiven aufzeigen: Die Möglichkeit zur persönlichen und fachlichen Weiterentwicklung im Unternehmen ist einer der Kernfaktoren für Mitarbeiterzufriedenheit – mit steigender Tendenz je jünger diese sind. Daher ist es sinnvoll, regelmäßig das Anspruchsniveau und die Aufgaben der Mitarbeiter abzugleichen.

Resilienz stärken: Eine weitere Aufgabe von Führung besteht darin, die Widerstandsfähigkeit der Mitarbeiter gegen Stressoren zu stärken. Besonders gut gelingt dies mit Seminaren zum Zeitmanagement und zur Stressbewältigung.

Arbeitsprozesse anpassen:

> **Beispiel**
>
> Umsetzungsbeispiel aus der Fallstudie „Automatisierungstechnik-Hersteller"
>
> Einen direkten Einfluss auf die Mitarbeiterbindung und gleichzeitig die Personalverteilung im Unternehmen hatte im vorliegenden Fall die Umstrukturierung der IT-Abteilung. Die Führungsebenen wurden flacher und weniger hierarchisch gestaltet, so dass den Mitarbeitern die Möglichkeit gegeben wurde, interaktiv den Umstrukturierungsprozess mit zu gestalten. Anregungen von Mitarbeitern wurden

aufgenommen und die Team-Belegschaft aufgestockt. Damit wurden die bereits vorhandenen Kollegen entlastet. Mit Scrum und Kanban wurden agile Methoden eingeführt, die eine gemeinsame Aufgabenverwaltung ermöglichten. So konnten Redundanzen in der Aufgabenbearbeitung vermieden und die Prozesse wesentlich effektiver gestaltet werden. Mit Scrum wurde darüber hinaus der Informationsaustausch verstärkt und vereinfacht. Während sogenannter Sprint Reviews wurden neu entwickelte Produkte vorgestellt und Feedback eingeholt. Dieses Beispiel verdeutlicht, wie eine Umgestaltung der Arbeitsebenen mit einem kooperativen Führungsstil und die Einführung digitaler Tools die psychische Belastung der Mitarbeiter reduziert und gleichzeitig die Effektivität der Abteilung steigert. ◄

Weiterbildung als Bindungsfaktor
Über 90 % der Clusterakteure bewerten die Qualifizierung als eines der wichtigsten Instrumente zur immateriellen Anreizgestaltung und nutzen Weiterbildungsangebote externer Dienstleister oder greifen auf firmeninternes Know-How zurück, um Beschäftigten die Möglichkeit zur fachlichen und persönlichen Weiterentwicklung zu geben. Die Digitalisierung von Geschäfts- und Produktionsprozessen führt zur Notwendigkeit Qualifikationsanforderungen neu zu bewerten. Daraus entwickelt sich ein kontinuierlicher Bedarf, Mitarbeiter zu qualifizieren, damit diese neuartige Tätigkeitsanforderungen erfüllen können. Dabei sind sowohl inhaltlich/fachliche Kenntnisse als auch persönliche Kompetenzen in den Blick zu nehmen. In der GAP Befragung zum betrieblichen Arbeits- und Gesundheitsschutz zeigen sich Änderungen in den Anforderungen insbesondere im Umgang mit großen Datenmengen, Multitasking, Zeit- und Leistungsdruck und dem Umdenken in neuen Situationen. Stärker vernetzte Produktionsabläufe, dezentrale Steuerungsstrukturen und die digitale Unternehmenskommunikation erfordern eine ausgeprägtere Planungs- und Organisationsfähigkeit, prozess- und kundenorientierte Fähigkeiten, infrastrukturorientierte Kompetenzen, sowie mehr Flexibilität. Gezielte Maßnahmen, die Beschäftigten die notwendigen Kompetenzen vermitteln und Entwicklungsperspektiven bieten, können dazu beitragen, die Bindung ans Unternehmen zu verstärken.

Beispiel

Umsetzungsbeispiel aus der Fallstudie „Roboter- und Automatisierungslösungen"
Im Unternehmen fand eine Verschiebung des Aufgabenspektrums von Mechanik in Richtung Elektronik statt. Aufgrund des erhöhten Digitalisierungsgrads nahmen die Beherrschung der Steuersoftware und generelle Programmierkenntnisse einen höheren Stellenwert ein. Darüber hinaus wurde SAP als Verwaltungssoftware eingeführt. Um die Mitarbeiter auf den gleichen Informationsstand zu bringen, wurden interne Schulungen angeboten, deren Kosten vom Unternehmen getragen wurden. Zusätzlich wurde die Zeit der Teilnahme als Arbeitszeit abgerechnet. Gleichzeitig brachte die Veränderung auch eine Umstrukturierung in der Unternehmenshierarchie mit sich, da

eine zweite Führungsebene installiert wurde. Hier fanden ebenfalls Schulungen des Führungspersonals und der Teamleiter statt, um sie auf ihre veränderten Rollen vorzubereiten. An diesem Beispiel wird deutlich, wie Maßnahmen zur Qualifikation sich gleichzeitig auf die Bindung der Mitarbeiter und die Gestaltung der Arbeitsorganisation auswirken. ◄

Flexible Arbeitszeitmodelle
Das durchschnittliche Optikunternehmen im Netzwerk teilt sich grob in die Bereiche Verwaltung, Entwicklungsabteilung und Produktion/Fertigung auf. Daher ergeben sich für die Umsetzung von flexiblen Arbeitszeitmodellen unterschiedliche Voraussetzung und Befindlichkeiten bis hin zu Konfliktpotenzial zwischen den einzelnen Bereichen. Während Mitarbeitenden aus der Forschung und Entwicklung sowie Verwaltung bereits alternative Modelle zur Verfügung stehen, ist dies in der Produktion nicht an der Tagesordnung. Speziell in Unternehmen mit Schichtarbeit ist Flexibilität selten bis gar nicht umsetzbar. Die gängigen Modelle, die umgesetzt werden sind:

Teilzeit | Gleitzeit | Vertrauensarbeitszeit | Jobsharing | Homeoffice/Telearbeit | Arbeitszeitkonten.

Daraus ergeben sich aus Sicht der Unternehmen höhere Ansprüche an zeitliche Flexibilität und räumliche Mobilität sowie der Druck ständiger Erreichbarkeit bzw. schneller Reaktionszeiten in der Kommunikation. Ein Instrument, mit der daraus resultierenden Gefahr erhöhter psychischer Belastung umzugehen, ist die aktive Ansprache der Thematik in Mitarbeitergesprächen. Zur Verstetigung ist die Berücksichtigung der Arbeitszeit im Rahmen der Gefährdungsbeurteilung psychischer Belastungen effektiver für ein systematisches Monitoring und eine regelmäßige Evaluation. Als wirkungsvoll hat sich auch die Nutzung digitaler Kommunikationstools erwiesen, die teamorientiertes Arbeiten und den Austausch in kleineren Gruppen unterstützen (z. B. MS Teams oder Slack). Sie bieten den Vorteil, dass gemeinsam an Projekten gearbeitet werden kann und Teamziele gesetzt werden, so dass mögliche Abgrenzungsgefühle von Mitarbeitenden (z. B. im Außendienst oder Homeoffice) abgemildert werden und der Anschluss an die restlichen Teammitglieder nicht verloren geht.

Im Gegensatz zu den möglichen psychischen Belastungen, die durch alternative Arbeitszeitmodelle hervorgerufen werden können, bieten diese auch enormes Entlastungspotenzial. Können Beschäftigte auf die Arbeitszeitgestaltung Einfluss nehmen, erleben sie zudem Planbarkeit und Vorhersehbarkeit der Arbeitszeit, so wirkt sich dies positiv auf die wahrgenommene Teilhabe und Work-Life-Balance aus.

Essenziell bei der Einführung oder Ausweitung flexibler Arbeitszeitmodelle ist eine transparente Kommunikation sowohl auf individueller Ebene als auch zwischen unterschiedlichen Bereichen im Unternehmen. Die Einbeziehung der Belegschaft in die Ausgestaltung der Arbeitszeit ist ein wichtiges Instrument zur Mitarbeiterbindung, kann jedoch einen negativen Effekt haben, wenn Gefühle der Benachteiligung aufkommen. Besonders Beschäftigten in der Produktion mit Schichtbetrieb sollten daher Kompensationsmöglichkeiten für nicht umsetzbare Flexibilität angeboten werden.

4.7.3 Strategien zur Mitarbeiterakquise für ein „gesundes" Unternehmen

Über 70 % der Unternehmen im Photonik Cluster sagen aus, dass sie Probleme bei der Besetzung neuer Stellen haben und schätzen die Akquise von Fachkräften als eine der größten Herausforderungen für die Zukunft ein. Besonders die Rekrutierung von Facharbeitern für Fertigung und Montage gestaltet sich immer schwieriger und auch das Fachkräfteangebot auf akademischer Ebene wird von über 50 % als „eher schlecht" bzw. „sehr schlecht" eingeschätzt. In der Regel dauert es mehrere Monate bis ausgeschriebene Stellen besetzt werden können. Noch sind die negativen Auswirkungen fehlenden Personals auf die Auftragsrealisierung begrenzt, dennoch gibt knapp die Hälfte der Betriebe an, sie hätten deshalb weniger neue Entwicklungen umsetzen können. Im Zuge intensivierter Digitalisierungsbestrebungen investieren parallel dazu 40 % der Firmen in Automatisierung, um entstandene oder entstehende Lücken in der Personaldecke auszugleichen. Als Folge der Konkurrenz um Fachpersonal sind die Unternehmen angehalten, potenziellen Bewerbern eine möglichst attraktive Arbeitgebermarke zu präsentieren, da diese diverse Wahlmöglichkeiten haben und sich den Arbeitgeber aussuchen können. Hier kann eine Positionierung als gesunder Arbeitgeber, der gesundheitsförderliche Arbeitsbedingungen deutlich auf der Agenda stehen hat, einen Wettbewerbsvorteil schaffen. Wie im Abschnitt zur Mitarbeiterbindung beschrieben, kann die Bereitstellung eines gesunden Arbeitsumfelds in den Aufbau einer zeitgemäßen, mitarbeiterorientierten Arbeitgebermarke eingebunden werden. Da potenzielle Arbeitgeber immer gezielter und bewusster anhand persönlicher Kriterien seitens der Kandidaten ausgewählt werden, ist es sinnvoll diesen Aspekt deutlich in der „Employer Value Proposition" hervorzuheben. In diesem Werteversprechen können Unternehmen neben den grundlegenden Leistungen wie Vergütung und Arbeitsorganisation eine gesundheitsbewusste Führungsetage, gelebte Work-Life-Balance und ein individuelles betriebliches Gesundheitsmanagement in den Mittelpunkt stellen. Dazu gehört zum Beispiel ein starker Auftritt in den sozialen Netzwerken aber auch eine klare Erklärung vom Management, dass das Thema Gesundheit wichtiger Bestandteil der Unternehmensstrategie ist. Besonders bei der Formulierung von Stellenprofilen und -anzeigen kann so an Attraktivität für potenzielle Bewerber gewonnen werden. Selbstverständlich wirkt sich diese Positionierung als gesunder Arbeitgeber nicht nur auf neue Mitarbeitende aus, sondern auch auf die bestehende Belegschaft. Diese Möglichkeit der gesunden Arbeitgebermarke nutzen im Netzwerk erst wenige Akteure, meist wird sich hier darauf beschränkt, übernommene Fitnessstudiogebühren bzw. Gesundheitskurse im Stellenangebot zu erwähnen oder an öffentlichen Sportveranstaltungen teilzunehmen. Hier können noch Potenziale gehoben werden, da die Unternehmen bereits wesentlich mehr anbieten und umsetzen, als sie nach außen kommunizieren.

Neben Aspekten der gesunden Arbeit wirken sich auch Digitalisierungsprozesse im Unternehmen auf die Rekrutierung neuer Mitarbeiter aus. Aufgrund sich verändernder Anforderungen an Flexibilität, vernetztem Denken und Problemlösekompetenzen müssen Stellenprofile neu bewertet werden, um passgenau zu besetzen. Daher sollte eine genaue Abstimmung zwischen Bedarfen und Potenzialen stattfinden und diese konkret vom Führungspersonal (Abteilungsleiter) an die Personalverantwortlichen kommuniziert werden. Besonders bei der Rekrutierung von Auszubildenden und Nachwuchskräften können sich hier neue Berufsbilder ergeben, die spezielle Qualifikationsbedarfe nach sich ziehen.

 Strategien zur Fachkräftesicherung durch gesundheitsförderliche Arbeitsbedingungen

4.8 Gestaltung gesundheitsgerechter Arbeit im Digitalisierungsprozess – Erfahrungen der POG Präzisionsoptik Gera GmbH

Jan Schubach, Gisela Hachmeister

Die POG Präzisionsoptik Gera GmbH entwickelt, produziert und vertreibt mit 160 Beschäftigten im thüringischen Löbichau kundenspezifische, präzisionsoptische Einzelteile, Komponenten und Geräte für den gesamten optischen Spektralbereich. Ein hoher Anteil der Erzeugnisse wird ins Ausland exportiert. Als Hightech-Unternehmen in der Photonikbranche Thüringens unterhält das Unternehmen viele Kontakte zu Forschungseinrichtungen im In- und Ausland. Darüber hinaus ist es Gründungsmitglied des OptoNet e. V., dem Thüringer Kompetenznetzwerk Optische Technologien und Mitglied bei SPECTARIS e. V., dem deutschen Industrieverband für Optik, Photonik, Analysen- und Medizintechnik.

Im Forschungsprojekt „Gesunde Arbeit in Pionierbranchen" (GAP) war das Unternehmen einer von zwei geförderten Umsetzungspartnern, mit deren Hilfe die Potenziale des neuen technologischen Wandels und dessen gesundheitliche und qualifikatorische Folgen für Arbeit ermittelt werden sollten. Der Fokus des Teilvorhabens lag auf der Etablierung eines ganzheitlichen Gesundheitsschutzes, der vor allem die arbeitsgestalterischen Probleme softwarebasierter Planungssysteme in Angriff nimmt. Herausforderungen entstehen in derartigen Arbeitszusammenhängen zum einen durch die software-vermittelte Zusammenarbeit der Bereiche Forschung und Entwicklung,

Arbeitsvorbereitung und Produktion. Zum anderen sind Probleme und Belastungen durch den kontinuierlichen Wandel (u. a. durch Updates, Prozessänderungen, Darstellungsweisen) der virtuellen Werkzeuge zu erwarten.

Ein weiteres Ziel war die Entwicklung eines Konzepts zur prospektiven Gefährdungsbeurteilung und partizipativen Technikentwicklung. Neue Technologien, Digitalisierung und Vernetzung bieten Anknüpfungspunkte für die Verbesserung der Arbeitsbedingungen im Unternehmen. Als Hightech-Unternehmen ist die POG auf den Erhalt der Arbeits- und Leistungsfähigkeit seiner hoch qualifizierten und erfahrenen Mitarbeiter angewiesen. Im Unternehmen sind deshalb der sorgsame Umgang mit dem eigenen Personal und die regelmäßige Überprüfung der Arbeitsbedingungen bezüglich ihrer Gesundheitsförderlichkeit ein Muss.

4.8.1 Ablauf der Projektarbeit: Analyse, Diskussion, Qualifizierung

Das Vorhaben im Teilprojekt setzte sich aus mehreren aufeinander aufbauenden Arbeitspaketen in insgesamt drei Arbeitsphasen zusammen: 1. Ermittlungs- und Entwicklungsphase, 2. Konzeptimplementierungs- und Erprobungsphase; 3. Ergebnissicherungsphase.

Mit dem Beginn der Projektarbeit bildete sich zunächst eine Steuerungsgruppe, bestehend aus Vertretern der Geschäftsführung (Personalbereich), Betriebsratsmitgliedern, der Sicherheitsfachkraft, Mitarbeitern des internen IT-Bereichs sowie Forschern der FSU Jena und EAH Jena. Das Ziel war die Etablierung eines partizipativen Austauschprozesses über die aktuelle Situation und zukünftige Veränderungen im Unternehmen. Weiterhin übernahm die Steuerungsgruppe die Planung, Koordination und Dokumentation des Projekts.

Die Projektarbeit im Unternehmen begann mit der Analyse des Ist-Zustandes durch die Forscher der FSU Jena. Hierzu erfolgten Begehungen der Produktionsabteilungen und qualitative Interviews mit Mitarbeitern der fertigungsnahen Bereiche, dem Vertrieb, der Verwaltung sowie des internen und externen Arbeits- und Gesundheitsschutzes. Es wurden u. a. Fragen zu Belastungen, Ressourcen und Handlungsspielräumen in der digitalisierten Arbeit gestellt. Aufbauend auf den Auswertungen der Interviews initiierte die POG Anpassungen im betrieblichen Gesundheitsmanagement. Ein zentraler Bestandteil war die Etablierung eines Prozesses zur Gefährdungsbeurteilung psychischer Belastungen.

Der Fahrplan zur Umsetzung sah dabei eine quantitative Befragung aller Mitarbeiter mithilfe des etablierten Erhebungsinstruments Copenhagen Psychosocial Questionnaire (COPSOQ, Fragebogen zur Messung psychischer Belastungen bei der Arbeit) [97] vor. Um die spezifischen Risiken und Potenziale der neuen digitalen Arbeit adäquat zu erfassen, entwickelten die Projektforscher ein Zusatzmodul, welches die Erkenntnisse aller Partnerunternehmen im Projekt sammelte und in ein allgemeines Analyseinstrument überführte. Die Auswertung der Befragung wurde in der Steuerungsgruppe diskutiert und in Form von Präsentationen auf einer Betriebsversammlung und im Kreise der Geschäftsführung sowie Abteilungsleitern vorgestellt.

Die Ergebnisse sorgten für ausführliche Diskussionen unter den Beteiligten. Ihre Sichtweisen und Hinweise wurden dokumentiert und hinsichtlich weiterer Interventionsbedarfe ausgewertet. Auf der Grundlage der explorativen Analysen zu Belastungen und Ressourcen der Beschäftigten ermittelte die Steuerungsgruppe spezifische Qualifizierungsbedarfe für einzelne Beschäftigte und Gruppen, die partizipatorische Antworten auf erfahrene oder antizipierte technologische Veränderungen erfordern. Die verallgemeinerbaren Anteile dieser Qualifizierungsinhalte wurden durch die FSU Jena in Form eines Qualifizierungshandbuchs zusammengestellt und den anderen betrieblichen Umsetzungspartnern sowie Netzwerkpartnern zur Verfügung gestellt.

Zur Systematisierung der gewonnenen Praxiserfahrungen, dem Austausch und der Vernetzung mit anderen Unternehmen aus der optischen Industrie, trat die POG bereits im ersten Projektjahr dem Expertenkreis „Moderne Arbeit" des Netzwerkpartners OptoNet e. V. bei. Der Expertenkreis bot der POG und den Forschern des Projektverbunds die Möglichkeit, Wissen und Gestaltungsansätze mit den Experten der Branche zu diskutieren, Hinweise für die Verallgemeinerung aufzunehmen und den Transfer anzustoßen.

4.8.2 Fokus auf das softwarebasierte Planungssystem im Update-Prozess

Innerhalb des Projektvorhabens stand die Weiterentwicklung des softwarebasierten Planungssystems (Enterprise-Resource-Planning) der POG im Vordergrund. Das bereits langjährig genutzte System erhielt während der Projektlaufzeit sein erstes umfassendes Update. Es wurden zahlreiche neue Funktionen und Tools implementiert, die neue Möglichkeiten der Digitalisierung nach sich ziehen sollten. Mit der Weiterentwicklung wurde das Ziel verfolgt, die Arbeitsprozesse im Unternehmen zu optimieren. Im Zusammenhang mit dem Update erfolgte eine Evaluation, welche das Nutzungsverhalten, das Lernen (aus Fehlern), die Beteiligung von Beschäftigten, die Schulungsmaßnahmen und -materialen sowie zukünftige Schulungsbedarfe betrachtete. Neben qualitativen Interviews wurden dazu zwei standardisierte Befragungen, jeweils vor und nach dem Update, durchgeführt.

Die gewonnenen Erkenntnisse bestimmten die Inhalte und Struktur von Mitarbeiterschulungen zur Begleitung des Enterprise-Resource-Planning-Updates durch ein externes Beratungsunternehmen. Im Zuge des Updates wurde weiterhin mit der Etablierung eines betrieblichen Dokumentenmanagementsystems begonnen. Unterstützt wurde diese weitreichende Veränderung, durch drei betriebliche Initiativen: 1. die digitale Archivierung aller Fertigungsdokumente; 2. die Digitalisierung der Rechnungsbearbeitung; 3. die Digitalisierung der Dokumentenarbeit in einigen Unternehmensbereichen (u. a. Reinraum) im Sinne des „papierlosen Büros". Unterstützt wurden diese Initiativen durch die Expertise der Wirtschaftsingenieure der EAH Jena.

4.8.3 Erfahrungen aus Unternehmenssicht

Forschungsprojekte in großen Verbünden erfordern ein hohes Maß an Koordinationsaufwand sowohl in der Projektleitung, als auch bei den teilnehmenden Unternehmen. Da Projekte naturgemäß in die Routinen der Unternehmen eingreifen, ist Flexibilität bei allen Beteiligten notwendig. Ein Gespür für die Belange des Unternehmens und Offenheit zur Anpassung des Arbeitsplans bei Änderungen im Unternehmen stellen den Erfolg der Projektarbeit sicher. Der Austausch mit den Projektpartnern verschiedener Fachdisziplinen (Arbeitssoziologie, -psychologie und -medizin sowie Wirtschaftsingenieurwesen) erweiterte die Perspektive bei der Problemanalyse und bei der Suche nach Lösungen. So wurde die Diskussion von Dokumentensystemen und Ansätzen für ein papierloses Arbeiten im Reinraum wesentlich durch die Wirtschaftsingenieure der EAH vorangebracht. Die Technologiebetrachtung, Folgenabschätzung und Belastungs-/Entlastungserhebung im Unternehmen erfolgten in enger Absprache mit der Geschäftsführung und dem Betriebsrat sowie unter Berücksichtigung der Belange der Beschäftigten. Bei der Auswertung und Einordnung der Ergebnisse ermöglichte der interdisziplinäre Hintergrund der Projektpartner eine umfassende Sicht auf die Vorgänge im Unternehmen. Neben den eingesetzten Instrumenten (COPSOQ-Fragebogen, Interview-Leitfaden zur partizipativen Begleitung des Enterprise-Resource-Planning-Updates) waren besonders die Systematisierung der Befragungsergebnisse und die integrierten Lösungsansätze hilfreich für die POG.

Schwierigkeiten zeigten sich während der Projektarbeit nur an einer Stelle. Bedingt durch den Komplettumzug der POG und der damit einhergehenden Reorganisation und Modernisierung der Unternehmensbereiche, kam es zu einer Mehrbelastung der mit dem Projekt betrauten Mitarbeiter. Der ursprüngliche Zeit- und Arbeitsplan musste an mehreren Stellen den neuen Gegebenheiten angepasst werden. Dies führte neben der Verschiebung von Arbeitspaketen (u. a. die Beschäftigten-Befragungen) auch zu einer veränderten Arbeitsteilung im Projekt. Dass es trotz der Veränderungen zu keinen Problemen in der Fertigstellung der Instrumente und Wissensbestände kam, ist der guten Zusammenarbeit mit den weiteren Projektpartnern geschuldet, die auf die Bedürfnisse des Unternehmens Rücksicht nahmen. Der Umzug erforderte zugleich eine Neuausrichtung von eingesetzter IT-Technik und Software sowie deren stärkere Vernetzung mit der Haustechnik u. ä. Hieraus ergeben sich für die Zukunft des Unternehmens, die Optimierung von Prozessen und für die Gestaltung von Arbeitsplätzen künftig neue Herausforderungen. Die erstmalig erfolgte systematische Beschäftigung mit Digitalisierungsprozessen im GAP-Projekt hat für solche Anforderungen den Blick geschärft und die Blaupause zur Bewältigung geliefert.

Offene Fragen bleiben nach Ende des Projekts vor allem in Hinsicht auf die Zukunft der Digitalisierung, deren Beschäftigungseffekte und Veränderungen in der Branche und am Markt: In welchem Ausmaß muss sich die Photonikbranche und müssen ihre

Produkte digitalisiert werden? Wie steht es um heutige, weltweit erfolgreiche Nischenanbieter und die diversifizierte Qualitätsproduktion, die vor allem durch kleine und mittlere Unternehmen wie die POG abgedeckt wird? In welchem Verhältnis stehen der zu betreibende Investitionsaufwand für eine Aufrüstung der Produktionsstruktur zur Entwicklung der Innovativität von Unternehmen und Mitarbeitern? Lohnt die Bindung von Ressourcen an neue Produktionsparadigmen auch unter Berücksichtigung des Aufwands arbeitsgestalterischer Maßnahmen? Aufgrund der Diversität der technologischen Entwicklung sowie veränderter Situationen in der Branche und auf dem Weltmarkt bleibt die Nachfrage nach einer weiteren, intensiven Auseinandersetzung mit der Thematik im Unternehmen hoch.

4.9 Ganzheitlicher Gesundheitsschutz bei einem Hersteller automatisierter Produktionsanlagen – Erfahrungen der Fabmatics GmbH Dresden

Sylvio Schinke, Stephanie Drössler

Der Praxispartner Fabmatics GmbH, ein spezialisierter Anbieter von Roboter- und Automatisierungslösungen für die Halbleiter- und Elektronikindustrie (vgl. Abschn. 2.4.2), fusionierte zu Beginn des Projektes mit einem zweiten Unternehmen. Dies ging mit personellen und strukturellen Veränderungen einher: Anwachsen der Belegschaft von 60 auf 160 Beschäftigte, Umzug an einen neuen Standort, Anpassung technischer und Informations- und Kommunikationstechnik-Systeme sowie Anpassung der Strukturen des Arbeits- und Gesundheitsschutzes.

Ziel des Unternehmens im Projekt war die Entwicklung und Umsetzung eines Konzeptes zum ganzheitlichen Gesundheitsschutz, realisiert in folgenden Schritten:

1. Bildung einer Steuerungsgruppe und Analyse des Ist-Zustandes mit Ermittlung von Bedarfen und Potenzialen
2. Ableitung, Umsetzung und Evaluation von Maßnahmen
3. Transfer des Gestaltungswissens

4.9.1 Bildung einer Steuerungsgruppe und Analyse des Ist-Zustandes mit Ermittlung von Bedarfen und Potenzialen

Die Arbeits- und Gesundheitsschutz-Steuerungsgruppe setzte sich aus firmeninternen Akteuren wie bspw. einem Vertreter der Geschäftsführung sowie mehreren Abteilungsleitern aus den Bereichen Fertigung und Montage und firmenexternen Akteuren mit Bezug zum Betrieb – externer Betriebsarzt und externe Fachkraft für Arbeitssicherheit – zusammen. Ein Austausch fand quartalsweise in einer erweiterten Arbeitsschutzausschuss-Sitzung statt, bei der zur Umsetzung des Arbeits- und Gesundheitsschutzes berichtet, zu aktuellen Arbeits- und Gesundheitsschutz-Themen beraten sowie zu Belastungen diskutiert wurde, die durch den technologischen Wandel relevant werden.

Die Analyse des Ist-Zustandes erfolgte zunächst vor der Fusion mittels Interviews zentraler Akteure des Arbeits- und Gesundheitsschutzes des Unternehmens (Geschäftsführer, Abteilungsleiter, Fachkraft für Arbeitssicherheit, Betriebsarzt) durch die TU Dresden. Daraus wurden Handlungsbedarfe in den folgenden Bereichen deutlich (dies betraf vorrangig auch die Fusion, die einen Großteil der Ressourcen der gesamten Belegschaft beanspruchte):

- Notwendigkeit der Durchführung einer Gefährdungsbeurteilung psychischer Belastungen
- Anpassungen der Gefährdungsbeurteilungen am neuen Standort
- Vereinheitlichung und Anpassungen von Prozessen und Strukturen des Arbeits- und Gesundheitsschutzes und der betrieblichen Gesundheitsförderung beider Ursprungsunternehmen, Benennung von Verantwortlichkeiten
- Qualifizierungsbedarfe der Mitarbeiter (neue Software; neues automatisiertes Lager-Lift-System)
- Erleichterung des Handlings der Roboter durch geeignete technische Vorrichtungen
- Optimierung des Überstundenkonzeptes (Gewährleisten von Arbeitszeitausgleichen)
- Anpassungen von Prozessen an den deutlichen Personalanstieg

Die Durchführung und Auswertung einer Gefährdungsbeurteilung psychischer Belastungen war eine zentrale Maßnahme innerhalb des geplanten ganzheitlichen Gesundheitsschutzes. Gleichzeitig konnten die Ergebnisse dieser Befragung die Bestandsaufnahme ergänzen und bei der Ermittlung von Bedarfen für ein Arbeits- und Gesundheitsschutz-Konzept berücksichtigt werden. Insgesamt zeigten die Befragten eine geringere Ausprägung potenziell gesundheitsbeeinträchtigender Belastungen im externen Vergleich zu a) allen Berufen in Deutschland, zu b) Unternehmen der Automatisierungs-, Energie- und Elektrotechnik sowie zu c) Organisations- und Verwaltungsberufen. Veränderungspotenziale wurden dennoch deutlich im Hinblick auf die Kommunikation im Unternehmen, Arbeitsverdichtung, Informationsflut/E-Mail-Flut und auf die Organisationsstruktur.

4.9.2 Ableitung, Umsetzung und Evaluation von Maßnahmen

In den Interviews mit den betrieblichen Akteuren des Arbeits- und Gesundheitsschutzes wurde klar benannt, dass die Durchführung einer Gefährdungsbeurteilung psychischer Belastungen wesentlicher Bestandteil des Gesundheitsschutzkonzeptes werden sollte. Dies wurde durch eine Online-Beschäftigtenbefragung mit dem Copenhagen Psychosocial Questionnaire (COPSOQ) [97] im Mai 2017 durch die Freiburger Forschungsstelle für Arbeitswissenschaften GmbH (FFAW) realisiert. Ergänzt wurde dieses Instrument durch einen Kurzfragebogen zur Erfassung der Arbeit mit digitalen Medien und neuen Technologien und damit verbundenen Belastungen (GAP-Modul), der von der TU Dresden im Rahmen des Projektes entwickelt wurde. Eine Rückmeldung der Ergebnisse erfolgte sowohl auf Führungsebene als auch auf Teamebene.

Neben den inhaltlichen Ergebnissen der Befragung (s. o.) zeigte sich als weitere Erkenntnis für die Praxis, dass es trotz des Online-Formats der Befragung schwierig war, die vor Ort beim Kunden und nicht am eigenen Unternehmensstandort tätigen Beschäftigten zu erreichen. Schwer zu erreichen waren auch diejenigen Beschäftigten, die zum Zeitpunkt der Befragung eine sehr hohe Arbeitslast durch die Erteilung eines Großauftrags erlebten. Unter diesen Beschäftigten war die Beteiligungsquote an der Befragung geringer als in anderen Bereichen des Unternehmens. Darüber hinaus wurde deutlich, dass sehr große Befürchtungen bezüglich der Anonymität bei der Erhebung und Auswertung der Daten bestanden, d. h. es gab Unsicherheiten und Fragen zur Identifizierbarkeit und zu möglichen Rückschlüssen von Ergebnissen auf einzelne Personen. Diese konnten durch intensive Aufklärung aufgefangen werden. Die Beteiligungsquote an der Befragung lag bei 50 %.

Auf Grundlage der Bedarfe und Belastungen, die aus den Interviews und der Beschäftigtenbefragung (Gefährdungsbeurteilung psychischer Belastungen) hervorgingen, wurden in einem Treffen der TU Dresden mit zentralen Personen der Geschäftsführung und der betrieblichen Gesundheitsförderung potenzielle Interventionsmaßnahmen benannt und gewichtet. Der Fokus wurde dabei auf verschiedene Maßnahmen gelegt, von denen hier exemplarisch zwei vorgestellt werden:

- Laufende Anpassung der Arbeits- und Gesundheitsschutz-Strukturen und Festlegung von Zuständigkeiten im fusionierten Unternehmen
- Entwicklung eines Workshops zum Umgang mit digitaler Kommunikation und Informationsüberflutung (primär durch E-Mails) durch die TU Dresden und Durchführung als Führungskräfte-Workshop bei Fabmatics

In der ersten Jahreshälfte fokussierte das Unternehmen in der Umsetzung von Maßnahmen im Wesentlichen Anpassungsprozesse im Arbeits- und Gesundheitsschutz, die durch die Fusion und den Umzug an einen neuen Standort erforderlich wurden. Dazu wurden Schulungen für Ersthelfer und Sicherheitsfachkräfte durchgeführt. Die Planung von arbeitsmedizinischer Vorsorge bei der deutlich größer gewordenen Belegschaft war anzupassen. Es erfolgte ein Abgleich der Gefährdungsbeurteilungen beider Einzelfirmen und eine Anpassung für den neuen Standort.

Zu Beginn 2018 wurde ein Halbtagesworkshop durchgeführt, an dem elf Personen teilnahmen. Vertreten waren dabei die Geschäftsführung sowie Teamleiter. Neben Inputphasen zum Thema Informationsüberflutung (Ursachen, Folgen, Gestaltungsempfehlungen) fand eine moderierte Sammlung und Erarbeitung von Ideen zum unternehmensinternen Umgang mit digitaler Kommunikation/Informationsüberflutung im Plenum statt, aus denen abschließend Vereinbarungen gebahnt wurden. Für den Workshop wurde eine Präsentation erstellt, die Ideensammlung wurde mittels Flipcharts, Moderationskarten und Metaplanwand realisiert.

Zu Beginn des Workshops wurden die Teilnehmenden um eine kurze Einschätzung ihres E-Mail-Aufkommens gebeten. Im Mittel erhielten die Befragten 46 E-Mails am Tag; dabei variierte die Anzahl je nach Teilnehmendem zwischen 25 und 100. Im Mittel seien davon ca. 30 % nicht relevant (zwischen 0 % und 80 % der eingehenden E-Mails wurden als nicht relevant eingeschätzt). Die Sichtung und Beantwortung von E-Mails nahm bei den Befragten im Mittel 37 % des Arbeitstages in Anspruch (Range: 10 % bis 60 %).

Als zentrale Aspekte der digitalen Kommunikation, bei denen Regulierungsbedarf bestand, wurden identifiziert:

- Wann sollte über E-Mails kommuniziert werden, welche Inhalte und Anlässe sind geeignet/welche nicht?
- Wer soll informiert werden? Regelungen zu Feldern An/CC/Verteiler
- Wie soll informiert werden? Gestaltungshinweise bzgl. Betreffzeile, Formulierung von Verantwortlichkeiten, Deadlines etc.
- Wie soll formuliert werden? Fokussierung auf Sachaspekte
- Optimierung persönlicher Strategien des E-Mail-Managements (z. B. Nutzung verschiedener Möglichkeiten der E-Mail-Programme wie Filter, Ordner etc.; individuelle Regelungen zum zeitlichen Umgang wie Ein-/Ausstellen der Posteingangsbenachrichtigungen, Festlegen von festen E-Mail-Bearbeitungszeiten)

Diese Aspekte wurden im Rahmen von Vereinbarungen für die firmeninterne E-Mail-Kommunikation aufgegriffen und im Unternehmen implementiert.

Der Workshop wurde von den Teilnehmenden überwiegend mit „gut" bewertet. Die Inhalte des Workshops waren für die Teilnehmenden von großer Relevanz für die Arbeitstätigkeit. Als positiv wurde besonders die Anregung zur Aktivität, Diskussion und zum Mitdenken hervorgehoben.

Zukünftig sollte jedoch mehr auf die Zeit geachtet werden, die zur Verfügung steht. Zudem wünschten sich die Teilnehmenden einen stärkeren Fokus auf der Lösungsfindung im Vergleich zur Problemanalyse.

4.9.3 Verstetigung und Transfer

Eine Verstetigung der Maßnahmen zeigt sich im Fortbestehen der Arbeits- und Gesundheitsschutz-Steuerungsgruppe und deren kontinuierlicher Arbeit an aktuellen Themen des Arbeits- und Gesundheitsschutzes. Weiterhin fand mit einem zeitlichen Abstand von ca. 1,5 Jahren eine erneute Gefährdungsbeurteilung psychischer Belastungen in Form einer Beschäftigtenbefragung mit dem COPSOQ und dem Fragebogen „GAP-Modul" statt. Bei dieser Befragung konnte die Beteiligung von 50 % auf 58 % der Beschäftigten gesteigert werden. Möglicherweise hat die Rückmeldung der Ergebnisse der ersten Gefährdungsbeurteilung an die Beschäftigten dazu geführt, dass sie eine solche Befragung als sinnvoll und als Möglichkeit der Teilhabe erlebt haben.

Die gewonnenen Ergebnisse aus den Befragungen und dem Workshop zur digitalen Kommunikation bildeten die Basis für die Gestaltung von Prozessen und Abläufen, wie z. B. für die Schulung für neugestaltete, digitalisiert abgebildete Prozesse, um präventiv einer möglichen Überforderung entgegenzusteuern, die aus den geänderten Arbeitsabläufen resultieren können.

Ein Transfer der Ergebnisse konnte auf verschiedenen Wegen angestoßen werden. So war Fabmatics durch die Mitgestaltung einer Unternehmens-Fallstudie an der Erstellung einer Recherche- und Wissensplattform auf Basis von Praxisbeispielen beteiligt. Diese Plattform stellt ein zentrales Ergebnis des GAP-Projektes dar (vgl. Abschn. 4.2). Darüber hinaus beteiligte sich Fabmatics am Austausch in verschiedenen Foren zum Themenbereich des digitalen Wandels der Arbeit (initiiert z. B. vom Sächsischen Staatsministerium für Wirtschaft, Arbeit und Verkehr sowie der Bundesanstalt für Arbeitsschutz und Arbeitsmedizin). Die Mitarbeit im Arbeitskreis „Gesunde Arbeit 4.0" des Netzwerkpartners Silicon Saxony e. V. wird auch nach Projektende fortgesetzt.

4.9.4 Fazit: Empfehlungen für die Praxis

Ein grundlegendes Ergebnis des Projektes für die Fabmatics GmbH – speziell die betrieblichen Akteure des Arbeits- und Gesundheitsschutz betreffend – ist die Motivation zur Gestaltung der Arbeit im technologischen Wandel. Eine Sensibilisierung für psychische Belastungen bei der Arbeit und gleichzeitig Implementierung dieser in die Gefährdungsbeurteilung im Unternehmen stellen einen nachhaltigen Nutzen für Fabmatics dar.

Von praktischer Relevanz für den betrieblichen Alltag sind aus Sicht des Praxispartners besonders folgende Projektergebnisse und Produkte:

- Der Einsatz einer Gefährdungsbeurteilung psychischer Belastungen in Form einer Beschäftigtenbefragung sowie die Rückmeldung der Ergebnisse bis hinein in die Teamebene und gemeinsame Ableitung von Maßnahmen stärkt die Teilhabe der Beschäftigten und ist im Rahmen der Prävention ein zentraler und praktikabler Bestandteil des Arbeits- und Gesundheitsschutzes.
- Zur Erfassung von Belastungen in der digitalisierten und technologisierten Arbeit stellt der im Projekt entwickelte Kurzfragebogen „GAP-Modul" eine sinnvolle Ergänzung von Befragungsinstrumenten für Unternehmen im technologischen Wandel dar (siehe Abschn. 4.4.1).

- Der Halbtagesworkshop zur digitalen Kommunikation im Unternehmen (vgl. Abschn. 4.4.2) greift mit der Informationsüberflutung ein relevantes Thema der zunehmenden Digitalisierung von Geschäftsprozessen auf. Durch die interaktive Ausrichtung orientiert er sich an den Bedürfnissen und Gegebenheiten des Unternehmens.
- Die Praxisbeispiele zur Digitalisierung und Gesundheit (zu finden auf der Recherche- und Wissensplattform https://gesunde-digitale-arbeit.de/praxisbeispiele/) geben hilfreiche Einblicke in Erfahrungen anderer Unternehmen und können gezielt nach Themenschwerpunkten durchsucht werden.
- Ein kontinuierlicher Austausch mit anderen Unternehmen zu Themen des Arbeits- und Gesundheitsschutzes in der digitalen Arbeit gibt Impulse für die eigene Arbeit und sensibilisiert für Themen und Lösungsansätze. Ermöglicht wird dies durch Netzwerkarbeit, wie z. B. durch die Implementierung des Arbeitskreises „Gesunde Arbeit 4.0" durch das Unternehmensnetzwerk Silicon Saxony e. V. (vgl. Abschn. 4.6).

Zusammenfassung und Ausblick

Thomas Engel, Martin Ehrlich, Stephanie Drössler, Christian Erfurth und Sandra Lemanski

Zusammenfassung

Digitalisierung und Einführung von Industrie 4.0 bieten Chancen für eine gesundheitsförderliche, human-zentrierte Arbeitsgestaltung in kleinen und mittleren Unternehmen. Dieser Grundgedanke war für das Verbund- und Gestaltungsprojekt GAP – Gesunde Arbeit in Pionierbranchen handlungsleitend. Dazu wurden bestehende Erkenntnisse gebündelt und neue in Pionierbranchen gewonnen. Im Folgenden werden zusammenfassend die zentralen Befunde der Projektarbeit zum Stand der technologischen Veränderungen, deren Auswirkungen auf die Arbeitsorganisation und Qualifikationserfordernisse, auf die Gesundheit sowie die Möglichkeiten zur partizipativen

---

Die Reihenfolge der Autoren entspricht nicht der Reihenfolge der Gewichtung zum Beitrag. Die korrespondierenden Autoren sind nur für ihre spezifischen eigenen Abschnitte zuständig. Die Autoren der einzelnen Abschnitte finden Sie im jeweilgen Abschnitt innerhalb des Kapitels.

T. Engel (✉) · M. Ehrlich
Institut für Soziologie, Friedrich-Schiller-Universität Jena, Jena, Deutschland
E-Mail: thomas.engel@uni-jena.de

S. Drössler
Institut und Poliklinik für Arbeits- und Sozialmedizin, Technische Universität Dresden, Medizinische Fakultät, Dresden, Deutschland
E-Mail: stephanie.droessler@tu-dresden.de

C. Erfurth
Fachbereich Wirtschaftsingenieurwesen, Ernst-Abbe-Hochschule Jena, Jena, Deutschland
E-Mail: christian.erfurth@eah-jena.de

S. Lemanski
Lehrstuhl Gesundheit und Prävention, Institut für Psychologie, Universität Greifswald, Greifswald, Deutschland
E-Mail: sandra.lemanski@uni-greifswald.de

Gestaltung dargestellt. Daraus abgeleitet, ergeben sich weitere Forschungs- und Gestaltungsfragen für zukünftige Forschungsarbeiten, welche abschließend erörtert werden.

5.1 Zentrale Befunde zum technologischen Wandel und den Effekten auf Arbeit, Gesundheit und Prävention

Thomas Engel, Martin Ehrlich, Stephanie Drössler, Christian Erfurth, Sandra Lemanski

Das GAP-Projekt entstand im Zuge des Hype-Diskurses um Industrie 4.0, die nicht nur eine grundlegende technologische Revolution in Aussicht stellte, sondern sich zugleich als Wiederbelebung der Diskussion um die Humanisierung der Arbeit präsentierte. Der „Mensch im Mittelpunkt" einer vernetzten, sich selbst steuernden „Smart Factory" stand als Versprechen im Raum. Diese Vision – die inzwischen deutlich realistischer formuliert wird – galt es zu Projektbeginn überhaupt erst einmal mit dem vorfindbaren technologischen Stand abzugleichen. Neben einer solchen Bestandsaufnahme im innovativen Bereich der Pionierbranchen war es das Anliegen des GAP-Projektes, den technologischen Wandel als Impulsgeber für Veränderungen von Arbeit, Belastungen und Gesundheit zu verstehen, um so zu einer Einschätzung zu kommen, ob die Digitalisierung reale Chancen für eine Aufwertungsperspektive und Gestaltung einer human-zentrierten Arbeitswelt bietet.

Dafür analysierten wir schwerpunktmäßig die Pionierbranchen optische Industrie, Halbleiterelektronik und die erneuerbaren Energien (Fokus Windenergie). Zugleich hatten wir eine Reihe von Vorreiterunternehmen anderer Branchen im Blick. Entscheidend war, dass der Technologieeinsatz prototypisch erfolgte, Unternehmen also über erste Erfahrungen bei der Ausrüstung oder bei der Anwendung neuer digitaler Lösungen berichten konnten. Folgende Fragen wurden im interdisziplinären Projekt GAP bearbeitet:

1. Welche technologischen Veränderungen in Richtung Digitalisierung und Industrie 4.0 sind in der betrieblichen Praxis vorzufinden?
2. Welche Veränderungen für die Arbeitsorganisation und für die Qualität von Arbeit sowie für die Anforderungen an Beschäftigte ergeben sich aus einem gesteigerten Einsatz von digitalen Technologien?
3. Wie wirken digitale Technologien auf die psychische und körperliche Gesundheit von Beschäftigten, nicht nur bei der Nutzung, sondern auch in der Einführung?
4. Wie wird die Partizipation von Beschäftigten bei der Technologieeinführung und Arbeitsgestaltung – vor dem Hintergrund des Versprechens auf Dezentralisierung, flache Hierarchien und „demokratische Unternehmen" – sichergestellt?

Die Digitalisierung ist – ganz klar – ein zentraler Treiber für Veränderungen in der Arbeitswelt, wenn sie sich auch nicht in allen Branchen gleichermaßen vollzieht und sich in einigen (auch in innovativen Pionierbranchen) sogar nur auf wenige Anwendungsfelder und Prozesse begrenzt. Damit die neuen Arbeitszusammenhänge für die Beschäftigten in der Industrie, im Handwerk und in Dienstleistungsbetrieben zu bewältigen sind, bedarf es der Bereitstellung neuen Wissens über Technologien und ihre Wirkungsweisen sowie neuer Instrumente des Arbeits- und Gesundheitsschutzes, der Qualifizierung, der Beteiligung und der Technikfolgenabschätzung. Die vorliegenden Ergebnisse des GAP-Projektes erlauben die Diskussion verallgemeinerbarer Grundsätze zur Gestaltung gesunder Arbeit im Zeichen von Digitalisierung und Industrie 4.0. Resümierend werden hier 13 Schlüsselbefunde komprimiert vorgestellt, bevor Anschlüsse und Beiträge zu sowie Weiterentwicklungen von aktuell laufenden Debatten vorgenommen werden.

5.1.1 Technologische Veränderungen

1. Befund: Technologischer Wandel folgt betrieblichem Entwicklungspfad
Wir hatten überwiegend Einblick in Bereiche der klassischen Industrie, Automobil, Werkzeug- und Anlagenbau, Metall- und Elektrobetriebe, vereinzelt auch in Handwerksbetriebe und große Logistikzentren. Entgegen der sehr skeptischen Grundannahme der „Industrie 1.5" haben wir einen sehr differenzierten Einblick in technologische Einführungsprozesse bekommen, die eine pauschale Einschätzung verbietet. Viele Geschäftsprozesse wurden in den letzten Jahren systematisch digitalisiert. Entsprechende Software und Informationssysteme versuchen den kompletten Wertschöpfungs-, Planungs- und Durchführungsprozess abzubilden. Das gelingt jedoch zumeist nur partiell. Vorherrschend sind Insellösungen. Wo systemische Lösungen angestrebt wurden, muss man sich vielfach behelfen und stößt immer wieder an Organisations- und Kooperationsgrenzen. Trotzdem erfolgen Anschaffungen und Einsatz neuer Technologien zunehmend mit der Absicht, (partielle) Vernetzungen herzustellen, teilweise auch mit dem Ziel und der Erprobung der Selbststeuerung. Technologisch gestützte Organisationsprozesse der Intralogistik gewinnen an Bedeutung. Die Logistik als Vorreiter der Digitalisierung prägt deshalb zunehmend die Praxis traditioneller Branchen (siehe unsere These von der Amazonisierung der Industriearbeit). So konnten wir Robotik-Arbeitsplätze, vernetzte Fertigungszellen, industrienahe Logistik in der Vormontage des Fahrzeugbaus analysieren. Trotz des teilweise hohen Technologieniveaus herrschen überwiegend, auch in ambitionierteren Settings und sogenannten Modellfabriken, Insellösungen vor. Von einer Umsetzung der Industrie 4.0 ist nicht zu sprechen, eher von einem Fluchtpunkt oder einer langfristig wirksamen Vision der „Smart Factory", die höchstens als Kennzeichnung des zu absolvierenden Entwicklungspfades taugt. In der betrieblichen Praxis greifen solche Diskussionen deshalb nicht als praktische Zielstellungen.

2. Befund: Erst der wirtschaftliche Erfolg, dann die Digitalisierung

Wirtschaftlicher Erfolg als Grundvoraussetzung für Investitionen und Innovationen ist eine Binsenweisheit. Trotzdem muss auch im Zuge der Digitalisierung darauf verwiesen werden, dass technologische Erneuerung immer auch als kosten- und personalintensive Prozesse zu sehen sind. Trial und Error bestimmen den Alltag der Techniker und Softwareentwickler bei der Anpassung neuer Anlagen. Das haben wir auch in den Pionierbranchen der Photonik, der Halbleiterindustrie und der Windenergie vorgefunden. Es zeigte sich, dass für den Erfolg der Unternehmen in den Pionierbranchen der Einsatz neuester digitaler Technologien bisher nicht vordergründig entscheidend war, durchaus aber die (auch technologisch gestützte) Fertigkeit im Kerngeschäft qualitativ hochwertig produzieren zu können. Die zunehmende Anforderung der „Losgröße 1", also kundenspezifischen Wünschen entsprechen zu können, ist tatsächlich eine starke Triebkraft in Richtung technologischer Erneuerung. Das ließ sich in der Realisierung in sogenannten Vorreiterunternehmen der oben genannten Branchen besonders gut beobachten. Die Akteure in diesen Unternehmen machten deutlich, dass sich mit der zunehmenden Digitalisierung derzeit alle Wettbewerbsteilnehmer befassen. Damit verbundene Strategien der technologischen Erneuerung sind jedoch nur zu verfolgen bei einer erfolgreichen Besetzung von Marktnischen und einer Wachstums- und teilweise Expansionspolitik. Erst diese eröffnen Spielräume für stärkere Investitions- und Innovationsbereitschaft in Richtung digitale Technologien.

5.1.2 Auswirkungen auf Arbeitsorganisation und Qualifikation

3. Befund: Erhöhte Beschäftigungsdynamik und wachsender Bedarf an (Hoch-) Qualifizierten

Entgegen der Hauptdiskussion um die Beschäftigungseffekte der Digitalisierung konnten wir im GAP-Projekt keine Bilanz über Jobverluste ziehen. Wir haben aber gelernt, dass aufgrund der Erfolgsabhängigkeit von technologischen Investitionen, Digitalisierung zumeist in einem wachsenden Unternehmensumfeld realisiert wird. Das heißt, quantitativ messbare Einbußen von Beschäftigung werden über den Konkurrenzmechanismus bei anderen Wettbewerbern ausgelöst. Zugleich ist eine große Dynamik in der Beschäftigungsstruktur von Unternehmen zu beobachten. Die Zunahme der Nachfrage nach IT-Fachkräften ist dafür nur die Spitze des Eisberges. Im Hintergrund verschieben sich die Gewichte innerhalb der Arbeitsorganisation in Richtung eines Ausbaus der Arbeitsvorbereitung, der Qualitätssicherung, der Planung und des Designs von Prozessen, der Schnittstellengestaltung zu Kunden und Zulieferern, die trotz der angestrebten Standardisierung eine Vielzahl von Abstimmungen, Testläufen, Adaptionen, Modifikationen und nicht zuletzt Überstunden bei einer Vielzahl qualifizierter und hoch qualifizierter Fachkräfte erfordern.

5 Zusammenfassung und Ausblick

4. Befund: Gleichzeitigkeit von qualifikatorischer Auf- und Abwertung
Qualifikatorische Auf- und Abwertungsprozesse lassen sich häufig zur gleichen Zeit am gleichen Arbeitsplatz beobachten, da durch neue Industrie 4.0-Technologien und Digitalisierung menschliche Aufgabenfelder neu definiert und zugeschrieben werden. In Automatisierungssettings nehmen meist einfachere Überwachungs- und Kontroll- sowie Bestückungsaufgaben zu, während komplexere Arbeits- und Fertigungsschritte abnehmen. Trotz dieser Abwertungstendenzen in Richtung digitaler Einfacharbeit (häufig digital assistiert) müssen sich die Beschäftigten in hohem Maße neues Wissen aneignen, weil sie häufig für mehr Maschinen, ganze Fertigungszellen oder größere Anlagenkomplexe zuständig sind, die eine hohe technologische Varianz und Kostenverantwortung mit sich bringen. Die Komplexität von Anlagen verbirgt sich nun hinter vereinfachten Benutzeroberflächen, die qualifikatorisch berücksichtigt werden muss. Ob Beschäftigte diese veränderten qualifikatorischen Anforderungen als Auf- oder Abwertung erleben, hängt wesentlich von den bereitgestellten Ressourcen und Gratifikationen ab. Beides war empirisch vorzufinden. Die Gefahr einer Abwertung ist besonders groß, wenn die Zuschreibung von neuen Tätigkeitsanteilen und Verantwortung mit dem Managementstreben nach Kostensenkung und niedriger Eingruppierung einhergeht.

5. Befund: Digitalisierung als strategische Antwort auf Fachkräftemangel
Unternehmen haben zunehmend Schwierigkeiten geeignete Fachkräfte zu finden. Dies beschränkt sich nicht mehr auf einzelne Branchen oder auf ein bestimmtes, erforderliches Qualifikationsniveau. Verschärft wird dies zudem durch den demografischen Wandel. Umso bedeutsamer sind Maßnahmen zur Fachkräftesicherung und -qualifizierung für Unternehmen. Der Marktdruck lässt Unternehmen aber auch auf die Suche nach anderen Kompensationsmaßnahmen gehen. Einige Hoffnungen liegen in der Digitalisierung von Arbeitsprozessen oder Arbeitsumgebungen. Ein Ziel kann es sein, durch Digitalisierung Freiraum bei den Arbeitskräften zu schaffen, so dass diese ein größeres Arbeitsgebiet bekommen, z. B. Maschinen durch Automatisierung und Sensorik „smarter" zu machen, die dadurch weniger Aufmerksamkeit benötigen. Ein anderer Weg kann die bereits benannte Abwertung in Richtung digitaler Einfacharbeit sein. Die notwendige Qualifikation oder körperliche Voraussetzungen für eine Arbeit werden auf ein passendes Niveau, z. B. durch geeignete Assistenzsysteme, gesenkt um den Bedarf durch andere ggf. verfügbare Personengruppen zu decken. Dies kann eine Chance für eine Verbesserung der Arbeitsbedingungen älterer oder eingeschränkter Beschäftigter sein, ebenso aber eine Reduktion auf schwer zu automatisierende Basisfähigkeiten von Menschen wie das Greifen sein und damit die Arbeitskraft zum Sklaven der Digitalisierung machen. Letzteres ist sicher überspitzt, doch das Risiko besteht, vor allem bei Unternehmen, die unter einem enormen Markt- und Konkurrenzdruck stehen.

6. Befund: Agile Arbeitsorganisation als Rahmen für intensivierte Leistungssteuerung

Je näher betriebliche Strukturen an IT-Entwicklungsprozesse angekoppelt sind, desto eher lassen sich neuere Methoden der Arbeitsorganisation beobachten. Unter dem Stichwort der „Agilität" werden verschiedene Techniken wie das aus dem Lean-Management bekannte Kanban oder die für die Softwareentwicklung verwendete Scrum-Arbeitsweise gefasst. Solche agilen Methoden helfen den Digitalisierungsprozess zu gestalten. Die damit arbeitenden Beschäftigten stellen sich auf höhere Flexibilität und auf phasenweise Arbeitsverdichtung in sogenannten „Sprints" ein. Die Organisation orientiert auf eine stärkere Fehlertoleranz bis zum nächsten Software-Versions-Update bzw. bis zur inkrementell verbesserten Programmierung. Zugleich entfalten diese Prinzipien eine Strahlkraft auf das Management und seine Methoden, Arbeits- und Organisationsprozesse zu führen. Kritisch ist anzumerken, dass – teilweise bewusst – in der gleichen Betriebsorganisation unterschiedliche Maßstäbe in der Durchsetzung solcher kreativeren, freier gestaltbaren agilen Methoden angesetzt werden. Besonders offenkundig wird eine solche betriebliche „Zwei-Klassen-Gesellschaft" im Online-Versandhandel, wo die von wenigen Kreativen agil entwickelte Technologie zur rigiden Arbeitssteuerung, Überwachung und Kontrolle des größten Belegschaftsteils im Lager eingesetzt wird. Dass solche Fragen der Arbeitsorganisation und -steuerung auch mit Fragen der Führung zusammenhängen ist offenkundig, im Zuge der Digitalisierung jedoch noch genauer zu analysieren.

5.1.3 Digitalisierung und Gesundheitsbelastungen

7. Befund: Belastungsverschiebung zulasten der Psyche

Neben positiven Effekten der Automatisierung (z. B. Verminderung von klassischen Hebe-/Trage-Belastungen, ungünstiger Körperhaltungen bei Über-Kopfarbeit oder physische Arbeitserleichterungen) stehen neue physische wie psychische Belastungen bzw. die Verschiebung von Belastungen innerhalb der Bereiche gegenüber. Zu den nicht unbedingt neuen, jedoch häufiger auftretenden (bekannten) psychischen Belastungen gehören die digitale Verdichtung von Arbeit, die Bewältigung einer wachsenden Informationsflut (Emails, Blog-, Chat-, Messenger-Nachrichten u. ä.), der steigende Dokumentationsaufwand und die wachsende Entgrenzung von Arbeit (Infragestellung der Work-Life-Balance). Wird das Risiko einer Fehlbeanspruchung durch Digitalisierung und Automatisierung minimiert, so zeigt sich nicht selten eine Risikozunahme in anderen Bereichen. Selbst bei physischen Belastungen fällt die „Automatisierungsbilanz" ambivalent aus: Um positive Effekte nutzbar zu machen und zugleich neu aufgetretene physische Belastungen bzw. Fehlbeanspruchungen zu minimieren bzw. auszuschalten, ist es notwendig die technischen Systeme stärker am Arbeitnehmer auszurichten. Eine Verschiebung ergibt sich auch hinsichtlich körperlicher Belastungen, z. B. durch vermehrtes Sitzen und ergonomisch problematische (häufig nun mobile) Bildschirmarbeit statt früherer stehender Tätigkeiten.

8. Befund: Gesteigerte Überwachung und Kontrolle als neue Belastungsformen
Neue körperliche Risiken werden vor allem gesehen durch ergonomisch ungünstige Arbeitshaltungen bei Wartung von Robotern in neuartigen, auch auf Platzeffizienz ausgerichteten Anlagen und schnell austauschbaren Modulen. Neue psychische Belastungen entstehen durch die gesteigerten digitalen Möglichkeiten der Leistungsüberwachung, des Fehlertrackings, der Reduktion von Einflussmöglichkeiten (z. B. bei der Bemessung von Takten, Geschwindigkeiten, persönliche oder Anlagen-Stillstandszeiten oder der Bereitstellung von Informationen). Auch die zunehmende Diskrepanz zwischen hoher Qualifikation und geringen Handlungserfordernissen bzw. steigender Monotonie durch Überwachungsaufgaben sind neue Belastungen. Es bestehen Gefahren der bereichsspezifischen Dequalifizierung (z. B. Handwerkstätigkeiten), die sich als psychische Beanspruchungen (erodierender Berufsethos, fehlende Identifikationsmöglichkeiten) niederschlagen können. Durch die zunehmende Komplexität von Anlagen und Prozessen entstehen vielfältige Störungen und Unterbrechungen im Arbeitsprozess, die für eine Schaffung von Zufallsaufgaben verantwortlich sind.

9. Befund: Greifbare Entlastungsressourcen der Digitalisierung
Aus Digitalisierung, Vernetzung und Automatisierung können auch Entlastungseffekte generiert werden. Sowohl literaturbasiert als auch anhand unserer Fallstudien können wir zeigen, dass die Übernahme schwerer Arbeit zunehmend durch Roboter und Maschinen erfolgt und körperliche Entlastung (z. B. durch die Reduzierung von Laufwegen) mit sich bringt. Ebenso wird die Übernahme gefährlicher Tätigkeiten häufiger durch Roboter und Maschinen gewährleistet, so dass sich eine verbesserte Arbeitssicherheit einstellt. Entlastung während der Arbeit erfahren Beschäftigte durch automatische Fehlererkennung und Handlungshilfen, durch einen mitunter höheren Abwechslungsreichtum der geforderten Tätigkeiten und Eingriffe sowie durch individuell gestaltbares, zeit- und ortsflexibles Arbeiten (was wiederum eine verbesserte Work-Life-Balance zulässt).

5.1.4 Veränderung und partizipative Gestaltung

10. Befund: Neue Partizipationschancen realisierbar im Interessenvertretungsprozess
Substantielle Einflussnahmemöglichkeiten auf Technologieeinführungs- und Software-Update-Prozesse im Sinne menschengerechter Gestaltung bestehen nur dort, wo sich Handlungsroutinen zwischen Mitbestimmungs- und Unternehmensleitungsstrukturen über Jahre etabliert haben. In kleinbetrieblichen Settings, die über Jahre von klar hierarchischen oder patriarchialen Führungsstrukturen geprägt sind, können zwar grundlegende Befragungen in der Belegschaft zur Ermittlung psychischer Belastungen angestoßen werden. Die dort ermittelten Probleme werden jedoch zumeist nicht im Rahmen regulärer Gefährdungsbeurteilungsprozesse bearbeitet. Dies gelingt nur, wenn Beteiligungsprozesse etabliert wurden, die in der Regel von durchsetzungs-

starken Interessenvertretungen organisiert werden. Das Beispiel der Partizipation von Beschäftigten in der Vormontagelogistik zeigt, dass die Flankierung durch eine Betriebsvereinbarung zum Einsatz mobiler Endgeräte den Nutzern die Sicherheit gibt, kollektive Login-Routinen zu etablieren, um individuelle Überwachungssorgen zu reduzieren sowie alltägliche Spielräume in der Nutzung von Technologien zu nutzen.

11. Befund: Sowohl hohe Datenschutzrelevanz als auch -diskrepanz
Ein auffälliger Befund ist die betriebliche Thematisierung des Datenschutzes, die nicht nur mit der Einführung einer neuen gesetzlichen Grundlage (DGSVO) zusammenhängt. Die Transparenz von Abläufen nimmt zudem durch digital gestützte Werkzeuge (Daten aus Prozessen) zu. Wir sehen aktuell einen veränderten Bedarf an Wissensmanagement über Datenflüsse und Schutz persönlicher Daten in Unternehmen – die (digitale) Kommunikation hat einen höheren Stellenwert für den Austausch bekommen und das standardisierte, regelgeleitete Teilen von Wissen ist für neue Formen der Zusammenarbeit extrem wichtig. In der Praxis besteht eine große Diskrepanz bei der Regelung dieser Prozesse im Verhältnis zur alltäglichen Häufigkeit mit der sie stattfinden.

12. Befund: Technologie- und Softwareentwickler ohne Schnittstelle zur humanzentrierten Arbeitsgestaltung
Maschinen ersetzen den Menschen nicht vollumfänglich, sondern Mensch und Maschine ergänzen sich vielmehr komplementär. Dass die entsprechenden Arbeits- und Interaktionssysteme am Menschen auszurichten und für diesen förderlich zu gestalten sind, ist demzufolge nicht nur eine Schlussfolgerung der Fachliteratur sondern auch Anforderungswunsch an neue Technologien und Richtlinie der betrieblichen Akteure. Ein anregendes, die Aufmerksamkeit und Kompetenz förderndes Tätigkeitsdesign stellt hierfür eine zentrale Stellschraube dar, um Effekte von Monotonie, Sättigung und anderer psychischer Belastungen zu minimieren bzw. auszuschließen. In der Praxis haben Technologie- und Softwareentwickler einerseits und Arbeits- und Gesundheitsschützer sowie Beschäftigte andererseits bisher sehr wenig Austauschmöglichkeiten, um solche Anforderungen der menschengerechten Gestaltung umzusetzen.

13. Befund: Digitalisierungsinitiativen bedarfsgerecht und nachhaltig durch Projektorganisation
In den Praxisbeispielen und auch im Austausch mit Unternehmen können wir – schon fast als Binsenweisheit – postulieren, dass eine erfolgreiche Umsetzung von Innovationen in einer Projektorganisation erfolgen muss. Projekte haben definierte Ziele, sind mit, hoffentlich angemessenen, Ressourcen ausgestattet und Kompetenzen sowie Verantwortlichkeiten sind geklärt. Sie sind entkoppelt von beschränkenden organisatorischen Strukturen in Unternehmen, was die Partizipation diverser Personen ermöglicht. Die richtigen Personen zum richtigen Zeitpunkt zu integrieren, gehört zum erfolgreichen Projektmanagement genauso wie (soziale) Konflikte zu bewältigen und unterschiedliche Interessenslagen auszugleichen. Projekte adressieren somit einen ggf.

auch kulturellen Veränderungsprozess. Bei der Etablierung von strategischen Projekten sollte das „Commitment" des Managements vorhanden sein. Bereits bei der Projektvorbereitung kann auf die Akzeptanz der gewünschten Projektergebnisse durch eine Analyse und Bedarfsermittlung sowie der gezielten Integration und transparenten Kommunikation hingewirkt werden. Die Partizipation sichert eine bedarfsgerechte Entwicklung sowie Akzeptanz (= Nachhaltigkeit) und ermöglicht einen höheren Gestaltungsspielraum (= Wertschätzung). Die modernen Arbeits- und Organisationsformen, die wir teils in den IT-Organisationen vorfinden konnten, begünstigen dabei proaktive Veränderungen und Innovationen.

5.2 Generalisierendes Resümee, Limitierungen & Ausblick auf künftige Forschungs- und Gestaltungsfragen

Thomas Engel, Stephanie Drössler, Christian Erfurth, Sandra Lemanski
Auch wenn die hier gesammelten Erkenntnisse überwiegend auf der Grundlage von Einblicken in Innovationsbranchen (Pionierbranchen) gewonnen wurden, geben sie Anhaltspunkte für eine Generalisierung von Digitalisierungsprozessen in kleinen und mittleren Unternehmen. Obwohl diese bisher in den großen Entwicklungsszenarien und Debatten der Digitalisierung meist unterrepräsentiert blieben, lässt sich daraus im Umkehrschluss kein Desinteresse und Mangel an Engagement ableiten. Im Gegenteil, wir stießen auf große Offenheit. Dabei erwiesen sich eine Wachstums- und auch eine Restrukturierungsperspektive meist als Türöffner, um endlich schon lange bestehende arbeitsorganisatorische Probleme und Digitalisierungsvorhaben anzufassen. Echte Problem- und Krisenunternehmen sind auf diese Weise nicht zu gewinnen, was eine erste Limitierung der Untersuchung und der hier vorgestellten Gestaltungsansätze beschreibt.

Spätestens die Coronakrise hat gezeigt, dass digitale Lösungen eine größere Flexibilität im Umgang mit Einschränkungen in den bisherigen Geschäftsprozessen erlauben, so beispielsweise mit dem Extremfall Lockdown. Es ist zu vermuten, dass dies besonders für kleine und mittlere Unternehmen ein deutlicher Impuls zur stärkeren Digitalisierung sein kann (vgl. https://www.mittelstand-digital.de/MD/Redaktion/DE/Artikel/Blog/blog-beitrag-4-coronakrise.html).

Unabhängig von der betrieblichen Motivation zur Gestaltung von Digitalisierungsprozessen besteht ein großer Wissens- und Orientierungsbedarf, dem u. a. durch Aufbereitung wissenschaftlicher Erkenntnisse in praktikabler Form zu begegnen ist. Insbesondere die organisatorischen Grundlagen des Arbeits- und Gesundheitsschutzes, die Prinzipien der Prävention und die gesetzlich bestimmte Gefährdungsbeurteilung sind vielen betrieblichen Akteuren unbekannt. Umgekehrt besteht ein Wissensdefizit bei den Arbeits- und Gesundheitsschutz-Akteuren in Bezug auf Digitalisierung, Vernetzung und neue Technologien. Dafür sind Instrumente hilfreich, die den Zugang zu Wissen im konkreten betrieblichen Anwendungskontext erleichtern. Die vorgestellten Datenbanken (Praxisbeispiele und Manual personeller Präventionspotenziale) liefern anschauliche Einstiege in die inhaltliche Beschäftigung mit der Bandbreite von technologischen Anwendungen und deren Folgen für Arbeit und Gesundheit.

Die Gestaltung der eigenen Arbeitsumgebung, sowohl der räumlichen wie auch der organisatorischen, spielt zunehmend eine Rolle für ein gesteigertes Wohlbefinden. So haben sich in den letzten Jahren viele Beispiele für „New Work" finden lassen: Kreativräume, Innovationsbereiche und agile Arbeitsformen sind dabei nicht mehr beschränkt auf Start-Ups und IT-Firmen sondern werden aufgegriffen und auf geeignete Arbeitsbereiche übertragen. In der Regel steigen damit die Digitalisierungsbereitschaft und perspektivisch auch die Digitalisierungskompetenz.

Die Verknüpfung mit aktuellen Fragen, z. B. mit der gesetzlichen Regulierung des Datenschutzes durch die neue Datenschutzgrundverordnung, steigert die Bereitschaft zur ganzheitlichen Betrachtung von Schutzmechanismen für Beschäftigte. Dass Datenschutz auch als eine Form des Gesundheitsschutzes zu verstehen ist, wird schnell mit Blick auf bestehende Überwachungs- und Kontrollängste von Beschäftigten in digitalen Arbeitswelten verständlich. Entsprechende Handreichungen und Präsentationsunterlagen für Workshops füllen diese bisherige Lücke. Eine Limitierung muss auch hier eingeräumt werden, die einerseits in der Beschränkung auf personenbezogene Daten besteht und andererseits wirksamen Schutz meist nur durch engagierte Akteure sicherstellt. Datenschutzbeauftragte und Interessenvertretungen können in der Regel nur Schutz garantieren, wenn entsprechende betriebliche Vereinbarungen schriftlich getroffen werden. Die Mitbestimmungs- und Vertretungslücke in kleinen und mittleren Unternehmen ist somit auch eine Flanke für den Daten- und Gesundheitsschutz, die weiterer intensiver Bearbeitung harrt.

Die hier vorgestellten Erkenntnisse und Instrumente behandeln alles in allem eher Fragen der Bewältigung von qualitativen Digitalisierungsfolgen in der Arbeit, also die nach Erhalt und Entwicklung der gesundheitsgerechten Qualität von Arbeit. Weniger Anhaltspunkte ergeben sich für die – stärker öffentlich diskutierten – Problemstellungen wie der Wegfall oder die Substitution von Arbeit durch neue Technologien. Dabei sind diese Herausforderungen auch für innovative Branchen und kleine und mittlere Unternehmen relevant, wie das Beispiel der heute weitgehend menschenleeren Chipherstellung verdeutlicht.

Zwei Lösungsperspektiven und damit verbundener Forschungsbedarf ergeben sich daraus: Einerseits zeichnen sich die verbleibenden Arbeiten im voll automatisierten Setting nicht zwingend durch eine Abwesenheit von gesundheitlichen Belastungen und Beanspruchungen aus. Im Gegenteil, hier werden neue, tendenziell psychische Belastungsprobleme sichtbar, die mit einem Mangel an Sozialkontakten und fehlender nachvollziehbarer, kollegial erlebter Arbeitsteilung zusammenhängen. Technologisch orientierte Arbeitsgestaltungsansätze brauchen deshalb unbedingt eine Schnittstelle zu einer human-zentrierten Bewertung und zum Austausch mit entsprechenden Akteursgruppen.

Andererseits zwingt der Wettbewerb zu überbetrieblichen Regelungen, welcher Anteil menschlicher Arbeit mit bestimmten Branchenprodukten und -prozessen verbunden sein sollte, um Produkt- und Arbeitsqualität gleichermaßen sicherzustellen. Die überbetriebliche Verständigung dient dabei auch der Regulierung eines fairen Wettbewerbs, damit niedrige Marktpreise nicht über die Vernachlässigung von Arbeitsbedingungen erzielt werden. Der erhöhte Qualifizierungsbedarf, die wachsende Beschäftigungsdynamik, die steigenden Ansprüche der Beschäftigten und Arbeitssuchenden nach gesunder und guter Arbeit bieten gute Grundlagen für solche Verständigungsprozesse. Technologieorientierte Branchennetzwerke müssen zusammen mit Politik und Verbänden solche Fragen der Qualifikations- und Gesundheitsstandards klären, gerade im Kontext neuer digitaler Technologien.

Literatur

1. Bretschneider, M., Drössler, S., Muehlan, H., Magister, S., Zeiser, M., Kämpf, D., Seidler, A., & Engel, T. (2019). Arbeitsbedingungen in der „Industrie 4.0" und gesundheitsbezogene Implikationen – Stand der Forschung und arbeitsmedizinische Relevanz. *Postervortrag gehalten auf der 59. DGAUM-Tagungsband* (im Druck).
2. Waytz, A., & Norton, M. I. (2014). Botsourcing and outsourcing: Robot, British, Chinese, and German workers are for thinking—not feeling—jobs. *Emotion,14*, 434–444. https://doi.org/10.1037/a0036054
3. Zanchettin, A. M., Bascetta, L., & Rocco, P. (2013). Acceptability of robotic manipulators in shared working environments through human-like redundancy resolution. *Applied Ergonomics,44*, 982–989. https://doi.org/10.1016/j.apergo.2013.03.028
4. Arvidsson, I., Balogh, I., Hansson, G. Å., Ohlsson, K., Åkesson, I., & Nordander, C. (2012). Rationalization in meat cutting–consequences on physical workload. *Applied Ergonomics,43*, 1026–1032. https://doi.org/10.1016/j.apergo.2012.03.001
5. Giberti, C., Gallo, F., Francini, L., Signori, A., & Testa, M. (2014). Musculoskeletal disorders among robotic surgeons: A questionnaire analysis. *Archivio Italiano di Urologia e Andrologia,86*, 95–98. https://doi.org/10.4081/aiua.2014.2.95
6. Kraft, B. M., Jäger, C., Kraft, K., Leibl, B. J., & Bittner, R. (2004). The AESOP robot system in laparoscopic surgery: Increased risk or advantage for surgeon and patient? *Surgical Endoscopy and Other Interventional Techniques,18*, 1216–1223. https://doi.org/10.1007/s00464-003-9200-z
7. de Cassia Clark Teodoroski, R., Koppe, V. M., & Merino, E. A. D. (2012). Old scissors to industrial automation: The impact of technologic evolution on worker's health. *Work,41*, 2349–2354.
8. Cummings, M. L., Gao, F., & Thornburg, K. M. (2016). Boredom in the workplace: A new look at an old problem. *Human Factors,58*, 279–300. https://doi.org/10.1177/0018720815609503
9. Meshkati, N. (2006). Safety and human factors considerations in control rooms of oil and gas pipeline systems: Conceptual issues and practical observations. *International Journal of Occupational Safety and Ergonomics,12*, 79–93. https://doi.org/10.1080/10803548.2006.11076669
10. Oh, S. T., & Park, S. (2016). A study of the connected smart worker's techno-stress. *Procedia Computer Science,91*, 725–733. https://doi.org/10.1016/j.procs.2016.07.065
11. Tarafdar, M., Pullins, E. B., & Ragu-Nathan, T. S. (2015). Technostress: Negative effect on performance and possible mitigations. *Information Systems Journal,25*, 103–132. https://doi.org/10.1111/isj.12042

12. Bowles, J. (2016). Die Computerisierung von Arbeitsplätzen in Europa. In L. Schröder & H. -J. Urban (Hrsg.), *Digitale Arbeitswelt. Trends und Anforderungen.* Bund.
13. Rammert, W. (2016). *Technik—Handeln—Wissen* (2. Aufl.). Springer Fachmedien.
14. Gerst, D. (2015). Industrie 4.0 als Herausforderung für den Gesundheitsschutz. In L. Schröder & H.-J. Urban (Hrsg.), *Gute Arbeit 2015* (S. 245–257). Bund.
15. Urban, H.-J. (2016). Arbeiten in der Industrie 4.0. In L. Schröder & H.-J. Urban (Hrsg.), *Digitale Arbeitswelt: Trends und Anforderungen* (S. 21–45). Bund.
16. Boes, A., Kämpf, T., Langes, B., & Lühr, T. (2015). Landnahme im Informationsraum. *WSI-Mitteilungen,68*(2), 77–85.
17. BITKOM, VDMA, & ZVEI. (2015). Umsetzungsstrategie Industrie 4.0. Ergebnisbericht der Plattform Industrie 4.0. Plattform Industrie 4.0, Bundesverband Informationswirtschaft, Telekommunikation und neue Medien (BITKOM), Verband Deutscher Maschinen- und Anlagenbau (VDMA), Zentralverband Elektrotechnik- und Elektronikindustrie (ZVEI).
18. Hirsch-Kreinsen, H. (2015). *Digitalisierung von Arbeit: Folgen, Grenzen und Perspektiven* (Soziologisches Arbeitspapier, 43).
19. Bischoff, J., Taphorn, C., Wolter, D., Braun, N., Fellbaum, M., Goloverov, A., … Scheffler, D. (2015). *Erschließen der Potenziale der Anwendung von „Industrie 4.0" im Mittelstand (Kurzfassung).* BMWi.
20. acatech. (2013). Deutschlands Zukunft als Produktionsstandort sichern. Umsetzungsempfehl*ungen für das Zukunftsprojekt Industrie 4.0. Abschlussbericht des Arbeitskreises Industrie 4.0.* acatech. https://www.acatech.de/wp-content/uploads/2018/03/Abschlussbericht_Industrie4.0_barrierefrei.pdf. Zugegriffen: 27. Aug. 2020.
21. Almada-Lobo, F. (2015). The industry 4.0 revolution and the future of manufacturing execution systems (MES). *Journal of Innovation Management,3*, 16–21.
22. Schröder, C. (2016). *Herausforderungen von Industrie 4.0 für den Mittelstand.* Friedrich-Ebert-Stiftung.
23. Jordan, F., Bernardy, A., Stroh, M., Horeis, J., & Stich, V. (2017). Requirements-based matching approach to configurate cyber-physical systems for SMEs. *Portland International Conference on Management of Engineering and Technology (PICMET),* S. 1–7.
24. Klotzer, C., Weißenborn, J., & Pflaum, A. (2017). The evolution of cyber-physical systems as a driving force behind digital transformation. *IEEE 19th Conference on Business Informatics (CBI),* S. 5–14.
25. Hompel, M. t., Cirullies, J., Engelmeier, G., Flum, T., Heindl, A., Kaufhold, T. et al. (Hrsg.). (2016). *Kompetenzentwicklungsstudie Industrie 4.0: Erste Ergebnisse und Schlussfolgerungen.* Acatech. https://www.acatech.de/wp-content/uploads/2018/03/acatech_DOSSIER_neu_Kompetenzentwicklung_Web.pdf. Zugegriffen: 27. Aug. 2020.
26. etventure.de (Hrsg.). (2017). *etventure-Studie Digitale Transformation 2017: Die deutschen Unternehmen sind zu langsam und zu unflexibel.*https://www.etventure.de/blog/etventure-studie-digitale-transformation-2017-die-deutschen-unternehmen-sind-zu-langsam-und-zu-unflexibel/. *Zugegriffen: 29. Aug. 2018.*
27. Forstner, L., & Dümmler, M. (2014). Integrierte Wertschöpfungsnetzwerke – Chancen und Potenziale durch Industrie 4.0. *e & i Elektrotechnik und Informationstechnik,131*, 199–201. https://doi.org/10.1007/s00502-014-0224-y
28. Stocker, A., Brandl, P., Michalczuk, R., & Rosenberger, M. (2014). Mensch-zentrierte IKT-Lösungen in einer Smart Factory. *e & i Elektrotechnik und Informationstechnik,131*, 207–211. https://doi.org/10.1007/s00502-014-0215-z

29. Wischmann, S., Wangler, L., & Botthoff, A. (Hrsg.). (2015). *Industrie 4.0. Volks- und betriebswirtschaftliche Faktoren für den Standort Deutschland: Eine Studie im Rahmen der Begleitforschung zum Technologieprogramm Autonomik für Industrie 4.0*. Bundesministerium für Wirtschaft und Energie.
30. Jung, K., Kulvatunyou, B., Choi, S., & Brundage, M. P. (2017). An overview of a smart manufacturing system readiness assessment. *IFIP Advances in Information and Communication Technology,488*, 705–712. https://doi.org/10.1007/978-3-319-51133-7_83
31. Carolis, A. d., Macchi, M., Negri, E. & Terzi, S. (2017). Guiding manufacturing companies towards digitalization a methodology for supporting manufacturing companies in defining their digitalization roadmap. *International Conference on Engineering, Technology and Innovation (ICE/ITMC)*, S. 487–495.
32. Bauer, D., Maurer, T., Henkel, C., & Bildstein, A. (2017). Big-Data-Analytik: Datenbasierte Optimierung produzierender Unternehmen: Veränderungen, Entwicklungen und Unterstützungsangebote. Fraunhofer IPA. http://publica.fraunhofer.de/documents/N-459075.html.
33. Schuh, G. (Hrsg.). (2015). *ProSense. Ergebnisbericht des BMBF-Verbundprojektes: Hochauflösende Produktionssteuerung auf Basis kybernetischer Unterstützungssysteme und intelligenter Sensorik*. Apprimus-Verlag.
34. Groggert, S., Wenking, M., Schmitt, R. H., & Friedli, T. (2017). Status quo and future potential of manufacturing data analytics — An empirical study. *IEEE International Conference on Industrial Engineering and Engineering Management (IEEM)*, S. 779–783.
35. Hübner, M., Malessa, N., Nyhuis, P., Liebrecht, C., Kuhnle, A., & Lanza, G. (2017). Vorgehensmodell zur Einführung von Industrie 4.0. Vorstellung eines Vorgehensmodells zur bedarfsgerechten Einführung von Industrie 4.0-Methoden. *wt Werkstattstechnik online,107*, 266–272.
36. Rosell, A., & Salomonsson, L. (2018). Towards a framework for identifying digital improvement opportunities. Utilizing information flow and its stakeholder value. Linköping University. http://liu.diva-portal.org/smash/get/diva2:1236104/FULLTEXT01.pdf.
37. Rüssmann, M., Lorenz, M., Gerbert, P., Waldner, M., Justus, J., Engel, P., & Harnisch, M. (2015). *Industry 4.0. The future of productivity and growth in manufacturing industries*. The Boston Consulting Group.
38. Brynjolfsson, E., & McAfee, A. (2014). *The Second Machine Age: Wie die nächste digitale Revolution unser aller Leben verändern wird*. Plassen.
39. Rifkin, J. (2014). *Die Null-Grenzkosten-Gesellschaft: Das Internet der Dinge, kollaboratives Gemeingut und der Rückzug des Kapitalismus*. Campus.
40. BITKOM & Fraunhofer IAO. (2014). *Industrie 4.0–Volkswirtschaftliche Potenziale für Deutschland*. Bitkom e. V.
41. Menez, R., Pfeiffer, S., & Oestreicher, E. (2016). *Leitbilder von Mensch und Technik im Diskurs zur Zukunft der Fabrik und Computer Integrated Manufacturing (CIM)*. Universität Hohenheim.
42. Brödner, P. (2015). *Industrie 4.0 und Big Data–wirklich ein neuer Technologieschub?. Digitalisierung industrieller Arbeit*. Nomos.
43. Pfeiffer, S. (2015). Warum reden wir eigentlich über Industrie 4.0? Auf dem Weg zum digitalen Despotismus. *Mittelweg,36*, 14–36.
44. Schmiede, R. (1996). *Informatisierung, Formalisierung und kapitalistische Produktionsweise: Entstehung der Informationstechnik und Wandel der gesellschaftlichen Arbeit*. Ed. Sigma.
45. Butollo, F., Ehrlich, M., & Engel, T. (2017). Amazonisierung der Industriearbeit? Industrie 4.0, Intralogistik und die Veränderung der Arbeitsverhältnisse in einem Montageunternehmen der Automobilindustrie. *Arbeit,26*, 33–59.

46. Engel, T., & Ehrlich, M. (2016). *Neue oder bessere Jobs durch die Digitalisierung?* Thüringer Memos.
47. Frey, C. B., & Osborne, M. A. (2013). *The future of employment: How susceptible are jobs to compurterisation?* University of Oxford.
48. Mason, P. (2016). *Postkapitalismus. Grundrisse einer kommenden Ökonomie.* Suhrkamp.
49. Brzeski, C., & Burk, I. (2015). *Die Roboter kommen: Folgen der Automatisierung für den deutschen Arbeitsmarkt.* IngDiBa.
50. Bonin, H., Gregory, T., & Zierahn, U. (2015). *Übertragung der Studie von Frey/Osborne (2013) auf Deutschland.* Bundesministerium für Arbeit und Soziales.
51. Dengler, K., & Matthes, B. (2015). *Folgen der Digitalisierung für die Arbeitswelt: Substituierbarkeitspotenziale von Berufen in Deutschland, Institut für Arbeitsmarkt- und Berufsforschung der Bundesagentur für Arbeit.* IAB-Forschungsbericht. http://doku.iab.de/forschungsbericht/2015/fb1115.pdf. Zugegriffen: 29. Juli 2017.
52. Vogler-Ludwig, K. (2017). *Beschäftigungseffekte der Digitalisierung-eine Klarstellung.*https://www.google.de/url?sa=t&rct=j&q=&esrc=s&source=web&cd=4&ved=0ahUKEwjuj6PxsarZAhUGU1AKHa7AB2YQFgg3MAM&url=http%3A%2F%2Fwww.economix.org%2Fassets%2Fcontent%2F2017%2FWP1-17%2520KVL%2520Besch%25C3%25A4ftigungseffekte%2520der%2520Digitalisierung.pdf&usg=AOvVaw35jYW_rvq87weoGASuCJwp. *Zugegriffen: 14. Febr. 2018.*
53. Möller, J. (2015). *Verheißung oder Bedrohung? Die Arbeitsmarktwirkungen einer vierten industriellen Revolution.* IAB & Universität Regensburg.
54. Vogler-Ludwig, K., Düll, N., & Kriechel, B. (2016). *Arbeitsmarkt 2030 – Wirtschaft und Arbeitsmarkt im digitalen Zeitalter.*http://www.economix.org/assets/content/Arbeitsmarkt%202030/Vogler-Ludwig%20et%20al%202016%20Arbeitsmarkt%202030%20-%20Wirtschaft%20und%20Arbeitsmarkt%20im%20digitalen%20Zeitalter.pdf. *Zugegriffen: 30. Nov. 2017.*
55. Ittermann, P., Niehaus, J., & Hirsch-, H. (2015). *Arbeiten in der Industrie 4.0 – Trendbestimmungen und arbeitspolitische Handlungsfelder.* Hans-Böckler-Stiftung.
56. Kinkel, S., Friedewald, M., Hüsing, B., Lay, G., & Lindner, R. (2008). *Arbeiten in der Zukunft – Strukturen und Trends der Industriearbeit.* Ed. Sigma.
57. Hirsch-Kreinsen, H. (2014). Wandel von Produktionsarbeit – „Industrie 4.0". *WSI-Mitteilungen,67,* 421–429.
58. Autor, David H., & Dorn, D. (2013). How technology wrecks the middle class. *The New York Times, 24.*
59. Windelband, L., Fenzl, C., Hunecker, F., Riehle, T., Spöttl, G., Städtler, H., & Thoben, K. D. (2011). *Zukünftige Qualifikationsanforderungen durch das „Internet der Dinge" in der Logistik".* Institut Technik und Bildung Universität Bremen, & BIBA.
60. Pfeiffer, S., & Suphan, A. (2015). *Der AV-Index. Lebendiges Arbeitsvermögen und Erfahrung als Ressourcen auf dem Weg zu Industrie 4.0.* Working Paper. Universität Hohenheim.
61. Böhle, F., & Baumgärtner, K. (Hrsg.). (2017). *Arbeit als subjektivierendes Handeln: Handlungsfähigkeit bei Unwägbarkeiten und Ungewissheit.* Springer VS.
62. Schütte, M., & Rothe, I. (2018). Prävention und Arbeitsgestaltung: Psychische Gesundheit in der Arbeitswelt. *ASU Arbeitsmed Sozialmed Umweltmed,53*(Sonderheft), 6–8.
63. Lohmann-Haislah, A. (Hrsg.). (2012). *Stressreport Deutschland 2012. Psychische Anforderungen, Ressourcen und Befinden.* Dortmund. BAuA.
64. Lohmann-Haislah, A. (2012b). Hintergründe und Rahmenbedingungen. In A. Lohmann-Haislah (Hrsg.), *Stressreport Deutschland 2012. Psychische Anforderungen, Ressourcen und Befinden* (S. 11–24). BAuA.

65. Rosen, P. H. (2018). Tätigkeitsspielräume in Produktionsaufgaben – Arbeitswissenschaftliche Erkenntnisse und Gestaltungsoptionen. *ASU Arbeitsmed Sozialmed Umweltmed,53*(Sonderheft), 9–14.
66. Pundt, F., Thomson, B., Montano, D., & Reeske, A. (2018). Führung und psychische Gesundheit. *ASU Arbeitsmed Sozialmed Umweltmed,53*(Sonderheft), 15–19.
67. Drössler, S., Steputat, A., Schubert, M., Günther, N., Staudte, R., Kofahl, M., Hegewald, J., & Seidler, A. (2018). Informationsüberflutung durch digitale Medien am Arbeitsplatz. *Zentralblatt für Arbeitsmedizin, Arbeitsschutz und Ergonomie,68*, 77–88.
68. Seidler, A., Steputat, A., Drössler, S., Schubert, M., Günther, N., Staudte, R., Kofahl, M., & Hegewald, J. (2018). Determinanten und Auswirkungen von Informationsüberflutung am Arbeitsplatz. *Zentralblatt für Arbeitsmedizin, Arbeitsschutz und Ergonomie,68*, 12–26.
69. Cattero, B. (2018). Amazon in action. Oder: Wo liegt das Neue der digitalen Technologie. *AIS-Studien,11*, 107–123.
70. Beermann, B., & Wöhrmann, A. M. (2018). Themenfeld „Arbeitszeit". *ASU Arbeitsmed Sozialmed Umweltmed,53*(Sonderheft), 20–24.
71. Letzel, S. (2018). Verständnis und Versorgungsauftrag aus der arbeitsmedizinischen Perspektive. *ASU Arbeitsmed Sozialmed Umweltmed,53*(Sonderheft), 51–53.
72. Beck, D., & Lenhardt, U. (2019). Consideration of psychosocial factors in workplace risk assessments: Findings from a company survey in Germany. *International Archives of Occupational and Environmental Health,92*, 435–451. https://doi.org/10.1007/s00420-019-01416-5
73. Adolph, L., & Michel, J. (2018). Regulativer Rahmen und programmatische Aktivitäten zur psychischen Gesundheit in der Arbeitswelt. *ASU Arbeitsmed Sozialmed Umweltmed,53*(Sonderheft), 44–50.
74. Bundesanstalt für Arbeitsschutz und Arbeitsmedizin. (2007). *Mit Sicherheit mehr Gewinn!: Wirtschaftlichkeit von Gesundheit und Sicherheit bei der Arbeit.*
75. Letzel, S., Nesseler, T., & Drexler, H. (2016). *Industrie 4.0 – Arbeit 4.0: Arbeit weiter denken und gestalten: Überlegungen der DGAUM zur Weiterentwicklung der betrieblichen Prävention und Gesundheitsförderung in einer digitalisierten Welt.* DGAUM.
76. Rothe, I., Adolph, L., Beermann, B., Schütte, M., Windel, A., Grewer, A. et al. (2017). Psychische Gesundheit in der Arbeitswelt – Wissenschaftliche Standortbestimmung. *Dortmund: Bundesanstalt für Arbeitsschutz und Arbeitsmedizin.*https://doi.org/10.21934/baua:bericht2017041.
77. Burmester, M., Laib, M., & Zeiner, K. (2017). Positive Erlebnisse und Wohlbefinden in Arbeitskontexten durch Gestaltung der Mensch-Computer-Interaktion. In M. Brohm, C. Peifer, & J. M. Greve (Hrsg.), *Positiv-Psychologische Forschung im deutschsprachigen Raum – State of the Art* (S. 158–175). Pabst Science Publishers.
78. Botella, C., Riva, G., Gaggioli, A., Wiederhold, B. K., Alcaniz, M., & Baños, R. M. (2012). The present and future of positive technologies. *Cyberpsychology, Behavior and Social Networking,15*, 78–84. https://doi.org/10.1089/cyber.2011.0140
79. Calvo, R. A., & Peters, D. (2014). *Positive computing: Technology for wellbeing and human potential. The platform studies series.* MIT Press.
80. Schaufeli, W. B., & Bakker, A. B. (2004). Job demands, job resources, and their relationship with burn¬out and engagement: A multi-sample study. *Journal of Organizational Behavior,25*, 293–315. https://doi.org/10.1002/job.248
81. Heyme, R., Buchwald, C., Kohte, W., Ketzmerick, T., Ehrlich, M., & Engel, T. (2018). *Willkommen in Thüringen. Entwicklung des Fachkräftebedarfs bis 2030 und Strategien der Fachkräftegewinnung.* (TMASGFF, Thüringer Ministerium für Arbeit, Soziales, Gesundheit. Frauen und Familie). Erfurt. https://www.tmasgff.de/fileadmin/user_upload/Allgemein/Publikationen/arbeit_willkommen_in_thueringen_2018.pdf.

82. Martinez, S., Roth, I., Zanker, C., & Schnalzer, K. (2017). *Digitalisierung bei Logistik, Handel und Finanzdienstleistungen. Technologische Trends und ihre Auswirkungen auf Arbeit und Qualifizierung.* ver.di. http://www.promit.info/upload/ProMit-Studie_Digitalisierung_web.pdf. Zugegriffen: 30. Nov. 2017.
83. Göcking, J., Kleinhempel, K., Satzer, A., & Steinberger, V. (2017). *Industrie 4.0 in der Nahrungsmittelindustrie* (Working Paper Forschungsförderung, 38). https://www.boeckler.de/pdf/p_fofoe_WP_038_2017.pdf. Zugegriffen: 30. Nov. 2017.
84. Baumanns, T., Freber, P.-S., Schober, K.-S., & Kirchner, F. (2016). Bauwirtschaft im Wandel. Trends und Potenziale bis 2020. Roland Berger GmbH, UniCredit Bank AG.
85. OptoNet. (2017). *Photonics Report 2017. Wirtschaftssituation & Fachkräfteentwicklung der optischen Industrie im Freistaat Thüringen.*http://www.optonet-jena.de/fileadmin/media/Optonet/publikationen/OptoNet_Photonics_Report_2017_NEU_Photonics-Network-Thuringia_web.pdf. *Zugegriffen: 30. Nov. 2017.*
86. Thieme, C., Bauer, T., & Kirsten, N. (2019). Photonics Report 2019. Wirtschaftssituation & Fachkräfteentwicklung der optischen Industrie im Freistaat Thüringen. (OptoNet e.V.) Jena. https://optonet-jena.de/standort/zahlen-fakten/.
87. Ulich, E. (2005). Wirkungen von Arbeit. In E. Ulich (Hrsg.), *Arbeitspsychologie* (6. Aufl., S. 459.542). vdf Hochschulverlag AG an der ETH Zürich.
88. DIN EN ISO 10075-1:2000-11, Ergonomische Grundlagen bezüglich psychischer Arbeitsbelastung – Teil 1: Allgemeines und Begriffe (ISO 10075:1991).
89. Bakker, A. B., & Demerouti, E. (2014). Job Demands-Resources Theory. In P. Y. Chen & C. L. Cooper (Hrsg.), *Work and wellbeing: wellbeing: A complete reference guide* (3. Aufl., S. 1–28). Wiley. https://doi.org/10.1002/9781118539415.wbwell019
90. Demerouti, E., Bakker, A. B., Nachreiner, F., & Schaufeli, W. B. (2001). The job demands-resources model of burnout. *Journal of Applied Psychology,86*, 499–512. https://doi.org/10.1037/0021-9010.86.3.499
91. Tadić, M., Bakker, A. B., & Oerlemans, W. G. M. (2015). Challenge versus hindrance job demands and well-being: A diary study on the moderating role of job resources. *Journal of Occupational and Organizational Psychology,88*, 702–725. https://doi.org/10.1111/joop.12094
92. Schuh, G., Anderl, R., Gausemeier, J., ten Hompel, M., & Wahlster, W. (Hrsg). (2017). *Industrie 4.0 Maturity Index. Deutschland: Acatech Study.*https://doi.org/ISSN 2192-6174.
93. Posdzich, M. L. (2017). *Arbeit 4.0 – vergesst die Gesundheit nicht!*https://www.zukunftderarbeit.de/2017/11/16/vergesst-die-gesundheit-nicht/. *Zugegriffen: 23. Sept. 2018.*
94. Beck, D., Berger, S., Breutmann, N., Fergen, A., Gregersen, S., Morschhäuser, M., … Theiler, A. (2017). *Arbeitsschutz in der Praxis – Empfehlungen zur Umsetzung der Gefährdungsbeurteilung psychischer Belastung.* GDA Psyche. https://www.gda-psyche.de/SharedDocs/Downloads/DE/empfehlungen-zur-umsetzung-der-gefaehrdungsbeurteilung-psychischer-belastung.pdf?__blob=publicationFile&v=1.
95. Fredrickson, B. L. (2001). The role of positive emotions in positive psychology: The broaden-and-build theory of positive emotions. *The American Psychologist,56*, 218–226.
96. Diefenbach, S. (2017). Positive Computing – Das Potential der Positiven Psychologie für Technik als Coach und Berater. In M. Brohm, C. Peifer, & J. M. Greve (Hrsg.), *Positiv-Psychologische Forschung im deutschsprachigen Raum – State of the Art* (S. 176–189). Pabst Science Publishers.
97. Nübling, M., Stößel, U., Hasselhorn, H. M., Michaelis, M., & Hofmann, F. (2005). *Methoden zur Erfassung psychischer Belastungen.* BAUA.

Ihr kostenloses eBook

Vielen Dank für den Kauf dieses Buches. Sie haben die Möglichkeit, das eBook zu diesem Titel kostenlos zu nutzen. Das eBook können Sie dauerhaft in Ihrem persönlichen, digitalen Bücherregal auf **springer.com** speichern, oder es auf Ihren PC/Tablet/eReader herunterladen.

1. Gehen Sie auf **www.springer.com** und loggen Sie sich ein. Falls Sie noch kein Kundenkonto haben, registrieren Sie sich bitte auf der Webseite.
2. Geben Sie die eISBN (siehe unten) in das Suchfeld ein und klicken Sie auf den angezeigten Titel. Legen Sie im nächsten Schritt das eBook über **eBook kaufen** in Ihren Warenkorb. Klicken Sie auf **Warenkorb und zur Kasse gehen**.
3. Geben Sie in das Feld **Coupon/Token** Ihren persönlichen Coupon ein, den Sie unten auf dieser Seite finden. Der Coupon wird vom System erkannt und der Preis auf 0,00 Euro reduziert.
4. Klicken Sie auf **Weiter zur Anmeldung**. Geben Sie Ihre Adressdaten ein und klicken Sie auf **Details speichern und fortfahren**.
5. Klicken Sie nun auf **kostenfrei bestellen**.
6. Sie können das eBook nun auf der Bestätigungsseite herunterladen und auf einem Gerät Ihrer Wahl lesen. Das eBook bleibt dauerhaft in Ihrem digitalen Bücherregal gespeichert. Zudem können Sie das eBook zu jedem späteren Zeitpunkt über Ihr Bücherregal herunterladen. Das Bücherregal erreichen Sie, wenn Sie im oberen Teil der Webseite auf Ihren Namen klicken und dort **Mein Bücherregal** auswählen.

EBOOK INSIDE

eISBN	978-3-662-63247-5
Ihr persönlicher Coupon	65PSHnjC7GEQeAj

Sollte der Coupon fehlen oder nicht funktionieren, senden Sie uns bitte eine E-Mail mit dem Betreff: **eBook inside** an **customerservice@springer.com**.

Printed by Printforce, the Netherlands